에듀윌과 함께 시작하면,
당신도 합격할 수 있습니다!

이 일 저 일 전전하다 관리자가 되려고 시작해
최고득점으로 동차 합격한 퇴직자

4살 된 딸아이가 어린이집에 있는 동안 공부해
고득점으로 합격한 전업주부

밤에는 대리운전, 낮에는 독서실에서 공부하며
에듀윌의 도움으로 거머쥔 주택관리사 합격증

누구나 합격할 수 있습니다.
시작하겠다는 '다짐' 하나면 충분합니다.

마지막 페이지를 덮으면,

에듀윌과 함께
주택관리사 합격이 시작됩니다.

주택관리사 1위

16년간
베스트셀러 1위

기초서

기본서

기출문제집

핵심요약집

문제집

네컷회계

주택관리사 교재 보기

베스트셀러 1위 교재로
따라만 하면 합격하는 커리큘럼

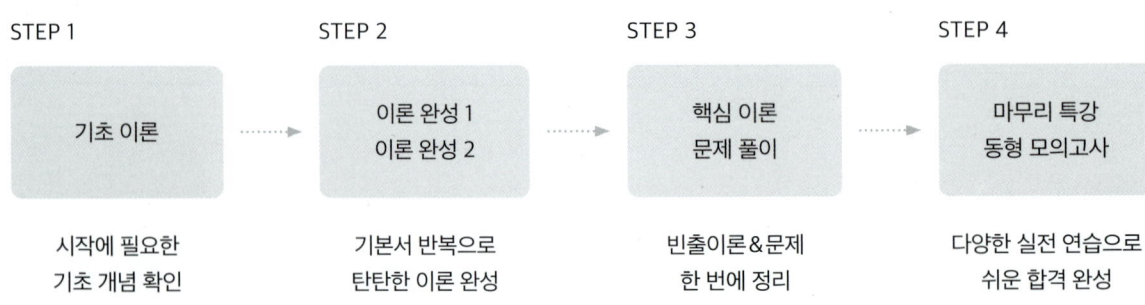

* 커리큘럼의 명칭 및 내용은 변경될 수 있습니다.

* 2023 대한민국 브랜드만족도 주택관리사 교육 1위 (한경비즈니스)
* YES24 수험서 자격증 주택관리사 베스트셀러 1위 (2010년 12월, 2011년 3월, 9월, 12월, 2012년 1월, 3월~12월, 2013년 1월~5월, 8월~11월, 2014년 2월~8월, 10월~12월, 2015년 1월~5월, 7월~12월, 2016년 1월~12월, 2017년 1월~12월, 2018년 1월~12월, 2019년 1월~12월, 2020년 1월~7월, 9월~12월, 2021년 1월~12월, 2022년 1월~12월, 2023년 1월~11월, 2024년 1월~2월, 4월~12월 월별 베스트)

주택관리사 1위

주택관리사,
에듀윌을 선택해야 하는 이유

오직 에듀윌에서만 가능한 합격 신화
6년 연속 최고득점자 배출

합격을 위한 최강 라인업
주택관리사 명품 교수진

주택관리사

합격부터 취업까지!
에듀윌 주택취업지원센터 운영

합격생들이 가장 많이 선택한 교재
16년간 베스트셀러 1위

* 2023 대한민국 브랜드만족도 주택관리사 교육 1위 (한경비즈니스)
  2024년, 2023년, 2022년 공동주택관리실무 최고득점 / 2021년, 2020년 주택관리관계법규, 공동주택관리실무 과목별 최고득점 / 2019년 주택관리관계법규 최고득점
* YES24 수험서 자격증 주택관리사 베스트셀러 1위 (2010년 12월, 2011년 3월, 9월, 12월, 2012년 1월, 3월~12월, 2013년 1월~5월, 8월~11월, 2014년 2월~8월, 10월~12월, 2015년 1월~5월, 7월~12월, 2016년 1월~12월, 2017년 1월~12월, 2018년 1월~12월, 2019년 1월~12월, 2020년 1월~7월, 9월~12월, 2021년 1월~12월, 2022년 1월~12월, 2023년 1월~11월, 2024년 1월~2월, 4월~12월 월별 베스트)

에듀윌이
너를
지지할게

ENERGY

시작하는 방법은
말을 멈추고
즉시 행동하는 것이다.

– 월트 디즈니(Walt Disney)

➕ 합격할 때까지 책임지는 개정법령 원스톱 서비스!

기준 및 법령 개정이 잦은 주택관리사 시험,
개정사항을 어떻게 확인해야 할지 막막하고 걱정스러우신가요?
에듀윌에서는 필요한 개정법령만을 빠르게! 한번에! 제공해 드립니다.

| 에듀윌 도서몰 접속
(book.eduwill.net) | ▶ | 도서자료실
클릭 |

개정법령
확인하기

2025
에듀윌 주택관리사
출제가능 문제집
1차 민법

시험 안내

주택관리사 시험, 준비물은 무엇인가요?

⭕ 꼭 챙겨가세요!

필기구　　수험표　　신분증

손목시계　　계산기

* 신분증의 경우 정부24 전자문서지갑 등에서 발급된 모바일 자격증을 자격시험 신분증으로 인정합니다. (수험표의 수험자 유의사항 참고)
* 손목시계는 시각만 확인할 수 있어야 하며, 스마트워치는 사용이 불가합니다.
* 데이터 저장기능이 있는 전자계산기는 수험자 본인이 반드시 메모리(SD카드 포함)를 제거, 삭제하여야 합니다.

❌ 시험 중 절대 허용되지 않아요!

통신기기　　전자기기　　중도퇴실

* 통신기기 및 전자기기에는 휴대전화, PDA, PMP, MP3, 휴대용 컴퓨터, 디지털 카메라, 전자사전, 카메라 펜 등이 포함되며, 시험 도중 소지·착용하고 있는 경우에는 당해 시험이 정지(퇴실)되고 무효(0점) 처리되니 주의하세요.
* 시험시간 중에는 화장실 출입 및 중도 퇴실이 불가합니다. 단, 설사·배탈 등 긴급상황 발생으로 퇴실 시 해당 교시 재입실이 불가하고, 시험 종료 시까지 시험본부에 대기하게 됩니다.

답안 작성 시 유의사항이 있나요?

⭕ 이렇게 작성하세요!

- 시험 문제지의 문제번호와 **동일한 번호**에 마킹
- 반드시 **검정색 사인펜** 사용
- 2차 시험 주관식 답안은 **검정색 필기구** 사용
- 답안을 잘못 마킹했을 경우, **답안카드 교체** 및 **수정테이프** 사용
- 2차 주관식 답안 정정 시 **두 줄로 긋고 다시 기재**하거나 **수정테이프** 사용

❌ 이렇게 작성하면 안 돼요!

- 답안카드 **마킹착오**, 불완전한 **마킹·수정**, **예비마킹**
- **지워지는 펜** 사용
- 2차 주관식 답안 작성 시 **연필류, 유색 필기구, 두 가지 색 혼합 사용**
- 답안 정정 시 **수정액 및 스티커** 사용

상대평가, 어떻게 시행되나요?

2024년 제27회 1,612명 선발!

국가에서 정한 선발예정인원(선발예정인원은 매해 시험 공고에 게재됨) 범위에서 고득점자 순으로 합격자가 결정됩니다.

제1차는 평균 60점 이상 득점한 자, 제2차는 고득점자 순으로 선발!

제1차	매 과목 40점 이상, 전 과목 평균 60점 이상 득점한 사람 중에서 선발합니다.
제2차	매 과목 40점 이상, 전 과목 평균 60점 이상 득점한 사람 중에서 선발하며, 그중 선발예정인원 범위에서 고득점자 순으로 결정합니다. 선발예정인원에 미달하는 경우 전 과목 40점 이상자 중 고득점자 순으로 선발하며, 동점자로 인하여 선발예정인원을 초과하는 경우에는 동점자 모두를 합격자로 결정합니다.

제2차 과목의 주관식 단답형 16문항은 부분점수 적용

괄호가 3개인 경우	3개 정답(2.5점), 2개 정답(1.5점), 1개 정답(0.5점)
괄호가 2개인 경우	2개 정답(2.5점), 1개 정답(1점)
괄호가 1개인 경우	1개 정답(2.5점)

2020년 상대평가 시행 이후 제2차 시험 합격선은?

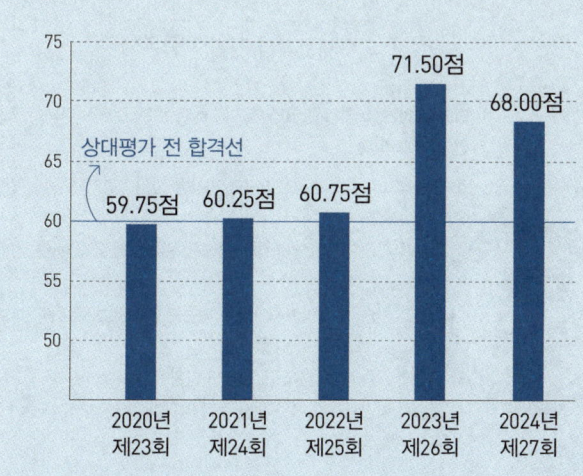

최근 2개년 합격선 평균 69.75점

상대평가 시행 이후 제25회 시험까지는 합격선이 60점 내외로 형성되었지만, 제26회에는 평균 71.50점, 제27회에는 평균 68.00점으로 합격선이 형성되며 합격에 필요한 점수가 상당히 올라갔습니다. 앞으로도 에듀윌은 변화하는 수험 환경에 맞는 학습 커리큘럼과 교재를 통해 수험자 여러분들을 합격의 길로 이끌겠습니다.

에듀윌 문제집으로 완성해야 하는 이유!

"이론만 공부하면 뭐해. 어떻게 풀어야 하는지를 모르는 걸…"
"범위가 너무 많아. 이제 그만 하고 포기하고 싶어…"

에듀윌 출제가능 문제집이 있는데, 왜 고민하세요?

최고득점자가 인정한 교재

2023 최고득점

과목별로 최고의 교수님들을 다수 보유하고 있다 보니 그중 제게 맞는 교수님을 선택해서 수강할 수 있었습니다. 2019년부터 매년 과목별 최고득점자들을 배출했다는 말을 듣고 망설임 없이 에듀윌 주택관리사를 선택하게 됐습니다. 게다가 합격 이후 취업까지 도와주는 '주택취업지원센터'가 있다는 것도 큰 장점이 아닌가 싶습니다. 에듀윌 교수님들 덕분에 원하는 목표 이상의 성과를 이뤄냈습니다. 에듀윌의 완벽한 교육 시스템에 본인의 노력을 더한다면 분명 누구나 원하는 목표를 달성할 수 있으리라 생각합니다.

2023년 제26회 시험 공동주택관리실무 최고득점자 김○우 회원

실제 시험과 유사한 교재

에듀윌 주택관리사 민법 출제가능 문제집	주택관리사 민법 기출문제
01. 민법 제1조의 법원(法源)에 관한 설명으로 옳은 것은? (다툼이 있으면 판례에 따름)	1. 민법의 법원(法源)에 관한 설명으로 옳지 않은 것은? (다툼이 있으면 판례에 따름)
① 민사에 관하여 법률에 규정이 없으면 관습법에 의하고, 관습법이 없으면 판례에 의한다.	① 일반적으로 승인된 국제법규가 민사에 관한 것이면 민법의 법원이 될 수 있다.
② 민법 제1조의 법률이란 국회가 제정한 법률을 의미하므로 대통령이 발한 긴급재정·경제명령은 이에 해당되지 않는다.	② 민사에 관하여 법률에 규정이 없으면 관습법에 의하고 관습법이 없으면 조리에 의한다.
③ 법원의 내부규율과 사무처리에 관하여 정한 대법원규칙도 민사에 관한 것인 때에는 민법의 법원이 될 수 있다.	③ 사실인 관습은 사적 자치가 인정되는 분야에서 법률행위 당사자의 의사를 보충하는 기능을 한다.
④ 법률의 규정을 집행하기 위해 세칙을 정하는 집행명령은 법규명령이 아니므로 민사에 관한 것이라도 민법의 법원이 될 수 없다.	④ 민사에 관한 대법원규칙은 민법의 법원이 될 수 있다.
⑤ 국제법규가 일반적으로 승인된 경우라도 법률의 형태가 아닌 한 법원으로 인정할 수 없다.	⑤ 관습법은 당사자가 그 존재를 주장·증명해야만 법원(法院)이 이를 적용할 수 있다.

지문일치

1위 기록이 증명한 교재

* YES24 수험서 자격증 주택관리사 문제집 베스트셀러 1위
 - 민법 2024년 10월, 시설개론 2024년 11월 월별 베스트
 - 회계원리 2024년 10월 3주 주별 베스트

반드시 풀어야 하는 문제 강조

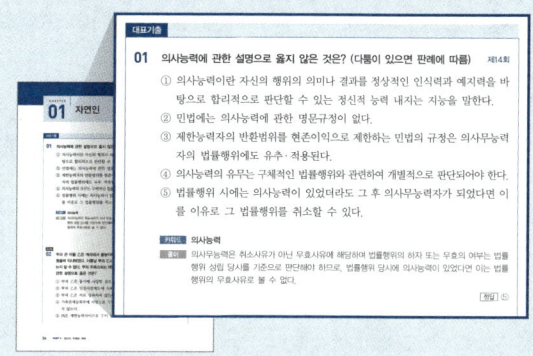

반드시 풀어야 하는 대표기출을 제시하여 우선순위 학습이 가능합니다.

➕ PLUS 출제가능 문제집, 함께하면 좋은 책은?

핵심요약집(5종)
핵심만 싹 모은 진짜 요약서로 빠르게 이론 정리!
(2차 2종: 2025년 5월 출간 예정)

단원별 기출문제집(2종)
기출문제를 통한 약점 완전 정복!

구성과 특징

워밍업 → 문제풀이 본 학습

기출기반 합격자료
문제풀이 전 출제경향을 확인해 보세요.

꼭 풀어 보아야 하는, 엄선 대표기출

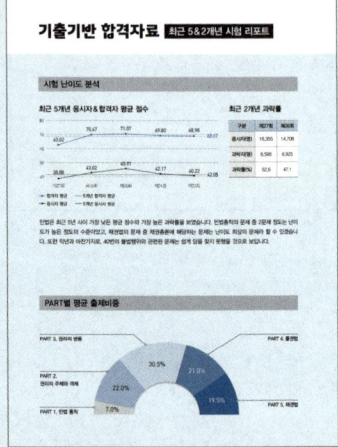

최근 5개년 평균 점수와 2개년 과락률을 통해 시험 난이도를 확인해 보세요. PART별, CHAPTER별 출제비중을 꼼꼼히 분석하여 더 중점을 두고 학습해야 하는 단원을 파악할 수 있습니다.

CHAPTER 04 법률행위의 대리

▶ 연계학습 | 에듀윌 기본서 1차 [민법 上] p.268

대표기출

01 민법상 임의대리에 관한 설명으로 옳지 않은 것은? (다툼이 있으면

① 소유자로부터 매매계약을 체결할 대리권을 수여받은 대리인은 없는 한 그 매매계약에서 정한 바에 따라 중도금을 수령할
② 대리인이 그 권한 내에서 본인을 위한 것임을 표시하지 아니하한 경우, 상대방이 대리인으로서 한 것임을 알았더라도 그 의인 자신을 위한 것으로 본다.
③ 권한을 정하지 아니한 대리인은 대리의 목적인 미등기 부동산할 수 있다.
④ 대리인은 본인의 승낙이 있거나 부득이한 사유가 있는 때가 이을 선임하지 못한다.
⑤ 원인된 법률관계의 종료 전에 본인이 수권행위를 철회한 경우멸한다.

이론 + 대리와 사자의 비교

구분		사자	
효과의사의 결정		본인	대리인
본인의 능력		행위능력 필요	권리능력
사자·대리인의 능력		사자의 의사능력 불요	대리인의
		사자와 대리인의 행위능력 불요	
의사의 흠결		본인의 의사와 사자의 표시를 비교	대리인의
의사표시의 하자		본인을 표준으로 결정	대리인을

함께 알아두면 좋은, 이론 +

마무리

맥락 잡고 약점 잡는, 키워드 & 풀이

고난도

31 乙은 자기의 아버지 甲의 위임장, 인장, 등기서류 등을 위조·도용하여 그 사실을 아는 선배 丙에게 甲 소유의 부동산을 양도하였다. 그리고 얼마 지나지 않아 丙은 아무런 사정을 알지 못하는 丁에게 그 부동산을 매각한 후 이전등기를 경료하였다. 다음 설명 중 옳지 않은 것은? (다툼이 있으면 판례에 따름)

① 甲의 추인이 없는 한 丁은 甲의 말소등기청구에 응해야 한다.
② 甲의 추인이 없는 경우 丁은 丙에게 지급한 매매대금에 대하여 반환청구권을 행사할 수 있다.
③ 甲이 추인을 거절할 경우에도 丙은 乙에게 이행이익의 배상을 청구할 수는 없다.
④ 丁은 甲에게 상당한 기간을 정하여 추인 여부의 확답을 최고할 수 있고, 그 기간 내에 甲이 확답을 발하지 아니하면 추인을 거절한 것으로 본다.
⑤ 후에 甲이 사망한 경우 상속인으로서의 乙은 甲의 지위를 승계하여 丁을 상대로 말소등기를 청구할 수는 없다.

PART 3

키워드 무권대리 – 추인과 추인거절

풀이 무권대리행위의 상대방은 상당한 기간을 정하여 본인에게 그 추인 여부의 ...
본인이 그 기간 내에 확답을 발하지 않으면 추인을 거절한 것으로 본다(제131...
수 있으나 전득자 丁이 직접 甲에게 최고를 할 수는 없다. 즉, 丁은 甲으로...
있으나, 甲에게 최고를 할 수는 없다.
② 담보책임으로서 계약을 해제하고 매매대금을 반환받을 수 있다(제570...
③ 제135조 제1항의 무권대리인의 상대방에 대한 책임은, 상대방이 악의 또는 ...
리인이 제한능력자인 경우에는 적용되지 않는다(제135조 제2항).
⑤ 乙이 대리권 없이 甲 소유 부동산을 丙에게 매도하여 「부동산소유권 이전...
치법」에 의하여 소유권이전등기를 마쳐주었다면 그 매매계약은 무효이고 ...
역시 무효가 되나, 乙은 甲의 무권대리인으로서 민법 제135조 제1항의 ...
丙에게 부동산에 대한 소유권이전등기를 이행할 의무가 있으므로 그러한 ...
로부터 부동산을 상속받아 그 소유자가 되어 소유권이전등기이행의무를 ...
된 시점에서 자신이 소유자라고 하여 자신으로부터 부동산을 전전매수한 ...
매행위가 무권대리행위여서 무효였다는 이유로 丁 앞으로 경료된 소유권 ...
라고 주장하여 그 등기의 말소를 청구하거나 부동산의 점유로 인한 부당...
것은 금반언의 원칙이나 신의성실의 원칙에 반하여 허용될 수 없다(94...

TIP 판례를 사례화한 문제는 조문과 판례를 구체화하는 연습을 하세요.

60점 뛰어넘는, 고난도 문제 & TIP

오답노트 작성

헷갈리거나 틀린 문제는 오답노트로 정리해 보세요.

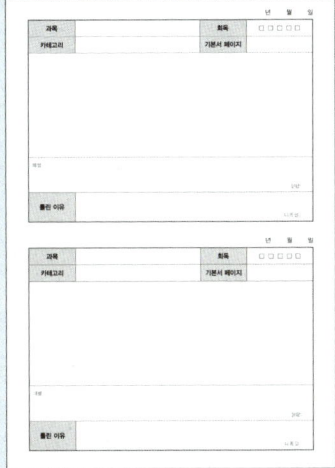

다운로드 방법

에듀윌 도서몰
(book.eduwill.net) 접속

도서자료실 클릭 후
부가학습자료 클릭

검색창에 '교재명' 입력 후
다운로드

기출기반 합격자료 최근 5&2개년 시험 리포트

시험 난이도 분석

최근 5개년 응시자 & 합격자 평균 점수

회차	합격자 평균	응시자 평균
제27회	63.02	38.88
제26회	70.47	43.02
제25회	71.07	45.97
제24회	69.80	42.17
제23회	68.98	40.22

5개년 합격자 평균: 68.67
5개년 응시자 평균: 42.05

최근 2개년 과락률

구분	제27회	제26회
응시자(명)	16,355	14,708
과락자(명)	8,595	6,925
과락률(%)	52.6	47.1

민법은 최근 5년 사이 가장 낮은 평균 점수와 가장 높은 과락률을 보였습니다. 민법총칙의 문제 중 2문제 정도는 난이도가 높은 정도의 수준이었고, 채권법의 문제 중 채권총론에 해당하는 문제는 난이도 최상의 문제라 할 수 있겠습니다. 또한 작년과 마찬가지로, 40번의 불법행위와 관련된 문제는 쉽게 답을 찾지 못했을 것으로 보입니다.

PART별 평균 출제비중

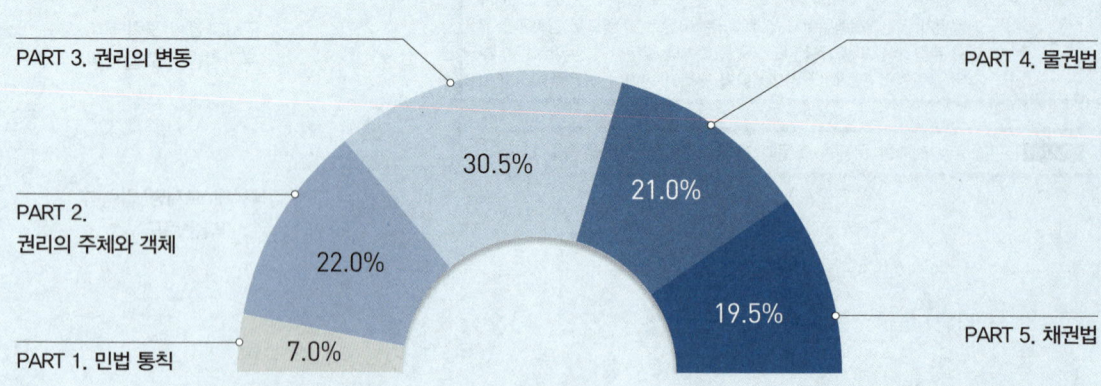

- PART 1. 민법 통칙: 7.0%
- PART 2. 권리의 주체와 객체: 22.0%
- PART 3. 권리의 변동: 30.5%
- PART 4. 물권법: 21.0%
- PART 5. 채권법: 19.5%

CHAPTER별 평균 출제비중

PART	CHAPTER	5개년 평균 출제문항 수(개)	5개년 평균 출제비중(%)
1. 민법 통칙	01. 민법 서론	1.0	2.5%
	02. 권리와 의무	1.8	4.5%
2. 권리의 주체와 객체	01. 자연인	3.2	8%
	02. 법인	3.8	9.5%
	03. 권리의 객체	1.8	4.5%
3. 권리의 변동	01. 권리변동 서설	0.6	1.5%
	02. 법률행위 일반	2.2	5.5%
	03. 의사표시	2.8	7%
	04. 법률행위의 대리	2.6	6.5%
	05. 법률행위의 무효와 취소	1.0	2.5%
	06. 조건과 기한	0.8	2%
	07. 기간과 소멸시효	2.2	5.5%
4. 물권법	01. 물권법 총론	0.4	1%
	02. 물권의 변동	1.6	4%
	03. 점유권	0.6	1.5%
	04. 소유권	1.6	4%
	05. 용익물권	1.6	4%
	06. 담보물권	2.6	6.5%
5. 채권법	01. 채권법 총론	2.0	5%
	02. 채권법 각론(계약법 총론)	2.0	5%
	03. 계약법 각론(매매)	1.2	3%
	04. 임대차	0.4	1%
	05. 도급과 위임	0.6	1.5%
	06. 부당이득과 불법행위	1.6	4%

차례

PART 1 | 민법 통칙

CHAPTER 01 | 민법 서론 16

CHAPTER 02 | 권리와 의무 22

PART 2 | 권리의 주체와 객체

CHAPTER 01 | 자연인 34

CHAPTER 02 | 법인 61

CHAPTER 03 | 권리의 객체 83

PART 3 | 권리의 변동

CHAPTER 01 | 권리변동 서설 96

CHAPTER 02 | 법률행위 일반 101

CHAPTER 03 | 의사표시 117

CHAPTER 04 | 법률행위의 대리 142

CHAPTER 05 | 법률행위의 무효와 취소 179

CHAPTER 06 | 조건과 기한 203

CHAPTER 07 | 기간과 소멸시효 215

PART 4 | 물권법

CHAPTER 01 | 물권법 총론 246

CHAPTER 02 | 물권의 변동 252

CHAPTER 03 | 점유권 269

CHAPTER 04 | 소유권 279

CHAPTER 05 | 용익물권 290

CHAPTER 06 | 담보물권 311

PART 5 | 채권법

CHAPTER 01 | 채권법 총론 340

CHAPTER 02 | 채권법 각론(계약법 총론) 370

CHAPTER 03 | 계약법 각론(매매) 389

CHAPTER 04 | 임대차 404

CHAPTER 05 | 도급과 위임 417

CHAPTER 06 | 부당이득과 불법행위 424

PART 1
민법 통칙

CHAPTER 01 민법 서론
CHAPTER 02 권리와 의무

출제경향

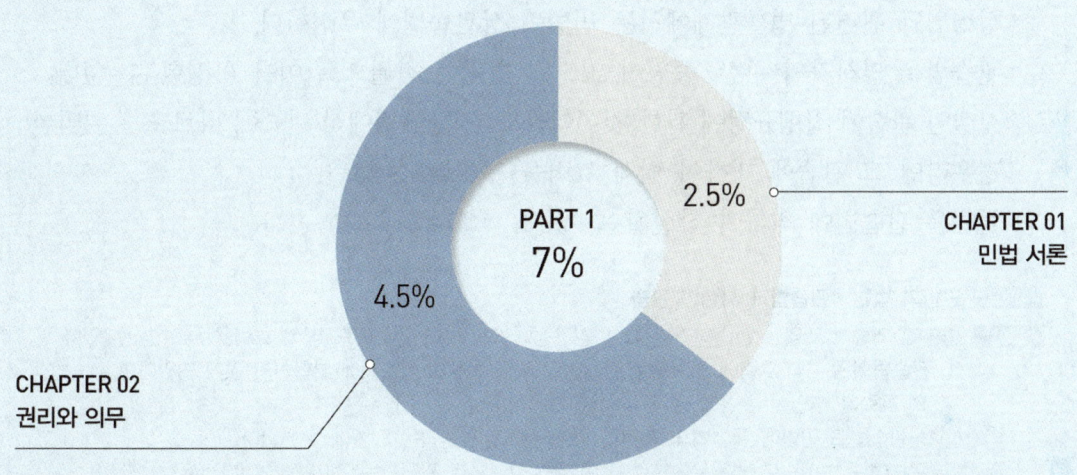

합격 POINT

법원의 종류 및 범위, 관습법, 민법의 해석방법, 권리의 종류, 신의성실의 원칙, 권리남용의 금지 등과 관련된 이론과 판례에서 세부적이고 다양한 문제가 출제됩니다.

CHAPTER 01 민법 서론

▶ **연계학습** | 에듀윌 기본서 1차 [민법 上] p.22

※ 대표기출은 교수님이 엄선한 문제이니 반드시 풀어보세요!

대표기출

관습법과 사실인 관습에 관한 설명으로 옳은 것은? (다툼이 있으면 판례에 따름) 제20회

① 사회의 거듭된 관행이 관습법으로 승인되었다면, 그것이 적용될 시점에 전체 법질서와 부합하지 않더라도 효력이 인정된다.
② 상행위와 관련된 법률관계에서는 민법이 상관습법에 우선한다.
③ 관습법은 당사자의 주장·증명이 없으면 법원이 직권으로 이를 확정할 수 없다.
④ 사실인 관습이 강행규정에 관한 것이더라도, 강행규정에서 관습에 따르도록 위임한 경우라면 그 관습에 대하여 법적 효력을 부여할 수 있다.
⑤ 물권은 관습법에 의하여 창설될 수 없다.

키워드 민법의 법원 – 관습법과 사실인 관습

풀이 법률에 의하여 위임된 관습이라면 그 위임규정에 의거하여 관습에도 법적 효력을 부여할 수 있다.
① 관습법의 보충적 효력에 의거하여 관습법이 사회 전체의 법질서에 부합하지 않게 되었다면 관습법상의 효력은 부인될 수밖에 없다.
② 상관습법도 민법에 특별법의 지위를 가지므로 상관습법은 민법에 우선한다.
③ 관습법도 법이므로 법원은 그 존재 여부를 직권으로 판단하는 것이 원칙이다.
⑤ 관습법에 의하여도 물권은 창설된다. 관습법에 의하여 창설된 물권은 관습법상 법정지상권, 분묘기지권, 동산의 양도담보권 등이 있다.

정답 ④

01 민법 제1조의 법원(法源)에 관한 설명으로 옳은 것은? (다툼이 있으면 판례에 따름)

① 민사에 관하여 법률에 규정이 없으면 관습법에 의하고, 관습법이 없으면 판례에 의한다.
② 민법 제1조의 법률이란 국회가 제정한 법률을 의미하므로 대통령이 발한 긴급재정·경제명령은 이에 해당되지 않는다.
③ 법원의 내부규율과 사무처리에 관하여 정한 대법원규칙도 민사에 관한 것인 때에는 민법의 법원이 될 수 있다.
④ 법률의 규정을 집행하기 위해 세칙을 정하는 집행명령은 법률이 아니므로 민사에 관한 것이라도 민법의 법원이 될 수 없다.
⑤ 국제법규가 일반적으로 승인된 경우라도 법률의 형태가 아닌 한 법원으로 인정할 수 없다.

> **키워드** 민법의 법원
> **풀이** ① 민사에 관하여 법률에 규정이 없으면 관습법에 의하고, 관습법이 없으면 조리에 의한다(제1조).
> ② 민법 제1조의 법률이란 국회가 제정한 법률만을 의미하는 것은 아니고, 민사에 관한 모든 제정법을 의미하므로 대통령이 발한 긴급재정·경제명령 등도 이에 해당될 수 있고, 법원의 내부규율과 사무처리에 관하여 정한 대법원규칙도 민사에 관한 것인 때에는 민법의 법원이 될 수 있다.
> ④ 법률의 규정을 집행하기 위해 세칙을 정하는 집행명령이 민사에 관한 것이면 민법의 법원이 된다.
> ⑤ 일반적으로 승인된 국제법규도 민사에 관한 것이면 민법의 법원이 될 수 있다.
>
> **정답** ③

02 민법의 법원(法源)에 관한 설명으로 옳지 않은 것은? (다툼이 있으면 판례에 따름)

① 조약은 국회의 비준을 얻더라도 법원(法源)이 될 수 없다.
② 조리는 민법의 법원으로서 법의 흠결을 보충한다.
③ 상행위와 관련된 법률관계에서는 상관습법이 민법보다 우선하여 적용된다.
④ 관습법이 헌법에 위반될 때에는 법원(法院)이 그 효력을 부인할 수 있다.
⑤ 관습이 관습법이 되기 위해서는 사회의 법적 확신과 인식에 의한 법적 규범으로 승인·강행되어야 한다.

> **키워드** 민법의 법원
> **풀이** 국가 간의 조약이 국회의 비준을 얻어 효력이 발생한 경우 민사에 관한 것이면 법원(法源)으로서 효력을 인정한다.
> ③ 「상법」은 민법의 특별법의 지위에 있으므로 상관습법은 민법에 우선하여 적용된다.
> ④ 관습법도 최고 규범으로서 헌법의 기본정신에 위배되어서는 그 효력이 없다.
>
> **정답** ①

03 관습법과 사실인 관습에 관한 설명으로 옳지 않은 것은? (다툼이 있으면 판례에 따름)

① 미등기 무허가 건물의 양수인은 소유권은 취득하지 못하나, 소유권에 준하는 관습법상의 물권은 취득한다.
② 사실인 관습은 법령으로서의 효력이 없는 단순한 관행에 지나지 않으므로 법률행위 당사자의 의사를 보충하는 수단으로 활용할 수 있다.
③ 여성은 종중의 구성원이 될 자격이 없다는 종래의 관습에 법적 효력은 더 이상 인정되지 않는다.
④ 물권은 관습법에 의하여 창설될 수 있다.
⑤ 관습법의 존부는, 법원이 알 수 없는 경우를 제외하고는, 당사자의 주장·증명을 기다리지 않고 법원이 직권으로 이를 확정하여야 한다.

키워드 민법의 법원 – 관습법
풀이 미등기 무허가 건물의 양수인은 소유권이전등기를 경료하지 않는 한 그 건물의 소유권을 취득할 수 없고, 또한 소유권에 준하는 관습법상의 물권을 취득할 수도 없다.

정답 ①

04 다음 중 판례가 확인한 관습법이 아닌 것은?

① 분묘기지권
② 관습상의 법정지상권
③ 미등기건물에 관한 명인방법
④ 동산의 양도담보
⑤ 사실혼(事實婚)

키워드 민법의 법원 – 관습법
풀이 건물의 경우에는 등기가 공시방법이고, 미등기건물이라 하더라도 명인방법은 인정되지 않는다. 다만, 미분리 과실과 수목 등에 대해서 관습법상 공시방법으로 명인방법이 인정된다.

정답 ③

05 다음 설명 중 옳지 않은 것은? (다툼이 있으면 판례에 따름)

① 사실인 관습이 강행규정에 관한 것이더라도, 강행규정에서 관습에 따르도록 위임한 경우라면 그 관습에 대하여 법적 효력을 부여할 수 있다.
② 사실인 관습은 관습법과 달리 법령으로서의 효력이 없는 단순한 관행에 지나지 아니하므로 당사자가 관습의 존재를 주장·입증해야 하는 것이고, 법원이 직권 판단할 수는 없다.
③ 대법원 전원합의체 판결은 민법의 법원이 아니지만 당해 사건에 있어서 하급심을 기속한다.
④ 국제물품매매계약에 관한 국제연합협약(CISG)은 민법의 법원이다. 그러므로 국제상거래에 관한 외국의 기업과 대한민국 기업 간의 분쟁시 국제연합의 협약(CISG)은 국내법에 우선하여 적용될 수 있다.
⑤ 관습법으로 승인되었던 관행이 그 적용 시점에 전체 법질서에 부합하지 않게 되었다면 그 관습법의 법적 효력은 부인될 수밖에 없다.

키워드 관습법과 사실인 관습
풀이 사실인 관습은 관습법과 달리 법령으로서의 효력이 없는 단순한 관행에 지나지 아니하므로 당사자가 관습의 존재를 주장·입증해야 하는 것이 원칙이다. 예외적으로 경험칙으로서의 사실인 관습은 당사자의 주장·입증을 기다릴 필요 없이 법원이 직권 판단할 수 있다.

정답 ②

06 다음 중 우리 민법의 기본원리에 부합하는 것은?

㉠ 권리의 행사와 의무의 이행은 신의에 따라 성실히 하여야 한다.
㉡ 공공복리를 최고원리로 한다.
㉢ 구체적 타당성을 해하지 않는 범위 내에서 법적 안정성을 추구한다.
㉣ 자기의 권리를 행사하는 자는 그 누구도 해하지 아니한다.
㉤ 경제질서는 개인적 경제활동의 자유와 창의를 존중한다.

① ㉠, ㉡, ㉢
② ㉠, ㉢, ㉣
③ ㉠, ㉢, ㉤
④ ㉠, ㉡, ㉣
⑤ ㉠, ㉡, ㉤

키워드 민법의 기본원리
풀이 ㉢ 법적 안정성을 해하지 않는 범위 내에서 구체적 타당성을 추구한다.
㉣ 자기의 권리를 행사하는 경우에도 그 권리의 행사가 신의칙 위반 또는 권리남용에 해당하는 경우 무효로서 불법행위를 구성할 수 있다.

정답 ⑤

07 "본법에서 물건이라 함은 유체물·전기 기타 관리할 수 있는 자연력을 말한다."라고 하는 민법 제98조와 관계있는 해석방법은?

① 입법해석
② 사법해석(司法解釋)
③ 유추해석
④ 축소해석
⑤ 연혁해석

키워드 민법의 해석
풀이 민법 제98조는 정의규정이며, 이와 같이 성문법규로서 성문법규를 해석하는 것을 입법해석 또는 법규해석이라고 한다.

정답 ①

08 "미성년자가 후견인의 동의를 얻지 아니하면 할 수 없는 재산상의 행위에는 유가증권의 거래도 포함된다."라고 해석하는 민법의 해석방법은?

① 유권해석
② 유추해석
③ 확장해석
④ 반대해석
⑤ 입법해석

키워드 민법의 해석
풀이 확장해석은 법규의 문언을 통상 쓰이는 의미보다 넓게 해석하는 것을 말한다.

정답 ③

09 다음 중 민법의 효력에 관한 설명으로 옳지 않은 것은?

① 민법은 외국에 있는 대한민국 국민에게 그 효력이 미친다.
② 민법에서는 소급효가 인정된다.
③ 동일한 민사에 관하여 한국 민법과 외국의 법이 충돌하는 경우에 이를 규율하는 것이 「국제사법」이다.
④ 우리 민법은 외교특권자(치외법권자)에게는 그 효력이 미치지 아니한다.
⑤ 우리 민법은 속지주의를 채택하여 우리 영토 내에 거주하는 외국인에게 적용함이 원칙이다.

키워드 민법의 효력
풀이 치외법권은 외교관들이 주재국의 과세권이나 경찰권에 복종하지 않을 권리일 뿐 사법관계에는 적용되지 않는다. 즉, 민법을 적용함에 있어 외교특권은 인정하지 않는다.

정답 ④

10 민법총칙의 다음 사항 중 민법 전체에 대한 통칙으로서 실질을 가지는 것은?

① 법률행위의 대리
② 진의 아닌 의사표시
③ 주소
④ 사기·강박에 의한 법률행위
⑤ 소멸시효

> **키워드** 민법총칙의 실질
> **풀이** 주소에 관한 규정은 민법 중 재산법뿐만 아니라 신분법에도 적용되는 통칙적 규정이다.

정답 ③

CHAPTER 02 권리와 의무

▶ **연계학습** | 에듀윌 기본서 1차 [민법 上] p.42

대표기출

고난도
01 사권(私權)에 관한 설명으로 옳지 않은 것은? (다툼이 있으면 판례에 따름) 제20회

① 토지 임차인의 지상물매수청구권은 형성권이다.
② 채권자취소권은 소로써만 행사할 수 있다.
③ 청구권은 채권뿐만 아니라 물권으로부터도 생긴다.
④ 하자담보책임에 기한 토지 매수인의 손해배상청구권은 제척기간에 걸리므로, 소멸시효 규정의 적용이 배제된다.
⑤ 항변권은 상대방의 청구권 자체를 소멸시키는 권리가 아니라 그 작용을 저지할 수 있는 권리이다.

키워드 권리의 분류

풀이 매도인에 대한 하자담보에 기한 손해배상청구권에 대하여는 민법 제582조의 제척기간이 적용되고, 이는 법률관계의 조속한 안정을 도모하고자 하는 데에 취지가 있다. 그런데 하자담보에 기한 매수인의 손해배상청구권은 권리의 내용·성질 및 취지에 비추어 민법 제162조 제1항의 채권 소멸시효의 규정이 적용되고, 민법 제582조의 제척기간 규정으로 인하여 소멸시효 규정의 적용이 배제된다고 볼 수 없으며, 이때 다른 특별한 사정이 없는 한 무엇보다도 매수인이 매매 목적물을 인도받은 때부터 소멸시효가 진행한다고 해석함이 타당하다(判).

TIP 권리의 종류와 효력은 민법이론 중에서 복잡하고 종류가 많은 이론입니다. 본 문제에서 제시하고 있는 정도만이라도 꼭 숙지하세요.

정답 ④

고난도

02 권리의 충돌과 경합에 관한 설명으로 옳지 않은 것은? (다툼이 있으면 판례에 따름)

제12회

① 전세목적물이 전세권자의 고의로 멸실된 경우에 소유자인 전세권설정자는 전세권자에게 채무불이행에 기한 손해배상청구권과 불법행위에 기한 손해배상청구권을 가지며, 양자는 청구권경합의 관계에 있다.
② 하나의 생활사실이 여러 개의 법규의 요건을 충족하여 동일한 목적을 가지는 여러 개의 권리가 발생하는 경우는 권리의 경합이다.
③ 공무원의 직무상 불법행위책임에 대하여 「국가배상법」과 민법의 규정이 경합하는 경우 「국가배상법」만이 적용된다.
④ 임대차가 종료하면 임대인인 소유자는 임차인에게 소유권에 기하여 목적물의 반환을 청구할 수 있을 뿐이다.
⑤ 토지에 대하여 지상권과 사용대차권이 충돌하는 경우 권리 성립의 선후에 관계없이 지상권이 우선한다.

키워드 권리의 충돌과 경합

풀이 임대차가 종료하면 임대인인 소유자는 임차인에게 소유권에 기하여 목적물의 반환청구와 임대차 종료에 기한 목적물반환청구권을 행사할 수 있고, 이는 선택적으로 또는 동시에 또는 순차적으로 행사할 수 있고, 권리의 경합이론에 따라 하나의 청구를 통해 만족을 얻으면 나머지 권리는 소멸한다.

TIP 권리의 종류와 효력은 민법이론 중에서 복잡하고 종류가 많은 이론입니다. 본 문제에서 제시하고 있는 정도만이라도 꼭 숙지하세요.

정답 ④

01 甲이 자동차를 운전하다가 비가 오는 거리에서 손을 드는 乙을 호의로 태워주고 가다가 甲의 부주의로 교통사고를 발생하여 乙이 다치게 되었다. 다음 중 옳지 않은 것은?

① 乙은 치료비와 위자료 상당액을 甲에게 청구할 수 없다.
② 甲·乙 간의 관계는 법률관계로 발전하더라도 甲의 책임이 경감되는 경우도 있다.
③ 甲이 음주상태의 운전면허가 없다는 사실을 乙이 잘 알면서 동승한 경우에도 乙이 손해배상청구권을 포기한 것이라고 볼 수 없다.
④ 甲과 乙 사이의 법률관계는 무상계약에 관한 법리가 적용될 수 있다.
⑤ 乙이 비록 다쳤지만 법적 구속의사가 없다면 법률문제가 생기지 않는다.

> **키워드** 인간관계와 법률관계
> **풀이** 乙은 甲의 불법행위를 이유로 손해배상(치료비와 위자료 상당액)을 청구할 수 있다. 다만, 일정한 경우 과실상계, 무상계약의 법리, 감경면책의 묵시적 합의에 관한 법리를 적용함으로써 甲의 책임을 경감할 수 있을 뿐이다.
>
> **정답** ①

02 다음 중 권리의 성질이 다른 것은?

① 지상물매수청구권 ② 공유물분할청구권
③ 해제권 ④ 계약갱신청구권
⑤ 지료증감청구권

> **키워드** 권리의 분류
> **풀이** 계약갱신청구권은 단순한 청구권이고, ①②③⑤는 형성권이다.
>
> **정답** ④

03 다음 중 권리에 관한 설명으로 옳은 것은? (다툼이 있으면 판례에 따름)

① 금전적 가치가 없는 것은 채권의 목적이 될 수 없다.
② 모든 권리는 침해되면 당연히 불법행위가 성립한다.
③ 인격권 침해에 대해서는 사전적·예방적 구제수단으로서 침해행위의 방지청구권이 인정된다.
④ 귀속상의 일신전속권은 양도·상속 모두가 불가능한 권리이고, 행사상의 일신전속권은 타인이 대위하여 행사할 수 없는 권리이다.
⑤ 항변권에는 상대방의 청구권의 존재를 인정하지 않는 영구적 항변권과 청구권의 존재를 인정하지만 그 행사를 저지할 수 있는 연기적 항변권이 있다.

> **키워드** 권리의 분류
>
> **풀이** 인격권은 그 성질상 일단 침해된 후의 구제수단(금전배상이나 명예회복 처분 등)만으로는 그 피해의 완전한 회복이 어렵고 손해전보의 실효성을 기대하기 어려우므로, 인격권 침해에 대하여는 사전(예방적) 구제수단으로 침해행위 정지·방지 등의 금지청구권도 인정된다(93다40614·40621).
> ① 금전적 가치가 없는 것도 채권의 목적이 될 수 있다(제373조).
> ② 물권이나 인격권 같은 절대권을 침해하는 행위는 불법행위가 성립하지만, 채권과 같은 상대권을 침해하는 경우에는 제3자가 채권의 실현을 방해할 적극적 의도로써 침해행위를 한 경우에만 위법하여 불법행위가 성립한다(2000다32437 참조). 따라서 모든 권리는 침해되면 당연히 불법행위가 성립한다고 할 수는 없다.
> ④ 귀속상의 일신전속권은 양도·상속이 모두 불가능한 권리(예 부부간의 권리, 부양청구권)와 양도만 불가능하고 상속은 가능한 권리[예 양도금지의 특약이 있는 채권(제449조 제2항)]가 있고, 행사상의 일신전속권은 타인이 대리 또는 대위하여 행사할 수 없는 권리이다.
> ⑤ 항변권은 상대방의 청구권의 존재는 인정하지만 그 효력을 저지시키는 권리를 말하며, 보증인의 최고 및 검색의 항변권(제437조), 동시이행의 항변권(제536조) 등의 연기적 항변권과 상속인의 한정승인의 항변권(제1028조) 등의 영구적 항변권이 있다.
>
> **정답** ③

04 권리에 관한 다음 설명 중 옳지 않은 것은?

① 보증인의 최고 및 검색의 항변권은 연기적 항변권이다.
② 주된 권리가 소멸하면 그 종된 권리는 원칙적으로 소멸한다.
③ 청구권은 그 기초가 되는 권리와 분리하여 청구권만을 양도할 수 있다.
④ 전세권설정자의 전세권소멸청구권은 명칭상 청구권이지만 그 본질은 형성권이다.
⑤ 임대인의 임대차계약 해지권은 일신전속권이 아니다.

> **키워드** 권리의 분류
>
> **풀이** 청구권은 그 기초가 되는 권리와 분리하여 양도할 수 없는 것이 원칙이다.
>
> **이론 +**
> > **형성권**
> > 1. 권리자의 의사표시만으로도 효력이 발생하는 것: 동의권, 취소권, 추인권, 해제권·해지권, 상계권, 최고권, 철회권, 매매의 일방예약완결권, 약혼해제권, 상속포기권, 공유물분할청구권·환매권 등
> > 2. 법원의 판결로만 효력이 발생하는 것: 채권자취소권, 친생부인권, 재판상 이혼권, 입양취소권, 재판상 파양권, 혼인취소권 등
> > 3. 청구권으로 불리나 실질은 형성권인 것: 공유물분할청구권, 지상물매수청구권, 지료증감청구권, 지상권소멸청구권, 전세권소멸청구권, 부속물매수청구권, 매매대금감액청구권, 유치권소멸청구권, 임차인·전차인의 매수청구권 등
>
> **정답** ③

05 법률상의 효력의 차이에 따른 사권의 분류에 관한 다음 설명 중 옳지 않은 것은?

① 물권은 가장 전형적인 지배권이며, 지식재산권도 지배권에 속한다.
② 임차인에 대한 임대인의 임대차계약의 해지권은 행사상의 일신전속권에 해당한다.
③ 분할절차 없이 토지 일부에 저당권을 설정할 수는 없으나, 지상권은 설정할 수 있다.
④ 취소권·상계권 등은 형성권이다.
⑤ 지상권자의 계약갱신청구권, 부양청구권 등은 청구권에 해당한다.

키워드 권리의 분류
풀이 임대인의 임차인에 대한 임대차계약의 해지권은 행사상 일신전속권이 아니다(2006다82700).

이론 +
> 표시는 청구권으로 되어 있으나 실질은 형성권인 것
> 1. 공유물분할청구권(제268조)
> 2. 지상권자 및 지상권설정자의 지상물매수청구권(제283조, 제285조 제2항)
> 3. 지료증감청구권(제286조)
> 4. 지상권설정자의 지상권소멸청구권(제287조)
> 5. 전세권설정자의 전세권소멸청구권(제311조), 전세금증감청구권(제312조의2), 전세권설정 및 전세권자의 부속물매수청구권(제316조)
> 6. 매수인의 대금감액청구권(제572조 제1항)
> 7. 차임증감청구권(제628조)
> 8. 임차인·전차인의 부속물매수청구권(제643조 내지 제647조)

정답 ②

06 신의성실의 원칙에 관한 다음 설명 중 옳지 않은 것은? (다툼이 있으면 판례에 따름)

① 토지소유자의 건물 철거 청구가 권리남용으로 인정된 경우라도 토지소유자는 그 건물의 소유자에 대해 그 토지의 사용대가를 부당이득으로 반환청구할 수 있다.
② 신의성실의 원칙에 관한 민법 제2조는 강행규정으로서 당사자의 주장이 없더라도 법원이 직권으로 판단하여 적용하여야 한다.
③ 신의칙은 사인 간의 법률관계뿐만 아니라 일반 행정 법률관계에서의 관청의 행위 또한 신의칙 적용대상이다.
④ 동시이행의 항변권 행사가 자신의 의무이행을 회피하기 위한 수단으로 활용되는 경우 또한 권리남용이 될 수 있다.
⑤ 인지(認知)청구권을 장기간 행사하지 않아서 상대방에게 더 이상 그 권리를 행사하지 않을 것이라고 신뢰할 만한 정당한 기대가 형성되었다면, 인지청구권은 실효된다.

키워드 신의성실의 원칙
풀이 인지(認知)청구권과 같은 가족법상의 권리는 실효의 원칙이 적용될 여지가 없다.

정답 ⑤

고난도
07 신의성실의 원칙 내지 그 파생원칙의 적용에 관한 판례의 입장과 다른 것은?

① 근로자가 아무런 이의 없이 퇴직금을 수령하고 의원면직일로부터 5년이 경과하였다고 하더라도 사직원의 작성과 제출이 자신의 형(兄)에 의하여 이루어졌다면 의원면직의 무효를 주장할 수 있다.

② 매매계약 체결 후 9년이 지났고 시가가 올랐다는 사정만으로 계약을 해제할 만한 사정변경이 있다고 볼 수 없고, 매수인의 소유권이전등기청구가 신의칙에 위배된다고 할 수 없다.

③ 병원은 입원하여 치료를 받는 환자의 휴대품 등의 도난방지에 필요한 적절한 조치를 강구해 줄 의무가 있다.

④ 법률행위가 법령에 위반되어 무효임을 알면서 그 법률행위를 한 사람이 특별한 사정이 없는 한 강행법규의 위반을 이유로 무효를 주장하는 것은 신의칙에 반하지 않는다.

⑤ 지방자치단체로부터 매수한 토지가 공공공지에 편입됨에 따라 매수인이 의도했던 건축행위를 하지 못했다는 사정만으로 매매계약을 해제할 만한 사정변경이 있다고 할 수 없다.

키워드 신의성실의 원칙과 그 파생원칙
풀이 근로자가 아무런 이의 없이 퇴직금을 수령하고 의원면직일로부터 5년이 경과한 후 사직원의 작성과 제출이 자신의 형(兄)에 의하여 이루어졌다면서 의원면직의 무효를 주장하는 것은 신의칙 중 금반언의 원칙에 반한다(2005다45827).
② 매매계약이 체결된 후 9년이 지났고 그 시가가 올랐다는 이유만으로 그 매매계약을 해제할 만한 사정의 변경이 있었다고 볼 수 없다(90다19664).
③ 병원은 입원하여 치료를 받는 환자의 휴대품 등의 도난방지에 필요한 적절한 조치를 강구해 줄 신의칙상의 보호의무를 부담한다(2002다63275).
④ 강행법규인 토지거래허가규정을 위반하였을 경우에 있어서 위반한 자 스스로가 무효를 주장하는 것은 신의칙에 반하지 않는다(93다44319).
⑤ 지방자치단체로부터 매수한 토지가 공공공지에 편입됨에 따라 매수인이 의도했던 건축행위를 하지 못했다는 사정만으로 매매계약을 해제할 만한 사정변경이 있다고 할 수 없다(2004다31302).

TIP 신의성실의 원칙 관련 판례는 상당히 많습니다. 기본서에 제시된 판례 정도는 반드시 숙지하세요.

정답 ①

08 사정변경의 원칙에 관한 설명으로 옳은 것은? (다툼이 있으면 판례에 따름)

① 민법에는 사정변경의 원칙에 관한 일반규정과 개별규정이 없다.
② 계약당사자 일방의 책임 있는 사유로 인해 현저한 사정변경이 초래된 경우, 그 당사자는 사정변경을 이유로 계약을 해제할 수 있다.
③ 사정변경으로 인한 계약해제에 있어서 사정이라 함은 계약의 기초가 되었던 객관적인 사정 및 당사자의 주관적 또는 개인적인 사정을 포함하는 것이다.
④ 이사로 재직 중 채무액과 변제기가 확정되어 있는 회사의 채무에 대하여 보증을 한 후 이사직을 사임한 자는 사정변경을 이유로 그 보증계약을 해지할 수 있다.
⑤ 현저하게 변경된 사정이 계약 성립 당시에 당사자가 예견할 수 있었던 것이라면 그 당사자는 계약을 해제할 수 없다.

키워드 신의성실의 원칙 – 사정변경의 원칙

풀이
① 민법에는 사정변경의 원칙에 입각한 일반규정은 없고, 개별규정만 있다.
② 판례는 사정변경을 이유로 계약의 해제권을 인정하지 않는다(2014다24327).
③ 사정변경으로 인한 계약해제에 있어서의 사정이라 함은 계약의 기초가 되었던 객관적인 사정을 의미하는 것이고, 당사자의 주관적 또는 개인적인 사정을 포함하는 것은 아니다(2004다31302).
④ 이사로 재직 중 불특정 채무에 대한 계속적 보증계약의 경우 해지권이 인정되지만, 채무액과 변제기가 특정되어 있는 회사의 확정채무에 대하여 보증을 한 후 이사직을 사임한 자는 사정변경을 이유로 그 보증계약을 해지할 수 없다(94다46008).

정답 ⑤

고난도
09 신의칙 등에 관한 설명으로 옳은 것은? (다툼이 있으면 판례에 따름)

① 본인의 지위를 상속한 무권대리인이 본인의 지위에서 무권대리행위의 추인을 거절할 수 있다.
② 관련 법령을 위반하여 무효인 편입허가를 받은 자에 대하여 오랜 기간이 경과한 후 편입학을 취소하는 것은 신의칙 위반이다.
③ 상계권의 남용을 판단함에 있어서는 권리남용의 경우에 요구되는 주관적 요건이 반드시 필요하다.
④ 아파트 분양자는 아파트 단지 인근에 쓰레기 매립장이 건설예정인 사실을 분양계약자에게 고지할 신의칙상의 의무가 있다.
⑤ 고용관계의 존부를 둘러싼 분쟁은 근로자의 생존과 밀접한 관련을 갖는 것이므로 이에는 신의칙에 기한 실효의 원칙이 적용되지 않는다.

키워드 신의성실의 원칙
풀이 아파트 분양자는 아파트 단지 인근에 쓰레기 매립장이 건설예정인 사실을 분양계약자에게 고지할 신의칙상 의무를 부담한다. 분양자가 이를 고지하지 않아 수분양자들에게 손해가 발생하였다면 이에 대한 불법행위책임을 진다(2004다48515).
① 본인의 지위를 상속한 무권대리인이 본인의 지위에서 무권대리행위의 추인을 거절하는 것은 신의칙이나 금반언의 원칙상 허용할 수 없다(94다20617).
② 관련 법령을 위반하여 무효인 편입허가를 받은 자가 있는 경우 이는 절대적으로 무효로서 오랜 기간이 경과하였다 하더라도 무효의 효과는 변함이 없으므로 편입학을 취소하는 것은 신의칙 위반이라 할 수 없다.
③ 판례는 권리남용의 요건으로서 주관적 요건을 배제하지는 않는다. 하지만 주관적 요건을 절대적으로 요구하는 것은 아니고 상계권의 남용을 판단함에 있어서는 권리남용의 경우에는 주관적 요건 없이 객관적 요건만으로도 권리남용을 인정하는 경우도 있다.
⑤ 실효의 원칙은 청구권 및 근로관계 등을 포함한 모든 권리에 대하여 적용된다. 특히, 항소권 기타 소송법상 권리도 이에 포함되고(94다51840), 소유권 등 소멸시효에 걸리지 않는 권리에 대하여 그 실효성이 크다.

TIP 신의성실의 원칙 관련 판례는 상당히 많습니다. 기본서에 제시된 판례 정도는 반드시 숙지하세요.

정답 ④

고난도

10 신의성실의 원칙(이하 '신의칙')에 관한 설명으로 옳은 것은? (다툼이 있으면 판례에 따름)

① 이사의 지위에서 부득이 회사의 계속적 거래관계로 인한 불확정한 채무에 대하여 보증인이 된 자가 이사의 지위를 떠난 경우, 사정변경을 이유로 보증계약을 해지할 수 없다.

② 일반보증의 경우에 있어서도, 채권자의 권리행사가 신의칙에 비추어 용납할 수 없는 성질의 것인 때에도 보증인의 책임을 제한하는 것은 허용될 수 없다.

③ 법률행위의 일부무효에 관한 법리는 일부취소와 일부해제에 유추 적용되므로 채무자가 비록 근소한 부분에 대한 채무불이행이 있다 하더라도 채권자는 그 선택에 따라 채무불이행을 이유로 계약 전부를 해제할 수 있다.

④ 법정대리인의 동의 없이 신용구매계약을 체결한 미성년자가 나중에 법정대리인의 동의 없음을 이유로 이를 취소하는 것은 신의칙에 반한다.

⑤ 권리남용금지는 위법적인 권리행사를 제한하는 요건이지만 그 권리를 박탈하는 요건은 아니나, 친권상실 선고 등에 의하여 그 권리가 박탈되는 경우도 있다.

키워드 신의성실의 원칙

풀이 ① 이사의 지위에서 부득이 회사의 계속적 거래관계로 인한 불확정한 채무에 대하여 보증인이 된 자가 이사의 지위를 떠난 경우, 사정변경을 이유로 보증계약을 해지할 수 있다(92다2332).
② 일반보증의 경우에 있어서도, 채권자의 권리행사가 신의칙에 비추어 용납할 수 없는 성질의 것인 때에는 보증인의 책임을 제한하는 것이 예외적으로 허용될 수 있다(2003다45410).
③ 법률행위의 근소한 부분의 채무불이행을 이유로 계약 전부를 해제하는 것은 신의칙에 반한다(71다352).
④ 제한능력자 보호에 관한 민법규정은 개별적 강행규정으로서 일반적 강행규정인 신의칙은 배제된다. 법정대리인의 동의 없이 신용구매계약을 체결한 미성년자가 나중에 법정대리인의 동의 없음을 이유로 이를 취소하는 것은 신의칙에 반하지 않는다(2005다71659).

TIP 신의성실의 원칙 관련 판례는 상당히 많습니다. 기본서에 제시된 판례 정도는 반드시 숙지하세요.

정답 ⑤

고난도
11 권리의 충돌과 경합에 관한 다음 설명 중 옳지 않은 것은?

① 물권과 채권이 충돌하면 원칙적으로 물권은 채권보다 우선한다.
② 물권 상호간에는 그 성립한 순위에 의하나, 점유권과 본권은 언제나 병존한다.
③ 법률에 달리 정함이 없는 한, 수개의 채권은 그 발생원인·발생시기·채권액에 상관없이 순위에 우열이 없다.
④ 수개의 채권이 충돌하여 그 전부를 만족시키기에는 채무자의 재산이 부족한 경우, 채무자는 각 채권액에 안분 비례하여 공평하게 변제하여야 한다.
⑤ 제한물권은 소유권에 우선한다.

키워드 권리의 충돌과 경합
풀이 채권자 평등의 원칙에 따라 수개의 채권이 충돌하여 그 전부를 만족시키기에는 채무자의 재산이 부족한 경우, 공적 실행(담보권실행경매 또는 파산절차의 진행 등에 의한 변제) 시에는 각 채권액에 비례하여 공평하게 안분배당하여야 한다. 다만, 사적 변제(채무자가 직접 변제) 시에는 선행주의에 의거 변제가 이루어진다.
TIP 권리의 우선적 효력은 총칙과 물권법 총론에서도 출제 가능한 부분입니다. 권리의 종류별로 우선적 효력을 인정하는 이유를 이해하면서 학습하세요.

정답 ④

12 재판 외 분쟁해결제도에 관한 설명으로 옳은 것은?

① 시민적 권리의식을 강화시킬 수 있는 제도이다.
② 분쟁처리의 원만성·신속성·저렴성은 보장될 수 있으나, 법원의 업무부담이 증가된다는 단점이 있다.
③ 화해조서는 확정판결과 동일한 효력이 있으며, 이를 집행권원으로 하는 강제집행도 가능하다.
④ 현행 「민사조정법」은 조정의 자율성을 보장하기 위하여 강제조정을 인정하지 않는다.
⑤ 소송물가액을 불문하고 모든 민사사건은 소액사건의 심판대상이 될 수 있다.

키워드 권리의 행사 – 권리의 구제
풀이 화해조서를 집행권원으로 하는 강제집행은 가능하다.
① 시민적 권리의식의 약화가 우려되는 제도이다.
② 재판 외 분쟁해결방법으로 법원의 업무부담이 감소된다.
④ 조정불성립의 경우라도 법원은 당사자의 이익을 고려하여 강제조정을 할 수 있으며, 이에 대하여 불복할 수 있음은 물론이다.
⑤ 현행 소액사건 심판대상은 소송물가액 3,000만원 이하로 규정하고 있다.

정답 ③

PART 2
권리의 주체와 객체

CHAPTER 01 자연인
CHAPTER 02 법인
CHAPTER 03 권리의 객체

출제경향

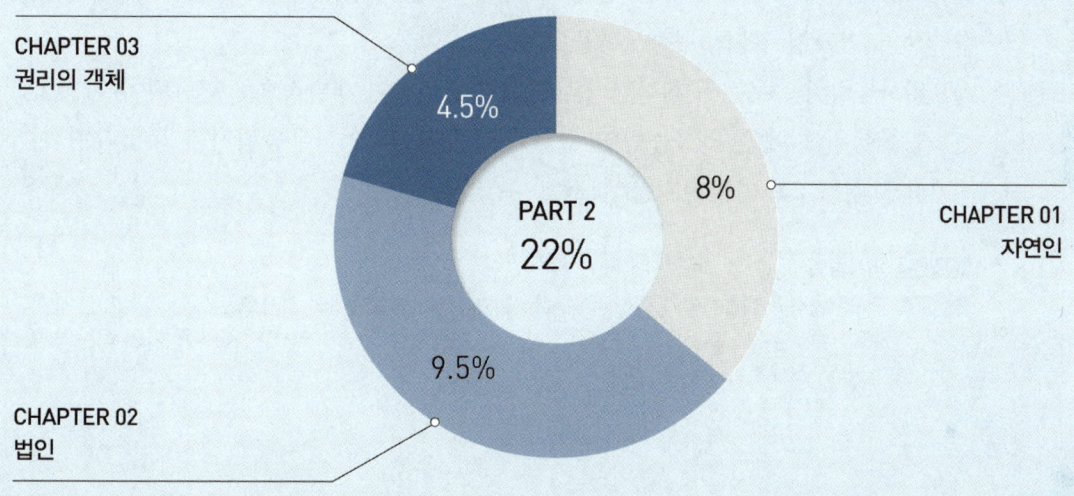

합격 POINT

자연인과 법인의 출제빈도가 높은 편입니다. 자연인에서는 태아의 권리능력, 제한능력자제도 및 상대방보호제도, 부재자와 실종선고제도에서 자주 출제됩니다. 법인에서는 법인의 설립절차, 법인의 능력, 법인의 기관, 대표권제한, 권리능력 없는 사단과 재단, 정관의 변경 및 청산절차 등에서 자주 출제되고 있습니다.

CHAPTER 01 자연인

▶ **연계학습** | 에듀윌 기본서 1차 [민법 上] p.72

대표기출

01 의사능력에 관한 설명으로 옳지 않은 것은? (다툼이 있으면 판례에 따름) 제14회

① 의사능력이란 자신의 행위의 의미나 결과를 정상적인 인식력과 예지력을 바탕으로 합리적으로 판단할 수 있는 정신적 능력 내지는 지능을 말한다.
② 민법에는 의사능력에 관한 명문규정이 없다.
③ 제한능력자의 반환범위를 현존이익으로 제한하는 민법의 규정은 의사무능력자의 법률행위에도 유추·적용된다.
④ 의사능력의 유무는 구체적인 법률행위와 관련하여 개별적으로 판단되어야 한다.
⑤ 법률행위 시에는 의사능력이 있었더라도 그 후 의사무능력자가 되었다면 이를 이유로 그 법률행위를 취소할 수 있다.

키워드 의사능력
풀이 의사무능력은 취소사유가 아닌 무효사유에 해당하며 법률행위의 하자 또는 무효의 여부는 법률행위 성립 당시를 기준으로 판단해야 하므로, 법률행위 당시에 의사능력이 있었다면 이는 법률행위의 무효사유로 볼 수 없다.

정답 ⑤

고난도

02 甲과 큰 아들 乙은 계곡에서 물놀이하던 중 게릴라성 폭우로 갑자기 불어난 급류에 휩쓸려 익사하였다. 이튿날 甲과 乙의 시신은 모두 발견되었으나 누가 먼저 사망하였는지 알 수 없다. 甲의 유족으로는 제한능력자인 부인 丙과 작은 아들 丁이 있다. 이에 관한 설명으로 옳은 것은? 제15회

① 甲과 乙은 동시에 사망한 것으로 본다.
② 甲과 乙은 인정사망제도에 의하여 가족관계등록부에 사망으로 기재된다.
③ 甲과 乙은 서로 상속하지 않는다.
④ 가족관계등록부에 사망으로 기재되지 않는 한, 甲과 乙의 권리능력은 상실되지 않는다.
⑤ 丙은 제한능력자이므로 丁이 일단 甲과 乙의 재산을 단독으로 상속한다.

| 키워드 | 사망 입증 곤란을 구제하기 위한 제도 |

풀이 甲과 乙은 동시에 사망한 것으로 추정이 되고 동시사망자 사이에는 상속의 문제는 발생하지 않는다.
① 동시사망은 추정적 효력이 있을 뿐이므로 甲과 乙은 동시에 사망한 것으로 추정한다.
② 인정사망은 사체가 발견되지 않는 등 사망의 입증이 곤란한 경우에 적용되므로 사체가 발견된 甲과 乙은 인정사망제도가 적용되지 않는다.
④ 사체가 발견되어 사망이 입증되었으므로 가족관계등록부에 기재 여부와 관계없이 甲과 乙은 권리능력을 상실한다.
⑤ 丙의 행위능력 여부와 무관하게 丙과 丁이 甲과 乙의 재산을 법률규정에 의하여 상속한다.

TIP 사례형 문제입니다. 동시사망의 추정제도와 인정사망제도의 차이점과 용어의 파악만으로 구별하는 법을 반드시 숙지하세요.

정답 ③

03 미성년자 甲이 친권자 乙의 동의 없이 자기 소유의 토지를 丙에게 매도하였다. 丙을 보호하기 위한 것이 아닌 것은?
제12회

① 친권자 乙에 대한 丙의 확답을 촉구할 수 있는 권리
② 丙이 선의인 경우, 미성년자 甲에 대한 철회권
③ 丙이 선의인 경우, 친권자 乙에 대한 철회권
④ 丙이 선의인 경우, 친권자 乙에 대한 거절권
⑤ 친권자 乙이 丙에게 이의보류 없이 소유권이전등기를 해 준 경우, 甲 측의 취소권 소멸

키워드 제한능력자의 상대방 보호

풀이 제한능력자 상대방 보호제도에서 거절권은 단독행위에 대한 보호제도이다. 본 문제는 계약에 관한 질문이므로 丙은 거절권을 행사할 수 있는 자가 아니다.

정답 ④

04 실종선고에 관한 설명으로 옳지 않은 것은? (다툼이 있으면 판례에 따름) 제13회

① 추락한 항공기 중에 있던 자의 실종기간은 항공기가 추락한 때부터 기산한다.
② 생사가 불명한 자의 제1순위 상속인이 있더라도 특별한 사정이 없는 한 제2순위 상속인은 실종선고를 청구할 수 있다.
③ 실종선고를 받은 자는 사망한 것으로 의제되며, 실종선고 그 자체가 법원에 의해 취소되지 않는 한 이 사망의 효과는 계속된다.
④ 실종선고가 취소되더라도 '선고 후 취소 전'에 선의로 한 법률행위에는 영향을 미치지 않는다.
⑤ 실종선고를 직접 원인으로 하여 재산을 취득한 자가 선의라면 그 받은 이익이 현존하는 한도에서 반환하면 된다.

키워드 실종선고제도
풀이 생사가 불명한 자의 제1순위 상속인이 있는 경우 제2순위 상속인은 실종선고를 청구할 수 없다.

정답 ②

---

01 권리능력에 관한 설명으로 옳은 것은?

① 권리능력에 관한 민법규정은 강행규정으로서 당사자 합의가 있더라도 그 적용을 배제하거나, 양도·상속, 포기할 수 없다.
② 민법은 권리능력제도의 보충을 위하여 법정대리인제도를 두고 있다.
③ 외국인은 원칙적으로 권리능력이 제한된다.
④ 동시사망의 추정은 사망 사실에 대한 추정으로서 법률상 추정이 아니다.
⑤ 사람은 가족관계등록부에 출생에 관한 기재로써 권리능력을 취득한다.

키워드 권리능력
풀이 권리능력에 관한 민법 제3조는 강행규정이다.
② 민법은 행위능력제도의 보충을 위하여 법정대리인제도를 두고 있다.
③ 생존하는 사람은 원칙적으로 성별·연령·국적 등을 불문하고 평등한 권리능력을 갖는다. 다만, 나라마다 정책목표 또는 안보상의 이유로 외국인의 권리능력이 제한되는 경우도 있다.
④ 동시사망의 추정은 사실상의 추정이 아니라 동시사망자 사이의 상속관계를 정하기 위한 법률상의 추정이다.
⑤ 자연인의 권리능력은 출생으로 취득한다. 가족관계기록부에 출생에 관한 기재는 출생에 관한 강한 추정적 효력이 있을 뿐이다.

정답 ①

02 민법상 자연인의 능력에 관한 설명으로 옳지 않은 것은? (다툼이 있으면 판례에 따름)

① 법원은 인정사망이나 실종선고에 의하지 않고 경험칙에 의거하여 사람의 사망사실을 인정할 수 없다.
② 권리의 주체는 오직 인(人)밖에 없고, 그 인은 자연인과 법인이 있다.
③ 자연인의 권리능력은 사망으로만 소멸한다. 그러므로 실종선고가 있더라도 당사자가 생존하는 한 권리능력이 상실되는 것은 아니다.
④ 의사무능력을 이유로 법률행위가 무효로 된 경우, 의사무능력자는 그 행위로 인해 받은 이익이 현존하는 한도에서 상환할 책임이 있다.
⑤ 자연인은 출생으로 권리능력을 취득하는 것이므로 태아가 살아서 출생하지 못한 경우에는 권리능력을 인정할 수 없다.

키워드 권리능력
풀이 인정사망이나 실종선고에 의하지 아니하고 법원이 사망사실을 인정할 수 있는지 여부(적극) – 수난, 전란, 화재 기타 사변에 편승하여 타인의 불법행위로 사망한 경우에 있어서는 확정적인 증거의 포착이 손쉽지 않음을 예상하여 법은 인정사망, 위난실종선고 등의 제도와 그밖에도 보통실종선고제도도 마련해 놓고 있으나 그렇다고 하여 위와 같은 자료나 제도에 의함이 없는 사망사실의 인정을 수소법원이 절대로 할 수 없다는 법리는 없다(87다카2954).

정답 ①

03 민법상 능력에 관한 설명으로 옳은 것은? (다툼이 있으면 판례에 따름)

① 모든 사람은 생존하는 동안에 예외 없이 권리능력을 가진다.
② 의사무능력자는 법정대리인의 동의를 얻어서 유효한 법률행위를 할 수 있다.
③ 제한능력자는 의사무능력자로 볼 수 있다.
④ 의사능력과 책임능력은 동일한 성질을 가지며, 동일한 정도의 정신능력을 의미한다고 볼 수 있다.
⑤ 제한능력자는 불법행위를 하여도 손해배상책임이 없다.

키워드 권리능력과 의사능력
풀이 사람은 생존하는 동안 연령, 성별, 국적, 인종의 구별 없이 권리와 의무의 주체가 된다.
② 의사무능력자의 법률행위는 법정대리인의 동의 여부를 불문하고 무효이다.
③ 제한능력자가 전부 의사무능력자는 아니다.
④ 의사능력과 책임능력은 각각 법률행위의 종류에 따라 개별적·구체적으로 판단한다.
⑤ 제한능력자도 의사능력과 책임능력이 있다면 불법행위에 대한 손해배상책임이 있다.

정답 ①

04 태아의 권리능력에 관한 설명으로 옳지 않은 것은? (다툼이 있으면 판례에 따름)

① 정지조건설·해제조건설 모두 태아가 살아서 출생하기만 하면, 문제된 시점에서부터 권리능력이 인정되나, 사산의 경우 권리능력이 인정될 여지가 없다.
② 태아는 증여를 받을 수 없으므로 그 법정대리인에 의한 수증도 할 수 없다.
③ 태아가 교통사고의 충격으로 조산되고 그로 인하여 출생 후 얼마 안 되어 사망한 경우, 죽은 아이의 생명침해로 인한 손해배상청구권도 인정된다.
④ 모체와 같이 사망한 경우에도 태아의 불법행위에 기한 손해배상청구권은 인정된다.
⑤ 유증의 경우에는 태아의 권리능력이 인정되나, 사인증여의 경우에는 태아의 권리능력이 인정되지 아니한다.

키워드 태아의 권리능력
풀이 어느 견해에 의해서든 태아가 모체와 같이 사망한 경우에는 태아의 불법행위에 기한 손해배상청구권은 인정되지 않는다(76다1365).

정답 ④

05 태아의 권리능력에 관한 다음 설명 중 옳은 것을 모두 고른 것은?

㉠ 직계존속의 생명침해에 대해 태아의 위자료청구권은 인정된다.
㉡ 유언의 효력발생 시에 태아로서 포태된 경우에는 유증을 받을 수 있다.
㉢ 태아의 인지청구권은 인정된다.
㉣ 판례에 의하면 태아에게 법정대리인이 필요하다.
㉤ 정지조건설은 거래안전에 유리하고, 해제조건설은 태아보호에 유리하다.

① ㉠, ㉡, ㉤
② ㉡, ㉣, ㉤
③ ㉠, ㉤
④ ㉠, ㉣, ㉤
⑤ ㉡, ㉢, ㉣

키워드 태아의 권리능력
풀이 ㉢ 인지청구권은 태아의 권리능력으로 인정되지 않는다.
㉣ 태아에게 법정대리인이 필요하다는 이론은 해제조건설로서 판례의 입장이 아니다.

정답 ①

06 甲은 자기 자동차로 임산부 乙을 치었는데 후에 아기 丙이 그 결과 뇌손상을 입고 태어났다. 판례의 태도에 따를 때 丙이 甲에게 청구할 수 있는 행위는?

① 태아인 동안에도 丙은 법정대리인을 통하여 甲에게 손해배상을 청구할 수 있다.
② 丙이 태어난 후 사고 발생 시점으로 소급하여 손해배상을 청구할 수 있다.
③ 태아인 동안에도 乙은 태아의 손해를 자기의 손해로 하여 손해배상을 청구할 수 있다.
④ 丙이 태어난 후라 하더라도 그가 권리능력이 없는 때 사고가 발생하였으므로 손해배상을 청구할 수 없다.
⑤ 사고 당시 乙이 丙을 대리하여 손해배상을 청구할 수 있다.

> **키워드** 태아의 권리능력
> **풀이** 판례는 태아의 법적 지위에 관하여 정지조건설을 취하므로 丙이 살아서 출생한 후 비로소 손해배상을 청구할 수 있게 된다.
>
> 정답 ②

07 자연인의 권리능력에 관한 설명으로 옳은 것은? (다툼이 있으면 판례에 따름)

① 태아를 피보험자로 하는 상해보험계약은 그 효력이 인정된다.
② 실종선고를 받은 자는 그 재판이 확정된 때에 사망한 것으로 본다.
③ 출생 후 그 사실이 가족관계등록부에 기재되어야 권리능력이 인정된다.
④ 동시사망의 추정은 사망 사실에 대한 추정에 해당한다.
⑤ 인정사망 후 그에 대한 반증만으로 사망의 추정력이 상실되는 것은 아니다.

> **키워드** 권리능력
> **풀이** 태아를 피보험자로 하는 상해보험계약은 그 유효성이 인정된다(2016다211224).
> ② 실종선고를 받은 자는 실종기간이 만료된 때 사망한 것으로 간주한다.
> ③ 전부노출설에 따라 출생으로 인하여 즉시 권리능력을 취득하는 것이고, 출생 후 그 사실이 가족관계등록부에 기재되는 것은 출생에 관한 추정적 효력이 있을 뿐이다.
> ④ 동시사망의 추정은 동시사망자 사이의 상속관계를 정리하기 위한 법률상 추정에 불과하다.
> ⑤ 인정사망은 사망에 대한 추정적 효력이 있을 뿐이므로 이후 그에 대한 반증만으로 사망의 추정력이 복멸한다.
>
> 정답 ①

08 자연인 甲이 사망함으로써 발생하는 민법상의 법률효과가 아닌 것은?

① 甲의 재산에 대한 상속개시
② 甲의 법정대리권 소멸
③ 甲의 혼인관계 종료
④ 甲이 한 조건 없는 유언의 효력발생
⑤ 甲의 임차권의 절대적 소멸

> **키워드** 권리능력의 소멸
> **풀이** 자연인이 사망하게 되면 ①②③④의 효력은 발생하나 甲이 사망한다 하여 임차권이 소멸하는 것은 아니고, 「주택임대차보호법」 또는 민법규정에 의한 승계 또는 상속이 이루어진다.
>
> **정답** ⑤

09 미성년자에 관한 설명으로 옳지 않은 것은? (다툼이 있으면 판례에 따름)

① 미성년자는 법정대리인의 동의가 없더라도 부담 없는 증여를 받을 수 있다.
② 미성년자가 법정대리인의 동의 없이 한 법률행위를 스스로 취소한 경우 그 취소를 다시 취소할 수는 없다.
③ 1981년 1월 1일 23시에 출생한 자는 2000년 12월 31일 24시에 성년이 된다.
④ 자신의 노무제공에 따른 임금의 청구와 관련된 소송행위는 미성년자가 독자적으로 할 수 있다.
⑤ 미성년자의 법률행위에 대한 법정대리인의 동의는 묵시적으로도 할 수 있다.

> **키워드** 행위능력 – 미성년자
> **풀이** 성년의 연령은 19세이므로 1981년 1월 1일 23시에 출생한 자는 2000년 1월 1일 0시에 성년이 된다.
>
> **정답** ③

10 2017. 6. 3. 15세인 甲이 친권자 乙의 동의 및 처분허락 없이 본인 소유의 자전거를 丙에게 30만 원에 매도하였다. 이에 관한 설명으로 옳지 않은 것은? (다툼이 있으면 판례에 따름)

제20회

① 甲은 乙의 동의 없이 매매계약을 취소할 수 있다.
② 2017. 7. 14. 甲이 乙의 동의 없이 丙에 대한 대금채권을 丁에게 양도한 후 丙에게 양도사실을 통지하였다면, 甲은 매매계약을 취소할 수 없다.
③ 甲과 丙이 제한능력자에 관한 규정의 적용을 배제하기로 약정하였더라도 乙은 매매계약을 취소할 수 있다.
④ 丙이 乙에게 1개월 이상의 기간을 정하여 매매계약에 대한 추인 여부의 확답을 촉구한 경우, 乙이 그 기간 내에 확답을 발송하지 아니하면 이를 추인한 것으로 본다.
⑤ 丙이 계약체결 당시 甲이 미성년자라는 사실을 알았다면, 丙은 乙의 추인 전이라도 자신의 의사표시를 철회할 수 없다.

키워드 제한능력자 – 미성년자의 행위능력
풀이 취소할 수 있는 행위로 취득한 권리의 일부 또는 전부 양도의 경우 법정추인에 관한 민법 규정이 적용되나, 이 경우에도 추인에 관한 일반규정이 적용되므로 취소의 원인이 종료된 후에 하여야 효력이 있는 것이므로 미성년자인 甲이 그 법정대리인의 동의 없이 대금채권을 양도한 사실만으로 법정추인의 효력이 발생할 수 없으므로 甲 또는 그 법정대리인 乙은 여전히 자전거에 대한 매매계약을 취소할 수 있다.

정답 ②

11 미성년자는 법정대리인이 범위를 정하여 처분을 허락한 재산의 처분행위는 단독으로 할 수 있다. 이에 관한 설명으로 옳지 않은 것은?

① 미성년자의 전(全) 재산의 처분을 허락하는 것처럼 제한능력자제도의 목적에 반할 정도로 포괄적인 처분을 허락하는 것은 허용되지 않는다.
② 법정대리인이 정한 '범위'라 함은 재산의 양적(量的) 범위를 말한다.
③ 처분을 허락한 법정대리인이 사용목적을 정한 때에도 그 목적과는 관계없이 임의로 처분할 수 있다는 것이 다수설이다.
④ 재산의 처분행위란 동산·부동산의 양도, 채권·주식의 양도 등을 말한다.
⑤ 처분이 허락된 재산으로 취득한 물건의 사용·수익은 재산의 처분행위에는 포함되지 않으므로 법정대리인의 동의를 받아야 사용·수익할 수 있다.

키워드 미성년자의 행위능력
풀이 처분이 허락된 재산으로 취득한 물건의 사용·수익도 처분행위에 포함된다.

정답 ⑤

12 미성년자에 대한 영업의 허락에 관한 설명으로 옳지 않은 것은?

① 영업의 허락을 한 법정대리인이 그 영업의 허락을 취소한 경우에도 이로써 선의의 제3자에게 대항할 수 없다.
② 영업의 특정이란 영업의 종류를 확정하는 것을 의미한다.
③ 법정대리인은 영업의 허락을 취소하거나 제한할 수 있으므로 하나의 영업에 대하여 그 일부만을 제한할 수 있다.
④ 영업의 허락이 있으면 그 영업과 관련하여 담보설정 및 점포의 임대차 등의 부수적인 행위도 동의 없이 가능하다.
⑤ 미성년자가 영업에 관하여 허락받은 범위에서는 법정대리인의 대리권은 소멸한다.

> **키워드** 미성년자의 행위능력
> **풀이** 허락한 하나의 영업 중에서 그 일부만을 허락하거나 일부만을 제한하는 것은 허용되지 않는다.
>
> **정답** ③

13 미성년후견인에 관한 설명으로 옳지 않은 것은?

① 미성년후견인은 미성년자에게 친권자가 없거나, 친권자가 법률행위의 대리권 및 재산관리권을 행사할 수 없는 때에 둔다.
② 미성년자에게 친권을 행사하는 부모는 유언으로 미성년후견인을 지정할 수 있다.
③ 법률행위의 대리권과 재산관리권이 없는 친권자는 미성년후견인을 지정할 수 없다.
④ 미성년후견인이 지정된 경우라도 미성년자의 복리를 위하여 필요하면 가정법원은 미성년후견을 종료하고 생존하는 부 또는 모를 친권자로 지정할 수 있다.
⑤ 미성년후견인은 미성년자의 재산 등을 고려하여 여러 명을 둘 수 있다.

> **키워드** 미성년후견인
> **풀이** 미성년후견인의 수(數)는 한 명으로 한다(제930조 제1항).
>   ① 제928조
>   ②③ 제931조 제1항
>   ④ 미성년후견인이 지정된 경우라도 미성년자의 복리를 위하여 필요하면 가정법원은 생존하는 부 또는 모, 미성년자의 청구에 의하여 후견을 종료하고 생존하는 부 또는 모를 친권자로 지정할 수 있다(제931조 제2항).
>
> **정답** ⑤

14 다음 설명 중 옳지 않은 것을 모두 고른 것은?

> ㉠ 술에 만취된 미성년자의 법률행위는 취소할 수 없다.
> ㉡ 미성년자가 근로의 대가로 취득한 임금은 법정대리인의 처분 동의가 있는 것으로 의제된다.
> ㉢ 미성년자는 단독으로 임금청구소송을 제기할 수 있다.
> ㉣ 19세인 대학생의 친권자는 부모이다.
> ㉤ 피한정후견인이라도 임의대리인이 될 수 있다.

① ㉠, ㉢
② ㉠, ㉣
③ ㉡, ㉣, ㉤
④ ㉠, ㉢, ㉤
⑤ ㉢, ㉣, ㉤

키워드 미성년자
풀이 ㉠ 술에 만취한 미성년자의 법률행위는 제한능력자의 행위로서 취소할 수도 있고, 술에 만취하였으므로 의사무능력상태라면 무효이다.
㉣ 친권자는 미성년자(19세 미만)의 법정대리인이므로 19세인 대학생은 친권자가 필요 없다.

정답 ②

15 甲은 친권상실 선고를 받은 남편 A와 이혼하였다. 그 후 甲은 적법한 유언으로 8세 된 아들 乙의 후견인으로 친구 B를 지정한 후 사망하였다. 乙에게는 출생 후 자신을 실질적으로 양육해 준 72세 된 외할머니 C, 68세 된 친할아버지 D, 그리고 대단한 재력가인 큰아버지 E가 있다. 다음 중 乙의 법정대리인은 누구인가? (다툼이 있으면 판례에 따름)

제13회

① A
② B
③ C
④ D
⑤ E

키워드 미성년자의 법정대리인
풀이 乙의 생부인 A는 친권상실 선고를 받았으므로 법정대리인이 될 수 없으며, 甲마저 사망하였다면 乙의 법정대리인은 후견인 중에서 법정대리인이 지정한 지정후견인인 B가 된다.

정답 ②

16 다음 중 성년후견의 개시심판을 청구할 수 있는 자가 아닌 것은?

① 미성년후견인
② 성년후견인
③ 한정후견감독인
④ 지방자치단체의 장
⑤ 특정후견인 및 그 감독인

키워드 성년후견의 개시심판
풀이 성년후견인이나 그 감독인은 성년후견의 개시심판을 청구할 수 있는 청구권자가 아니다(제9조 제1항).

정답 ②

17 피성년후견인의 행위에 관한 설명으로 옳지 않은 것은?

① 성년후견개시 심판 시 가정법원은 본인의 의사를 고려하여야 한다.
② 일용품의 구입 등 일상생활에 필요하고 그 대가가 과도하지 아니한 법률행위는 성년후견인이 취소할 수 없다.
③ 성년후견인은 피성년후견인의 신상과 재산에 관한 모든 사정을 고려하여 여러 명을 둘 수 있다.
④ 성년후견인은 자연인에 한한다.
⑤ 가정법원은 성년후견인이 선임된 경우에도 필요하다고 인정하면 직권으로 또는 일정한 청구권자나 성년후견인의 청구에 의하여 추가로 성년후견인을 선임할 수 있다.

키워드 피성년후견인
풀이 법인도 성년후견인이 될 수 있다(제930조 제3항).
① 제9조 제2항
② 제10조 제4항
③ 제930조 제2항
⑤ 제936조 제3항

정답 ④

18 성년후견제도에 관한 다음 설명 중 옳지 않은 것은?

① 성년후견인은 가정법원으로부터 대리권수여 심판이 있는 경우에 피후견인의 법정대리인이 된다.
② 가정법원은 피한정후견인에 대하여 한정후견의 종료 심판 없이 성년후견개시의 심판을 할 수 없다.
③ 피성년후견인의 법률행위는 취소할 수 있다.
④ 피성년후견인이 속임수로써 자기를 능력자로 믿게 한 경우에도 그 행위를 취소할 수 없다.
⑤ 피성년후견인이 성년후견인의 동의를 얻어서 한 부동산 매도행위는 취소할 수 있다.

키워드 법정후견제도

풀이 성년후견인은 성년후견개시 심판에 따라 가정법원의 직권으로 선임하여 피후견인의 법정대리인이 된다(제936조 제1항, 제938조 제1항).
② 가정법원은 피한정후견인에 대하여 성년후견개시의 심판을 하고자 하는 경우 한정후견의 종료심판을 하여야 한다.
③ 제10조 제1항
④ 제한능력자가 속임수로써 자기를 능력자로 믿게 한 경우에는 그 행위를 취소할 수 없다(제17조 제1항). 여기서 제한능력자에는 피성년후견인도 포함된다. 따라서 피성년후견인이 속임수로써 자기를 능력자로 믿게 한 경우에도 그 행위를 취소할 수 없다.
⑤ 성년후견인은 피성년후견인의 법률행위에 관한 동의권이 없으므로 피성년후견인이 성년후견인의 동의를 얻어서 한 부동산 매도행위도 취소권이 배제되지 않으므로 피성년후견인 측에서 제한능력을 이유로 취소할 수 있다.

정답 ①

19 성년후견종료의 심판에 관한 다음 설명 중 옳지 않은 것은?

① 성년후견개시의 원인이 소멸된 경우 성년후견종료 심판을 한다.
② 본인, 배우자, 4촌 이내의 친족, 성년후견인, 성년후견감독인, 검사 또는 지방자치단체의 장의 청구에 의하여 가정법원이 심판을 한다.
③ 성년후견종료의 심판이 있으면 그때로부터 피성년후견인은 완전한 행위능력자가 된다.
④ 성년후견종료의 심판 전에 후견인 등의 동의 없이 행하여진 법률행위는 성년후견종료의 심판 후에는 제한능력을 이유로 취소할 수 없다.
⑤ 한정후견개시 또는 성년후견개시에 대한 불복신청으로 한정후견 또는 성년후견개시 심판이 취소된 경우 소급효를 인정한다.

키워드 성년후견제도
풀이 성년후견종료의 심판은 소급효가 없어, 그 종료심판 전에 행하여진 피성년후견인의 법률행위는 성년후견종료의 심판 후에도 취소권의 행사기간 내에는 여전히 제한능력을 이유로 취소할 수 있다.

정답 ④

20 한정후견개시의 심판에 관한 설명으로 옳지 않은 것은?

① 질병, 장애, 노령, 그 밖의 사유로 인한 정신적 제약으로 사무를 처리할 능력이 부족한 사람에 대하여 가정법원이 심판한다.
② 본인, 배우자, 4촌 이내의 친족, 미성년후견인, 미성년후견감독인, 성년후견인, 성년후견감독인, 특정후견인, 특정후견감독인, 검사 또는 지방자치단체의 장의 청구에 의하여 한정후견개시의 심판을 한다.
③ 한정후견개시의 심판을 할 때 가정법원은 본인의 의사를 고려하여야 한다.
④ 가정법원이 한정후견개시 심판 시 피한정후견인이 한정후견인의 동의를 요하는 행위의 범위를 결정하였다면 그 범위 내에서 피한정후견인의 행위능력은 제한된다.
⑤ 일용품의 구입 등 일상생활에 필요하고 그 대가가 과도하지 아니한 법률행위에 대하여 피한정후견인이 그 후견인의 동의 없이 한 행위는 한정후견인이 취소할 수 있다.

키워드 피한정후견인
풀이 일용품의 구입 등 일상생활에 필요하고 그 대가가 과도하지 아니한 법률행위에 대하여는 취소할 수 없다(제13조 제4항 단서).
①② 제12조 제1항
③ 제12조 제2항
④ 제13조 제1항 참조

정답 ⑤

21 피한정후견인의 법률행위에 관한 설명으로 옳지 않은 것은?

① 본인, 배우자, 4촌 이내의 친족, 한정후견인, 한정후견감독인, 검사 또는 지방자치단체의 장의 청구에 의하여 가정법원은 한정후견인의 동의를 받아야만 할 수 있는 행위의 범위를 변경할 수 있다.
② 한정후견인은 피한정후견인의 모든 법률행위에 대한 동의권, 대리권 및 취소권이 있다.
③ 한정후견인의 동의를 필요로 하는 행위에 대하여 특별한 사정이 있는 때에는 가정법원은 피한정후견인의 청구에 의하여 한정후견인의 동의를 갈음하는 허가를 할 수 있다.
④ 성년후견 및 한정후견의 요건을 갖추어 청구권자의 청구가 있으면 이는 필요적 심판사유로서 반드시 심판을 해야 하나, 성년후견개시의 청구가 있더라도 필요하다면 한정후견을 개시할 수 있다.
⑤ 한정후견인의 동의가 필요한 법률행위를 피한정후견인이 한정후견인의 동의 없이 하였을 때에는 그 법률행위를 취소할 수 있다.

키워드 피한정후견인의 법률행위

풀이 한정후견인은 대리권의 수여심판이 있는 경우가 아니라면 가정법원이 정한 범위 내에서 피한정후견인의 법률행위에 대한 동의권이 있다.
① 제13조 제2항
③ 제13조 제3항
④ 필요적 선고 사항이다.
⑤ 제13조 제4항

정답 ②

22 특정후견의 심판에 관한 설명으로 옳지 않은 것은?

① 질병, 장애, 노령, 그 밖의 사유로 인한 정신적 제약으로 일시적 후원 또는 특정한 사무에 관한 후원이 필요한 사람이 심판대상이다.
② 본인, 배우자, 4촌 이내의 친족, 미성년후견인, 미성년후견감독인, 성년후견인, 성년후견감독인, 한정후견인, 한정후견감독인, 검사 또는 지방자치단체의 장의 청구에 의하여 특정후견의 심판을 한다.
③ 특정후견은 본인의 의사에 반하여 할 수 없다.
④ 특정후견의 심판을 하는 경우에는 특정후견의 기간 또는 사무의 범위를 정하여야 한다.
⑤ 특정후견의 심판으로 피특정후견인이 된 자는 제한능력자가 아니다.

키워드 피특정후견인
풀이 본인, 배우자, 4촌 이내의 친족, 미성년후견인, 미성년후견감독인, 검사 또는 지방자치단체의 장의 청구에 의하여 특정후견의 심판을 한다(제14조의2 제1항 후단부).
① 제14조의2 제1항 전단부
③ 제14조의2 제2항
④ 제14조의2 제3항
⑤ 피특정후견인은 제한능력자가 아니다.

정답 ②

고난도
23 후견심판과 그 종료심판에 관한 설명으로 옳지 않은 것은?

① 한정후견개시의 원인이 소멸된 경우에는 가정법원은 본인, 배우자, 4촌 이내의 친족, 한정후견인, 한정후견감독인, 검사 또는 지방자치단체의 장의 청구에 의하여 한정후견종료의 심판을 한다.
② 가정법원이 피한정후견인 또는 피특정후견인에 대하여 성년후견개시의 심판을 할 때에는 종전의 한정후견 또는 특정후견의 종료심판을 한다.
③ 가정법원이 피성년후견인 또는 피특정후견인에 대하여 한정후견개시의 심판을 할 때에는 종전의 성년후견 또는 특정후견의 종료심판을 한다.
④ 가정법원이 피성년후견인 또는 피한정후견인에 대하여 특정후견의 심판을 할 때에는 종전의 성년후견 또는 한정후견의 종료심판을 한다.
⑤ 성년후견개시의 원인이 소멸된 경우에는 가정법원은 본인, 배우자, 4촌 이내의 친족, 성년후견인, 성년후견감독인, 검사 또는 지방자치단체의 장의 청구에 의하여 성년후견종료의 심판을 한다.

> **키워드** 후견심판과 그 종료심판
>
> **풀이** 가정법원이 피성년후견인 또는 피한정후견인에 대하여 특정후견의 심판을 할 수는 없다.
> ① 제14조
> ② 제14조의3 제1항
> ③ 제14조의3 제2항
> ⑤ 제11조
>
> **TIP** 후견심판의 종류에 따른 유사점과 차이점을 비교 학습하세요.
>
> 정답 ④

24 제한능력자에 관한 설명으로 옳은 것은? 제26회

① 특정후견의 심판이 있으면 피특정후견인의 행위능력이 제한된다.
② 피성년후견인이 법정대리인의 동의서를 위조하여 주택 매매계약을 체결한 경우, 성년후견인은 이를 취소할 수 있다.
③ 가정법원은 피한정후견인에 대하여 한정후견의 종료심판 없이 성년후견개시의 심판을 할 수 있다.
④ 의사능력이 없는 자는 성년후견개시의 심판 없이도 피성년후견인이 된다.
⑤ 피한정후견인이 동의를 요하는 법률행위를 동의 없이 하였더라도 그 후 한정후견심판이 종료되었다면 그 법률행위는 취소할 수 없다.

> **키워드** 제한능력자제도
>
> **풀이** 피성년후견인에 대한 법정대리인인 성년후견인은 피성년후견인의 법률행위에 대한 동의권이 없으므로 피성년후견인이 법정대리인의 동의서를 위조하여 주택 매매계약을 체결한 경우라 할지라도 속임수를 쓴 것이라고 할 수 없어서 성년후견인은 이를 취소할 수 있다.
> ① 특정후견의 심판이 있어도 피특정후견인은 제한능력자가 되는 것은 아니다.
> ③ 가정법원은 피한정후견인에 대하여 성년후견개시의 심판을 하고자 하는 경우 한정후견의 종료심판을 하여야 한다.
> ④ 의사능력이 없는 자일지라도 성년후견개시의 심판이 없다면 피성년후견인이 아니다.
> ⑤ 피한정후견인이 동의를 요하는 법률행위를 동의 없이 하였고 그 후 한정후견심판이 종료되었더라도 취소권의 제척기간 이내라면 그 법률행위는 취소될 수 있다.
>
> 정답 ②

고난도

25 다음 중 제한능력자의 상대방 보호제도에 관한 설명으로 옳지 않은 것으로 묶인 것은?

> ㉠ 제한능력자 측의 추인이 있기 전에는 상대방은 단독행위를 거절하여 효력발생을 거부할 수 있다.
> ㉡ 확답의 촉구와 철회의 상대방은 확답의 촉구를 수령할 능력이 있고, 취소나 추인을 할 수 있는 자에 한한다.
> ㉢ 확답의 촉구를 받은 자가 유예기간 내에 추인 또는 취소의 확답을 하면 각각 그에 따른 효과가 생기며, 유예기간 내에 확답을 발하지 않은 경우에 추인의 효과가 발생할 수도 있다.
> ㉣ 기간을 전혀 정하지 않은 채 확답을 촉구하거나 1월보다 짧은 기간을 정하여 확답을 촉구한 경우에는 그 효력을 인정할 수 없다는 것이 다수설의 태도이다.
> ㉤ 미성년자가 제3자와의 사이에서 매매계약을 체결할 당시 속임수로써 자기가 성년자라고 믿게 한 경우 상대방이 실제로 오신하였는가 아닌가에 관계없이 미성년자는 매매계약을 취소할 수 없다.

① ㉠, ㉡
② ㉠, ㉣
③ ㉡, ㉤
④ ㉢, ㉣
⑤ ㉢, ㉤

키워드 제한능력자의 상대방 보호

풀이 ㉡ × – 확답의 촉구의 상대방은 능력자 또는 법정대리인에 한하지만(제15조), 철회나 거절의 의사표시는 제한능력자에 대해서도 할 수 있다(제16조 제3항).
㉤ × – 미성년자의 속임수에 의하여 상대방이 성년자라고 오신하였어야 한다.
㉠ ○ – 이때 상대방이 선의 또는 악의였는지는 불문한다(제16조 제2항).
㉢ ○ – 제한능력자 측의 추인 또는 취소의 확답은 각각의 의사표시의 효력일 뿐 확답의 촉구 자체의 효과는 아니며, 제한능력자 측이 확답을 발하지 않은 경우 확답의 촉구자의 의사와 관계없는, 확답의 촉구 자체의 법정(法定)된 효과가 발생한다.
㉣ ○ – 기간을 전혀 정하지 않은 채 확답을 촉구하거나 1월보다 짧은 기간을 정하여 확답을 촉구한 경우에는 확답 촉구의 효력이 없다. 그러나 기간을 전혀 정하지 않은 채 확답을 촉구하거나 1월보다 짧은 기간을 정하여 확답을 촉구한 경우에도 1월의 기간이 경과하면 확답 촉구의 효과가 발생한다는 소수견해도 있다.

TIP 제한능력자의 상대방 보호와 관련 조문 해석을 응용한 문제입니다. 조문에 대한 반대해석에 주의하세요.

정답 ③

고난도

26 제한능력자의 상대방을 보호하기 위한 제도에 관한 설명으로 옳지 않은 것은? (다툼이 있으면 판례에 따름)

① 제한능력자가 스스로 자신의 법률행위에 대한 급부를 계약의 내용에 따라 이행하였다면 이는 법정추인사유에 해당하여 더 이상 취소할 수 없다.
② 피성년후견인이 속임수로써 자신을 능력자로 믿게 하였다면 이는 취소권이 소멸하는 사유에 해당한다.
③ 제한능력자의 단독행위에 대한 거절은 상대방이 의사표시를 수령할 당시에 선의 또는 악의였는지를 불문하고 인정된다.
④ 피성년후견인이 법정대리인의 동의서를 위조하여 주택 매매계약을 체결한 경우, 성년후견인은 이를 취소할 수 있다.
⑤ 제한능력자가 적극적인 속임수를 쓴 경우에만 제한능력자 측의 취소권을 배제하고, 제한능력자가 단순히 자신이 성년자라고 큰소리 친 정도는 속임수로 보지 않아 여전히 취소권을 행사할 수 있다.

키워드 제한능력자의 상대방 보호
풀이 제한능력자가 이행하였다 하더라도 취소의 원인이 종료되기 전이므로 법정추인이 아니다.
  ② 제17조 제1항
  ③ 제16조 제2항. 반면 제한능력자의 계약에 대한 철회는 상대방이 계약 당시에 선의였을 경우에만 인정된다(제16조 제1항).
  ④ 피성년후견인에 대한 법정대리인인 성년후견인은 피성년후견인의 법률행위에 대한 동의권이 없으므로 피성년후견인이 법정대리인의 동의서를 위조하여 주택 매매계약을 체결한 경우라 할지라도 속임수를 쓴 것이라고 할 수 없어서 성년후견인은 이를 취소할 수 있다.
  ⑤ 다수설은 소극적 사술도 속임수로 보는 반면 판례는 적극적인 기망수단에 의한 것이어야 한다고 한다. 본조에 이른바 '제한능력자가 사술로써 능력자로 믿게 한 때'에 있어서의 사술을 쓴 것이라 함은 적극적으로 사기수단을 쓴 것을 말하는 것이고 단순히 자기가 능력자라 사언함은 사술을 쓴 것이라고 할 수 없다(71다2045).

TIP 조문을 구체화하기 위한 판례를 조문과 연계하는 연습이 필요합니다.

정답 ①

27 제한능력자 甲은 그 법정대리인 또는 후견인 丙의 동의 없이 자기 소유의 토지를 乙에게 매도하기로 하는 계약을 체결하였다. 이에 관한 설명으로 옳은 것은?

① 乙은 제한능력자 甲에 대하여 위 매매계약의 추인 여부에 대한 확답을 촉구할 수 있다.
② 乙로부터 확답의 촉구를 받은 丙이 유예기간 내에 특별절차를 밟은 확답을 발하지 않은 경우, 위 매매계약은 추인한 것으로 본다.
③ 乙이 매매계약 당시 甲이 제한능력자임을 알았다면 乙은 확답의 촉구를 할 수 없다.
④ 丙의 추인이 있기 전까지 선의의 乙은 甲에 대하여 위 토지에 대한 매수의 의사표시를 철회할 수 있다.
⑤ 피한정후견인 甲이 관련서류를 위조하여 乙로 하여금 한정후견인 丙의 동의가 있는 것으로 믿게 한 경우에도 甲의 취소권은 소멸하지 않는다.

키워드 제한능력자의 상대방 보호

풀이 제한능력자와 계약을 체결한 상대방이 선의인 경우 제한능력자 측에서 추인하기 전이면 그 계약을 철회할 수 있다.
① 乙은 甲의 법정대리인 丙에 대하여 위 매매계약의 추인 여부에 대한 확답을 촉구할 수 있다.
② 乙로부터 확답의 촉구를 받은 丙이 유예기간 내에 특별절차(후견감독인의 동의)를 받은 확답을 발하지 않은 경우, 위 매매계약은 취소한 것으로 본다.
③ 乙은 선·악을 불문하고 확답의 촉구를 할 수 있다.
⑤ 甲이 丙의 관련서류를 위조하여 乙로 하여금 후견인의 동의가 있는 것으로 믿게 한 경우에는 甲의 취소권은 소멸한다.

이론+
> 제950조【후견감독인의 동의를 필요로 하는 행위】① 후견인이 피후견인을 대리하여 다음 각 호의 어느 하나에 해당하는 행위를 하거나 미성년자의 다음 각 호의 어느 하나에 해당하는 행위에 동의를 할 때는 후견감독인이 있으면 그의 동의를 받아야 한다.
> 1. 영업에 관한 행위
> 2. 금전을 빌리는 행위
> 3. 의무만을 부담하는 행위
> 4. 부동산 또는 중요한 재산에 관한 권리의 득실변경을 목적으로 하는 행위
> 5. 소송행위
> 6. 상속의 승인, 한정승인 또는 포기 및 상속재산의 분할에 관한 협의
> ② 후견감독인의 동의가 필요한 행위에 대하여 후견감독인이 피후견인의 이익이 침해될 우려가 있음에도 동의를 하지 아니하는 경우에는 가정법원은 후견인의 청구에 의하여 후견감독인의 동의를 갈음하는 허가를 할 수 있다.
> ③ 후견감독인의 동의가 필요한 법률행위를 후견인이 후견감독인의 동의 없이 하였을 때에는 피후견인 또는 후견감독인이 그 행위를 취소할 수 있다.

정답 ④

고난도
28 미성년자 甲은 친권자 乙의 동의 없이 丙으로부터 고가(高價)의 자동차를 구입하는 계약을 체결한 후 대금을 지급하지 않고 있다. 이에 관한 설명으로 옳은 것은? (다툼이 있으면 판례에 따름)

① 甲은 乙의 동의 없이 단독으로 매매계약을 취소할 수 없다.
② 丙은 甲이 어려 보여 "미성년자 아니냐?"라고 묻자 甲은 "아닙니다."라고 단순히 말한 경우, 甲은 사술을 썼으므로 취소권이 배제된다.
③ 丙이 성년이 되지 않은 甲에게 1월 이상의 유예기간을 정하여 추인 여부의 확답을 촉구하였으나, 甲이 그 기간 내에 확답을 발하지 않았다면 매매계약을 추인한 것으로 본다.
④ 甲이 매매계약을 체결하는 데 대하여 乙은 동의권을 가지지만 스스로 계약을 취소할 수 없으므로 甲의 취소권을 乙이 대리하여 취소할 수는 있다.
⑤ 丙이 1월 이상의 기간을 정하여 乙에게 추인 여부의 확답을 촉구하였으나, 乙이 그 기간 내에 확답을 발하지 않았다면 그 매매계약을 추인한 것으로 본다.

키워드 제한능력자의 상대방 보호
풀이 친권자가 상대방의 확답의 촉구를 받고 그 유예기간 내에 확답을 발하지 않는 경우 미성년자의 행위에 대하여 추인한 것으로 본다.
① 미성년자는 단독으로 추인은 할 수 없으나, 단독으로 취소할 수는 있다.
② 미성년자의 단순한 허언은 취소권의 배제사유에 해당되지 않는다.
③ 추인의 상대방은 미성년자의 법정대리인 또는 미성년자가 성년이 된 경우 본인이다.
④ 미성년자의 법정대리인도 취소권이 인정된다.
TIP 판례를 사례화한 문제는 조문과 판례를 구체화하는 연습을 하세요.

정답 ⑤

29 주소에 관한 설명으로 옳지 않은 것은? (다툼이 있으면 판례에 따름)

① 주민등록지는 반증이 없는 한 주소로 추정된다.
② 주소를 정하거나 변경함에 있어 정주의 의사가 필요한 것은 아니다.
③ 주소는 동시에 두 곳 이상 둘 수 있다.
④ 가주소는 특정 거래관계에 관하여 주소로서의 기능을 갖는다.
⑤ 주소는 변제장소를 정하는 표준이 될 수 없다.

키워드 주소
풀이 주소의 민법상 효력은 부재와 실종의 표준, 법인의 소재지, 변제의 장소, 상속의 개시지가 된다.

정답 ⑤

30 주소(住所)의 법률상 효과에 관한 다음의 설명 중 옳지 않은 것은?

① 변제의 장소
② 부재와 실종의 표준
③ 법인의 소재지
④ 상속개시의 장소
⑤ 유언의 장소

키워드 주소
풀이 주소의 효과

민법	부재·실종의 표준(제22조, 제27조), 법인의 소재지(제36조), 변제의 장소(제467조), 상속의 개시장소(제998조)
기타의 법률	어음행위의 장소(어음·수표법), 재판관할의 표준(민사소송법, 채무자 회생 및 파산에 관한 법률 등), 「민사소송법」상의 부가기간, 「국제사법」상 준거법을 결정하는 표준, 귀화·국적회복의 요건(국적법)

정답 ⑤

31 다음 중 부재자의 재산관리에 필요한 처분을 가정법원에 신청할 수 없는 자는?

① 검사
② 보증인
③ 연대채무자
④ 친권자
⑤ 배우자

키워드 부재자제도
풀이 친권자는 법정대리인으로서 부재자의 재산을 관리할 의무가 있으므로 부재자의 재산관리에 필요한 처분을 가정법원에 신청할 수 없다.

정답 ④

32 가정법원에서 선임한 부재자의 재산관리인에 관한 다음 설명 중 옳은 것은?

① 재산관리인이 법원의 허가를 얻어 부재자의 재산을 매도한 후 법원이 관리인 선임결정을 취소하면, 관리인의 그 처분행위는 무효로 된다.
② 부재자의 재산에 대한 타인의 불법행위에 대해 손해의 배상을 청구하려면 법원의 허가를 얻어야 한다.
③ 재산관리인은 일종의 임의대리인으로서 언제든지 사임할 수 있다.
④ 재산관리인은 재산관리 중에 과실 없이 받은 손해의 배상을 청구할 수 있다.
⑤ 법원이 선임한 재산관리인은 부재자 재산의 관리 및 반환을 위하여 반드시 상당한 담보를 제공하여야 한다.

> **키워드** 부재자의 재산관리
>
> **풀이** 재산관리인은 선량한 관리자의 주의의무가 있는 자로서 그 관리과정에서 과실 없이 발생한 손해의 배상을 청구할 수 있다.
> ① 재산관리인에 대한 선임결정의 취소는 소급효가 없으므로 재산관리인이 법원의 허가를 얻어 부재자의 재산을 매도한 후 법원이 관리인 선임결정을 취소한다 하여 관리인의 그 처분행위가 소급하여 무효로 되는 것은 아니다.
> ② 손해배상의 청구는 보존행위로서 법원의 허가를 얻을 필요가 없다.
> ③ 법원이 선임한 재산관리인은 법정대리인이다. 다만, 스스로 사임하는 것은 가능하다.
> ⑤ 법원은 그 선임한 재산관리인으로 하여금 재산의 관리 및 반환에 관하여 상당한 담보를 제공하게 할 수 있다(제26조 제1항).
>
> **정답** ④

33 법원이 부재자 甲의 재산관리인으로 乙을 선임하였다. 이에 관한 설명으로 옳지 않은 것은? (다툼이 있으면 판례에 따름)

① 甲의 재산을 乙이 임의로 처분한 후 법원이 이를 허가하였다면 乙의 처분행위는 유효한 것으로 된다.
② 甲이 사망한 것으로 확인되면 乙의 권한은 즉시 소멸한다.
③ 법원은 甲의 재산으로 乙에게 상당한 보수를 지급할 수 있다.
④ 甲의 재산을 乙이 법원의 허가를 받아 처분한 후 그 허가결정이 취소되더라도 乙의 처분행위에는 영향을 미치지 않는다.
⑤ 乙은 법원의 허가가 없더라도 甲의 재산을 그 용도에 따라 제3자에게 임대하고 임대료를 청구할 수 있다.

> **키워드** 부재자의 재산관리
>
> **풀이** 甲이 사망한 것으로 확인되면 乙의 권한은 즉시 소멸하는 것이 아니고, 법원의 해임에 의하여 소멸한다.
>
> **정답** ②

34 해외지사에서 장기간 파견근무를 하게 된 甲은 사촌동생 乙에게 자신 소유의 X건물에 대한 관리·처분을 위임하였다. 다음 설명 중 옳지 않은 것은? (다툼이 있으면 판례에 따름)

① 乙이 X건물을 매각함에 있어 甲에게 경제적으로 불리한 계약이라도 법원의 허가를 받을 필요는 없다.
② 乙의 권한이 甲의 부재 중에 소멸한 경우, 가정법원은 甲의 추정상속인의 청구가 있으면 재산관리에 필요한 처분을 명하여야 한다.
③ 甲의 생사가 불명하여 법원이 乙을 甲의 재산관리인으로 유임한 경우, 乙은 법원의 허가 없이 X건물을 매각할 수 있다.
④ 乙이 건물 임차인들에게 차임청구를 하기 위해서는 법원의 허가를 받아야 할 필요는 없다.
⑤ 甲의 생사가 불명하여 법원이 새로 선임한 재산관리인은 재산관리를 위하여 지출한 필요비와 그 이자를 법원에 청구할 수 있다.

키워드 부재자의 재산관리
풀이 甲의 생사가 불명하여 법원이 乙을 甲의 재산관리인으로 유임한 경우, 乙은 법원의 처분명령에 따라야 하므로 법원의 허가 없이 X건물을 매각할 수 없다.

정답 ③

35 부재자 甲을 위하여 법원에 의하여 선임된 재산관리인 乙에 관한 설명으로 옳지 않은 것은? (다툼이 있으면 판례에 따름)

① 乙이 부재자의 재산관리인으로 선임되어 있다 하더라도, 甲은 반드시 乙을 통하여서만 법률행위를 하여야 하는 것은 아니다.
② 乙이 甲의 재산매각에 관하여 법원의 허가를 받았다면 그 재산을 담보로 제공할 때 다시 법원의 허가를 받아야 하는 것은 아니다.
③ 乙이 甲의 재산처분에 대한 법원의 허가를 받았다면 처분방법은 乙이 임의로 정할 수 있으며, 甲의 이익을 위하여 처분할 필요는 없다.
④ 甲의 채권자가 소송절차에서 필요한 소송서류 등의 송달은 재산관리인 乙에 대하여만 해야 하고, 부재자 甲에 대한 송달은 그 효력이 인정되지 않는다.
⑤ 乙이 甲의 사망을 확인하였더라도 법원에 의하여 재산관리인 선임결정이 취소되지 않는 한 乙은 계속하여 권한을 행사할 수 있다.

| 키워드 | 부재자의 재산관리 |
| 풀이 | 재산관리인의 법원의 허가 없는 처분행위는 무효이고, 법원의 허가를 얻은 재산의 처분도 부재자를 위하는 범위에 한정된다(75마551).
① 부재자 재산관리인의 선임이 부재자의 행위능력을 제한하는 제도는 아니기 때문이다. |

정답 ③

36 실종선고를 받은 자는 (㉠) 時에 사망한 것으로 (㉡)된다. 괄호 안에 알맞은 내용은?

① ㉠ 실종선고, ㉡ 간주
② ㉠ 실종선고, ㉡ 추정
③ ㉠ 실종기간 만료, ㉡ 간주
④ ㉠ 실종기간 만료, ㉡ 추정
⑤ ㉠ 실종, ㉡ 간주

| 키워드 | 실종선고제도 |
| 풀이 | 실종기간이 만료한 때에 사망한 것으로 간주한다. |

정답 ③

37 실종선고에 관한 설명으로 옳지 않은 것은?

① 실종선고를 청구할 수 있는 자는 법률상 이해관계인으로서, 일반적으로 경제상 이해관계가 있는 자는 실종선고의 청구권자로 해석한다.
② 실종선고를 받은 자는 공법상 권리 및 사법상 권리가 절대적으로 소멸하는 것은 아니다.
③ 생사가 불명한 상태가 5년 이상 지속되어도 실종선고를 받기 전이라면 생존한 자로 추정하여야 한다.
④ 실종선고의 청구권자와 실종선고 취소의 청구권자의 범위는 동일하지 않다.
⑤ 실종선고가 확정된 자는 소송상 당사자능력을 상실한다.

| 키워드 | 실종선고제도 |
| 풀이 | 실종선고가 되었다 하여 권리능력이 박탈되는 것이 아니라 종전 주소지를 중심으로 한 사법상 법률관계를 종료하게 하므로 선고 후에도 소송상 당사자능력을 상실하는 것은 아니다. |

정답 ⑤

38 실종선고 및 취소에 관한 다음 설명 중 옳은 것은?

① 실종선고를 받은 자가 생존한 것으로 판명되어 취소된 경우 실종선고의 효력은 소급적으로 소멸한다.
② 실종선고를 받은 자는 그때부터 사망한 것으로 본다.
③ 실종선고의 취소청구가 있으면 법원은 6월 이상의 공시최고를 하여야 한다.
④ 부재자가 실종선고를 받은 경우에 실종자는 그 선고일까지 생존한 것으로 본다.
⑤ 실종선고를 받은 자가 실종기간만료일과 다른 시기에 사망한 것이 입증되면 실종선고의 효력은 소멸하고 실제 사망일을 기준으로 법률관계가 정리된다.

> **키워드** 실종선고제도
> **풀이** 실종선고 취소의 효력은 그 선고시점으로 소급하여 실종선고의 효력을 소멸하게 한다.
> ② 실종선고를 받은 자는 실종기간이 만료한 때에 사망한 것으로 본다.
> ③ 실종선고의 취소절차에 6월 이상의 공시최고는 필요 없다.
> ④ 부재자가 실종선고를 받은 경우에 실종자는 실종선고 전에는 생존으로 추정된다.
> ⑤ 실종선고의 취소사유일 뿐 실제 사망일을 기준으로 법률관계가 자동으로 정리되는 것은 아니다.
>
> 정답 ①

39 실종선고에 관한 다음 설명 중 옳은 것은?

① 부재자의 직계비속이 있는 경우에 직계존속은 실종선고를 청구하지 못한다.
② 잠수장비를 착용하고 바다에 입수한 후 행방불명되었다면 이는 특별실종의 원인되는 사유에 해당한다.
③ 실종선고가 확정되면 실종자는 모든 법률관계에서 사망한 경우로 다루어진다.
④ 실종선고를 받은 자가 종전의 주소에서 새로운 법률행위를 하기 위해서는 실종선고를 취소하여야 한다.
⑤ 실종선고가 취소된 경우에 실종기간 만료 후 선고 전에 상속인등의 상속재산 처분행위가 쌍방의 선의로 행하여졌으면 그대로 유효하다.

> **키워드** 실종선고제도
> **풀이** 1순위 상속인이 있으면 2순위 상속인은 실종선고를 청구할 수 없다.
> ② 잠수장비를 착용하고 바다에 입수한 후 행방불명되었다고 하여 이를 특별실종의 원인되는 사유에 해당한다고 할 수 없다.
> ③ 실종선고는 종래의 주소를 중심으로 하는 사법적 법률관계만 종료하게 하고, 공법상의 권리는 아무 영향이 없다.
> ④ 실종선고제도는 실종자의 권리능력을 박탈하는 제도가 아니다. 실종선고를 받은 자라도 돌아온 후 그의 종전의 주소에서 새로운 법률행위를 하기 위해서 실종선고의 취소가 필요한 것은 아니다.
> ⑤ 실종선고가 취소된 경우, 실종선고를 원인으로 재산을 취득한 자의 그 재산처분행위가 실종선고 후 그 취소 전에 행해졌다면 실종선고가 취소된 경우에도 무효로 되지 않는다.
>
> 정답 ①

40 실종선고 및 취소에 관한 설명으로 옳지 않은 것은? (다수설에 따름)

① 실종선고를 받은 사람은 실종기간이 만료한 때에 사망한 것으로 간주한다.
② 실종기간이 만료한 때와 다른 시기에 사망한 사실이 입증되면 법원은 이해관계인 또는 검사의 청구에 의하여 실종선고를 취소하여야 한다.
③ 동일인에 대하여 2차례의 실종선고가 있는 경우, 신법우선의 원칙을 유추 적용하여 최근의 실종선고를 기준으로 상속관계를 확정하는 것이 옳다.
④ 실종선고가 있은 후 실종자가 생존하여 종전의 주소지로 돌아왔다고 하여 실종선고의 효과가 즉시 번복되는 것은 아니다.
⑤ 서울에 주소를 둔 甲이 실종선고를 받았으나 대전에 주소를 두고 컴퓨터 매매계약을 체결했다면 그 계약은 유효하다.

키워드 실종선고제도

풀이 동일인에 대하여 2차례의 실종선고가 있는 경우, 상속관계의 판단 기준 시점 – 실종자에 대하여 5년간 생사불명을 원인으로 이미 실종선고가 되어 확정되었는데도, 그 이후 타인의 청구에 의하여 새로이 확정된 실종신고를 기초로 상속관계를 판단한 것은 잘못이다(95다12736).

정답 ③

41 실종선고 취소의 효과에 관한 설명으로 옳지 않은 것은? (다툼이 있으면 판례에 따름)

① 취소에 의하여 실종선고로 생긴 법률관계는 소급하여 무효가 된다.
② 본인이 생존하여 돌아온 경우 실종자 본인도 실종선고 취소를 청구할 수 있다.
③ 실종기간 만료 후 실종선고 전에 선의의 상속인으로부터 상속재산을 매수한 자는 선악 불문하고 모든 이익을 반환하여야 한다.
④ 실종선고를 받은 자의 동산에 대한 취득시효를 완성하여 소유권을 취득한 악의의 취득자는 실종선고가 취소된 경우에도 그 이익을 반환할 필요가 없다.
⑤ 실종자를 상대로 한 판결이 확정된 후에 실종선고가 확정되어 사망간주 시점이 소 제기 전으로 소급하였다면 위 판결의 효력은 무효가 된다.

키워드 실종선고의 취소

풀이 실종자를 상대로 한 판결이 확정된 후에 실종선고가 되어 그 사망간주의 시점이 소 제기 전으로 소급하는 경우에도 위 판결 자체가 소급하여 당사자능력이 없는 사망한 사람을 상대로 한 판결로서 무효가 된다고 볼 수는 없다(92다2455).
③ 실종선고 취소로 보호되는 제3자에 해당하는 자는 실종선고 후 취소 전에 새로운 이해관계를 맺어야 한다.
④ 취득시효로 인한 권리취득은 실종선고와 무관한 원인에 의한 취득이므로, 실종선고의 취소와 관련이 없다.

정답 ⑤

고난도

42 甲이 등산을 갔다가 생사불명이 되어 실종선고가 내려졌다. 이후 처(妻) 乙은 甲 소유의 부동산을 단독으로 상속하였다. 이에 관한 설명으로 옳지 않은 것은?

① 甲은 최후의 소식이 있었던 때에 사망한 것으로 본다.
② 乙이 부동산을 丙에게 처분한 후 甲이 생환하여 실종선고가 취소된 경우, 乙과 丙이 모두 선의였다면 丙은 취득한 부동산을 甲에게 반환할 필요가 없다.
③ 甲이 생환하여 실종선고가 취소된 경우, 선의의 乙은 상속받은 부동산에 대하여 이익이 현존하는 한도에서 甲에게 반환하여야 한다.
④ 甲이 생환하여 실종선고가 취소된 경우, 실종선고는 소급하여 무효가 된다.
⑤ 甲이 가족관계등록부상 이미 사망한 것으로 기재되어 있었다면 그 사망기재의 추정력을 뒤집을 수 있는 자료가 없는 한 乙은 실종선고를 청구할 수 없다.

> **키워드** 실종선고의 효과
> **풀이** 甲은 일반실종에 해당하므로 최후 소식이 있은 후 실종기간 5년이 만료되는 때에 사망한 것으로 본다.
> **TIP** 판례를 사례화한 문제는 조문과 판례를 구체화하는 연습을 하세요.
>
> 정답 ①

43 다음 중 외국인의 권리능력에 관한 설명으로 옳지 않은 것은?

① 원칙적으로 내외국민 평등주의가 적용된다.
② 상호주의에 의해 제한되는 경우가 있다.
③ 외국인은 공증인이 될 수 있다.
④ 외국인은 토지를 취득할 권리능력이 없다.
⑤ 외국인은 국내의 항공기를 소유할 수 없다.

> **키워드** 외국인의 권리능력
> **풀이** 외국인의 토지취득은 상호주의의 제한을 받는다(원칙적으로 신고주의, 예외적으로 허가주의).
> ③ 「공증인법」의 개정(1998. 12. 28. 법률 제5590호)으로 외국인도 공증인이 될 수 있다.
>
> 정답 ④

CHAPTER 02 법인

▶ **연계학습** | 에듀윌 기본서 1차 [민법 上] p.112

대표기출

01 법인의 불법행위능력(민법 제35조)에 관한 설명으로 옳은 것은? (다툼이 있으면 판례에 따름)

제17회

① 법인의 손해배상책임이 대표기관의 고의적 불법행위에 기한 것이라 해도 손해 발생과 관련하여 피해자의 과실이 있다면 과실상계의 법리는 적용 가능하다.
② 실제로는 직무와 관련 없는 대표기관의 행위가 외형상 직무에 관한 것으로 보인다면 피해자가 이에 관해 선의인 한 그 선의에 중과실이 있더라도 법인의 불법행위책임은 성립한다.
③ 대표기관이 직무와 관련하여 불법행위를 한 경우 피해자는 민법 제35조(법인의 불법행위능력)에 따른 손해배상과 민법 제756조(사용자의 배상책임)에 따른 손해배상을 선택적으로 청구할 수 있다.
④ 법인의 불법행위책임이 성립하면 대표기관은 손해배상책임을 면한다.
⑤ 법인의 불법행위능력에 관한 규정은 권리능력 없는 사단에 유추적용되지 않는다.

키워드 법인의 불법행위책임

풀이 ② 법인의 대표자의 행위가 직무에 관한 행위에 해당하지 아니함을 피해자 자신이 알았거나 또는 중대한 과실로 인하여 알지 못한 경우에는 법인에게 손해배상책임을 물을 수 없다(2003다34045).
③ 제35조(법인의 불법행위능력)에 따른 손해배상과 민법 제756조(사용자의 배상책임)이 경합하는 경우 민법 제35조가 적용되며, 민법 제756조 사용자책임은 적용되지 않는다.
④ 법인의 불법행위가 성립하는 경우에도 가해행위를 한 대표기관은 법인과 경합하여 손해배상책임을 진다. 그 성질은 부진정연대채무(통설)이므로 법인이 연대채무를 변제하였다는 이유로 대표기관 개인에게 연대채무자 지위에서 구상권을 행사할 수는 없고, 법인이 피해자에게 손해를 배상한 경우 법인은 대표기관 개인에게 선관주의의무 위반을 이유로 구상권을 행사할 수 있다(제61조 및 제65조).
⑤ 대표기관의 불법행위에 대하여 법인의 불법행위책임에 관한 민법 제35조 규정이 유추적용된다. 그러나 대표자의 행위가 직무에 관한 행위에 해당되지 아니함을 피해자 자신이 알았거나 또는 중대한 과실로 인하여 알지 못한 경우에는 비법인사단에게 손해배상을 청구할 수 없다(91다24564).

정답 ①

02 민법상 법인에 관한 설명으로 옳은 것은? (다툼이 있으면 판례에 따름) 제15회

① 이사는 법인의 필수기관이므로 이사의 임면에 관한 사항은 등기사항이다.
② 이사회는 법인의 필수기관이므로 이사가 여러 명인 경우에는 이사회를 구성하여야 한다.
③ 법인의 업무에 대한 감독은 법원이, 해산과 청산에 대한 감독은 주무관청이 각각 담당한다.
④ 사원총회의 의결로 이사의 대표권을 제한하는 경우, 이를 등기하여야 그 효력이 발생한다.
⑤ 사단법인의 사무는 정관으로 이사 또는 기타 임원에게 위임한 사항 외에는 사원총회의 결의에 의하여야 한다.

> **키워드** 법인의 기관
> **풀이** ① 이사의 임면에 관한 사항은 정관의 필요적 기재사항이고 등기사항은 아니다. 이사의 성명과 주소가 등기사항이다.
> ② 이사회는 상사법인과 달리 민법상의 법인에서는 필수기관이 아니고, 이사회에 관하여 민법에 아무런 규정이 없다.
> ③ 법인의 업무에 대한 감독은 주무관청이 담당하고, 해산과 청산에 대한 감독은 법원이 담당한다.
> ④ 사원총회 의결로 이사의 대표권을 제한 한 경우 정관에 기재해야 효력이 발생하고 등기해야 제3자에 대항할 수 있다.
>
> **정답** ⑤

01 법인에 관한 설명으로 옳지 않은 것은?

① 법인이라 함은 법률에 의하여 권리능력이 인정된 단체 또는 재산을 말한다.
② 법인의제론에 의하면 법인의 권리능력은 인정하되, 행위능력은 부정한다.
③ 사단법인에서 정관의 법적 성질은 자치법규로 보아야 한다.
④ 법인실재론에 의하면 법인의 행위능력은 인정하되, 권리능력은 부정한다.
⑤ 법인의 형해화 이론에 의하면 법인의 배후자 개인은 법적 책임을 모면할 수 없다.

> **키워드** 법인의 의의
> **풀이** 법인실재론은 법인의 권리능력 및 행위능력 모두를 인정한다.
> **이론+**
> **법인의 형해화**
> 외견상 법인의 형태를 갖추고 있으나, 법인 배후의 실질적 지배자가 탈세, 강제집행의 면탈 등의 목적으로 법인을 앞세워 개인적 영득을 추구하는 행위로서 비록 법인의 행위라도 그 법인이 실질적으로는 완전히 배후자 개인의 기업에 불과한 이상 그 개인도 그로 인해 법적 책임을 모면할 수 없다.
>
> **정답** ④

02 다음 중 재단법인의 설립행위에 관한 설명으로 옳은 것은? (다툼이 있으면 판례에 따름)

① 재단법인의 설립을 위한 출연의 의사표시도 착오를 이유로 취소할 수 있다.
② 재단법인에게도 상속 및 유증을 받을 권리능력이 있다.
③ 재단법인 설립을 위해 출연한 부동산에 대한 이전등기가 이루어지지 않았더라도 법인은 출연자로부터 그 부동산에 대한 소유권이전등기를 받은 제3자에 대하여 소유권을 주장할 수 있다.
④ 재단법인이 권리능력을 취득하는 시기는 설립자가 정관을 작성하여 등기소에 제출한 때이다.
⑤ 변경방법을 정한 재단법인의 정관에 좇아 변경된 정관은 주무관청의 허가를 받지 않더라도 효력이 있다.

키워드 법인의 설립 – 재단법인의 설립

풀이 재단법인의 설립행위는 상대방 없는 단독행위로서 역시 법률행위에 해당되므로 의사표시가 착오에 의한 것이었다면 취소할 수 있다.
② 자연인에만 상속과 유증이 인정되므로 법인은 인정될 수 없다.
③ 출연자의 부동산이 재단법인에 귀속되는 시기에 관하여 제3자가 개입된 경우에 판례는 이전등기 시설을 취하므로 제3자에게 권리를 주장할 수 없다(전원합의체 판결).
④ 주된 사무소에 설립등기한 때에 권리능력을 취득한다.
⑤ 주무관청의 허가를 받아야 한다.

정답 ①

03 법인의 설립행위에 관한 설명으로 옳지 않은 것은? (다툼이 있으면 판례에 따름)

① 재단법인 설립을 위해 출연한 부동산이 법인에 귀속하는지 여부를 판단함에 있어 법인과 설립자 사이에는 등기를 요하지 않는다.
② 재단법인이 취득한 부동산을 제3자에게 대항하기 위하여는 등기를 요한다.
③ 이사의 임면·이사회의 구성 등에 관한 사항은 정관에 필요적 기재사항이다.
④ 사단법인의 정관은 그 성질이 계약이 아니라 자치법규로 보는 것이 타당하다.
⑤ 법인의 권리능력의 범위는 정관에 명시한 목적 및 그 목적 달성에 직접적·간접적으로 필요한 모든 행위가 포함된다.

키워드 법인의 설립 – 설립등기

풀이 법인 이사의 임면에 관한 사항은 정관에 필요적 기재사항에 해당하고, 이사회구성에 관한 사항은 정관에 필요적 기재사항이 아니다.

정답 ③

04 민법 제35조의 법인의 불법행위능력에 관한 설명으로 옳지 않은 것은?

① 법인의 대표기관인 이사·청산인·특별대리인 등의 직무에 관한 행위로 타인에게 손해가 발생하여야 한다.
② 법인의 불법행위가 성립하는 경우 가해행위를 한 대표기관 개인도 손해배상책임을 면하지 못한다.
③ 민법 제35조 법인의 불법행위가 성립하면, 민법 제756조 사용자책임은 성립하지 않는다.
④ 행위의 외형상 대표기관의 직무행위라고 인정될 수 있다면, 그것이 대표기관의 개인적 이익을 위한 행위 혹은 법령을 위반한 행위라도 직무관련성을 인정한다.
⑤ 법인의 불법행위가 성립하더라도 법인이 그 대표자의 선임·감독에 과실이 없음을 입증하면 책임을 면한다.

키워드 법인의 불법행위책임
풀이 법인의 불법행위책임은 자기책임의 원칙에 의한 무과실책임이다. 즉, 기관의 사용자로서 지는 책임이 아니라 법인 자신의 무과실책임이다. 따라서 그 대표자의 선임·감독에 과실이 없음을 입증하여도 면책되지 않는다.

정답 ⑤

05 법인의 불법행위책임에 관한 설명으로 옳지 않은 것은? (다툼이 있으면 판례에 따름)

① 법인의 대표기관에는 그 명칭이나 직위, 대표자로서 등기 여부를 불문하고 법인을 실질적으로 운영하면서 대표하는 사람을 포함한다.
② 실제로는 직무와 관련 없는 대표기관의 행위가 외형상 직무에 관한 것으로 보인다면 피해자가 이에 관해 선의인 한 그 선의에 중과실이 있더라도 법인의 불법행위책임은 성립한다.
③ 불법행위를 원인으로 제3자에게 손해를 배상한 경우 법인은 선관주의의무 위반을 이유로 이사에게 구상권을 행사할 수 있다.
④ 법인의 불법행위가 성립하지 않는 경우 그 사항의결에 찬성하거나 집행한 사원 기타 대표자가 연대하여 책임을 지고, 법인은 제756조 사용자책임을 진다.
⑤ 법인의 손해배상책임이 대표기관의 고의적 불법행위에 기한 것이라 해도 손해발생과 관련하여 피해자의 과실이 있다면 과실상계의 법리는 적용 가능하다.

> **키워드** 법인의 불법행위책임
> **풀이** 대표기관의 행위의 직무관련성 여부에 대하여 제3자는 선의이면서 중과실이 없어야 법인의 불법행위책임을 물을 수 있다.

정답 ②

06 민법상 법인의 불법행위능력에 관한 설명으로 옳지 않은 것은? (다툼이 있으면 판례에 따름)

① 사원총회의 의결은 원칙적으로 법인의 내부행위에 불과하므로 특별한 사정이 없는 한 그 사항의 의결에 찬성하였다는 이유만으로 제3자의 채권을 침해한다거나 대표자의 행위에 가공 또는 방조한 자로서 제3자에 대하여 불법행위책임을 부담한다고 할 수는 없다.
② 비법인사단 대표자의 행위가 직무에 관한 행위에 해당하지 않음을 피해자가 중대한 과실로 알지 못한 경우에는 비법인사단에게 손해배상책임을 물을 수 없다.
③ 대표기관의 불법행위가 외형상으로만 직무관련성을 보이는 경우, 실제 직무관련성에 대한 피해자의 악의·과실 유무와 상관없이 법인이 불법행위책임을 진다.
④ 법인의 불법행위책임과 대표기관 개인의 책임은 과실상계와 관련하여 그 범위가 달라질 수 있다.
⑤ 법인의 사원이 법인 대표자의 직무집행과 관련하여 대표자와 공동으로 불법행위를 한 경우, 피해자에 대한 법인, 법인 대표자 및 그 사원의 손해배상책임은 모두 부진정연대관계에 있다.

> **키워드** 법인의 불법행위책임
> **풀이** 대표기관의 불법행위가 외형상으로만 직무관련성을 보이는 경우라 할지라도 실제 직무관련성에 대한 피해자의 선의이면서 중과실이 없는 경우에 법인이 불법행위책임을 진다.

정답 ③

07 이삿짐 운송업체 A법인의 이사 甲은 영업시간에 업무용 차량을 사적(私的)으로 이용하던 중, 길가에 세워둔 乙 소유 포장마차를 들이받아 시설물과 집기 등을 모두 파손시켰다. 甲의 이러한 손괴행위는 민법 제750조 불법행위 성립요건을 모두 충족한다. 이에 관한 설명으로 옳은 것은? (다툼이 있으면 판례에 의함) 제15회

① 甲이 대표권을 남용한 경우이기 때문에 A법인은 乙에 대하여 책임을 지지 않는다.
② A법인은 甲의 변제자력이 충분하지 않을 때에 한하여 보충적으로 책임을 진다.
③ 乙에게 과실(過失)이 있는 경우, A법인은 그가 乙에게 배상할 손해액을 정함에 있어 과실상계를 주장할 수 있다.
④ 乙은 A법인 및 甲을 상대로 손해배상청구를 할 수 있으며, 이에 대한 A와 甲의 채무는 불가분채무이다.
⑤ 乙은 A법인에 대하여 사용자책임(민법 제756조) 또는 법인의 불법행위책임(민법 제35조)을 선택적으로 물을 수 있다.

키워드 법인의 불법행위책임
풀이 이사의 대표권 남용에 대하여 법인은 그 책임을 지고, 다만 상대방에게 과실이 있으면 그 과실의 비율로 과실상계의 법리가 적용된다.
①⑤ 이사 甲이 직무와 관련된 행위로 인하여 제3자에게 손해를 가한 행위이므로 법인의 불법행위책임이 성립한다.
②④ A법인은 이사 甲과 연대하여 책임을 지고 다만 이후 이사 甲에게 구상권을 행사할 수 있다(부진정연대채무).

정답 ③

08 법인의 이사에 관한 설명으로 옳지 않은 것은? (다툼이 있으면 판례에 따름)

① 이사는 정관 또는 총회의 결의로 금지하지 아니한 사항에 한하여 타인으로 하여금 특정한 행위를 대리하게 할 수 있는데, 이때 대리인은 법인의 대표기관이다.
② 이사는 법인에 대한 일방적인 의사표시로써 사임할 수 있고, 정관에 특별히 정하지 않는 한 이사회의 결의나 관할관청의 승인이 있어야 하는 것은 아니다.
③ 이사가 그 임무를 해태한 때는 그 이사는 법인에 대하여 연대하여 손해배상책임이 있다.
④ 법인 대표자의 유임 내지 중임을 금지하는 규약이 없는 이상, 임기만료 후에 대표자 개임이 없었다면 그 대표자를 묵시적으로 다시 대표자로 선임하였다고 해석된다.
⑤ 이사의 수와 임기는 정관에 정하고, 그 선임에 관하여 위임에 관한 규정이 준용된다.

> **키워드** 법인의 기관 – 대표기관
> **풀이** 이사는 정관 또는 총회의 결의로 금지하지 아니한 특정한 행위를 타인으로 하여금 대리하게 할 수 있고, 이때의 대리인은 법인의 대리인이지만 대표기관은 아니다.

정답 ①

09 법인의 기관에 관한 설명으로 옳지 않은 것은?

① 법인과 이사 사이의 이해상반행위에 관하여 해당 이사는 대표권이 없고, 이를 대신할 특별대리인을 선임하여 법인을 대표하도록 하여야 한다.
② 직무대행자는 가처분명령에 달리 정한 바가 없으면 법인의 통상 사무에 속하지 아니한 행위를 하지 못한다. 다만, 법원의 허가를 얻은 경우 그러하지 아니하다.
③ 이사가 없거나 이사의 결원으로 인하여 법인에 손해가 발생할 염려가 있으면 주무관청은 이해관계인이나 검사의 청구에 의하여 임시이사를 선임하여야 한다.
④ 파산의 경우를 제외하고 해산 당시 이사는 청산인이 된다. 그러나 정관 또는 사원총회 결의로 달리 정한 바가 있으면 그에 따른다.
⑤ 이사가 사임의 의사표시를 했더라도 정관에 정한 바에 따라 사임의 효력이 발생하기 전에 사임의 의사표시를 철회할 수 있다.

> **키워드** 법인의 기관 – 이사 – 임시적 대표기관
> **풀이** 이사가 없거나 이사의 결원으로 손해가 생길 염려가 있을 때 법원은 이해관계인이나 검사의 청구에 의하여 임시이사를 선임하여야 한다(제63조).

정답 ③

고난도
10 민법상 법인의 이사에 관한 설명으로 옳은 것은? (다툼이 있으면 판례에 따름)

① 이사가 없거나 결원이 있는 경우에 이로 인하여 손해가 생길 염려 있는 때에는 법원은 특별대리인을 선임해야 한다.
② 이사가 여러 명인 경우, 정관에 달리 정한 바가 없으면 이사는 법인사무에 관하여 각자 법인을 대표한다.
③ 정관에 이사의 해임사유에 관한 규정이 있는 경우, 특별한 사정을 불문하고 정관에서 정하지 아니한 사유로 이사를 해임할 수 없다.
④ 법원의 직무집행정지 가처분결정으로 대표권이 정지된 대표이사가 그 정지기간 중에 체결한 계약은 후에 그 가처분신청이 취하되면 유효하게 된다.
⑤ 법인의 이사회 결의에 무효 등 하자가 있는 경우, 법률에 별도의 규정이 없으므로 이해관계인은 그 무효를 주장할 수 없다.

키워드 법인의 기관 – 이사

풀이 법인의 정관에 이사의 해임사유에 관한 규정이 있는 경우 법인으로서는 이사의 중대한 의무위반 또는 정상적인 사무집행 불능 등의 특별한 사정이 없는 이상, 정관에서 정하지 아니한 사유로 이사를 해임할 수 없다(2011다41741).

① 이사가 없거나 결원이 있는 경우에 이로 인하여 손해가 생길 염려 있는 때에는 법원은 이해관계인이나 검사의 청구에 의하여 임시이사를 선임해야 한다(제63조).
② 이사가 수인인 경우에는 정관에 다른 규정이 없으면 법인의 사무집행은 이사의 과반수로 결정한다(제58조 제2항).
④ 법원의 직무집행정지 가처분결정에 의해 회사를 대표할 권한이 정지된 대표이사가 그 정지기간 중에 체결한 계약은 절대적으로 무효이고, 그 후 가처분신청의 취하에 의하여 보전집행이 취소되었다 하더라도 집행의 효력은 장래를 향하여 소멸할 뿐 소급적으로 소멸하는 것은 아니라 할 것이므로, 가처분신청이 취하되었다 하여 무효인 계약이 유효하게 되지는 않는다(2008다4537).
⑤ 법인의 이사회 결의에 무효 등 하자가 있는 경우, 이해관계인은 그 무효를 주장할 수 있다. ⇨ 학교법인의 이사회가 소집권자에 의해 소집된 것도 아니고 소집권자를 포함한 이사 전원의 동의에 의한 것이 아니라면 그 이사회의 결의가 사실상 이사 전원의 의사에 일치한다 하더라도 적법하다 할 수 없고 위와 같은 이사회에 참석하여 그 결의에 적극가담하고 문교당국의 인가를 받아 학교 법인을 운영해 온 자라 할지라도 이사회결의부존재 또는 무효주장이 반드시 신의성실이나 금반언의 원칙에 반하는 것은 아니다(85누973).

TIP 기본서의 관련 판례를 반드시 학습하세요.

정답 ③

11 사원총회에 관한 설명으로 옳지 않은 것은? (다툼이 있으면 판례에 따름)

① 총회의 소집은 일주간 전에 회의목적 사항을 명시한 소집통지를 발하고 기타 정관 규정에 따른다. 이는 정관으로 달리 정할 수 없다.
② 사원총회의 소집절차가 민법 또는 정관 규정에 위반한 때에는 그 사원총회의 결의는 원칙적으로 무효이다.
③ 사원은 서면이나 대리인으로 결의권을 행사할 수 있다.
④ 사원총회는 소집통지로 미리 통지한 사항에 관하여만 결의할 수 있다. 그러나 정관에 다른 정함이 있으면 그에 따른다.
⑤ 정관에 다른 규정이 없는 경우, 임의해산은 총사원의 4분의 3 이상, 정관변경은 총사원의 3분의 2 이상의 동의를 요한다.

키워드 법인의 기관 – 사원총회
풀이 사단법인의 사원총회 소집에 관한 민법규정은 강행규정이 아니므로 정관으로 이를 달리 정할 수 있다.

정답 ①

12 법인의 감사에 관한 다음 설명 중 옳지 않은 것은?

① 재단법인이나 사단법인의 감사는 임의기관으로서 정관 또는 총회의 의결로 1인 또는 수인의 감사를 둘 수 있다.
② 법인의 해산사유가 발생하면 이로써 감사는 퇴임한다.
③ 선량한 관리자로서의 주의의무를 진다.
④ 감사가 수인인 경우에는 각자 단독으로 업무를 수행한다.
⑤ 감사는 이사의 업무집행에 부정·불비사항을 발견한 경우 총회 또는 주무관청에 보고하여야 한다.

키워드 법인의 기관 – 감사
풀이 감사는 법인의 해산사유 발생만으로 퇴임하지 않는다.

정답 ②

13 사단법인에 관한 설명으로 옳지 않은 것은?

① 사단법인 사원의 지위는 양도·상속이 불가능한 것이 원칙이나, 정관 또는 관습에 의하여 양도할 수 있다.
② 각 사원의 결의권은 평등한 것으로 한다. 이는 정관으로 달리 정할 수 없다.
③ 사단법인과 어느 사원과의 관계사항을 의결하는 경우 그 사원은 결의권이 없다.
④ 총사원 5분의 1 이상의 회의 소집 요구에 이사가 2주간 이내에 그 소집 절차를 밟지 아니하면 회의 소집을 요청한 사원은 법원의 허가를 얻어 직접 회의를 소집할 수 있다.
⑤ 소수사원권은 사단법인의 근본 질서에 관한 규정으로서 사원총회의 결의로써 박탈할 수 없다.

> **키워드** 법인의 기관 – 사원총회
> **풀이** 결의권 평등에 관한 민법규정은 정관에 달리 정함이 있으면 이를 적용하지 아니한다(제73조 제3항).

정답 ②

14 비영리사단법인의 재산의 귀속형태는? (다툼이 있으면 판례에 따름)

① 사원들의 총유
② 사단법인의 단독소유
③ 사원들의 합유
④ 사원들의 공유
⑤ 대표이사의 단독소유

> **키워드** 법인의 능력
> **풀이** 사단법인은 권리능력자로서 재산을 소유할 수 있고, 그 규모는 정관에 기재하고 등기할 사항이다.

정답 ②

고난도

15 다음 설명 중 옳지 않은 것은? (다툼이 있으면 판례에 따름)

① 법인의 이사 기타 대표자가 법인의 대표기관으로서 행한 행위과정에서 발생한 불법행위에 대하여 법인이 그로 인한 손해배상책임을 항상 지는 것은 아니다.
② 재단법인 설립 시 출연자가 출연재산의 소유명의만을 재단법인에 귀속시키고 실질적 소유권은 자신에게 유보하는 부관을 붙여서 이를 기본재산으로 출연하는 것도 가능하다.
③ 재단법인은 설립 이후에 정관을 변경하는 것은 원칙적으로 허용되지 않지만, 예외적으로 허용되는 경우에도 주무관청의 허가를 받아야 그 변경의 효력이 발생한다.
④ 법인은 해산사유가 발생한 경우에도 일정한 기간 청산의 목적범위 내에서 존속한다.
⑤ 청산인은 채권신고의 공고를 하여야 하며 이 신고기간 중에 이행기가 도래한 채무를 신고기한 만료 시까지는 변제할 수 없으나, 그로 인한 지연손해는 배상하여야 한다.

키워드 법인의 성립과 소멸

풀이 재단법인 설립 시 출연자가 출연재산의 소유명의만을 재단법인에 귀속시키고 실질적 소유권은 자신에게 유보하는 부관을 붙였다면 이는 재단법인의 재산이 없는 것과 다름이 없으므로 재단법인의 존립의 근거가 없는 것이 된다. 그러므로 존립의 근거가 없는 재단법인은 법인의 실체를 인정할 수 없다.

T I P 사단법인과 재단법인의 정관변경 절차에 관한 차이점과 유사점에 대한 비교학습이 반드시 필요합니다.

정답 ②

16 사단법인의 정관에 관한 설명으로 옳지 않은 것은? (다툼이 있으면 판례에 따름)

① 정관에 변경금지 조항도 사원 전원의 동의가 있으면 변경이 가능하다.
② 정관에 이사회의 결의로 정관을 변경할 수 있다고 정한 경우에도 사원총회 결의에 의하여만 정관을 변경할 수 있다.
③ 정관에 이사장만이 대표권을 갖는다고 정하고 등기하면 선의의 제3자에게도 대항할 수 있다.
④ 결의권평등의 원칙을 변경하는 정관 규정도 효력이 있다.
⑤ 사단법인의 정관의 의미가 불분명할 때에는 사단법인의 성질상 사원총회의 결의 방식으로 정관을 해석할 수 있으며, 그 해석은 다른 사원에게도 구속력이 있다.

> **키워드** 사단법인 – 정관변경
> **풀이** 사단법인의 정관은 이를 작성한 사원뿐만 아니라 그 후에 가입한 사원이나 사단법인의 기관 등도 구속하는 점에 비추어 보면 그 법적 성질은 계약이 아니라 자치법규로 보는 것이 타당하므로, 이는 어디까지나 객관적인 기준에 따라 그 규범적인 의미내용을 확정하는 법규 해석의 방법으로 해석되어야 하는 것이지, 작성자의 주관이나 해석 당시의 사원의 다수결의에 의한 방법으로 자의적으로 해석될 수는 없다 할 것이어서, 어느 시점의 사단법인의 사원들이 정관의 규범적인 의미내용과 다른 해석을 사원총회의 결의라는 방법으로 표명하였다 하더라도 그 결의에 의한 해석은 그 사단법인의 구성원인 사원이나 법원을 구속하는 효력이 없다(99다12437).
>
> **정답** ⑤

17 다음 중 재단법인의 정관에 관한 설명으로 옳지 않은 것은? (다툼이 있으면 판례에 따름)

① 재단법인의 정관은 원칙적으로 변경할 수 없으나, 정관에 변경방법을 정한 경우 변경할 수 있다.
② 재단법인의 목적을 달성할 수 없는 때에는 설립자나 이사는 주무관청의 허가를 얻어 설립취지를 참작하여 그 목적 기타 정관의 규정을 변경할 수 있다.
③ 재단법인의 기본재산을 처분하려면 주무관청의 허가가 필요하나, 새로이 기본재산으로 편입하는 경우에는 주무관청의 허가를 요하지 않는다.
④ 정관에서 그 변경방법을 정하지 않은 때에도 재단법인의 목적달성 또는 그 재산보전을 위하여 적당한 때에는 명칭 또는 사무소의 소재지를 변경할 수 있다.
⑤ 재단법인의 기본재산의 처분은 정관변경행위이므로 주무관청의 허가를 받지 아니하면 그 효력이 없고, 재단의 채권자가 그 기본재산에 대하여 강제집행을 실시하여 경락이 된 경우도 동일하다.

키워드 재단법인 - 정관변경
풀이 기본재산의 처분뿐만 아니라 기본재산을 새로이 편입하는 경우에도 정관변경을 초래하므로 주무관청의 허가를 요한다(90다8558).

정답 ③

18 재단법인의 재산처분에 관한 설명으로 옳지 않은 것은?

① 재단법인의 채권자가 재단법인의 기본재산을 수동채권으로 하여 상계를 하는 경우에도 주무관청의 허가를 얻어야 한다.
② 재단법인의 정관변경에 대한 주무관청의 '허가'는 법률상의 표현이 허가로 되어 있기는 하나, 그 성질에 있어 법률행위의 효력을 보충해 주는 것이지 일반적 금지를 해제하는 것이 아니므로, 그 법적 성격은 인가라고 보아야 한다.
③ 재단법인의 기본재산이 아닌 재산의 매각은 정관의 변경을 초래하는 것이 아니더라도 주무부장관의 허가를 얻어야 한다.
④ 주무관청의 허가를 받아 기본재산을 처분한 경우에도 이를 등기하지 않으면 악의의 제3자에게도 대항할 수 없다.
⑤ 재단법인의 기본재산에 관한 저당권 설정행위는 특별한 사정이 없는 한 정관의 변경을 필요로 하지 않으므로 주무관청의 허가를 얻을 필요가 없다.

키워드 재단법인 - 정관변경
풀이 재단법인의 기본재산이 아닌 재산의 매각은 정관의 변경을 초래하는 것이 아니므로 주무부장관의 허가를 필요로 하는 것이 아니다(2005다66534).
① 재단법인의 한 형태인 공익법인의 채권자가 공익법인의 기본재산을 수동채권으로 하여 상계를 하는 경우에도 기본재산이 감소하는 정관변경을 초래하는 행위에 해당하므로 주무관청의 허가가 필요한 행위이다(97다9970).
② 95누4810 전합
④ 재산처분에 대한 주무관청의 허가는 그 효력발생요건이나, 이에 대한 등기는 선악 불문 모든 제3자에 대한 대항요건이다.
⑤ 2017마1565

정답 ③

고난도

19 민법상 법인에 관한 설명으로 옳지 않은 것을 모두 고른 것은? (다툼이 있으면 판례에 따름)

> ㉠ 사단법인의 설립행위는 상대방 없는 단독행위이며, 요식행위이다.
> ㉡ 사단법인 정관에 대해 사원총회의 결의로 그 규범적인 의미내용을 확정한 경우에 그 결의는 사원이나 법원을 구속하는 효력이 있다.
> ㉢ 법인의 불법행위와 관련된 이사, 기타 대표자에 법인의 기관이지만 대표권이 없는 이사는 포함하지 않는다.
> ㉣ 사단법인 사원의 지위는 양도하거나 상속할 수 없다는 민법의 규정은 임의규정이다.
> ㉤ 법인의 대표기관인 이사, 감사, 청산인이 그 직무에 관한 행위 중 불법행위로 인하여 타인에게 손해를 입힌 경우, 법인이 그 손해를 배상할 책임이 있다.

① ㉠, ㉡, ㉣
② ㉠, ㉡, ㉤
③ ㉠, ㉢, ㉤
④ ㉡, ㉢, ㉣
⑤ ㉢, ㉣, ㉤

키워드 법인의 설립 – 기관

풀이 ㉠ 사단법인의 설립행위는 요식행위로서 합동행위이다.
㉡ 사단법인 정관은 자치법규의 효력을 가지므로 이는 법규해석의 일반원칙에 따라 해석해야 하고 사원총회의 의결방식으로 해석할 수는 없는 것으로서 사단법인 정관의 규범적 의미내용을 사원총회의 결의방식으로 확정하였다면 이는 효력이 발생할 수 없으므로 사원을 구속하는 효력이나 법원을 구속하는 효력이 있을 수 없다.
㉤ 감사는 법인의 대표기관이 아니다. 법인의 불법행위책임은 대표기관의 행위에 한정된다.

TIP 법인의 이사에 관한 내용은 출제빈도가 높습니다. 면밀하게 학습하세요.

정답 ②

20 재단법인과 사단법인의 공통해산사유가 아닌 것은?

① 총사원 3/4 이상의 해산결의
② 정관에서 정한 소멸사유의 발생
③ 목적의 달성 또는 달성의 불능
④ 주무관청의 설립허가 취소
⑤ 파산

키워드 법인의 소멸 – 해산 및 청산

풀이
> **법인의 해산사유**
> 1. 사단법인·재단법인의 공통된 해산사유(제77조 제1항): 존립기간의 만료, 법인의 목적의 달성 또는 달성의 불능 기타 정관에 정한 해산사유의 발생, 파산 또는 설립허가의 취소
> 2. 사단법인 특유의 해산사유(제77조 제2항): 사원이 없게 된 때, 총회의 결의

정답 ①

21 법인의 해산과 청산에 관한 설명으로 옳지 않은 것은? (다툼이 있으면 판례에 따름)

① 법인의 해산 및 청산에 관한 사무는 주무관청의 업무감독을 받는다.
② 법인이 정관에 정한 목적을 위반하거나, 허가조건을 위반 또는 공익을 해하는 행위를 한 때 주무관청은 그 설립허가를 취소할 수 있다.
③ 법인 설립허가의 취소 사유인 법인이 공익을 해하는 행위를 한 때라 함은 사단법인의 사원총회가 그러한 결의를 한 때도 포함한다.
④ 법인의 청산절차에 관한 민법규정은 강행규정이므로 정관에서 다르게 규정할 수 없다.
⑤ 청산종결등기가 경료된 경우에도 청산사무가 종료되었다고 할 수 없는 경우에는 청산법인으로서 당사자능력이 인정된다.

키워드 법인의 소멸 – 해산 및 청산

풀이 법인은 그 사무에 관하여 주무관청의 감독을 받으나, 해산 및 청산은 법원의 감독을 받는다.

정답 ①

22 법인의 해산과 청산에 관한 설명으로 옳지 않은 것은? (다툼이 있으면 판례에 따름)

① 법인의 해산 및 청산은 법원이 검사, 감독한다.
② 법인의 파산원인은 지급불능으로 충분하며, 채무초과를 요하지 않는다.
③ 청산인은 취임한 날로부터 2월 이내에 3회 이상의 공고로서 채권자들에게 채권을 신고할 것을 최고하고, 청산인이 알고 있는 채권자에게는 개별 최고하여야 한다.
④ 사단법인의 사원이 1인만 있는 경우라도 법인의 해산사유에 해당되지 않는다.
⑤ 청산인은 채권신고기간 중에는 변제기가 도래한 채무도 변제하지 못한다.

키워드 법인의 능력 – 해산 및 청산

풀이 법인이 본래의 목적수행을 위한 적극적 활동을 정지하고 법인의 재산관계를 정리하는 청산절차에 들어가는 것을 해산이라 한다. 해산한 법인이 채무를 완제하지 못하게 되어 채무초과상태가 되면 이사의 파산신청에 의하여 법원의 파산선고가 있으면 파산법인이 된다(제77조 제1항, 제79조).
① 제95조
③ 제88조 및 제89조
④ 사원이 하나도 없게 된 때 사단법인의 해산사유가 된다.
⑤ 제90조

정답 ②

고난도

23 甲법인은 A법인에게 부동산을 증여하기로 계약을 하였으나 소유권이전을 하지 않고 있는 동안에 甲법인이 해산을 하여 청산단계에 들어갔다. 그런데 청산인이 그 부동산을 임의로 B에게 매각하고 소유권이전등기를 경료해 준 후, 甲법인은 청산종결등기를 하였다. 한편 甲법인의 정관에 의하면 "법인 해산 시 잔여재산은 이사회의 결의에 따라 유사한 목적의 다른 단체에 기부한다."라고 규정되어 있다. 다음 설명 중 옳은 것으로 묶인 것은? (다툼이 있으면 판례에 따름)

> ㉠ 법인 해산 시 잔여재산의 귀속권리자를 직접 지정하지 아니하고 사안과 같이 이사회의 결의에 따라 이를 정하도록 하는 등 간접적으로 그 귀속권리자의 지정방법을 정해 놓은 정관 규정도 유효하다.
> ㉡ 이사회의 의결에 의하여 잔여재산을 처분하도록 한 정관 규정은 성질상 등기하여야만 제3자에게 대항할 수 있는 청산인의 대표권에 관한 제한이라고 볼 수 있다.
> ㉢ 청산인이 잔여재산을 B에게 처분한 행위는 특단의 사정이 없는 한 무효라고 보아야 한다.
> ㉣ 만약 甲법인의 청산인이 동시에 A법인의 이사인 경우 甲이 A에게 그 증여한 재산을 이전하는 행위는 쌍방대리금지원칙에 반한다.
> ㉤ 만약 甲법인이 파산선고를 받아 甲법인에 대한 파산절차가 종료되었다면 잔여재산이 있는지 여부와 상관없이 甲법인은 소멸한다.

① ㉠, ㉢ ② ㉡, ㉣ ③ ㉠, ㉤
④ ㉢, ㉣ ⑤ ㉢, ㉤

키워드 법인의 능력 – 청산법인

풀이
㉠ ○ – 민법 제80조 제1항과 제2항의 각 규정 내용을 대비하여 보면, 법인 해산 시 잔여재산의 귀속권리자를 직접 지정하지 아니하고 사원총회나 이사회의 결의에 따라 이를 정하도록 하는 등 간접적으로 그 귀속권리자의 지정방법을 정해 놓은 정관 규정도 유효하다(94다13473).
㉢ ○ – 민법상의 청산절차에 관한 규정은 모두 제3자의 이해관계에 중대한 영향을 미치기 때문에 이른바 강행규정이라고 해석되므로 이에 반하는 잔여재산의 처분행위는 특단의 사정이 없는 한 무효라고 보아야 한다(94다13473).
㉡ × – 이사 전원의 의결에 의하여 잔여재산을 처분하도록 한 정관 규정은 성질상 등기하여야만 제3자에게 대항할 수 있는 청산인의 대표권에 관한 제한이라고 볼 수 없다(94다13473).
㉣ × – 해산한 법인이 해산 시 잔여재산이 지정한 자에게 귀속한다는 정관 규정에 따라 구체적으로 확정된 잔여재산이전의무의 이행으로서 잔여재산인 토지를 그 귀속권리자에게 이전하는 것은 채무의 이행에 불과하므로 그 귀속권리자의 대표자를 겸하고 있던 해산한 법인의 대표청산인에 의하여 잔여재산 토지에 관한 소유권이전등기가 그 귀속권리자에게 경료되었다고 하더라도 이는 쌍방대리금지원칙에 반하지 않는다(98두5279).
㉤ × – 법인에 대한 파산절차가 잔여재산 없이 종료되면 청산종결의 경우와 마찬가지로 그 인격이 소멸한다고 할 것이나, 아직도 적극재산이 잔존하고 있다면 법인은 그 재산에 관한 청산목적의 범위 내에서는 존속한다고 볼 것이다(89다카2483).

TIP 판례를 사례화한 문제는 조문과 판례를 구체화하는 연습을 하세요.

정답 ①

24 권리능력 없는 사단에 관한 설명으로 옳은 것은? (다툼이 있으면 판례에 따름)

① 대표자가 있는 경우 그 사단의 부동산은 「부동산등기법」에 따라 대표자 명의로 등기할 수 있다.
② 주택조합의 대표자가 외관상 직무에 관한 행위로 타인에게 손해를 가한 경우에 그것이 개인적 이익을 도모하기 위한 것이라면 주택조합이 손해배상책임을 부담하지 않는다.
③ 종중이 법인 아닌 사단이 되기 위해서는 특별한 조직행위와 이를 규율하는 성문의 규약이 있어야 한다.
④ 법인 아닌 사단인 교회가 총유재산에 대한 보존행위로서 소송을 하는 경우에도 교인 총회의 결의를 거치거나 정관이 정하는 바에 따른 절차를 거쳐야 한다.
⑤ 권리능력 없는 사단은 법인격을 전제하는 것을 포함하여 사단법인에 관한 민법의 규정이 유추·적용될 수 있다.

키워드 권리능력 없는 사단

풀이
① 대표자가 있는 사단의 부동산은 사단명의로 등기할 수 있다.
② 법인의 불법행위책임에 관한 민법규정은 비법인사단에도 적용되므로 주택조합의 대표자가 외관상 직무에 관한 행위로 타인에게 손해를 가한 경우에 그것이 개인적 이익을 도모하기 위한 것이라도 주택조합이 손해배상책임을 부담한다.
③ 종중(宗中)이란 공동선조의 후손 중 성년 이상의 자를 종원으로 하여 구성되는 자연발생적인 종족집단체로서 종중이 성립하기 위하여서는 종중구성의 결의 등 특별한 조직행위를 필요로 하거나 이를 규율화하기 위한 성문의 규약이 있어야 하는 것은 아니다(83다카2396).
⑤ 권리능력 없는 사단 및 재단에도 법인격을 전제로 하는 것이 아닌 경우 법인에 관한 민법의 규정이 유추·적용될 수 있다.

정답 ④

고난도
25 비법인사단에 관한 설명으로 옳지 않은 것은? (다툼이 있으면 판례에 따름)

① 재건축조합의 대표자가 정관에 위반하여 사원총회의 결의 없이 체결한 계약은 상대방이 그와 같은 대표권의 제한을 알았거나 알 수 있었을 경우가 아니면 유효하다.
② 공동주택의 입주자대표회의, 회칙 및 대표방법을 갖춘 아파트부녀회도 소송의 당사자능력이 있으므로 아파트부녀회의 사업수익금을 인계받기 위한 소송은 부녀회장이 아닌 부녀회 자체를 그 피고로 하여야 한다.
③ 재건축조합이 주체가 되어 신축완공한 상가건물은 조합원 전원의 총유에 속하며, 직접 조합원 개인에게 지분으로 귀속하지 않는다.
④ 법인 아닌 사단의 물건에 관한 사원의 권리·의무는 사원의 지위를 취득·상실함으로써 취득·상실되며, 사원은 그 물건에 관한 지분권이나 분할청구권을 갖지 않는다.
⑤ 국공립학교는 원칙적으로 법인 아닌 사단으로서 직접 소송의 당사자능력이 있다.

키워드 권리능력 없는 사단
풀이 국공립학교는 단순한 교육시설로 인정하고 비법인사단으로 인정하지 않는 것이 판례의 태도이다. 그러나 서울대학교·인천대학교·울산과학기술원 등의 국립대학교는 독립된 특수법인이 되었다.
TIP 비법인사단은 소송의 직접당사자가 될 수 있지만, 국공립학교는 비법인사단이 아니므로 소송의 당사자가 될 수 없습니다.

정답 ⑤

고난도
26 법인 아닌 사단에 관한 설명으로 옳은 것은? (다툼이 있으면 판례에 따름)

① 비법인사단의 대표자가 타인의 채무보증을 하는 행위는 총유재산에 대한 관리·처분행위로서 정관 규정에 따라 사원총회 결의를 거치지 않은 경우 무효가 된다.
② 종중이 성립된 후에 정관 등 종중규약을 작성하면서 일부 종원의 자격을 임의로 제한하거나 확장한 종중규약은 사단으로서의 종중의 자치성을 인정하는 관점에서 무효로 되지 않는다.
③ 법인 아닌 사단인 교회가 2개로 분열된 경우 그 교회의 재산은 분열된 각 교회에 그 구성원의 비율로 귀속된다.
④ 종중 소유의 재산이 수용되고 그 수용보상금을 종중원들에게 분할하는 행위는 총유재산에 대한 관리행위이므로 사원총회의 결의를 요하지 않는다.
⑤ 소집절차에 하자가 있어 그 효력을 인정할 수 없는 종중총회의 결의라고 하더라도 후에 적법하게 소집된 종중총회에서 이를 추인하면 처음부터 유효로 된다.

키워드 권리능력 없는 사단
풀이 96다2729
① 법인 아닌 사단의 재산 소유 형태는 총유로서 총유재산의 처분은 총유물 자체에 관한 이용·개량행위나 법률적·사실적 처분행위를 의미하므로 총유물 자체의 관리·처분이 따르지 않는 단순한 채무부담행위(타인의 채무를 보증하는 행위)는 총유물의 관리·처분행위라 할 수 없다. 따라서 비법인사단인 재건축조합의 조합장이 채무보증계약을 체결하면서 조합규약에서 정한 조합 임원회의 결의를 거치지 아니하였다거나 조합원총회 결의를 거치지 않았다고 하더라도 그것만으로 바로 그 보증계약이 무효라고 할 수는 없다(2004다60072 전합).
② 종중이 성립된 후에 정관 등 종중규약을 작성하면서 일부 종원의 자격을 임의로 제한하거나 확장한 종중규약은 종중의 본질에 반하여 무효라 할 것이므로, 이러한 본래 종원이 될 수 없는 자가 종중총회에 참석하여 의결권을 행사하여 종중 대표자를 선임하였다면, 그 선임결의는 종중총회 결의로서의 효력이 없어 선임된 대표자는 적법한 종중 대표자로 볼 수 없다(96다25715).
③ 법인 아닌 사단인 교회가 2개로 분열된 경우 그 교회의 재산은 분열된 각 교회에 귀속되는 것이 아닌 분열되기 전 교회 교인 전원의 총유로 남는다.
④ 종중 소유의 재산이 수용되고 그 수용보상금을 분할하는 행위는 총유재산에 대한 처분행위이므로 사원총회의 결의가 있어야 한다.

TIP 비법인사단 관련 판례 내용입니다. 어떤 절차가 필요한 행위에 절차의 흠결은 추후에 추인 형태로 가능합니다. 비법인사단 및 사단법인 그리고 민법 전체의 범위에서 대체로 유사합니다.

정답 ⑤

27 다음 설명 중 옳지 않은 것으로만 묶인 것은?

> ㉠ 비법인사단의 대표권 제한을 등기하지 않으면 제3자에게 대항할 수 없다.
> ㉡ 정관에 기재되지 아니한 이사의 대표권 제한은 무효이다.
> ㉢ 이사는 법인의 업무에 관하여 연대하여 법인을 대표한다.
> ㉣ 법인의 직무행위에 해당하는지 여부는 행위의 외형을 기준으로 판단한다.
> ㉤ 권리능력 없는 재단의 재산도 총유적으로 귀속한다.

① ㉠, ㉡, ㉢
② ㉠, ㉢, ㉣
③ ㉡, ㉢, ㉤
④ ㉠, ㉢, ㉤
⑤ ㉢, ㉣, ㉤

키워드 법인의 능력 – 기관
풀이
㉠ 비법인사단의 대표권 제한은 등기할 방법이 없어 상대방이 알았거나 알 수 있었으면 대항할 수 있다(2002다64780).
㉢ 단독대표가 원칙이다.
㉤ 권리능력 없는 재단의 재산은 그의 단독소유로 귀속한다(93다43545).

정답 ④

28 다음 중 법원의 허가를 받아야 유효한 행위가 되는 것은?

① 사단법인의 해산결의행위
② 재단법인의 정관변경행위
③ 부재자의 생사가 불분명한 경우에 부재자가 정한 재산관리인의 권한을 넘는 행위
④ 미성년자가 자신의 노무제공에 따른 임금을 청구하는 행위
⑤ 친권자가 미성년자인 자(子)의 행위를 목적으로 하는 채무를 부담하는 행위

키워드 법인의 능력
풀이 제25조
② 주무관청의 허가를 받아야 한다(제45조 제3항).
④ 미성년자는 언제나 단독으로 임금을 청구할 수 있다.
⑤ 미성년자인 子 본인의 동의를 얻어야 한다(제920조).

정답 ③

29 권리능력 없는 재단의 재산소유형태는?

① 총유
② 공유
③ 합유
④ 재단의 단독소유
⑤ 설립자의 소유

> **키워드** 비법인재단
> **풀이** 권리능력 없는 재단의 권리능력 및 재산 소유형태에 관하여 민법에 명시된 규정은 없지만 민법의 재단법인에 관한 규정은 권리능력 없는 재단에도 적용이 되는 것이 원칙이므로, 권리능력 없는 재단도 그 재단의 설립과정에서 재산을 소유할 수 있고, 그 재산은 권리능력 없는 재단의 단독소유로 하는 것이 조리상 합당하다.

정답 ④

30 법인 아닌 사단에 관한 설명으로 옳지 않은 것은? (다툼이 있으면 판례에 따름)

① 종중의 대표가 종중 명의로 타인의 금전채무를 보증하는 행위는 총유물의 처분행위에 해당하므로 종중총회의 결의가 필요하다.
② 종중의 토지에 대한 수용보상금의 분배는 총유물의 처분에 해당한다.
③ 구성원들의 집단적 탈퇴로 분열되기 전 사단의 재산이 분열된 각 사단의 구성원들에게 각각 총유적으로 귀속되는 형태의 분열은 허용되지 않는다.
④ 법인 아닌 사단의 채무에 대해서는 특별한 사정이 없는 한, 구성원 각자가 그 지분비율에 따라 개인재산으로 책임을 지지 않는다.
⑤ 법인 아닌 사단이 그 소유토지의 매매를 중개한 중개업자에게 중개수수료를 지급하기로 한 약정은 총유물의 관리·처분행위에 해당하지 않는다.

> **키워드** 법인 아닌 사단
> **풀이** 민법 제275조, 제276조 제1항에서 말하는 총유물의 관리 및 처분이라 함은 총유물 그 자체에 관한 이용·개량행위나 법률적·사실적 처분행위를 의미하는 것이므로, 종중의 대표자가 종중 명의로 타인의 금전채무를 보증하는 행위는 처분행위라 볼 수 없고, 단순한 채무부담행위에 해당하므로 이에 관하여 종중총회의 결의가 반드시 필요한 것은 아니다(2012다112299).

정답 ①

CHAPTER 03 권리의 객체

▶ **연계학습** | 에듀윌 기본서 1차 [민법 上] p.163

대표기출

동산에 해당하는 것을 모두 고른 것은? 제20회

㉠ 관리할 수 있는 전기
㉡ 지중(地中)에 있는 지하수
㉢ 강제통용력을 상실한 주화(鑄貨)
㉣ 토지에 정착된 다리(橋)

① ㉠, ㉡
② ㉠, ㉢
③ ㉠, ㉣
④ ㉡, ㉢
⑤ ㉢, ㉣

키워드 물건 – 부동산과 동산의 구별 – 동산

풀이 ㉠ 관리할 수 있는 전기나 ㉢ 강제통용력을 상실한 주화(鑄貨)는 물건으로 인정될 수 있으나, ㉡ 지중(地中)에 있는 지하수나 ㉣ 토지에 정착된 다리(橋) 등은 토지의 부합물로서 토지의 일부로 취급된다.

정답 ②

---

01 물건에 관한 설명으로 옳지 않은 것은? (다툼이 있으면 판례에 따름)

① 부합한 동산의 주종을 구별할 수 있는 경우, 특별한 사정이 없는 한 각 동산의 소유자는 부합 당시의 가액 비율로 합성물을 공유한다.
② 1필의 토지의 일부에 대하여 분필절차 없이도 독립하여 시효로 그 소유권을 취득할 수 있고, 용익물권의 설정도 가능하다.
③ 쌀과 같이 개성이 중요시되지 않는 물건도 특정물로 거래할 수 있다.
④ 건물의 신축공사를 도급받은 수급인이 사회통념상 독립한 건물이라고 볼 수 없는 정착물을 토지에 설치한 상태에서 공사가 중단된 경우에 위 정착물은 토지의 부합물에 불과하여 이러한 정착물에 대하여 유치권을 행사할 수 없다.
⑤ 「공장 및 광업재단 저당법」상의 공장은 집합물로서 하나의 물건이 아니지만 그 전체를 하나의 물건으로 보아 저당권의 객체로 할 수 있다.

키워드 물건의 의의

풀이 부합한 동산의 주종을 구별할 수 없는 경우, 특별한 사정이 없는 한 각 동산의 소유자는 부합 당시의 가액 비율로 합성물을 공유한다. 그러나 주종을 구별할 수 있다면 주된 동산의 소유자가 소유권을 취득한다.

정답 ①

02 물건에 관한 설명으로 옳지 않은 것은? (다툼이 있으면 판례에 따름)

① 하나의 물건에 대한 분할절차 없이 그 물건의 일부나 구성 부분에 대하여 저당권은 설정할 수 없으나, 질권이나 법정담보물권인 유치권이 성립할 수는 있다.
② 경작자로부터 농작물을 양수한 자는 명인방법을 갖춘 경우에 그 소유권을 취득할 수 있다.
③ 집합물에 저당권이 설정된 후 그 개개의 구성부분이 변동·변형이 되더라도 한 개의 물건으로서 동일성을 잃지 않는다.
④ 유동집합물도 수량지정·장소지정 등의 방법으로 특정되어 있다면 하나의 물건으로 취급하여 이에 대하여 담보권을 설정할 수 있다.
⑤ 제사를 주재하는 자는 자기 유골의 매장장소를 지정한 피상속인의 의사에 구속되어야 할 법률적 의무가 없다.

키워드 권리의 객체 - 물건
풀이 하나의 물건에 대한 분할절차 없이 그 물건의 일부나 구성 부분에 대하여 저당권이나 질권을 설정할 수는 없으나, 법정담보물권인 유치권이 성립할 수는 있다.

정답 ①

03 물건에 관한 설명으로 옳지 않은 것은?

① 물권변동에 관하여 부동산·동산 모두 공신의 원칙이 적용된다.
② 공시방법에 있어서 부동산은 등기를, 동산은 인도를 필요로 한다.
③ 부동산은 저당권 설정의 목적물이 될 수 있지만, 동산은 그렇지 않다.
④ 금전은 그 소유와 점유가 일치하여 타인의 점유에 들어간 금전에 대하여는 목적물의 반환을 청구할 수 없다.
⑤ 부동산은 용익물권의 설정대상이 될 수 있지만, 동산은 그렇지 않다.

키워드 물건 - 부동산과 동산의 구별
풀이 동산 물권변동의 공시방법인 점유는 공신력이 인정되나, 부동산 물권변동의 공시방법인 등기는 공신력이 인정되지 않는다.

정답 ①

04 다음 중 부동산과 동산의 구별실익이라고 할 수 없는 것은?

① 선의취득의 인정 여부
② 공시방법
③ 용익물권의 성립 여부
④ 공시방법의 공신력 인정 여부
⑤ 점유취득의 인정 여부

> **키워드** 물건 – 부동산과 동산
> **풀이** 동산이나 부동산 모두 점유취득을 인정한다. 다만, 취득시효기간이 다를 뿐이다.
> **이론+** 동산과 부동산의 구별

구별	부동산	동산
공시방법	등기	인도(점유의 이전)
공신력	부인	인정
선의취득	부인	인정
설정 가능한 제한물권	지상권, 지역권, 전세권, 유치권, 저당권	유치권, 질권
취득시효기간	• 점유취득시효 20년 • 등기부취득시효 10년	• 점유취득시효 10년 • 선의의 점유취득시효 5년

정답 ⑤

05 부동산과 동산의 구별실익에 관한 설명으로 옳지 않은 것은?

① 전세권이나 유치권은 부동산에는 성립하지만, 동산에는 성립하지 않는다.
② 부동산의 등기에는 공신력이 인정되지 않지만, 동산의 점유에는 공신력이 인정된다.
③ 「입목에 관한 법률」에 의하여 등기된 입목은 소유권뿐만 아니라 저당권의 객체가 될 수 있다.
④ 무주의 동산은 소유의 의사로 선점함으로써 소유권을 취득하지만, 부동산은 그렇지 않다.
⑤ 부동산의 환매기간은 5년을 넘을 수 없고, 동산의 환매기간은 3년을 넘을 수 없다.

> **키워드** 물건 – 부동산과 동산의 구별
> **풀이** 유치권은 동산, 부동산 모두 성립 가능하다.

정답 ①

고난도

06 주물과 종물에 관한 설명으로 옳지 않은 것을 모두 고른 것은? (다툼이 있으면 판례에 따름)

> ㉠ 명인방법을 갖추지 못하고 입목등기를 하지 않은 수목은 토지의 종물이다.
> ㉡ 주물·종물에 관한 민법규정은 권리 상호간에도 유추·적용될 수 있다.
> ㉢ 종물은 주물의 처분에 따르는 것이 원칙이므로 종물을 따로 처분하기로 하는 약정은 무효이다.
> ㉣ 주물에 저당권이 설정된 경우, 그 저당권의 효력은 저당권 설정 후의 종물에도 미친다.
> ㉤ 종물은 주물의 구성부분이므로 독립성이 없다.

① ㉠, ㉡, ㉣
② ㉠, ㉢, ㉣
③ ㉠, ㉢, ㉤
④ ㉡, ㉢, ㉤
⑤ ㉡, ㉣, ㉤

키워드 물건 – 주물과 종물
풀이 ㉠ 명인방법을 갖추지 못하고 입목등기를 하지 않은 수목은 토지의 종물이 아니고 구성부분이다.
㉢ 종물은 주물의 처분에 따르는 것이 원칙이지만, 임의규정으로서 종물의 분리처분 특약은 유효하다.
㉤ 종물도 주물과 독립된 특정·현존하는 물건이다.
TIP 기본서에 포함된 관련 판례를 면밀하게 학습하세요.

정답 ③

07 주물과 종물에 관한 설명으로 옳지 않은 것은? (다툼이 있으면 판례에 따름)   제16회

① 물건의 소유자는 주물을 처분하면서 상대방과의 약정으로 종물만을 별도로 처분할 수 있다.
② 건물저당권의 효력은 특별한 사정이 없는 한 그 건물의 소유를 목적으로 하는 지상권에도 미친다.
③ 종물은 주물의 처분에 따른다는 민법규정은 권리상호간에 유추적용될 수 있다.
④ 주유소 토지의 지하에 매설된 유류저장탱크는 토지의 부합물이 아니라 종물이다.
⑤ 주물 위에 설정된 저당권은 다른 정함이 없으면 저당권 설정 후의 종물에도 효력이 미친다.

키워드 물건 – 주물과 종물
풀이 주유소 토지의 지하에 매설된 유류저장탱크는 독립성을 갖춘 물건이라 할 수 없으므로 토지의 부합물이지 종물이 아니다.

정답 ④

08 다음 중 물건에 관한 설명으로 옳지 않은 것은?

① 백화점 건물에 설치된 임차인 소유의 전화교환설비는 백화점 건물의 종물이 아니다.
② 주물과 종물은 원칙적으로 동일한 소유자의 소유에 속할 것을 요한다.
③ 매수인이 매매대금을 모두 지급하였다면 특별한 사정이 없는 한, 그 이후의 매매목적물로부터 발생하는 과실은 매수인에게 속한다.
④ 건물의 신축공사를 도급받은 수급인이 사회통념상 독립한 건물이라고 볼 수 없는 정착물을 토지에 설치한 상태에서 공사가 중단된 경우, 그 정착물은 토지의 종물이 된다.
⑤ 토지에 대한 경매절차에서 그 지상건물을 저당토지의 종물로 보아 토지와 함께 경매를 진행하고 경락허가를 하였더라도 낙찰인은 지상건물의 소유권을 취득할 수 없다.

키워드 물건 – 주물과 종물
풀이 건물의 신축공사를 도급받은 수급인이 사회통념상 독립한 건물이라고 볼 수 없는 정착물을 토지에 설치한 상태에서 공사가 중단된 경우에 위 정착물은 토지의 부합물에 불과하여 이러한 정착물에 대하여 유치권을 행사할 수 없는 것이고, 또한 공사중단 시까지 발생한 공사금채권은 토지에 관하여 생긴 것이 아니므로 위 공사금채권에 기하여 토지에 대하여 유치권을 행사할 수도 없는 것이다(2007마98).

정답 ④

09 주물과 종물에 관한 설명으로 옳지 않은 것은? (다툼이 있으면 판례에 따름)

① 주물 그 자체의 효용과 직접 관계가 없는 물건은 종물이 아니다.
② 원본채권이 양도되면 특별한 사정이 없는 한 이미 변제기에 도달한 이자채권도 함께 양도된다.
③ 당사자가 주물을 처분하는 경우, 특약으로 종물을 제외할 수 있고 종물만을 별도로 처분할 수도 있다.
④ 저당부동산의 상용에 이바지하는 물건이 다른 사람의 소유에 속하는 경우, 그 물건에는 원칙적으로 부동산에 대한 저당권의 효력이 미치지 않는다.
⑤ 토지임차인 소유의 건물에 대한 저당권이 실행되어 매수인이 그 소유권을 취득한 경우, 특별한 사정이 없는 한 건물의 소유를 목적으로 한 토지임차권도 건물의 소유권과 함께 매수인에게 이전된다.

키워드 물건 – 주물과 종물

풀이 이자채권은 원본채권에 대하여 종속성을 갖고 있으나, 이미 변제기에 도달한 이자채권은 원본채권과 분리하여 양도할 수 있고 원본채권과 별도로 변제할 수 있으며, 시효로 인하여 소멸되기도 하는 등 어느 정도 독립성을 갖게 되는 것이므로, 원본채권이 양도된 경우 이미 변제기에 도달한 이자채권은 원본채권의 양도 당시 그 이자채권도 양도한다는 의사표시가 없는 한 당연히 양도되지는 않는다(88다카12803).

정답 ②

10 다음 중 법정과실인 것은?

① 노동의 대가인 임금
② 물건의 매매대금
③ 특허권의 사용료
④ 임대주택의 차임
⑤ 대여금에 대한 지연이자

키워드 물건 – 원물과 과실

풀이 사용이익은 원물 그 자체의 사용에 의한 이익을 말하며, 그 실질이 과실과 다르지 않으므로 과실에 준하는 것으로 해석한다(다수설).
⑤ 대여금에 대한 이자는 법정과실이지만, 지연이자는 과실이 아니라 손해배상이다.

정답 ④

11 원물과 과실에 관한 설명으로 옳지 않은 것은?

① 물건을 현실적으로 사용하여 얻는 이익에 대하여는 과실에 관한 민법규정이 유추·적용된다.
② 임대가옥의 소유자가 변경되었을 경우에는 반대약정이 없는 한 그 차임은 소유권의 존속기간 일수의 비율로 취득한다.
③ 양도담보설정자는 수취한 과실을 취득할 권리가 있다.
④ 우리 민법은 물건의 과실에 대해서만 규정하고 있고, 권리의 과실에 대해서는 규정하고 있지 않다.
⑤ 원물의 소유자, 선의의 점유자, 저당권자, 임대인은 수취한 과실을 취득할 권리가 있다.

키워드 물건 – 원물과 과실
풀이 원물의 소유자는 수취한 과실을 취득하는 것이 원칙이다. 또한 선의의 점유자는 수취한 과실을 취득할 권리가 있으나 저당권자와 임대인은 과실의 취득권이 없다. 그러나 저당권자가 원물을 압류 시에는 압류 후 목적물의 과실을 수취하여 변제에 충당할 수 있으나, 이는 임의규정으로서 당사자의 약정으로 달리 정할 수 있다.

정답 ⑤

12 다음 중 원칙적인 과실에 대한 소유권을 취득할 수 있는 자를 모두 고른 것은?

㉠ 원물에 비용을 지출하여 원물소유자로부터 비용을 상환받을 때까지 적법하게 원물을 유치하고 있는 자
㉡ 채무를 담보하기 위하여 원물에 대하여 저당권을 설정받은 자
㉢ 원물을 매도하였으나 매매대금의 미납을 이유로 목적물을 인도하기 전의 매도인
㉣ 원물인 토지의 지상권자
㉤ 원물을 임차인에게 임대한 임대인

① ㉠, ㉤   ② ㉡, ㉢   ③ ㉠, ㉡
④ ㉢, ㉣   ⑤ ㉣, ㉤

키워드 물건 – 원물과 과실 – 과실의 취득
풀이 ㉠ 유치권자는 과실의 수취권이 있으나, 채권의 변제에 충당하기 위한 과실의 수취권을 인정할 뿐 소유권의 귀속과 관련되어 수취한 과실의 취득권은 인정하지 않는다.
㉡ 저당권자는 원칙적으로 과실취득권이 없고, 목적물의 압류의 효력이 발생한 이후에만 과실의 수취권이 생긴다.
㉤ 임대차한 임차물로부터 발생한 과실의 취득권은 임차인에게 있다.

정답 ④

고난도

13 다음 사례에 관한 판례의 태도로서 옳은 것은?

> 甲은 채무를 담보하기 위해 그의 소유인 소 20마리의 소유권을 乙에게 양도하되, 甲이 무상으로 계속 점유하여 관리·사육하기로 하는 양도담보계약을 체결하였다. 그 후 송아지 5마리가 증식되었다. 한편, 甲에게 대금채권을 갖고 있는 丙이 위 소를 모두 압류하였다.

① 송아지 5마리는 甲의 소유이다.
② 송아지 5마리는 乙의 소유이다.
③ 송아지 5마리는 丙의 소유이다.
④ 송아지 5마리는 甲과 乙의 공유이다.
⑤ 송아지 5마리는 乙과 丙의 합유이다.

키워드 물건 – 원물과 과실 – 과실의 취득
풀이 양도담보에 있어서 과실수취권은 원칙적으로 사실상의 소유자인 양도담보설정자인 甲에게 있다(96다25463 참조).
TIP 판례를 사례화한 문제는 조문과 판례를 구체화하는 연습을 하세요.

정답 ①

14 권리의 객체에 관한 설명으로 옳지 않은 것은?

① 저당부동산의 상용에 이바지하는 물건이 다른 사람의 소유에 속하는 경우, 그 물건에는 원칙적으로 부동산에 대한 저당권의 효력이 미치지 않는다.
② 유치권자는 유치물의 과실을 수취할 수 없다.
③ 명인방법이나 입목등기를 갖추지 않은 수목은 토지의 구성부분으로서 종물이 아니다.
④ 특별한 사정이 없는 한, 매매목적물의 인도 전이라도 매수인이 매매대금을 완납한 때에는 그 이후의 과실수취권은 매수인에게 있다.
⑤ 승차권·입장권·상품권은 동산이 아닌 채권에 해당한다.

키워드 권리의 객체
풀이 유치권자는 유치물의 과실을 수취하여 그 변제에 충당할 수 있다.

정답 ②

15 다음 중 물건에 관한 설명으로 옳지 않은 것은? (다툼이 있으면 판례에 따름)

① 종물은 주물의 경제적 효용을 돕기 위하여 부속되어 있는 구성부분이다.
② 천연과실은 원물로부터 분리될 때에 이를 수취할 권리자에게 귀속되지만, 법정과실은 수취할 권리의 존속기간에 비례하여 취득한다.
③ 수목의 집단은 원칙적으로 토지의 구성부분으로 되지만, 따로 공시방법을 갖춘 경우에는 독립한 부동산으로 다룬다.
④ 동일인 소유의 2필지 토지 중 한 필지 토지에 지상권을 설정한 후 그 토지의 합필이 가능하다.
⑤ 토지임차인 소유의 건물에 대한 저당권이 실행되어 매수인이 그 소유권을 취득한 경우, 특별한 사정이 없는 한 건물의 소유를 목적으로 한 토지임차권도 건물의 소유권과 함께 매수인에게 이전된다.

키워드 권리의 객체
풀이 종물은 주물에 부속되었지만, 독립된 특정의 현존하는 물건으로서 주물의 구성부분이 아니다.

정답 ①

16 물건에 관한 설명으로 옳지 않은 것은? (다툼이 있으면 판례에 따름)

① 쌀과 같이 개성이 중요시되지 않는 물건도 특정물로 거래할 수 있다.
② 국립공원의 입장료는 과실이 아니다.
③ 유치권자는 금전을 유치물의 과실로 수취한 경우, 이를 피담보채권의 변제에 충당할 수 있다.
④ 백화점 건물에 대한 경매절차에서 임차인이 설치한 전화교환설비는 경락인이 경락허가를 받으면 그 소유권을 취득한다.
⑤ 채무자의 과실 없이 금전채무의 채무불이행이 발생한 경우, 채무자는 자신의 과실 없음을 주장할 수 없다.

> **키워드** 권리의 객체 – 물건
> **풀이** 주물과 종물은 원칙적으로 동일인의 소유에 속해야 한다. 그래서 백화점 건물의 전화교환설비를 임차인이 설치하였다면 원칙적으로 종물이라 볼 수 없다.
> ① 특정물과 불특정물의 구분은 물건의 유형이 아닌 소유자의 의사에 따른 구분이다.
> ② 국립공원의 입장료는 토지의 사용대가라는 민법상 과실이 아니라 수익자부담의 원칙에 따라 국립공원의 유지·관리비용의 일부를 국립공원 입장객에게 부담시키고자 하는 것이어서 토지의 소유권이나 그에 기한 과실수취권과는 아무런 관련이 없다.
> ③ 유치권자는 유치물의 과실을 수취하여 다른 채권보다 먼저 그 채권의 변제에 충당할 수 있다. 그러나 과실이 금전이 아닌 때에는 경매하여야 한다(제323조 제1항).
> ⑤ 금전채무의 채무불이행에 대하여 채권자는 손해의 입증이 필요 없고, 채무자는 무과실의 항변이 금지된다.
>
> 정답 ④

에듀윌이
너를
지지할게

ENERGY

인생에 새로운 시도가 없다면 결코 실패하지 않습니다.
단 한 번도 실패하지 않은 인생은
결코 새롭게 시도해 보지 않았기 때문입니다.

– 조정민, 『인생은 선물이다』, 두란노

PART 3
권리의 변동

- CHAPTER 01 권리변동 서설
- CHAPTER 02 법률행위 일반
- CHAPTER 03 의사표시
- CHAPTER 04 법률행위의 대리
- CHAPTER 05 법률행위의 무효와 취소
- CHAPTER 06 조건과 기한
- CHAPTER 07 기간과 소멸시효

출제경향

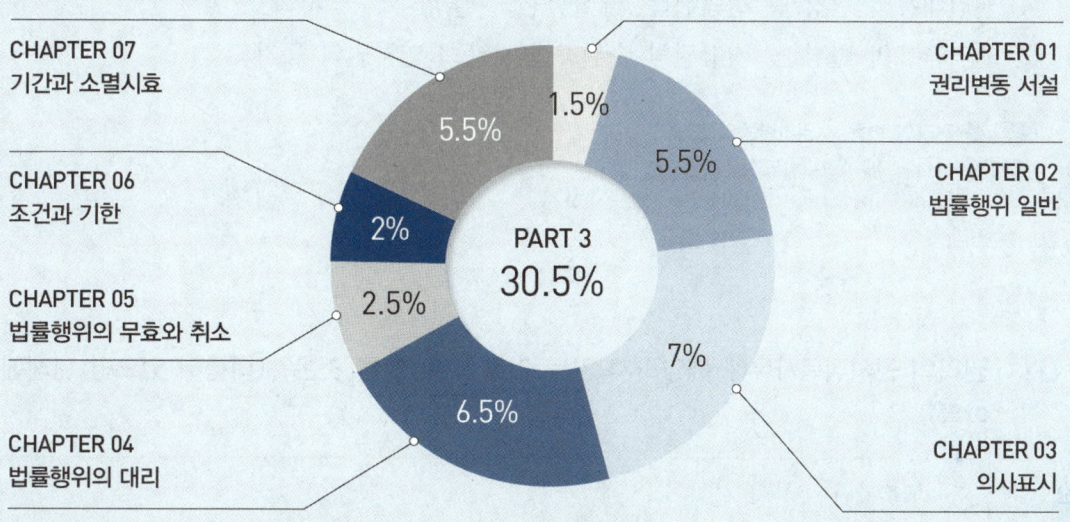

- CHAPTER 07 기간과 소멸시효 — 5.5%
- CHAPTER 06 조건과 기한 — 2%
- CHAPTER 05 법률행위의 무효와 취소 — 2.5%
- CHAPTER 04 법률행위의 대리 — 6.5%
- CHAPTER 01 권리변동 서설 — 1.5%
- CHAPTER 02 법률행위 일반 — 5.5%
- CHAPTER 03 의사표시 — 7%

PART 3 30.5%

합격 POINT

최근 5개년 동안 법률행위 일반, 법률행위의 대리, 기간과 소멸시효에서 평균 약 2~3문항 정도로 자주 출제되었습니다. 법률행위 일반에서는 법률행위의 분류, 채권행위와 처분행위, 권리변동, 법률요건과 사실의 구분, 반사회적 행위를 중심으로, 법률행위의 대리에서는 대리제도의 기초개념, 대리의 허용범위, 대리권의 범위·제한·소멸사유, 대리행위의 현명주의, 하자와 복대리, 표현대리와 협의의 무권대리 등을 중심으로 학습하시는 것이 좋습니다. 기간과 소멸시효에서는 소멸시효와 제척기간의 차이, 소멸시효에 걸리지 않는 권리, 소멸시효기간, 시효의 중단과 정지사유, 시효완성의 효력과 시효이익의 사전포기금지 등을 숙지하셔야 합니다.

CHAPTER 01 권리변동 서설

▶ **연계학습** | 에듀윌 기본서 1차 [민법 上] p.186

대표기출

권리변동의 모습에 대한 연결이 틀린 것은? 제9회

① 원시취득 – 유실물습득, 무주물 선점
② 이전적 승계 – 매매, 상속
③ 포괄적 승계 – 포괄유증, 회사합병
④ 권리내용의 변경 – 선의취득, 제한물권의 설정
⑤ 권리작용의 변경 – 저당권의 순위증진, 부동산임차권의 등기

키워드 권리의 변동 – 권리변동의 모습
풀이 선의취득은 '원시취득', 제한물권의 설정은 '설정적 승계'이다.

정답 ④

---

01 권리의 원시취득사유에 해당하지 않는 것을 모두 고른 것은? (다툼이 있으면 판례에 따름)

> ㉠ 무주물인 동산의 선점
> ㉡ 피상속인의 사망에 의한 상속
> ㉢ 회사의 합병
> ㉣ 시효취득
> ㉤ 건물의 신축

① ㉠, ㉡
② ㉠, ㉢
③ ㉡, ㉢
④ ㉡, ㉣
⑤ ㉢, ㉣

키워드 권리의 변동 – 원시취득
풀이 ㉡ 피상속인의 사망에 따른 상속, ㉢ 회사의 합법은 승계취득에서 포괄승계에 해당한다.

정답 ③

02 권리의 원시취득에 해당하지 않는 것은? (다툼이 있으면 판례에 따름)   제11회

① 저당권 설정
② 시효취득
③ 무주물 선점
④ 가공에 의한 소유권 취득
⑤ 신축에 의한 건물의 소유권 취득

> **키워드** 권리의 변동 – 원시취득
> **풀이** 저당권의 설정은 설정적 승계에 해당한다.

정답 ①

03 준법률행위에 관한 다음 설명 중 옳지 않은 것은?

① 준법률행위는 법률적 행위라고도 한다.
② 준법률행위는 법률이 행위나 행위의 결과에 대해 독자적으로 일정한 법률효과를 부여한다.
③ 준법률행위는 대개 이미 발생해 있는 법률관계에 편승하여 또는 이와 결합하여 행하여진다.
④ 준법률행위에는 법률행위의 규정을 유추적용하여서는 아니 된다.
⑤ 준법률행위는 법률행위를 제외한 모든 인간의 행위를 포괄하는 소극적 개념이다.

> **키워드** 법률사실 – 준법률행위
> **풀이** 준법률행위에 대해서는 원칙적으로 의사표시규정이 적용되지 않으나, 의사의 통지와 관념의 통지에 대해서는 의사표시규정이 유추적용된다(통설).
> ② 준법률행위는 법률행위와 달리 법률규정에 의해 법률효과가 발생한다.

정답 ④

04 다음 중 그 연결이 옳지 않은 것은?

① 저당권의 설정 – 이전적 승계
② 소유권의 포기 – 상대방 없는 단독행위
③ 청약자가 하는 승낙연착의 통지 – 관념의 통지
④ 무주물의 선점 – 원시취득
⑤ 무권대리에서 추인 여부에 대한 확답의 최고 – 의사의 통지

> 키워드 　권리변동의 원인 – 법률사실
> 풀이 　저당권의 설정은 설정적 승계이다.

정답 ①

05 권리변동에 관한 설명으로 옳지 않은 것은?

① 건물의 신축, 시효취득, 동산의 선의취득은 원시취득에 해당한다.
② 甲이 乙 소유의 토지를 저당 잡은 경우, 이는 설정적 승계에 해당한다.
③ 1순위 저당권이 소멸되어 2순위 저당권이 순위승진을 한 경우, 이는 권리의 질적 변경이다.
④ 甲이 소유하는 가옥을 乙에게 매각하여 그 소유권을 상실한 경우, 이는 권리의 상대적 소멸이다.
⑤ 상속에 의하여 피상속인이 가지고 있던 권리가 상속인에게 승계된 경우, 권리의 이전적 승계이다.

> 키워드 　권리의 변동 – 권리변동의 모습과 원인
> 풀이 　1순위 저당권이 소멸되어 2순위 저당권이 순위승진을 한 경우, 이는 권리의 질적 변경이 아니라 작용의 변경이다. 권리의 양적 변경으로 내용의 변경이라는 견해도 있다.

정답 ③

06 다음 중 의사표시에 해당하는 것은?

① 변제
② 채무의 면제
③ 주소의 설정
④ 이행의 최고
⑤ 채권양도의 통지

키워드 법률사실 – 의사표시
풀이 채무면제는 단독행위로서 의사표시이면서 법률행위에 해당한다.
① 혼합사실행위
③ 순수사실행위
④ 의사의 통지
⑤ 관념의 통지

정답 ②

07 다음 중 의사표시에 해당하지 않는 것은?

① A가 B에게 자기 소유의 특정 건물을 1억원에 팔겠다고 하였다.
② A가 B에게 B 소유의 토지를 2억원에 사겠다고 하였다.
③ A가 부동산매입대금의 잔금조로 B에게 1억원을 지급하였다.
④ A가 B재단법인에게 자기 소유의 특정부동산을 기증하겠다고 제의하였다.
⑤ 채권자인 A가 채무자인 B에게 채무 전액을 면제해 주겠다고 하였다.

키워드 법률사실 – 의사표시
풀이 A의 1억원 지급행위는 채무의 변제로서 준법률행위 중 혼합사실행위에 해당한다.
① 청약
② 청약
③ 혼합사실행위
④ 증여(계약)의 청약
⑤ 단독행위

정답 ③

08 다음 중 법률행위로 인한 권리변동이 아닌 것은?

① 증여를 원인으로 한 소유권 이전
② 지상권 설정
③ 전세권 설정
④ 상속으로 인한 소유권 취득
⑤ 매수인의 소유권이전등기청구소송의 확정판결로 인한 소유권의 이전

> **키워드** 권리변동의 원인 – 법률행위
> **풀이** 상속으로 인한 소유권 취득은 법률의 규정(제997조)에 의한 권리변동이다.

정답 ④

09 다음 설명 중 옳지 않은 것은?

① 시효완성 전에 하는 채무자의 채무승인은 관념의 통지이다.
② 자기의 소유물이 아닌 물건에 관한 의무부담행위인 매매계약은 무효임을 면치 못한다.
③ 의사표시는 법률행위가 아니다.
④ 처분권 없는 자의 물권행위는 무효이다.
⑤ 계약의 청약에 대한 승낙의 연착통지는 관념의 통지이다.

> **키워드** 법률요건과 법률사실
> **풀이** 의무부담행위는 처분권한과 처분능력이 없어도 유효하게 할 수 있으므로 타인의 물건에 대한 매매계약은 유효이다. 따라서 자기의 소유물이 아닌 물건에 관하여도 의무부담행위인 매매계약을 유효하게 체결할 수 있다.

정답 ②

CHAPTER 02 법률행위 일반

▶ **연계학습** | 에듀윌 기본서 1차 [민법 上] p.192

대표기출

01 법률행위의 목적에 관한 설명으로 옳은 것은? (다툼이 있으면 판례에 따름) 제17회

① 법률행위의 목적이 법률행위 당시에 구체적으로 확정되어야 그 법률행위는 유효하다.
② 법률행위의 일부가 무효인 경우에는 원칙적으로 그 일부만 무효이다.
③ 도박채무가 선량한 풍속에 반하여 무효라면 도박채무에 대하여 양도담보 명목으로 이전해 준 소유권이전등기의 말소를 청구할 수 있다.
④ 부동산 이중매매가 반사회질서 법률행위에 해당하여 무효가 되더라도 제2매수인으로부터 다시 취득한 선의의 제3자에 대해서는 이중매매의 무효를 주장할 수 없다.
⑤ 법률행위의 성립 당시 그 목적이 물리적으로 가능하더라도 사회통념상 실현할 수 없으면 그 법률행위는 무효이다.

키워드 법률행위의 효력발생요건

풀이 가능과 불능의 판단기준은 물리적 기준이 아닌 사회통념에 따라 판단한다.
① 법률행위의 목적은 법률행위 성립 당시에 꼭 확정되어 있어야만 하는 것은 아니다. 성립 당시에 확정되어 있으면 가장 좋겠지만, 법률행위 시 확정되어 있지 않다 하더라도 그 목적이 실현되는 시점(계약의 이행기)까지 확정할 수 있으면 충분하므로 성립 시에는 확정할 수 있는 절차와 표준만 정해져 있으면 족하다.
② 일부무효의 법리에 따라 법률행위의 일부가 무효인 경우에는 원칙적으로 그 전부가 무효이다.
③ 제746조의 '부당이득반환청구할 수 없다.'의 반환청구할 수 없는 부당이득은 종국적 이득을 의미하므로 양도담보 명목으로 소유권이전등기를 경료해 주었다면 도박채권자에게 종국적 이득이 귀속된 것으로 보아 부당이득의 반환청구를 할 수 없다는 제746조 취지에 따라 그 소유권이전등기가 무효임을 주장하여 말소등기를 청구할 수 없다.
④ 부동산 이중매매가 반사회질서 법률행위에 해당하여 무효가 되면 이는 절대적 무효에 해당하고 제2매수인으로부터 다시 취득한 전득자가 선의인 경우에도 그 전득자는 설사 제2매매가 유효라 믿었더라도 제2매매의 유효를 주장할 수 없다.

정답 ⑤

02 사회질서에 반하는 법률행위로서 무효가 아닌 것은? (다툼이 있으면 판례에 따름)

제20회

① 도박으로 인한 채무의 변제를 위하여 토지를 양도하는 계약을 체결한 경우
② 법률행위의 성립과정에서 강박이라는 불법적 방법이 사용된 것에 불과한 경우
③ 혼인 외의 성관계를 유지하기 위하여 증여계약을 체결한 경우
④ 소송에서 사실대로 증언해 줄 것을 조건으로 통상적 수준을 현저하게 넘은 대가를 지급하기로 약정한 경우
⑤ 부동산의 제2매수인이 매도인의 배임행위를 적극 종용하여 이중매매를 한 경우

키워드 반사회적 법률행위
풀이 법률행위 성립과정에서 강박이라는 불법적인 방법이 사용된 경우라는 법률행위의 하자에 관한 제110조 사기나 강박에 의한 의사표시로서 효력을 논(論)할 수는 있겠으나 이를 반사회적 행위라 할 수는 없다.

정답 ②

고난도

01 甲이 乙에게 자동차를 50만원에 사라고 청약할 때 乙이 이를 승낙하면, 매매계약이 성립하며, 甲에게는 매매대금지급청구권이, 乙에게는 소유권이전청구권이 발생한다. 이 경우 옳은 것은?

① 청약, 승낙과 매매는 법률요건이며, 매매대금지급청구권과 소유권이전청구권은 법률효과이다.
② 청약, 승낙과 매매는 법률사실이며, 매매대금지급청구권과 소유권이전청구권은 법률효과이다.
③ 청약, 승낙은 법률사실이고, 매매는 법률요건이며, 매매대금지급청구권과 소유권이전청구권은 법률효과이다.
④ 청약, 승낙은 법률요건이고 매매는 법률사실이며, 매매대금지급청구권과 소유권이전청구권은 법률효과이다.
⑤ 청약, 승낙은 각각 권리변동의 원인이 되고, 법률효과로서 매매대금지급청구권과 소유권이전청구권이 발생한다.

키워드 권리의 변동 – 법률요건
풀이 법률사실이 모여서 법률요건을 구성하고, 법률요건이 충족되면 일정한 법률효과가 발생한다.
TIP 기초적인 내용을 소홀히 하지 마시고, 충분히 연습하세요.

정답 ③

02 다음 설명 중 옳지 않은 것은?

① 법률효과를 발생하게 하는 원인을 법률요건이라고 하고, 이러한 법률요건을 구성하는 개개의 사실을 법률사실이라고 한다.
② 법률행위는 하나 이상의 의사표시를 요소로 하는데, 법률행위는 의사표시의 내용에 따라 행위자가 원한 대로의 효과가 발생한다는 점에서 다른 법률요건과 구별된다.
③ 소비대차로부터 발생한 채무의 이행을 청구하거나 이러한 청구에 응하여 변제하는 것은 법률행위가 아니다.
④ 준법률행위는 의사표시를 요소로 하지 않는다는 점에서 법률행위와 구별되나, 법률행위에 관한 민법의 규정은 준법률행위에도 유추적용된다.
⑤ 법률행위는 당사자, 목적, 의사표시를 요소로 하므로 이 중 어느 하나라도 결하게 되면 그 법률행위는 무효임을 면치 못한다.

키워드 권리의 변동 – 법률행위
풀이 법률행위 불성립이다. 무효는 법률행위의 성립을 전제로 한 개념이므로, 법률행위의 성립요건(당사자, 목적, 의사표시)을 갖추지 못하여 법률행위로 성립조차 되지 않는 부존재(불성립)와는 구별된다.

정답 ⑤

03 다음 중 단독행위가 아닌 것은?

① 법정해제
② 의사표시의 취소
③ 수권행위의 철회
④ 매매의 일방예약
⑤ 임차권 양도의 동의

키워드 권리의 변동 – 단독행위
풀이 해제·취소·철회·동의는 단독행위이지만, 매매의 예약은 계약이다.

정답 ④

04 법률행위의 분류와 그에 해당하는 예가 올바르게 연결된 것은? (다툼이 있으면 판례에 따름)

① 상대방 없는 단독행위 – 유언
② 상대방 있는 단독행위 – 증여
③ 불요식행위 – 법인설립
④ 준물권행위 – 저당권설정
⑤ 물권행위 – 매매

키워드 법률행위의 분류
풀이 유언·유증·재단법인의 설립행위·소유권, 점유권의 포기 등은 상대방 없는 단독행위이다.
② 증여는 쌍방행위로서 계약에 해당한다.
③ 법인설립행위는 요식행위이다.
④ 저당권설정은 처분행위로서 물권행위이다.
⑤ 매매는 의무부담행위로서 채권행위이다.

정답 ①

05 다음 중 처분행위로 볼 수 없는 것은?

① 매매의 일방예약
② 저당권의 설정
③ 채권의 양도
④ 채무의 면제
⑤ 전세권의 양도

키워드 법률행위의 분류 – 처분행위
풀이 매매의 예약은 채권계약으로서 채권행위이며 이행의 문제가 남는다.
② 물권행위
③⑤ 준물권행위
④ 형성권의 행사

정답 ①

06 甲이 乙에 대한 채권을 丙으로 하여금 추심하도록 하기 위하여 그 채권을 丙에게 양도하는 것은?

① 은닉행위
② 통정허위표시
③ 탈법행위
④ 단독허위표시
⑤ 신탁행위

키워드 법률행위 – 신탁행위

풀이 신탁행위라 함은 상대방에게 그 행위의 경제적 목적을 넘는 권리를 주고 상대방으로 하여금 그 목적의 범위 안에서만 그 권리를 행사하게 하려는 행위를 말한다. 이에는 추심을 위한 채권양도·양도담보 등이 있다.

정답 ⑤

07 다음 설명 중 옳지 않은 것은?

① 법률행위의 성립요건에 흠결이 있다면 이는 무효이다.
② 甲으로부터 노트북 컴퓨터를 신용구매한 乙이 변제기가 지난 지금까지 대금을 지급하지 않는다면 이는 위법행위이다.
③ 甲이 乙에게 즉시 노트북 컴퓨터 매매대금을 지급하라는 내용증명을 발송하는 것은 준법률행위에 해당한다.
④ 채권양도는 준물권행위로서 처분행위에 해당한다.
⑤ 乙은 甲이 구형 노트북 컴퓨터를 신형인 것처럼 속여 팔았다고 주장하면서 대금을 거절하고 노트북 컴퓨터는 반환하겠다고 했다면 이는 단독행위에 해당한다.

키워드 법률행위

풀이 성립요건에 흠결이 있다면 이는 법률행위의 불성립 내지 부존재로서 무효가 아니다.
② 채무불이행이라는 위법행위이다.
③ 최고로서 준법률행위 중 의사의 통지에 해당한다.
④ 채권양도, 채무인수 등은 준물권행위로서 처분행위에 해당한다.
⑤ 乙은 사기에 의한 의사표시를 주장하여 취소권을 행사하는 것인데, 취소는 상대방 있는 단독행위로서 법률행위이다.

정답 ①

08 법률행위 및 그 목적에 관한 설명으로 옳은 것은?

① 성립요건의 흠결이 있으면 그 법률행위는 성립하지 않는다.
② 일반적 성립요건을 갖추고 특별성립요건을 갖추지 못한 경우 그 법률행위는 원시적 불능이 된다.
③ 법률행위의 목적은 성립 시에 확정되어 있을 것을 요한다.
④ 중간생략등기는 강행규정을 위반한 행위로서 절대적으로 무효이다.
⑤ 목적이 없는 법률행위는 무효임을 면치 못한다.

키워드 법률행위의 목적

풀이 성립요건의 흠결이 있으면 그 법률행위는 불성립·부존재로서 무효·유효를 따지지 못한다.
② 일반적 성립요건을 갖추고 특별성립요건을 갖추지 못했다면 이는 법률행위의 불성립에 해당한다.
③ 법률행위 목적은 성립 당시 확정되어 있거나 그 이행기까지 확정할 수 있으면 충분하다.
④ 단속법규에 위반한 행위의 사법상 효력은 유효이다.
⑤ 목적이 없는 법률행위는 불성립·부존재가 된다.

정답 ①

09 불능에 관한 설명으로 옳지 않은 것은?

① 이미 소실된 건물에 대한 매매계약은 무효이나, 계약체결상의 과실에 대한 책임으로 채권자는 계약의 유효를 믿었기 때문에 지출한 손해의 배상을 청구할 수 있다.
② 매매계약 체결 후 목적물이 소실된 경우 그 계약은 유효이나, 불능의 원인에 채무자의 귀책사유가 있으면 채권자는 채무불이행을 이유로 손해배상을 청구할 수 있다.
③ 쌍무계약의 당사자 일방의 채무가 당사자 쌍방의 책임 없는 사유로 후발적 불능이 된 경우에 위험부담이 문제된다.
④ 계약체결상의 과실책임으로 손해배상을 청구하는 경우 그 이행이익을 한도로 한다.
⑤ 가능과 불능은 과학적·객관적 관점으로 합리적으로 판단한다.

키워드 법률행위 목적의 불능

풀이 법률행위의 가능과 불능은 그 시대의 사회관념에 따라 판단한다.
③ 제537조
④ 제535조 제1항

정답 ⑤

고난도

10 반사회적 행위에 관한 설명으로 옳지 않은 것은? (다툼이 있으면 판례에 따름)

① 법률행위의 성립 과정에서 국민을 보호할 의무가 있는 국가의 공권력이 강박을 한 경우 그 법률행위는 반사회적 행위로 언제나 무효이다.
② 강제집행을 면탈할 목적으로 허위의 근저당권을 설정하는 행위는 반사회적 행위가 아니다.
③ 당초부터 오직 보험사고를 가장하여 보험금을 취득할 목적으로 생명보험계약을 체결한 경우 그 생명보험계약은 사회질서에 반하여 무효이다.
④ 법률행위가 사회질서에 반하여 무효인 경우 이행하기 전이라면 이행할 필요가 없고 이미 이행한 부분은 반환을 청구할 수 없다.
⑤ 민사사건 승소의 대가로 변호사와 성공보수 약정을 하였다면 이는 무효가 아니다.

키워드 반사회적 행위
풀이 법률행위의 성립 과정에서 불법적 방법이 사용되었다면 그 법률행위는 반사회적 행위로서 무효로 할 것이 아니고, 강박에 의한 의사표시로서 취소로 해결한다.
② 2003다70041
③ 2005다23858
TIP 기본서의 관련 판례를 반드시 학습하세요.

정답 ①

11 사회질서위반행위(민법 제103조)와 관련한 판례의 태도로서 다음 중 옳지 않은 것은?

① 매매계약 체결 시 정당한 대가를 지급하여 매수한 후 목적물이 범죄행위로 취득한 물건임을 알았더라도 이를 반사회적 행위로 볼 수 없다.
② 전통사찰의 주지직을 거액의 대가로 양도·양수한 사실을 알면서 주지임명을 한 종교법인의 행위는 반사회적 행위가 아니다.
③ 도박채무변제 약정은 무효로서 도박채무담보를 위하여 소위 양도담보 명목으로 도박채권자에게 소유권이전등기를 경료한 경우 그 등기의 말소를 청구할 수 있다.
④ 도박채무변제를 담보하기 위하여 제공된 부동산 처분의 대리권을 도박채권자에게 수여한 행위는 반사회적 행위가 아니다.
⑤ 회사 퇴직 후 일정기간 경업(競業)을 제한하는 것은 무효가 아니다.

키워드 반사회적 행위
풀이 민법 제746조의 부당이득은 종국적 이득을 의미하므로 도박채무담보를 위하여 이미 소유권이전등기를 경료하였다면 도박채권자에게 이미 종국적 이득이 발생하였으므로 그 등기의 반환을 청구할 수 없다.

정답 ③

12 반사회적 법률행위에 관한 설명으로 옳은 것은?

① 형사사건에 대한 변호사의 성공보수 약정이 대가가 적당하다면 무효는 아니다.
② 반사회적 법률행위로서 무효인 경우 그 추인이나 전환이 가능하다.
③ 사회질서 위반으로 무효인 법률행위에 따라 급부한 자는 그 부당이득의 반환을 청구할 수는 없지만, 소유권에 기한 반환을 청구할 수는 있다.
④ 변호사 아닌 자가 소송에서 승소의 대가로 소송물의 일부를 받기로 했다면 이는 무효라 볼 수 없다.
⑤ 해외파견근로자가 파견복귀 후 일정기간 근무하지 않으면 해외파견에 소요된 경비를 변상해야 한다는 사규나 근로계약은 반사회적 행위가 아니다.

키워드 반사회적 행위

풀이
① 형사사건에 대한 변호사의 성공보수 약정은 무효이다(2015다200111 전합).
② 반사회적 법률행위로서 무효는 절대적 무효로서 그 추인이나 전환을 인정하지 않는다.
③ 사회질서 위반으로 무효인 법률행위에 따라 급부한 자는 그 부당이득의 반환을 청구할 수 없고 또한 소유권에 기한 반환청구도 할 수 없다(79다483 전합).
④ 변호사 아닌 자가 승소 조건의 대가로 소송당사자로부터 소송목적물 일부를 양도받기로 한 약정은 반사회적 법률행위로서 무효이다(89다카10514).

정답 ⑤

13 반사회적 법률행위에 관한 설명으로 옳지 않은 것은? (다툼이 있으면 판례에 따름)

① 부첩관계를 단절하면서 첩의 생활비나 자녀의 양육비를 지급하겠다는 약정은 무효가 아니다.
② 반사회적 행위에 의하여 조성된 이른바 비자금을 은닉하기로 한 약정도 무효이므로 은닉한 자는 그 은닉한 비자금의 반환을 청구할 수 없다.
③ 강제집행을 면할 목적으로 부동산의 소유자 명의를 신탁하는 것은 불법원인급여라 할 수 없다.
④ 수사기관에 허위진술의 대가로 교통비나 일실손해 정도의 대가를 받기로 하였다고 해도 이는 무효임을 면치 못한다.
⑤ 상속세를 면할 목적으로 피상속인 사망 후 피상속인 명의로부터 타인에게 소유권이전등기를 경료한 행위는 반사회적 행위라 할 수 없다.

키워드 반사회적 행위

풀이 반사회적 행위에 의하여 조성된 비자금을 소극적으로 은닉한 행위를 반사회적 행위라고 할 수는 없으므로(2000다49343) 그 은닉한 자금의 반환을 청구할 수 있다.

정답 ②

14 처(妻) 丙이 있는 甲(51세)은 乙녀(18세)와 첩(妾)계약을 하고, 아파트 한 채와 매월 생활비로 300만원을 주기로 하였다. 그 후 甲은 아파트의 소유권을 乙 명의로 이전하고, 乙과 6월간 동거하면서 2월분의 생활비만 지급하였다. 이에 관한 설명으로 옳은 것은? (다툼이 있으면 판례에 따름)

① 甲은 첩계약을 취소하고 생활비 지급을 거부할 수 있다.
② 丙은 첩계약의 무효를 주장할 수 없다.
③ 甲은 이미 지급한 생활비의 반환을 청구할 수 있다.
④ 乙은 첩계약을 취소하지 못한다.
⑤ 甲은 소유권에 기한 아파트의 반환을 청구할 수 없다.

키워드 반사회적 행위 – 무효와 취소의 이중효
풀이 ① 절대적 무효사유에 해당하므로 취소할 수 없다.
② 무효인 법률행위로서 누구든지 무효주장이 가능하다.
③ 반사회질서행위와 불법원인급여에 관한 문제로서 ③과 ⑤는 불법원인급여에 해당하여 부당이득 반환청구할 수 없다(제746조).
④ 무효와 취소의 이중효에 관한 것으로 乙은 미성년자이므로 제한능력을 이유로 취소할 수도 있고, 무효를 주장할 수도 있다.
TIP 판례를 사례화한 문제는 조문과 판례를 구체화하는 연습을 하세요.

정답 ⑤

15 甲은 乙과 도박으로 자기 돈 200만원과 도박을 구경하던 丙으로부터 빌린 돈 100만원을 모두 잃었다. 그 후 乙과 외상도박으로 乙에게 300만원의 빚을 졌다. 이에 관한 설명으로 옳은 것은? (다툼이 있으면 판례에 따름)

① 甲과 乙의 도박계약은 유효하므로 甲은 乙에게 도박 빚 300만원을 변제하여야 한다.
② 甲과 乙의 도박계약은 무효이므로 甲은 乙에게 도박으로 잃은 돈 200만원의 반환을 청구할 수 있다.
③ 甲과 丙의 금전대여계약은 유효하므로 甲은 丙에게 100만원을 변제하여야 한다.
④ 甲과 丙의 금전대여계약은 무효이므로 甲이 丙에게 100만원을 변제하여야 한다.
⑤ 甲과 乙의 도박계약 및 甲과 丙의 금전대여계약은 모두 무효이다.

키워드 반사회적 행위
풀이 도박계약 및 도박자금의 대여계약, 그 자금의 변제를 위한 대물변제 약정 모두 무효이다.
①②③④ 甲, 乙, 丙의 계약은 모두 무효이며 반사회질서행위이므로 이행 전이면 이행할 필요 없고, 이행한 경우 부당이득반환청구할 수 없다.

정답 ⑤

16 甲과 乙 사이에 甲 소유의 토지를 乙에게 이전하는 매매계약이 체결된 후, 甲은 이러한 사정을 잘 아는 丙에게 이를 다시 매도하고 이전등기까지 마친 경우, 다음 설명 중 옳은 것은? (다툼이 있으면 판례에 따름)

① 부동산 물권변동은 매매의 합의뿐만 아니라 이전등기까지 필요하므로 丙만이 소유권을 취득한다.
② 丁의 대리인 丙이 甲의 배임행위에 적극가담하였으나 丁이 그 사실에 대하여 선의라면 丁은 계약의 유효를 주장하여 소유권을 취득할 수 있다.
③ 丙이 甲의 제2매매행위에 적극가담하였다고 하더라도 계약자유 및 자유경쟁의 원칙상 제2매매를 무효라 할 수 없다.
④ 丙이 甲과 乙 사이의 매매사실에 대하여 악의인 이상, 甲과 한 매매계약의 합의는 반사회적 행위로서 당연무효이다.
⑤ 제2매매가 유효인 경우라도 乙이 이미 목적물을 인도받아 점유하고 있다면 乙은 甲에 대한 손해배상청구권을 피보전채권으로 해당 토지에 유치권을 주장할 수 있다.

키워드 반사회적 행위 – 이중매매

풀이 ② 丁의 대리인 丙이 甲의 배임행위에 적극가담하였다면 이는 반사회적 행위로서 무효이므로 丁이 그 사실에 대하여 선·악 불문하고 그 효력은 丁에게 귀속하므로 丁은 그 권리를 취득할 수 없다.
③④ 매도인의 배임행위에 제2매수인이 적극가담하였다면 이는 무효이나, 단순히 악의라면 제2매매는 유효이다.
⑤ 제2매매가 유효인 경우, 비록 乙이 이미 목적물을 인도받아 점유하고 있다 하더라도 乙은 甲에 대한 소유권이전등기청구권 또는 손해배상청구권을 피보전채권으로 해당 토지에 유치권을 주장할 수 없다.

정답 ①

17 甲이 자기 소유의 X부동산을 乙에게 매도하고 매매대금을 수령하였으나, 이를 알고 있는 丙이 적극적으로 권유하여 甲으로부터 위 부동산을 매수하고 소유권이전등기를 경료하였다. 이에 관한 다음 설명 중 옳지 않은 것은? (다툼이 있으면 판례에 따름)

① 乙은 자신의 甲에 대한 소유권이전등기청구권 보전을 위하여 丙에 대하여 甲을 대위하여 丙 명의의 무효등기 말소를 청구할 수 없다.
② 乙은 甲에 대하여 소유권이전채무의 불이행을 이유로 손해배상을 청구할 수도 있다.
③ 乙은 丙에 대하여 직접 불법행위에 기한 손해배상을 청구할 수 있다.
④ 乙은 소유권이전청구권의 보전을 위하여, 甲과 丙 사이의 매매계약에 대하여 채권자취소권을 행사할 수 없다.
⑤ 丙으로부터 다시 권리를 취득한 전득자 丁이 있다면 丁은 선악 불문하고 그 권리를 취득하지 못한다.

키워드 반사회적 행위 – 이중매매
풀이 丙이 제1매매사실을 알고 甲의 배임행위에 적극가담한 때의 이중매매는 반사회질서행위로 무효가 된다. 이때 제1매수인 乙은 매도인 甲을 대위하여 丙을 상대로 소유권이전등기의 말소를 청구할 수 있고, 이에 기초하여 甲을 상대로 자신에게 소유권이전등기를 청구할 수 있다는 것이 판례의 태도이다.

정답 ①

18 불공정한 법률행위에 관한 설명으로 옳지 않은 것은? (다툼이 있으면 판례에 따름)

① 기부 또는 증여와 같이 대가 없는 무상행위에는 적용되지 않는다.
② 무경험이란 어느 특정영역에서의 경험부족이 아니라 거래일반에 대한 경험부족을 의미한다.
③ 불공정한 법률행위로서 무효인 경우 불법의 원인은 수익자에게 있으므로 급여자는 그 급여물의 반환을 청구할 수 있다.
④ 채권포기행위와 같은 단독행위에는 적용되지 않는다.
⑤ 법률행위의 무효를 주장하는 자가 필요한 요건 사실을 주장·증명하여야 한다.

키워드 불공정한 법률행위
풀이 판례는 채권포기행위와 같은 단독행위의 경우도 불공정한 법률행위의 적용을 인정한다(75다92).
① 99다56833
②③ 2002다38927
⑤ 70다2065

정답 ④

19 불공정한 법률행위에 관한 설명으로 옳은 것을 모두 고른 것은? (다툼이 있으면 판례에 따름)

> ㉠ 폭리행위는 피해자에게 궁박상태가 존재한다는 사실에 대한 폭리자의 인식만으로 성립한다.
> ㉡ 피해자의 궁박에는 정신적·심리적 궁박이 포함된다.
> ㉢ 대리인에 의한 법률행위인 경우에 궁박은 대리인을 기준으로 판단한다.
> ㉣ 불공정한 법률행위로서 무효인 경우, 특별한 사정이 없는 한 추인에 의하여 무효인 법률행위가 유효로 될 수 없다.

① ㉡, ㉢
② ㉠, ㉢
③ ㉡, ㉣
④ ㉡, ㉢, ㉣
⑤ ㉠, ㉡, ㉣

키워드 불공정한 법률행위

풀이 ㉠ 피해자에게 궁박상태가 존재한다는 사실에 대한 폭리자의 인식만으로는 부족하고 피해당사자 측의 사정을 알면서 이를 이용하려는 의사, 즉 폭리행위의 악의까지 있어야 한다.
㉢ 법률행위가 대리인에 의해 이루어진 경우 경솔과 무경험은 대리인을 기준으로, 궁박은 본인을 기준으로 판단하여야 한다(2002다38927).

정답 ③

20 반사회적 법률행위 및 불공정행위에 관한 설명으로 옳은 것은?

① 부담 없는 증여는 불공정행위라는 이유로 무효가 될 수 없다.
② 수사기관에 잘 알지 못하는 내용을 허위로 증언하기로 하고 일정한 급부를 받기로 한 경우 그 대가가 적당하다면 이를 무효로 하지 않는다.
③ 「부동산등기 특별조치법」을 위반한 중간생략등기는 사회질서에 반하여 무효이다.
④ 부첩관계를 맺은 대가로 부동산을 증여받은 첩으로부터 그 부동산을 전득한 자가 그 사실을 알았던 경우에는 소유권을 취득하지 못한다.
⑤ 불공정행위의 양 당사자는 이미 이행한 것의 반환을 청구할 수 있다.

키워드 반사회적 행위

풀이 증여계약이나 기부행위와 같이 아무런 대가관계 없이 당사자 일방이 상대방에게 일방적인 급부를 하는 법률행위는 불공정한 법률행위에 해당될 수 없다(99다56833).
② 수사기관에 잘 알지 못하는 내용을 허위로 증언하기로 하고 일정한 급부를 받기로 한 경우 그 대가의 적정 여부를 불문하고 무효가 된다(2000다71999).
③ 「부동산등기 특별조치법」은 단속규정으로서 이에 위반한 중간생략등기라도 실체관계와 부합하면 유효라는 것이 판례이다.
④ 사회질서에 위반된 행위에 기하여 이미 이행된 경우라면 불법원인급여가 되어 그 반환을 청구할 수 없으며 또한 불법원인급여자는 소유권에 기한 목적물반환청구권도 행사할 수 없다(79다483 전합). 따라서 첩이 반사적으로 소유권을 취득하게 되므로 소유자인 첩으로부터 그 부동산을 전득한 자는 선·악을 불문하고 소유권을 취득한다.
⑤ 불공정한 법률행위에 있어서 불법원인은 폭리자에게만 있으므로 피해자는 이미 이행한 것의 반환을 청구할 수 있으나, 폭리자는 이미 이행한 것의 반환을 청구할 수 없다.

정답 ①

고난도

21 법률행위의 해석에 관한 다음 설명 중 옳지 않은 것은?

① 법률행위의 해석이란 당사자의 내심의 효과의사를 탐구하는 것이 아니라 그 표시행위에 부여한 객관적 의미를 확정하는 작업이다.
② 당사자가 일반적 거래관행과 다른 내용의 의사표시를 한 경우에는 그 표시한 바가 기준이 된다.
③ 상대방 없는 단독행위의 경우에는 자연적 해석이 전형적으로 적용된다.
④ 대리인을 통하여 계약을 체결하려는 당사자 사이의 의사의 합치가 있어도 대리권이 없다면 그 계약은 효력이 발생하지 않는다.
⑤ 계약의 해석은 그 계약서 문구에만 구애될 것이 아니라 그 문헌의 취지와 논리법칙, 경험법칙에 따라 당사자의 진의를 탐구해야 한다.

키워드 법률행위의 해석

풀이 대리인을 통하여 계약을 체결하려는 당사자 사이의 의사의 합치가 있으면 대리권의 존재 유무와 무관하게 상대방과 본인이 법률행위의 당사자가 된다(2003다44059). 즉, 계약의 효력이 발생한다.

TIP 기본서에 포함된 관련 판례를 면밀하게 학습하세요.

정답 ④

22 법률행위 해석에 관한 설명으로 옳은 것은? (다툼이 있으면 판례에 따름)

① 법률행위의 해석은 문구에 구애받지 않고 어디까지나 당사자가 그 표시행위에 부여한 내심적 효과의사에 따라야 한다.
② 처분문서가 존재한다면 처분문서의 기재 내용과 다른 묵시적 약정이 있는 사실이 인정되더라도 그 기재 내용을 달리 인정할 수는 없다.
③ 매매계약서상의 "계약사항에 대한 이의가 생겼을 때에는 매도인의 해석에 따른다."라는 조항은 법원의 법률행위해석권을 구속하지 않는다.
④ 당사자의 의사가 명확한 경우에도 사실인 관습이 우선하여 법률행위 내용을 확정하는 기준이 된다.
⑤ 법률행위의 해석은 사실문제에 대한 가치판단으로서 법원이 직권으로 조사하여 판단하는 것으로 그 해석의 오류에 대한 이의가 있다 하여 상고사유로 할 수 없다.

키워드 법률행위의 해석
풀이 74다1057
① 표시주의에 의한 해석이 원칙이다.
② 처분문서가 존재한다면 처분문서의 기재 내용과 다른 명시적·묵시적 약정이 있는 사실이 인정될 경우에는 그 기재 내용을 달리 인정할 수는 있다(2016다242440).
④ 당사자의 의사가 분명치 않을 때 한하여 사실인 관습이 해석의 기준이 된다.
⑤ 법률행위의 해석은 이미 확정된 사실을 기초로 하여 표시행위의 의미를 합리적으로 밝혀내는 것이므로 사실의 확정이 아니고 법률적인 가치판단으로서 법률문제이므로 법원의 직권판단이며, 법률행위의 해석을 잘못한 경우에는 상고이유가 된다.

정답 ③

23 A와 B는 토지의 매매계약을 체결하면서 당사자 쌍방이 甲토지를 계약의 목적물로 하기로 합의하였으나, 그 목적물의 지번 등에 관하여 착각을 일으켜 계약서상 매매목적물을 乙토지로 표시하였다. 다음 설명 중 옳지 않은 것은? (다툼이 있으면 판례에 따름)

① A와 B 사이의 매매계약은 표시 여부와 무관하게 당사자가 의도한 대로 甲토지에 관하여 성립하고, A·B는 착오를 이유로 매매계약을 취소할 수 없다.
② 乙토지가 A에서 B에게로 이전등기가 경료된 경우 그 등기는 원인 없이 경료된 무효등기로서 A는 B에게 무효등기의 말소를 청구할 수 있다.
③ B는 A에게 매매를 원인으로 甲토지에 대한 소유권이전등기를 청구할 수 있다.
④ A가 B에게 행사하는 무효등기말소청구권은 10년의 소멸시효에 걸린다.
⑤ B가 특별한 사정 없이 10년간 등기청구를 하지 아니하면 그 등기청구권은 소멸한다.

키워드 법률행위의 해석 – 자연적 해석 – 오표시무해의 원칙

풀이 A가 B에게 행사하는 무효등기말소청구권은 물권적 청구권으로 소멸시효대상이 아니다.
설문은 법률행위 해석방법 중 자연적 해석, 특히 표의자 및 상대방이 표시행위를 원래의 의미대로 이해하지 않고 이와 다른 의미로 이해한 때에는 법률행위는 표의자와 상대방이 실제로 이해한 대로 성립한다는 오표시무해(Falsa Demonstratio)의 법리에 관한 문제이다.
판례는 설문과 유사한 사례에서 "부동산 매매계약에 있어 쌍방 당사자 모두 甲토지를 계약의 목적물로 삼았으나, 그 목적물의 지번 등에 관하여 착오를 일으켜 계약을 체결함에 있어서는 계약서상 그 목적물을 甲토지와는 별개인 乙토지로 표시하였다 하여도 甲토지에 관하여 이를 매매의 목적물로 한다는 쌍방 당사자의 의사의 합치가 있는 이상, 위 매매계약은 甲토지에 관하여 성립한 것으로 보아야 하고, 乙토지에 관하여 위 매매계약을 원인으로 하여 매수인 명의로 소유권이전등기가 경료되었다면 이는 원인이 없이 경료된 것으로서 무효라 할 것이다(93다2629)."라고 판시하였다.

TIP 판례를 사례화한 문제는 조문과 판례를 구체화하는 연습을 하세요.

정답 ④

24 법률행위의 해석에 관한 설명으로 옳지 않은 것은? (다툼이 있으면 판례에 따름)

① 행위자가 타인의 이름으로 매매계약을 체결한 경우, 행위자 또는 명의인 중 누구를 계약당사자로 볼 것인가에 관하여 행위자와 상대방의 의사가 일치한 경우에는 그 일치한 의사에 따라 계약의 당사자를 확정하여야 한다.
② 낙찰대금에서 보증금의 배당을 받지 못한 세입자가 임대인의 아들을 찾아가 따지자 자신이 책임지고 해결하겠다고 하였다 하여 임대차 보증금 반환을 법적으로 책임을 지겠다는 의사표시로 볼 수는 없다.
③ 임대차계약 시 모든 경우의 화재를 임차인이 그 손해를 부담하기로 하였다면 이 '모든 경우의 화재'에 불가항력의 경우도 포함된다.
④ 임대인이 임대차계약서의 단서조항에 권리금액의 기재 없이 단지 "모든 권리금을 인정함"이라고 기재를 한 경우, 임차인이 나중에 임차권을 승계한 자로부터 권리금을 수수하는 것을 임대인이 방해하지 않겠다는 내용의 약정으로 볼 수 있다.
⑤ 더 받을 금액이 있음에도 총완결이라고 표시했다면 그 표시는 무효이다.

키워드 법률행위의 해석

풀이 더 받을 금액이 있음에도 총완결이라고 표시하였다면 나머지 금액은 탕감한 것으로 보아야 한다.

정답 ⑤

25 甲과 乙은 甲 소유의 870만원 상당의 중고 자동차를 매매하면서 계약서에 780만원으로 기재하였다. 다음 설명 중 옳지 않은 것은?

① 甲이 乙에게 사전에 견적서를 보냈다면 표시 여부를 불문하고 870만원으로 매매대금이 결정된다.
② 매매대금이 870만원으로 성립한다면 이는 자연적 해석에 해당한다.
③ 매매대금이 780만원으로 성립한다면 이는 규범적 해석에 해당한다.
④ 진정한 매매대금을 알 수 있는 객관적 자료가 없다면 780만원이 매매대금이 된다.
⑤ 계약서에 기입된 780만원은 오표시에 해당하므로 오표시무해의 원칙상 매매대금 870만원으로 계약이 성립한다.

키워드 법률행위의 해석
풀이 당사자간의 매매대금에 관한 합의가 없었으므로 오표시무해의 원칙은 적용되지 않는다. 법률행위 해석에 의하여 870만원 또는 780만원으로 매매대금이 결정된다.

정답 ⑤

CHAPTER 03 의사표시

▶ 연계학습 | 에듀윌 기본서 1차 [민법 上] p.229

대표기출

01 진의 아닌 의사표시에 관한 다음 설명 중 옳지 않은 것은? 제12회

① 남편을 안심시키려는 고객의 요청에 따라 증권회사 직원이 증권투자로 인한 고객의 손해에 대하여 책임을 지겠다는 내용의 각서를 고객에게 작성하여 주었다면 이는 진의 아닌 의사표시로서 무효이다.
② 공무원이 사직의 의사표시를 하여 의원면직처분이 된 경우, 내심의 의사가 사직할 뜻이 아니었더라도 그 면직처분은 유효하다.
③ 진의 아닌 의사표시에서 진의란 특정한 내용의 의사표시를 하고자 하는 표의자의 생각을 뜻하는 것이 아니고, 표의자가 진정으로 마음속에서 바라는 사항을 뜻하는 것이다.
④ 진의 아닌 의사표시 규정은 대리인이 배임적 대리행위를 한 경우에 유추적용될 수 있다.
⑤ 진의 아닌 의사표시라는 이유로 무효를 주장하는 경우, 증명책임은 무효를 주장하는 자에게 있다.

키워드 의사표시 – 비진의표시
풀이 비진의표시에서의 진의란 특정한 내용의 의사표시를 하고자 하는 표의자의 생각을 말하는 것이지 표의자가 진정으로 마음속에서 바라는 사항을 뜻하는 것은 아니라고 할 것이므로, 비록 재산을 강제로 뺏긴다는 것이 표의자의 본심으로 잠재되어 있었다 하여도 표의자가 강박에 의하여서나마 증여를 하기로 하고 그에 따른 증여의 의사표시를 한 이상 증여의 내심의 효과의사가 결여된 것이라고 할 수는 없다(92다41528).

정답 ③

02 허위표시의 무효로서 대항할 수 없는 제3자에 포함될 수 없는 자는? (다툼이 있으면 판례에 따름)
제16회

① 허위표시의 당사자로부터 계약상의 지위를 상속받은 자
② 가장매매의 목적물에 대하여 가장매수인으로부터 저당권을 설정받은 자
③ 가장양수인으로부터 매매계약에 기한 소유권이전등기청구권 보전을 위한 가등기를 경료받은 자
④ 가장근저당설정계약이 유효하다고 믿고 그 피담보채권에 대하여 가압류한 자
⑤ 가장저당권설정행위에 기한 저당권 실행에 의하여 부동산을 경락(매각)받은 자

키워드 의사표시 – 허위표시 – 제3자 보호

풀이 허위표시의 제3자는 당사자와 포괄승계인을 제외하고 허위표시를 기초로 새로운 이해관계를 맺은 자를 말하므로 허위표시의 당사자로부터 계약상의 지위를 상속받은 자는 포괄승계인에 해당하여 제3자라 할 수 없다.

정답 ①

---

01 의사표시에 관한 설명으로 옳지 않은 것은?

① 침묵이 의사표시로 되기 위한 요건으로서, 의사표시로 되게 하는 정황이 있음을 침묵자가 인식하여야 한다.
② 계약의 청약자가 "일정기간까지 회답이 없으면 승낙한 것으로 간주한다."라고 통고하더라도 그 계약은 성립하지 않는다.
③ 의사표시는 명시적·묵시적으로 가능하다.
④ 침묵은 원칙적으로 거절을 의미한다.
⑤ 침묵이 일정한 시간을 경과한 경우 법은 일정한 법률효과를 부여하기도 한다.

키워드 의사표시 – 의사표시의 유형

풀이 침묵이 의사표시가 되기 위해서는 특별한 정황이 있어야 하고, 침묵을 의사표시로 되게 하는 정황이 있다는 것을 침묵자가 인식하여야 한다. 특별한 정황이 없으면 침묵은 긍정도 부정도 아니며, 아무런 의사표시가 아니다.

정답 ④

02 의사표시에 관한 다음 설명 중 옳지 않은 것은?

① 형사처벌 대상이 되는 사기에 의하여 의사표시를 하였더라도, 표의자가 이를 취소하지 않는 한 민법상 유효이다.
② 비진의표시는 무효이나, 상대방이 이를 알았거나 알 수 있었을 경우에는 유효하다.
③ 통정허위표시는 허위표시의 당사자간에는 언제나 무효이다.
④ 착오는 의사와 표시가 불일치한다는 것을 표의자가 모르는 경우를 말한다.
⑤ 제3자의 사기·강박에 의한 의사표시는 그 사실을 상대방이 알았거나 알 수 있었을 때에 한하여 표의자가 취소할 수 있다.

> **키워드** 비정상적인 의사표시
> **풀이** 진의 아닌 의사표시더라도 표시된 대로 효력을 발생하고(유효), 다만 상대방이 이를 알았거나 알 수 있었을 경우에 한하여 무효일 뿐이다(제107조 제1항).

정답 ②

고난도

03 제107조 진의 아닌 의사표시에 관한 설명으로 옳지 않은 것은? (다툼이 있으면 판례에 따름)

① 진의란 표의자가 진정으로 마음속으로 바라는 사항을 말하는 것이므로, 강제에 의하여 재산을 빼앗긴다는 생각을 가지고 한 증여는 내심적 효과의사가 결여된 것으로 진의 아닌 의사표시이다.
② 진의 아닌 의사표시더라도 표시된 대로 효력이 발생하나, 상대방이 표의자의 진의 아님을 알았거나 알 수 있었을 경우에는 무효이다.
③ 회사의 강요에 따라 제출된 사직의 의사표시는 진의 아닌 의사표시이고, 이러한 사직원 제출과 퇴직처리에 따른 퇴직의 효과는 효력이 없다.
④ 공무원의 사직의 의사표시는 공법상의 행위이므로 이에 의한 의원면직처분에 대해서는 민법 제107조의 적용이 없다.
⑤ 주식인수 청약처럼 단체적 대량거래의 행위에는 진의 아닌 의사표시에 관한 민법 총칙 규정은 그 적용이 배제된다.

키워드 의사표시 – 비진의표시

풀이 진의란 특정한 내용의 의사표시를 하고자 하는 표의자의 생각을 말하는 것이지 표의자가 진정으로 마음속에서 바라는 사항을 말하는 것은 아니므로(99다34475), 비록 강제에 의하여 재산을 빼앗긴다는 생각을 가지고 한 것일지라도 증여의 의사표시를 한 이상 증여의 내심적 효과의사가 결여된 것이라고 할 수는 없다(92다41528).
② 제107조 제1항 참조
③ 99다34475
④ 97누13962

TIP 제107조 진의 아닌 의사표시와 관련 판례를 정리한 내용입니다. 특히 ④⑤는 제107조~제110조까지 적용될 수 있는 공통 내용이니 반드시 숙지하세요.

정답 ①

04 甲은 증여의 의사도 없이 乙에게 자기 소유의 부동산을 증여하기로 약속한 후 그 이행으로 乙에게 위 부동산의 소유권을 이전해 주었다. 이에 관한 다음 설명 중 옳은 것은?

① 甲에게는 증여의 진정한 의사가 없었으므로 위 계약은 乙의 선의·악의에 관계없이 무효이다. 따라서 乙은 소유권을 취득할 수 없다.
② 乙이 계약체결 시에 甲에게 증여의 의사가 없음을 과실 없이 몰랐다면 증여계약은 유효하므로 乙은 소유권을 취득할 수 있다.
③ 乙이 계약체결 시에 甲에게 증여의 의사가 없음을 알았더라도 증여계약은 유효하므로 乙은 부동산의 소유권을 취득한다.
④ 乙이 계약체결 시에 주의를 다했더라면 甲에게 증여의 의사가 없음을 알 수 있었을 경우에도 증여계약은 유효하므로 乙은 위 부동산의 소유권을 취득한다.
⑤ 乙이 이러한 사정을 전혀 모른 제3자 丙에게 위 부동산을 전매한 경우에도 甲은 증여의 무효를 주장하여 丙에 대하여 소유권이전등기의 말소를 청구할 수 있다.

키워드 의사표시 – 비진의표시
풀이 진의 아닌 의사표시는 표의자가 진의 아님을 알고 한 것이라도 그 효력이 있다. 그러나 상대방이 표의자의 진의 아님을 알았거나 이를 알 수 있었을 경우에는 무효로 한다. 이 경우 의사표시의 무효는 선의의 제3자에게 대항하지 못한다.

정답 ②

05 통정허위표시에 관한 설명으로 옳지 않은 것은? (다툼이 있으면 판례에 따름)

① 통정허위표시란 상대방과 통정하여서 하는 진의 아닌 거짓의 의사표시를 말한다.
② 허위표시의 당사자는 선의의 제3자에게는 통정허위표시의 무효를 주장할 수 없지만, 이때 제3자가 무과실이어야 할 필요는 없다.
③ 채무자의 법률행위가 통정허위표시로서 사해행위에 해당하는 경우에 채권자취소권의 대상이 될 수 없다.
④ 가장매매의 당사자가 이후 이를 추인하면 새로운 매매계약을 체결한 것으로 본다.
⑤ 파산자가 상대방과 통정한 허위의 의사표시에 의해 성립한 가장채권을 보유하고 있다가 파산선고된 경우 파산관재인은 선의의 제3자에 해당한다.

키워드 의사표시 – 허위표시
풀이 채무자의 법률행위가 통정허위표시인 경우에도 채권자취소권의 대상이 되고, 한편 채권자취소권의 대상으로 된 채무자의 법률행위라도 통정허위표시의 요건을 갖춘 경우에는 무효라고 할 것이다(97다50985).
② 2003다70041
④ 가장매매는 통정허위표시로 무효이나 당사자가 무효임을 알고 추인한 때에는 비소급적으로 새로운 법률행위를 한 것으로 본다.
⑤ 2004다10299

정답 ③

06 통정허위표시에 관한 설명으로 옳은 것은? (다툼이 있으면 판례에 따름)

① 채권이 가장양도된 경우 채무자는 허위표시의 제3자에 해당한다.
② 증여를 매매계약으로 가장한 경우, 매매계약과 증여계약은 모두 무효이다.
③ 가장행위에 의한 근저당권부 채권을 가압류한 자는 새로운 법률상의 이해관계 맺은 제3자에 속하지 않는다.
④ 부동산에 대한 강제집행을 면탈하기 위하여 상대방과 통정하여 허위의 근저당권설정등기를 한 것은 특별한 사정이 없는 한 사회질서에 반하는 법률행위로 볼 수 없다.
⑤ 허위표시에 따른 법률효과를 침해하는 것처럼 보이는 위법행위나 채무불이행이 있으면 그 손해배상을 청구할 수 있다.

키워드 의사표시 – 허위표시
풀이 강제집행 면탈목적의 가장행위는 반사회적 행위로 볼 수 없다.
① 제3자가 아니다(82다594).
② 증여를 매매계약으로 가장한 경우, 매매계약은 무효지만, 증여계약은 유효가 된다.
③ 가장행위에 의한 근저당권부 채권을 가압류한 자는 새로운 법률상의 이해관계 맺은 제3자에 해당한다(2003다70041).
⑤ 허위표시에 따른 법률효과를 침해하는 것처럼 보이는 위법행위나 채무불이행이 있어도 법률효과 침해에 따른 손해는 없는 것이므로 그 손해배상을 청구할 수는 없다(2002다72125).

정답 ④

07 甲을 본인으로 하는 대리인 乙이 상대방 丙과 통정하여 허위표시를 하였다. 이 경우의 효과로서 옳은 것은?

① 乙만이 무효를 주장할 수 있다.
② 甲만이 취소할 수 있다.
③ 甲·乙·丙은 모두 무효를 주장할 수 있다.
④ 乙·丙만이 취소할 수 있다.
⑤ 乙·丙만이 무효를 주장할 수 있다.

키워드 의사표시 – 허위표시
풀이 허위표시는 당사자 사이에서는 언제나 무효이다. 그리고 무효는 누구든지 이를 주장할 수 있다. 따라서 甲·乙·丙은 모두 무효를 주장할 수 있다.

정답 ③

08 甲은 자기 소유 아파트에 대해 채권자 A의 강제집행을 면탈할 목적으로 乙과 통정하여 乙 명의로 이전등기를 하였다. 그 후 乙은 이 사정을 모르는 丙에게 그 아파트를 매도하여 丙 명의로 이전등기가 경료되었다. 다음 설명 중 옳지 않은 것은?

① 甲은 허위표시의 무효를 丙에게 주장할 수 없다.
② 乙은 丙에 대해 원인행위의 무효를 이유로 말소등기를 청구할 수 없다.
③ 丙이 취득한 아파트는 A에 의한 채권자취소권의 대상이 될 수 없다.
④ 甲은 乙에게 원인무효를 이유로 부당이득반환을 청구할 수 없다.
⑤ 甲·乙 사이의 허위표시에 앞선 甲 소유 아파트의 가등기권리자는 허위표시에서의 제3자로 볼 수 없다.

> **키워드** 의사표시 – 허위표시
> **풀이** 甲과 乙 간의 통정허위표시는 당사자간에는 언제나 무효이므로 甲은 乙에게 원인무효를 이유로 부당이득반환을 청구할 수 있다.
>
> **정답** ④

고난도

09 甲은 강제집행을 면할 목적으로 乙과 통정하여 자신의 부동산에 대한 가장매매계약을 체결하고 소유권이전등기를 해주었다. 그 후 乙은 丙으로부터 금원을 대출받으면서 그 부동산에 저당권을 설정해 주었다. 이에 관한 설명으로 옳지 않은 것은? (다툼이 있으면 판례에 따름)

① 甲·乙 간의 매매계약은 당사자 사이에서는 무효이다.
② 甲은 乙에게 무효등기의 말소 또는 진정명의 회복을 원인으로 하는 소유권이전등기를 청구할 수 있다.
③ 甲은 乙과의 매매계약을 추인할 수 있으나, 그 추인의 효력은 소급하지 않는다.
④ 甲이 丙의 악의를 이유로 丙에게 저당권등기의 말소를 청구하려면 甲이 丙의 악의를 증명하여야 한다.
⑤ 甲·乙 간의 통정 사실을 알지 못한 데에 丙에게 과실이 있다면 甲은 丙에게 저당권등기의 말소를 구할 수 있다.

> **키워드** 의사표시 – 허위표시
> **풀이** 통정허위표시의 무효는 선의의 제3자에게 대항할 수 없고, 이때 제3자는 선의이기만 하면 족하고, 무과실은 따지지 않는다.
> **TIP** 판례를 사례화한 문제는 조문과 판례를 구체화하는 연습을 하세요.
>
> **정답** ⑤

10 甲은 乙에게 자신의 토지를 증여하면서 세금문제를 염려하여 마치 매매하는 것처럼 계약서를 꾸며서 이전등기를 하였다. 그 뒤 乙은 丙에게 그 토지를 다시 매도하고 이전등기를 경료하였다. 이에 관한 다음 설명 중 옳지 않은 것은? (다툼이 있으면 판례에 따름)

① 甲과 乙 사이의 증여계약은 유효이지만, 매매계약은 무효이다.
② 乙 명의의 등기는 유효로서 乙은 적법한 권리자가 된다.
③ 丙이 악의인 경우 甲은 丙을 상대로 그 명의의 등기말소를 청구할 수 없다.
④ 甲은 乙을 대위하여 악의의 丙을 상대로 등기말소를 청구할 수 있다.
⑤ 乙은 丙을 상대로 그 명의의 등기말소를 청구할 수 없다.

키워드 의사표시 - 허위표시 - 은닉행위
풀이 甲과 乙은 丙에 대하여 丙 명의의 등기말소를 청구할 수 없다.
①② 甲과 乙 사이의 매매계약은 가장행위로서 무효이지만, 증여계약은 진정한 합의가 있으므로 유효이다. 따라서 乙 명의의 등기는 실체관계가 부합하는 등기로서 효력이 있다.
③⑤ 乙은 유효하게 소유권을 취득하였으므로 乙로부터 전득한 丙은 악의라 할지라도 유효하게 소유권을 취득한다.

정답 ④

11 착오에 관한 다음 설명 중 옳지 않은 것은?

① 수용대상에 포함되었다는 시 공무원의 말을 믿고 토지를 시(市)에 증여한 사실만으로 의사표시를 취소할 수 없다.
② 전달기관의 착오는 의사표시의 부도달이 될 뿐 착오의 문제는 발생하지 않는다.
③ 목적물의 동일성에 관한 착오는 일반적으로 법률행위의 중요부분의 착오로 본다.
④ 동기는 의사표시의 내용이 아니므로 원칙적으로 동기의 착오를 이유로 취소할 수 없다.
⑤ 화해계약은 착오를 이유로 취소할 수 없는 것이 원칙이다.

키워드 의사표시 - 착오
풀이 수용대상에 포함되었다는 시 공무원의 말을 믿고 토지를 시(市)에 매각하기로 하였다면 상대방이 유발·제공한 동기의 착오를 이유로 취소할 수 있다(90다카27440).

정답 ①

12 착오에 의한 의사표시에 관한 설명으로 옳지 않은 것은? (다툼이 있으면 판례에 따름)

① 착오로 인하여 표의자가 경제적인 불이익을 입지 않는다면 중요부분의 착오가 아니어서 취소할 수 없다.
② 상대방이 표의자의 착오를 알고 이를 이용한 경우 표의자에게 중과실이 있어도 표의자는 의사표시를 취소할 수 있다.
③ 신원보증서류에 서명·날인한다는 착각에 빠져 연대보증서면에 서명·날인한 것은 표시상의 착오인데, 그 착오가 제3자의 기망행위에 의해 일어났다면 표의자는 사기취소와 착오취소를 경합적으로 주장할 수 있다.
④ 신용보증기금의 신용보증서를 담보로 금융채권자금을 대출해 준 금융기관이 대출자금이 모두 상환되지 않았음에도 착오로 신용보증기금에게 신용보증서 담보설정 해지를 통지한 것은 중대한 과실에 해당한다.
⑤ 동기가 상대방의 부정한 방법에 의하여 유발된 경우에는 동기가 표시되지 않았다고 하더라도 표의자는 동기의 착오를 이유로 의사표시를 취소할 수 있다.

키워드 의사표시 – 착오

풀이 신원보증서류에 서명날인한다는 착각에 빠진 상태로 연대보증의 서면에 서명날인한 경우, 결국 위와 같은 행위는 강학상 기명날인의 착오(또는 서명의 착오), 즉 어떤 사람이 자신의 의사와 다른 법률효과를 발생시키는 내용의 서면에, 그것을 읽지 않거나 올바르게 이해하지 못한 채 기명날인을 하는 이른바 표시상의 착오에 해당하므로, 비록 위와 같은 착오가 제3자의 기망행위에 의하여 일어난 것이라 하더라도 그에 관하여는 사기에 의한 의사표시에 관한 법리, 특히 상대방이 그러한 제3자의 기망행위사실을 알았거나 알 수 있었을 경우가 아닌 한 의사표시자가 취소권을 행사할 수 없다는 민법 제110조 제2항의 규정을 적용할 것이 아니라, 착오에 의한 의사표시에 관한 법리만을 적용하여 취소권 행사의 가부를 가려야 한다(2004다43824).
① 98다47924
④ 99다64995
⑤ 판례는 귀속재산이 아닌 데도 귀속재산이라고 하여 토지소유자가 토지를 국가에 증여한 경우, 공무원의 법령오해에 터잡아 토지소유자가 토지를 국가에 증여한 경우, 채무자가 과거 연체가 없었다는 채권자의 진술을 믿고 신용보증기금이 신용보증을 선 경우 등과 같이 상대방에 의하여 유발된 동기의 착오에 관해서는 동기를 상대방이 제공한 것이고 법률행위 내용의 중요부분에 관한 것이라고 하여 그 표시 여부를 불문하고 제109조에 의한 취소를 인정하고 있다(90다카27440 참조).

정답 ③

13 착오에 관한 설명으로 옳은 것은? (다툼이 있으면 판례에 따름)

① 동기의 착오의 경우 그 동기가 표시되어 그것이 법률행위의 내용으로 포함되었다고 해석되는 경우에 표의자는 착오를 이유로 취소할 수 있다. 이는 표시가 되었으나 법률행위의 내용으로 포함되었다고 볼 수 없는 경우에는 또한 같다.
② 경과실의 착오자가 중요부분의 착오를 이유로 자신의 의사표시를 취소한 경우, 이로 인하여 상대방에게 손해가 발생한 경우에도 그 손해배상의 의무가 없다.
③ 매도인의 하자담보책임이 성립하면 매수인의 손해는 더 이상 존재하지 않는 것이므로 이후 매수인은 착오를 주장하여 매매계약을 취소할 수 없다.
④ 대리인이 의사표시를 한 경우 착오의 유무는 본인을 표준으로 판단하여야 한다.
⑤ 주채무자의 차용금반환채무를 보증할 의사로 주채무자의 기존의 구상금채무를 보증한 경우라면 표의자는 착오를 이유로 취소할 수 있다.

키워드 의사표시 - 착오

풀이 중과실이 없는 착오자에게 취소권이 허용되는바, 착오에 의한 의사표시의 취소가 위법하다고 할 수 없으므로 착오를 이유로 취소한 자는 상대방에게 손해를 배상할 책임이 없다(97다13023).
① 동기의 착오의 경우 그 동기가 표시되어 그것이 법률행위의 내용으로 포함되었다고 해석되는 경우에 표의자는 착오를 이유로 취소할 수 있다. 표시가 되었으나 법률행위의 내용으로 포함되었다고 볼 수 없는 경우에는 동기의 착오를 이유로 법률행위를 취소할 수 없다.
③ 착오로 인한 취소 제도와 매도인의 하자담보책임 제도는 취지가 서로 다르고, 요건과 효과도 구별된다. 따라서 매매계약 내용의 중요부분에 착오가 있는 경우 매수인은 매도인의 하자담보책임이 성립하는지와 상관없이 착오를 이유로 매매계약을 취소할 수 있다(2015다78703).
④ 대리행위 시 의사결정 및 표시하는 자 모두 대리인이므로 대리인이 의사표시를 한 경우 착오의 유무는 대리인을 표준으로 판단하여야 한다.
⑤ 주채무자의 차용금반환채무를 보증할 의사로 주채무자의 기존의 구상금채무를 보증한 경우라면 두 계약의 성질은 동일한 것으로서 보증인에게 경제적 불이익이 발생하였다고 볼 수 없으므로 이는 중요부분의 착오가 아니다.

정답 ②

고난도

14 甲은 丙을 대리인으로 하여 乙과 토지매매계약을 체결하였다. 공장을 경영하는 매수인 乙은 그 토지에 공장을 건축할 계획이었으나 허가를 받을 수 없는 것으로 판명되었다. 다음 설명 중 옳은 것은? (단, 다툼이 있으면 판례에 따름)

① 丙이 허위로 시가보다 다소 높은 가격을 乙에게 시가라고 하였다면 乙은 계약을 취소할 수 있다.
② 미성년자인 丙이 甲과 乙의 계약체결을 대리한 경우 乙은 당연히 계약을 취소할 수 있다.
③ 乙은 설령 계약 전에 공장건축이 가능한지 여부를 알아보지 않았더라도 계약을 취소할 수 있다.
④ 甲과 乙의 계약은 목적이 불능한 법률행위이므로 당연히 무효이다.
⑤ 丙이 乙을 협박하여 계약을 체결한 경우는 甲이 이 사실을 알지 못하였다고 하더라도 乙은 계약을 취소할 수 있다.

키워드 의사표시 – 착오 – 중대한 과실
풀이 의사표시의 하자는 乙에게 있고 대리인 丙은 본인과 동일하게 평가되므로 본인이 이 사실을 알지 못하더라도 乙은 계약을 취소할 수 있다.
① 시가에 대한 착오는 단순한 동기의 착오로 중요부분에 대한 착오가 되지 못한다.
② 丙이 甲의 대리인이라면 乙은 특별한 하자가 있는 경우가 아니므로 취소권이 없다. 또한 丙이 乙의 대리인이라도 대리인이 제한능력자임을 이유로 본인은 취소하지 못하므로 계약을 취소할 수 없다.
③ 공장을 경영하는 자가 공장이 협소하여 새로운 공장을 설립할 목적으로 토지를 매수함에 있어 토지상에 공장을 건축할 수 있는지 여부를 관할관청에 알아보지 아니한 과실은 중대한 과실에 해당한다(92다38881). 따라서 계약을 취소할 수 없다.
④ 중요부분의 착오가 되고 중과실이 없다면 취소할 수 있는 것이지 당연무효가 되는 것은 아니다.

TIP 판례를 사례화한 문제는 조문과 판례를 구체화하는 연습을 하세요.

정답 ⑤

15 착오로 인한 의사표시에 관한 설명으로 옳지 않은 것은? (다툼이 있으면 판례에 따름)

① 표의자의 중대한 과실은 법률행위의 효력을 부인하는 자가 증명하여야 한다.
② 표의자에게 경제적 불이익이 없다면 이는 중요부분에 관한 착오라 할 수 없다.
③ 가압류등기가 없다고 믿고 보증하였더라도 그 가압류가 원인무효인 것으로 밝혀진 경우, 착오를 이유로 의사표시를 취소할 수 없다.
④ 착오로 주식인수 청약을 한 자에게 경제적 불이익이 크게 발생한 경우에도 착오를 이유로 취소할 수 없다.
⑤ 매매계약당사자 모두 매매목적물인 甲토지의 지번에 착오를 일으켜 계약서에 목적물을 乙토지로 표시한 경우, 착오를 이유로 의사표시를 취소할 수 없다.

키워드 의사표시 – 착오 – 동기의 착오
풀이 중대한 과실의 입증책임은 표의자(착오자)가 부담하는 것이 아니라 상대방이 입증책임을 부담한다.

정답 ①

16 착오에 관한 다음 설명 중 옳지 않은 것은? (다툼이 있으면 판례에 따름)

① 금전소비대차계약을 체결하면서 채권자가 금융기관이 아닌 사채업자임을 중대한 과실 없이 몰랐다면 채무자는 착오를 이유로 그 소비대차계약을 취소할 수 있다.
② 표의자에게 경과실이 있어도 취소할 수 있고, 그 취소로서 상대방에게 손해가 발생한 경우에도 상대방의 손해의 배상을 할 필요는 없다.
③ 매도인이 매수인의 채무불이행을 이유로 매매계약을 적법하게 해제한 후에도 매수인은 착오를 이유로 그 법률행위를 취소하고 계약금의 반환을 청구할 수 있다.
④ 재건축설계용역에 있어 설계용역받은 자의 건축사 자격 소지 유무는 중요부분에 관한 착오에 해당한다.
⑤ 매도인의 하자담보책임이 성립하는 경우에도 매수인은 착오를 이유로 취소할 수 있다.

키워드 의사표시 – 착오
풀이 금전소비대차계약의 채권자의 직업에 관한 착오는 중요부분이 아니다.
② 과실이 있는 표의자도 취소할 수 있고, 이는 위법행위는 아니므로 손해배상의 의무가 없다는 것이 판례의 태도이다.
③ 매도인이 매수인의 중도금지급채무 불이행을 이유로 매매계약을 적법하게 해제한 후라도 매수인으로서는 상대방이 한 계약해제의 효과로서 발생하는 손해배상책임을 지거나 매매계약에 따른 계약금반환을 받을 수 없는 불이익을 면하기 위하여 착오를 이유로 한 취소권을 행사하여 매매계약 전체를 무효로 돌리게 할 수 있다(95다24982).
④ 2002다70884
⑤ 매도인의 담보책임과 착오에 의한 취소는 그 제도적 취지를 달리하므로 매도인의 하자담보책임이 성립하는 경우에도 매수인은 착오를 이유로 그 의사표시를 취소할 수 있다(2015다78703).

정답 ①

17 착오에 의한 의사표시 취소에 관한 설명으로 옳지 않은 것은? (다툼이 있으면 판례에 따름)

① 매수인이 경작 가능한 농지로 알고 매수했는데 대부분이 하천부지인 경우 매매계약의 중요부분에 관한 착오이다.
② 부동산매매 시 매도인이 매매목적물의 소유자가 아니라는 사실은 중요부분의 착오가 아니다.
③ 임대차의 목적물이 반드시 임대인의 소유일 것을 특히 계약내용으로 삼은 경우가 아니라면 착오를 이유로 임차인이 임대차계약을 취소할 수 없다.
④ 환자가 의료과실로 사망한 것이 아니라면 환자가 의료과실로 사망한 것을 전제로 체결한 유가족과의 화해계약을 의사는 착오를 이유로 취소할 수 있다.
⑤ 채무자의 동일성에 관한 물상보증인의 착오는 중요부분의 착오라고 볼 수 없다.

> **키워드** 의사표시 - 착오 - 중요부분의 착오
> **풀이** 채무자의 동일성에 관한 착오는 법률행위 내용의 중요부분에 관한 착오에 해당한다(95다37087).
> ① 토지의 현황·경계에 관한 착오는 매매계약의 중요부분에 대한 착오이다(74다54).
> ②③ 타인 소유의 부동산을 임대한 것이 임대차계약을 해지할 사유는 될 수 없고, 목적물이 반드시 임대인의 소유일 것을 특히 계약의 내용으로 삼은 경우라야 착오를 이유로 임차인이 임대차계약을 취소할 수 있다(74다2069).
> ④ 90다12526
>
> **정답** ⑤

18 다음 중 동기의 착오를 이유로 법률행위를 취소하기 위한 요건이 아닌 것은?

① 동기를 당해 의사표시의 내용으로 삼을 것을 상대방에게 표시하여야 한다.
② 동기가 의사표시의 해석상 법률행위의 내용으로 되어 있다고 인정되어야 한다.
③ 동기의 착오가 법률행위의 중요부분에 관한 것이어야 한다.
④ 동기가 표시되어 법률행위의 내용으로 된 경우에도 당사자 사이에 그 동기를 의사표시의 내용으로 삼기로 하는 합의가 이루어져야 한다.
⑤ 표의자의 직업이나 행위의 종류 등에 비추어 보통 요구되는 주의를 현저히 결하지 않아야 한다.

> **키워드** 의사표시 - 착오 - 동기의 착오
> **풀이** 동기의 착오가 법률행위의 중요부분의 착오가 되려면 표의자가 그 동기를 당해 의사표시의 해석상 법률행위의 내용으로 삼을 것을 상대방에게 표시하고 의사표시의 해석상 법률행위의 내용으로 되어 있다고 인정되면 충분하고, 당사자들 사이에 별도로 그 동기를 의사표시의 내용으로 삼기로 하는 합의까지 이루어질 필요는 없다(88다카31507).
>
> **정답** ④

19 착오에 관한 다음 설명 중 옳지 않은 것은? (다툼이 있으면 판례에 따름)

① 토지를 매수하였는데 법령상의 제한으로 인하여 그 토지를 의도한 목적대로 사용할 수 없게 된 경우, 동기의 착오에 해당한다.
② 재단법인 설립을 위하여 서면에 의한 재산을 출연한 경우에도 출연자는 착오를 이유로 출연의 의사표시를 취소할 수 있다.
③ 계약당사자 사이에 착오를 이유로 하여 취소할 수 없음을 약정한 경우, 표의자는 착오를 이유로 의사표시를 취소할 수 없다.
④ 토지의 경계·현황에 관한 착오는 일반적으로 중요부분에 관한 착오에 해당한다.
⑤ 건물 및 그 부지를 현상대로 매수하는 경우에 부지의 지분이 다소 부족하면 이러한 근소한 차이도 매매계약의 중요부분의 착오로 인정된다.

키워드 의사표시 – 착오

풀이 계약의 내용이 피고의 지분등기와 본건 건물 및 그 부지를 현 상태대로 매매한 것인 경우 위 부지(4평)에 관하여 0.211평(계산상 0.201평)에 해당하는 피고의 지분이 부족하다 하더라도 그러한 근소한 차이만으로써는 매매계약의 중요부분에 착오가 있었다거나 기망행위가 있었다고는 보기 어렵다(83다카1328).

정답 ⑤

고난도

20 甲은 그린벨트로 규제를 받고 있는 ○○시 소재의 乙 소유 토지 100m²를 그린벨트가 곧 해제될 것이라는 부동산중개업자 丙의 말을 믿고 시가보다 높게 1억원에 매수하였다. 그러나 그 지역은 그린벨트 해제지역에서 제외되었다. 甲이 乙과 체결한 매매계약에 관한 설명으로 옳지 않은 것은? (다툼이 있으면 판례에 따름)

① 甲의 동기의 착오를 이유로 한 의사표시의 취소가능성이 고려될 수 있다.
② 甲은 담보책임을 이유로 乙에게 매매계약의 해제를 주장할 수 있다.
③ 만약 丙이 위 사실을 알면서도 甲에게 기망행위를 하였을 경우 甲은 乙이 丙의 사기의 사실을 알았다고 주장하며 의사표시를 취소할 수 있다.
④ 甲은 丙에게 불법행위에 따른 손해배상을 청구할 수 있다.
⑤ 甲이 주장할 수 있는 권리 중 乙의 담보책임과 사기에 의한 의사표시의 취소가 경합될 때 담보책임만 주장할 수 있다.

키워드 의사표시 – 착오
풀이 甲이 계약소멸을 주장할 수 있는 조치로는 동기의 착오, 제3자의 기망행위를 이유로 한 의사표시의 취소 그리고 매도인의 담보책임 등이 있다. 그러나 담보책임과 사기에 의한 의사표시가 경합될 때 양자는 선택적 경합관계라는 것이 통설·판례의 태도이다.
TIP 판례를 사례화한 문제는 조문과 판례를 구체화하는 연습을 하세요.

정답 ⑤

21 착오에 의한 의사표시에 관한 설명으로 옳지 않은 것은? (다툼이 있으면 판례에 따름)

제15회

① 동기의 착오를 이유로 표의자가 법률행위를 취소하려면 그 동기를 표시하고 당사자들 사이에 그 동기를 의사표시의 내용으로 삼기로 하는 합의가 있어야 한다.
② 착오가 표의자의 중대한 과실로 인하여 발생한 때에는 표의자는 그 법률행위를 취소할 수 없다.
③ 착오가 법률행위 내용의 중요 부분에 관한 것인 때에 한하여 표의자는 그 의사표시를 취소할 수 있다.
④ 착오를 이유로 의사표시를 취소하는 자는 착오의 존재뿐만 아니라 그 착오가 법률행위 내용의 중요 부분에 존재한다는 것도 증명하여야 한다.
⑤ 신원보증서류에 서명 날인한다는 착각에 빠진 상태로 연대보증의 서면에 서명 날인한 경우, 중요 부분의 착오에 해당한다.

키워드 의사표시 – 착오
풀이 법률행위의 동기는 법률행위에 영향을 미치는 요소가 아니므로 동기의 착오로 법률행위를 취소하기 위해서는 그 동기가 표시되어 의사표시의 내용으로 되어 있어야 하나, 표시되어 있으면 충분하고 동기를 의사표시의 내용으로 하기로 하는 합의까지는 필요로 하지 않는다.

정답 ①

22 하자 있는 의사표시에 관한 설명으로 옳지 않은 것을 모두 고른 것은? (다툼이 있으면 판례에 따름)

> ㉠ 착오가 타인의 기망행위에 의하여 발생한 경우 표의자는 그 요건을 입증하여 착오 또는 사기를 이유로 의사표시를 취소할 수 있다.
> ㉡ 부정한 이익의 취득을 목적으로 하더라도 정당한 권리행사로서의 고소, 고발은 위법성이 부정되어 강박행위에 해당하지 않는다.
> ㉢ 기망에 의하여 하자 있는 물건을 매수한 경우, 매수인은 담보책임만을 주장할 수 있고, 사기를 이유로 한 취소권을 행사할 수 없다.
> ㉣ 사기를 이유로 의사표시를 취소한 자는 사기에 의한 의사표시로 형성된 법률관계를 기초로 하여 새로운 이해관계를 맺은 선의의 제3자에 대하여 대항하지 못한다.

① ㉠, ㉢
② ㉡, ㉢
③ ㉡, ㉣
④ ㉠, ㉣
⑤ ㉢, ㉣

키워드 의사표시 – 하자 있는 의사표시
풀이 ㉡ 부정한 이익의 취득을 목적으로 불법행위를 한 자를 고발하겠다고 하는 것도 위법한 강박이 된다는 것이 판례의 태도이다.
㉢ 기망에 의하여 하자 있는 물건을 매수한 경우, 매수인은 담보책임뿐 아니라 사기를 이유로 한 취소권을 행사할 수 있다.

정답 ②

23 사기에 의한 의사표시에 관한 설명으로 옳은 것은? (다툼이 있으면 판례에 따름)

① 표의자가 제3자의 사기로 의사표시를 한 경우, 상대방이 그 사실을 과실 없이 알지 못한 때에도 그 의사표시를 취소할 수 있다.
② 상대방의 포괄승계인이 선의인 경우 표의자는 취소로써 대항할 수 없다.
③ 제3자의 기망행위로 신원보증서면에 서명한다는 착각에 빠져 연대보증서면에 서명한 경우, 원칙적으로 사기를 이유로 의사표시를 취소할 수 있다.
④ 교환계약의 당사자 일방이 상대방에게 그가 소유하는 목적물의 시가를 허위로 고지한 경우, 원칙적으로 사기를 이유로 취소할 수 있다.
⑤ 甲의 대리인 乙의 사기로 乙에게 매수의사를 표시한 丙은 甲이 그 사실을 알지 못한 경우에도, 사기를 이유로 법률행위를 취소할 수 있다.

키워드 의사표시 – 사기에 의한 의사표시

풀이 대리인이 상대방을 기망한 경우에는 대리인의 기망사실에 대한 본인의 선의·악의를 불문하고 상대방은 취소권을 행사할 수 있다.
① 상대방이 제3자의 사기나 강박을 알았거나, 알 수 있었을 경우에 한하여 취소할 수 있다.
② 상속인과 같은 포괄승계인은 제3자에 포함되지 않는다.
③ 사안의 경우 판례는 제3자에 의한 사기에 관한 규정(제110조 제2항)을 적용할 것이 아니라 착오에 관한 규정(제109조)만을 적용하여 취소권 행사의 가부를 가려야 한다고 한다(2004다43824).
④ 교환계약을 체결하면서 목적물의 시가를 허위로 고지하였다 하더라도 원칙적으로 사기에 해당하지 않는다(2000다54406).

정답 ⑤

24 A(제3자를 위한 계약의 수익자가 아님)의 기망행위로 甲과 乙의 법률관계가 성립하였다. 이에 관한 설명으로 옳은 것은? (다툼이 있으면 판례에 따름)

① 甲이 사기당한 사실을 乙이 알 수 있었을 경우에도 甲은 乙과의 매매계약을 취소할 수 없다.
② A의 기망으로 甲이 그의 재산을 乙재단법인 설립을 위하여 출연하였다면 甲은 이를 취소할 수 있다.
③ 甲이 A를 상대로 불법행위를 원인으로 하는 손해배상을 청구하기 위해서는 먼저 乙과의 매매계약을 취소하여야 한다.
④ 乙이 건물의 하자에 관하여 계약체결 당시에 선의·무과실이더라도 甲에 대하여 하자담보책임을 물을 수 없다.
⑤ 乙이 丙에게 건물을 양도한 경우, 甲이 乙과의 매매계약을 취소하며 그 효과를 선의의 丙에게 주장할 수 있다.

> **키워드** 의사표시 – 제3자의 사기·강박
>
> **풀이** 제3자 기망에 의하여 상대방 없는 단독행위를 한 경우 표의자는 언제든지 취소할 수 있다.
> ① 상대방 있는 의사표시에 관하여 제3자가 사기나 강박을 행한 경우에는 상대방이 그 사실을 알았거나 알 수 있었을 경우에 한하여, 표의자는 그 의사표시를 취소할 수 있다.
> ③ 甲은 매매계약의 취소 여부와 상관없이 A를 상대로 불법행위를 원인으로 하는 손해배상을 청구할 수 있다.
> ④ 매수인 乙은 매도인 甲이 A의 사기사실을 알았거나 알 수 있었다면 취소할 수도 있고, 목적물의 하자에 대하여 면책특약이 없었다면 선의·무과실의 매수인은 매도인에게 하자담보책임을 물을 수 있다.
> ⑤ 사기를 이유로 한 의사표시의 취소는 선의의 제3자에게 대항하지 못한다(제110조 제3항).
>
> **정답** ②

25 사기나 강박에 의한 의사표시에 관한 설명으로 옳지 않은 것은? (다툼이 있으면 판례에 따름)

① 사기를 당한 자가 의사표시를 취소하지 않더라도 그 사기가 「형법」상 범죄행위가 되면 그 의사표시는 무효이다.

② 기망행위자에게 2단의 고의가 아닌 과실로 인하여 기망행위를 한 것이라면 사기에 의한 의사표시는 성립할 수 없다.

③ 법률행위 과정에서 구체적으로 어떤 해악을 고지한 것이 아니고 단지 각서에 서명·날인할 것을 강력히 주장한 것만으로는 강박이 있었다고 볼 수 없다.

④ 연립주택을 분양함에 있어 평형의 수치를 다소 과장한 사실만으로는 상대방 의사결정에 불법적인 간섭이 있었다고 볼 수 없다.

⑤ 보증계약에서 주채무자가 보증인을 속인 경우, 채권자가 이러한 사실을 알았거나 알 수 있었을 때에 한하여 보증인은 보증계약을 취소할 수 있다.

> **키워드** 의사표시 – 사기·강박에 의한 의사표시
>
> **풀이** 사기에 의한 법률행위가 「형법」상 불법행위를 구성한다고 하더라도 취소하기 전까지는 유효이다.
> ③ 2002다73708·73715
> ④ 95다19515
>
> **정답** ①

26 비정상적인 의사표시에 관한 다음 설명 중 옳은 것은?

① 제3자 기망에 의하여 매매계약을 체결한 자는 매매계약을 취소하지 않고 제3자에게 불법행위를 원인으로 손해배상을 청구할 수는 없다.
② 甲이 사용자책임을 져야 할 관계에 있는 피용자 乙의 기망행위로 의사표시를 한 丙은 甲의 선의·악의 불문하고 취소할 수 있다.
③ 해악의 고지로써 부정행위에 대한 고소·고발도 상대방의 공포심을 유발하였다면 위법한 강박행위가 된다.
④ 착오로 인하여 의사표시를 한 경우에 표의자에게 과실이 있어도 취소할 수 있다.
⑤ 통정허위표시에 있어서 제3자가 선의일지라도 전득자가 악의라면 표의자는 무효로써 전득자에게 대항할 수 있다.

> **키워드** 의사표시 – 의사의 흠결
>
> **풀이** 착오에 의한 의사표시는 표의자에게 중대한 과실이 있으면 취소할 수 없다. 이를 반대로 해석하면 중과실이 없으면 취소할 수 있으므로 중과실에 이르지 않는 한 표의자에게 과실이 있어도 취소할 수 있다.
> ① 제3자 기망에 의하여 매매계약을 체결한 자는 매매계약을 취소하지 않고 제3자에게 불법행위를 원인으로 손해배상을 청구할 수 있다.
> ② 피용자의 사기는 대리인의 사기와 다른 것이므로 甲이 사용자책임을 져야 할 관계에 있는 피용자 乙의 기망행위로 의사표시를 한 丙은 甲의 악의 또는 과실이 있을 때 취소할 수 있다.
> ③ 해악의 고지로써 부정행위에 대한 고소·고발은 일반적으로 정당한 권리행사로서 위법성이 있다고 할 수 없다.
> ⑤ 통정허위표시에 있어서 제3자가 선의라면 비록 전득자가 악의라도 표의자는 무효로써 전득자에게 대항할 수 없다(엄폐물의 법칙).
>
> **정답** ④

27 의사표시에 관한 설명으로 옳은 것은? (다툼이 있으면 판례에 따름)

① 법률행위의 외형만 존재할 정도로 표의자 스스로 의사결정할 여지를 완전히 박탈한 강박에 의한 의사표시는 무효이다.
② 중개업자가 다른 건물을 매매대상 건물이라고 하여 이를 믿고 계약을 체결한 자에게도 면밀한 주의를 하지 않은 데 대한 중대한 과실이 있다고 할 수 있다.
③ 매수인의 중도금 미지급을 이유로 매도인이 매매계약을 적법하게 해제하였다면 매수인은 더 이상 착오를 주장하며 계약을 취소할 수 없다.
④ 동기의 착오를 이유로 법률행위를 취소하기 위해서는 당사자 사이에 동기를 의사표시의 내용으로 하는 합의가 있음을 요한다.
⑤ 제3자의 기망에 의하여 상대방 없는 의사표시를 한 경우 이는 유효로서 취소할 수 없다.

> **키워드** 의사표시
> **풀이** 강박에 의한 법률행위가 무효로 되기 위해서는 강박의 정도가 극심하여 의사표시자의 의사결정의 자유가 완전히 박탈된 상태에서 이루어져야 한다(92다7719).
> ② 중개업자가 다른 건물을 매매대상 건물이라고 하여 이를 믿고 계약을 체결한 자에게는 면밀한 주의를 하지 않은 데 대한 중대한 과실이 있다고 할 수 없다.
> ③ 매수인의 중도금 미지급을 이유로 계약이 적법하게 해제되었더라도 매수인은 계약해제로 인한 손해를 면하기 위하여 중요부분의 착오를 주장하며 계약을 취소하여 처음부터 무효로 할 수 있다.
> ④ 동기의 착오를 이유로 법률행위를 취소하기 위해서는 당사자 사이에 동기를 의사표시의 내용으로 하는 합의까지 요하지는 않는다.
> ⑤ 제3자의 기망에 의하여 상대방 없는 의사표시를 한 경우 이는 언제든지 취소할 수 있다.
>
> **정답** ①

28 착오·사기·강박에 관한 설명으로 옳은 것은? (다툼이 있으면 판례에 따름)

① 기망행위가 불법행위를 구성하는 경우 표의자는 불법행위를 원인으로 손해배상을 청구하거나 계약을 취소하고 부당이득의 반환을 청구할 수 있는데, 양 권리는 병존적으로 경합하므로 중첩적으로 행사할 수 있다.

② 공무원의 법령오해로 인한 잘못된 공문 회신으로 인하여 국가에 토지를 증여한 경우, 이는 표의자에게 중대한 과실이 있다고 볼 수 있다.

③ 상가를 분양하는 자가 상가 분양 후 일정한 정도의 수익을 보장하였으나 그 수익의 보장이 안 된다면 이는 기망행위가 될 수 있다.

④ 매도인의 기망에 의해 매매계약 체결 시 토지의 일정부분을 매매대상에서 제외하기로 특약을 한 경우, 그 특약만을 기망에 의한 법률행위로써 취소할 수는 없다.

⑤ 강박에 의해 이루어진 소송행위는 원칙적으로 취소할 수 있다.

> **키워드** 의사표시
> **풀이** 매매계약 체결 시 토지의 일정부분을 매매대상에서 제외시키는 특약을 한 경우, 이는 매매계약의 대상 토지를 특정하여 그 일정부분에 대하여는 매매계약이 체결되지 않았음을 분명히 한 것으로서 그 부분에 대한 어떠한 법률행위가 이루어진 것으로는 볼 수 없으므로, 그 특약만을 기망에 의한 법률행위로써 취소할 수 없다(98다56607).
> ① 기망행위가 불법행위를 구성하는 경우 표의자는 불법행위를 원인으로 손해배상을 청구하거나 계약을 취소하고 부당이득의 반환을 청구할 수 있는데, 양 권리는 병존적으로 경합하지만 중첩적으로 행사할 수는 없다.
> ② 공무원의 법령오해로 인한 잘못된 공문 회신으로 인하여 국가에 토지를 증여한 경우, 이는 표의자에게 중대한 과실이 있다고 볼 수 없다.
> ③ 상가를 분양하는 자가 상가 분양 후 일정한 정도의 수익을 보장하였으나 그 수익의 보장이 안 된다고 하더라도 이는 기망행위가 될 수 없다.
> ⑤ 소송행위에는 착오에 관한 규정이 적용되지 않는다.
>
> **정답** ④

29 의사표시에 관한 설명으로 옳은 것은? (다툼이 있으면 판례에 따름)

① 법원에 의하여 부재자의 재산관리인이 선임되어 있는 경우에도 표의자의 과실 없이 부재자의 소재를 모른다면 부재자에 대한 송달은 공시송달의 방법에 의한다.
② 등기우편물이 채무자의 주소나 사무소가 아닌 동업자의 사무소에서 그 신원이 분명치 않은 자에게 송달된 경우 도달이라 할 수 없다.
③ 의사표시의 불착 또는 연착의 불이익은 표의자와 상대방이 공동으로 부담한다.
④ 법원의 공시송달명령 없이 일간신문에 광고한 사실이 있다면 송달이 인정된다.
⑤ 제한능력자가 표의자의 의사표시가 도달한 사실을 알았다면 표의자는 그때부터 의사표시의 도달로써 대항할 수 있다.

키워드 의사표시
풀이 ① 법원에 의하여 부재자의 재산관리인의 선임이 있는 경우 부재자를 위하여 그 재산관리인만이 또는 그 재산관리인에게 대하여만 송달 등 소송행위를 할 수 있다(68다2021).
③ 의사표시의 불착 또는 연착의 불이익은 표의자의 불이익으로 한다.
④ 법원의 공시송달명령 없이 일간신문에 광고한 사실만으로 송달이 추정되지 않는다.
⑤ 의사표시의 상대방이 의사표시를 받은 때에 제한능력자인 경우에는 의사표시자는 그 의사표시로써 대항할 수 없다. 다만, 그 상대방의 법정대리인이 의사표시가 도달한 사실을 안 후에는 그러하지 아니하다(제112조).

정답 ②

30 의사표시의 효력발생에 관한 설명으로 옳지 않은 것은? (다툼이 있으면 판례에 따름)

① 제한능력자에게 의사표시를 한 경우 표의자는 의사표시의 도달을 주장할 수 없으나, 제한능력자 측에서는 도달을 주장할 수 있다.
② 상대방 있는 의사표시는 원칙적으로 그 의사표시가 상대방에게 도달한 때부터 효력이 발생하고, 상대방이 내용을 알 것까지 요하지는 않는다.
③ 의사표시의 상대방이 특별한 사정 없이 수령을 거절한 경우에도 상대방이 그 내용을 알 수 있는 객관적 상태에 놓인 때 도달한 것으로 보아야 한다.
④ 격지자간의 계약은 승낙의 의사표시를 발송한 때에 성립한다.
⑤ 의사표시를 발송 후 그 도달 전에 의사표시자가 제한능력자가 되거나 사망하였다면 그 의사표시는 무효가 된다.

키워드 의사표시의 효력발생
풀이 의사표시를 발송 후 그 도달 전에 의사표시자가 제한능력자가 되거나 사망하였더라도 의사표시의 효력에는 영향을 미치지 아니한다.

정답 ⑤

31 의사표시의 효력발생에 관한 다음 설명 중 옳지 않은 것은?

① 수신인 기재가 명료하지 않아 서신을 개봉하지 않았더라도 의사표시의 도달이 있었다고 할 것이다.
② 서신이 당사자가 아닌 동거의 가족에게 전달된 경우에도 도달된 것으로 본다.
③ 의사표시를 보통우편이 아닌 등기 또는 내용증명의 방식으로 발송 후 반송되지 않았다면 송달이 추정된다.
④ 공시송달에 의한 의사표시는 법원 게시판에 게시한 날로부터 2주일이 경과한 때에 효력이 생긴다.
⑤ 납세고지서가 실제주소지가 아닌 주민등록상의 주소지로 등기 발송되고 반송되지 않았더라도 도달로 볼 수 없다.

> **키워드** 의사표시의 효력발생
> **풀이** 단지 서신을 개봉하지 않고 방치한 때에는 도달이 있었다고 할 것이나, 도달도 상대방이 요지 가능한 상태에 있어야 하므로 슬그머니 수령자의 주머니 속에 넣거나, 수신인 기재가 명료하지 않아 서신을 개봉하지 않았다면 의사표시의 도달이 있었다고 볼 수 없다.
> ⑤ 등기우편으로 발송된 고지서가 반송되지 않은 사실만으로 납세의무자에게 송달된 것이라고 볼 수는 없다(97누8977).
>
> **정답** ①

고난도

32 甲은 乙에게 의사표시를 발신한 후 성년후견개시의 심판이 있었고, 이러한 사정을 알지 못하고 그 의사표시를 수령한 乙이 수령 당시 미성년자이었을 경우 의사표시의 효력에 관한 법률관계를 설명한 것으로 옳은 것은?

① 甲의 의사표시는 피성년후견인의 의사표시로서 취소할 수 있다.
② 乙은 의사표시의 수령 당시 미성년자이므로 甲의 의사표시가 도달되어 유효하다는 주장을 할 수 없다.
③ 甲의 의사표시는 乙의 법정대리인 丙이 도달을 안 때부터 도달을 주장할 수 있다.
④ 甲은 그의 의사표시를 제한능력을 이유로 취소할 수 있다.
⑤ 甲이 피성년후견인이 되었다는 사실을 乙이 알았을 경우에는 甲의 의사표시는 소급하여 효력을 상실한다.

키워드 의사표시의 효력발생

풀이 의사표시를 수령한 자가 제한능력자인 경우 도달의 효력은 발생하지 않으나, 그 법정대리인이 도달을 안 때에는 그때부터 도달을 주장할 수 있다.
① 甲의 피성년후견 심판은 의사표시의 발신 후에 이루어졌기 때문에 그 의사표시의 효력에는 아무런 영향을 미치지 않는다.
② 乙이 의사표시의 수령 당시 제한능력자이므로 甲은 乙에 대하여 그 의사표시로써 대항할 수 없으나, 乙이 甲에 대하여 의사표시의 도달을 주장하는 것은 무방하다.
④ 甲의 제한능력은 의사표시의 발신 후에 이루어졌기 때문에 취소할 수 없다.
⑤ 甲의 행위능력의 상실은 의사표시의 발신 후의 사실로 乙이 그러한 사실을 알았을 경우에도 甲의 의사표시에는 아무런 영향이 없다.

TIP 조문을 사례화하고 구체적 사례에 적용되는 효과를 숙지하세요.

정답 ③

33 효력발생시기가 발신주의에 해당하는 것을 모두 고른 것은? (다툼이 있으면 판례에 따름)

> ㉠ 의사표시가 상대방에게 도달하기 전에 그 의사표시를 철회하는 의사표시
> ㉡ 제한능력을 이유로 하는 취소의 의사표시
> ㉢ 격지자 또는 대화자 간의 계약에 있어서 승낙에 의한 계약의 성립시기
> ㉣ 무권대리인과 거래한 상대방의 추인 여부의 최고에 대한 본인의 확답
> ㉤ 사단법인 사원총회의 소집통지

① ㉠, ㉡
② ㉠, ㉣
③ ㉡, ㉢
④ ㉢, ㉤
⑤ ㉣, ㉤

키워드 의사표시의 효력발생

풀이 ㉠ 의사표시가 상대방에게 도달하기 전에 그 의사표시를 철회하는 의사표시 – 도달주의
㉡ 제한능력을 이유로 하는 취소의 의사표시 – 도달주의
㉢ 대화자간의 계약에 있어서 승낙의 의사표시 – 도달주의

이론 +

발신주의
1. 제한능력자의 상대방의 확답 촉구에 대한 제한능력자 측의 확답(제15조)
2. 사원총회의 소집통지(제71조)
3. 무권대리인의 상대방의 최고에 대한 본인의 확답(제131조)
4. 채무인수 승낙 최고에 대한 채권자의 확답(제455조)
5. 격지자간의 계약에 있어서 격지자의 승낙에 의한 계약의 성립시기(제531조)

정답 ⑤

CHAPTER 04 법률행위의 대리

▶ **연계학습** | 에듀윌 기본서 1차 [민법 上] p.268

대표기출

01 민법상 임의대리에 관한 설명으로 옳지 않은 것은? (다툼이 있으면 판례에 따름)

제20회

① 소유자로부터 매매계약을 체결할 대리권을 수여받은 대리인은 특별한 사정이 없는 한 그 매매계약에서 정한 바에 따라 중도금을 수령할 수 있다.
② 대리인이 그 권한 내에서 본인을 위한 것임을 표시하지 아니하고 의사표시를 한 경우, 상대방이 대리인으로서 한 것임을 알았더라도 그 의사표시는 대리인 자신을 위한 것으로 본다.
③ 권한을 정하지 아니한 대리인은 대리의 목적인 미등기 부동산의 보존등기를 할 수 있다.
④ 대리인은 본인의 승낙이 있거나 부득이한 사유가 있는 때가 아니면 복대리인을 선임하지 못한다.
⑤ 원인된 법률관계의 종료 전에 본인이 수권행위를 철회한 경우, 대리권은 소멸한다.

키워드 대리권
풀이 현명하지 아니한 행위는 대리인 자신을 위한 것으로 본다. 다만, 상대방이 대리인의 행위임을 알았거나 알 수 있었다면 그러하지 아니하다. 즉, 대리행위로 볼 수 있다.

정답 ②

02 복대리에 관한 설명으로 옳은 것은? (다툼이 있으면 판례에 따름)

제11회 수정

① 복대리인은 대리인의 대리인이다.
② 복대리인의 대리권 범위는 대리인의 대리권 범위를 넘지 못한다.
③ 임의대리인은 본인의 승낙이 있는 경우에 한하여 복대리인을 선임할 수 있다.
④ 법정대리인이 부득이한 사유로 복대리인을 선임한 경우, 그 선임·감독에 관한 책임을 면한다.
⑤ 대리인의 대리권 소멸은 복대리인의 대리권 소멸에 전혀 영향을 미치지 않는다.

> **키워드** 복대리
>
> **풀이** 복대리인이란 대리인이 자기의 대리권의 범위 내에서 본인을 대리하도록 하기 위하여 '자신의 이름'으로 선임한 '본인의 대리인'이다. 그러므로 복대리인의 대리권 범위는 대리인의 대리권 범위를 넘지 못한다.
> ① 복대리인은 대리인이 선임한 본인의 대리인이다.
> ③ 임의대리인은 본인의 승낙이 있는 경우 또는 부득이한 사유가 있는 경우 복대리인을 선임할 수 있다.
> ④ 법정대리인은 그 책임으로 복대리인을 선임할 수 있고 그에 대하여 무과실 책임으로 지는 것이 원칙이지만 법정대리인이 부득이한 사유로 복대리인을 선임한 경우 그 선임·감독에 관한 책임만을 진다.
> ⑤ 복대리권은 대리권의 존재 및 범위에 따른다. 따라서 복대리권은 대리권을 초과할 수 없고, 대리권이 소멸하면 복대리권도 소멸한다.
>
> 정답 ②

03 계약에 관한 무권대리의 설명으로 옳지 않은 것은? (표현대리는 고려하지 않고, 다툼이 있으면 판례에 따름)
제20회

① 대리권 없는 자가 타인의 대리인으로 한 계약은 본인이 이를 추인하지 아니하면 본인에 대하여 효력이 없다.
② 대리권 없는 자가 타인의 대리인으로 계약을 한 경우, 상대방은 상당한 기간을 정하여 본인에게 그 추인 여부의 확답을 최고할 수 있다.
③ 무권대리행위의 추인은 다른 의사표시가 없는 때에는 장래에 대하여 효력이 있다.
④ 무권대리인의 상대방에 대한 책임은 무과실책임으로서 대리인의 귀책사유가 있어야만 인정되는 것은 아니다.
⑤ 대리권 없는 자가 타인의 대리인으로 계약하고 상대방이 계약 당시에 그 대리권 없음을 알지 못한 경우, 상대방은 본인의 추인이 있을 때까지 본인에 대하여 계약을 철회할 수 있다.

> **키워드** 계약의 무권대리
>
> **풀이** 무권대리에 대한 본인의 추인은 그 행위 시로 소급하여 유효한 대리행위가 있었던 것과 동일한 효력이 발생한다. 다만, 이러한 추인의 소급효는 제3자의 권리를 해하지 못한다.
>
> 정답 ③

01 대리와 사자에 관한 설명으로 옳지 않은 것은?

① 사자(使者)는 의사능력도 행위능력도 필요 없다.
② 대리인은 행위능력은 요하지 않으나, 의사능력은 필요하다.
③ 착오에서 대리의 경우는 대리인의 의사와 대리인의 표시를 비교한다.
④ 사자에서 착오는 본인의 의사와 사자의 표시를 비교한다.
⑤ 하자문제는 대리인의 경우는 본인을 표준으로, 사자의 경우는 사자를 표준으로 판단한다.

> **키워드** 대리와 사자
> **풀이** 대리행위의 하자는 대리인을 표준으로 하나(제116조), 사자의 경우에는 본인을 표준으로 하여야 한다.
> **이론+** 대리와 사자의 비교

구분	대리	사자
효과의사의 결정	대리인	본인
본인의 능력	권리능력만 있으면 됨	행위능력 필요
대리인·사자의 능력	대리인의 의사능력 필요	사자의 의사능력 불요
	사자와 대리인의 행위능력 불요	
의사의 흠결	대리인의 의사와 표시를 비교	본인의 의사와 사자의 표시를 비교
의사표시의 하자	대리인을 표준으로 결정	본인을 표준으로 결정

> 정답 ⑤

02 수권행위에 관한 설명으로 옳지 않은 것은? (다툼이 있으면 판례에 따름)

① 수권행위는 불요식행위이다.
② 수권행위는 묵시적 의사표시에 의해서도 할 수 있다.
③ 수권행위의 하자 유무는 대리인을 기준으로 하여 정한다.
④ 백지위임장에 의한 수권행위도 효력이 있다.
⑤ 수권행위가 무효가 되면 이후 그 대리권에 기한 대리행위는 무권대리가 된다.

> **키워드** 대리권 - 수권행위
> **풀이** 수권행위의 하자 유무는 본인을 기준으로 결정하여야 한다.
> ④ 수권행위는 불요식행위로서 대리관계의 표시만으로 충분하므로 백지위임장에 의한 수권행위도 가능하다는 것이 판례의 태도이다(2016다203315).

> 정답 ③

03 수동대리(受動代理)에 관한 설명으로 옳은 것은?

① 수동대리에는 능동대리에 관한 법원칙이 일반적으로 준용된다.
② 수동대리란 의사의 표시를 상대방에게 하는 경우의 대리를 말한다.
③ 수동대리인은 반드시 행위능력을 가져야 한다.
④ 법률규정이나 수권행위로 공동대리를 정한 경우 수동대리도 공동으로 하여야 한다.
⑤ 수동대리에는 무권대리가 문제될 여지가 없다.

키워드 대리의 종류
풀이 제114조 제2항
② 수동대리란 본인을 위하여 상대방의 의사표시를 수령하는 경우의 대리를 말한다.
③ 수동대리인도 능동대리인처럼 제한능력자여도 무방하다(제117조).
④ 수동대리에 있어서도 공동으로 상대방의 의사표시를 수령하여야 하는가에 대해서는 반대설이 있으나, 단순히 의사표시를 수령하는 데 지나지 않는 경우에는 대리권의 남용이나 본인에게 불이익을 줄 염려가 거의 없으므로 대리인 각자가 단독으로 의사표시를 수령할 수 있다고 새겨야 할 것이다.

정답 ①

04 대리에 관한 설명으로 옳지 않은 것은? (다툼이 있으면 판례에 따름)

① 법률행위를 함에 있어 의사결정 및 의사표시하는 자와 그에 따른 법률효과가 귀속되는 자가 일치되는 제도이다.
② 물건을 매도하는 대리권을 수여받은 대리인은 특별한 사정이 없는 한 매매계약에 따른 중도금이나 잔금을 수령할 수 있다.
③ 본인은 원인된 법률관계가 존속하고 있더라도 수권행위를 철회하여 임의대리권을 소멸시킬 수 있다.
④ 지명채권 양도의 통지도 대리인을 통하여 할 수 있다.
⑤ 수인의 대리인에게 대리권을 수여한 경우, 원칙적으로 각자가 본인을 대리한다.

키워드 대리권
풀이 대리행위는 법률행위를 함에 있어 의사결정 및 의사표시하는 자와 그에 따른 법률효과가 귀속되는 자가 분리되는 제도이다.

정답 ①

05 대리권의 범위가 분명하지 아니한 대리인이 할 수 없는 것은?

① 가옥의 임대
② 소멸시효의 중단
③ 어떤 가옥과 타인의 가옥과의 교환
④ 기한이 도래한 채무의 변제
⑤ 가옥의 보존등기

> **키워드** 대리권의 범위
> **풀이** 가옥의 교환은 처분행위로서 대리권의 범위가 분명하지 아니한 대리인은 처분행위를 할 권한이 없다.
>
> 정답 ③

06 임의대리에 관한 설명으로 옳은 것은? (다툼이 있으면 판례에 따름)

① 대리권의 범위가 분명치 않은 대리인도 본인의 이익범위 내의 처분행위를 할 수 있다.
② 계약체결의 대리권을 가진 자는 중도금을 수령할 권한은 있으나, 잔금수령 및 소유권이전등기를 할 권한은 없다.
③ 피한정후견인이 대리인이 된 후 성년후견의 개시심판이 있으면 대리권은 당연히 소멸한다.
④ 매매계약 체결과 이행에 관하여 포괄적 대리권을 가진 자라 하더라도 중도금이나 잔금의 지급기일을 연기해 줄 권한은 없다.
⑤ 대리권의 범위가 불분명한 경우에 대리인은 제한 없이 개량행위를 할 수 있다.

> **키워드** 대리권의 범위
> **풀이** 제한능력자도 대리인은 될 수 있다. 대리인에 대한 성년후견의 개시심판은 대리권 소멸사유로서 제한능력자인 피한정후견인이 대리인이 된 후 성년후견이 개시된 때에는 대리권은 당연히 소멸한다.
> ① 대리권의 범위가 분명치 않은 대리인은 처분행위를 할 수 없다.
> ②④ 일반적으로 임의대리권은 상대방의 의사표시를 수령하는 대리권을 포함한다. 부동산의 소유자로부터 매매계약을 체결할 대리권을 수여받은 대리인은 특별한 사정이 없는 한 그 매매계약에서 약정한 바에 따라 중도금이나 잔금을 수령할 권한도 있고(93다39379), 매매계약 체결과 이행에 관하여 포괄적 대리권을 가진 자는 중도금이나 잔금의 지급일을 연기할 권한도 있다(91다43107).
> ⑤ 제118조. 대리권의 범위가 불분명한 경우에 대리인의 개량행위는 물건이나 권리의 성질이 변하지 않는 범위 내에서만 가능하다.
>
> 정답 ③

07 자기계약과 쌍방대리에 관한 설명으로 옳은 것은? (다툼이 있으면 판례에 따름)

> ㉠ 대리인은 부동산 매매계약에 따른 소유권이전등기를 신청함에 있어서 매도인과 매수인 쌍방을 대리할 수 있다.
> ㉡ 부동산 입찰절차에서 동일물건에 관하여 동일인이 이해관계가 다른 2인 이상의 대리인이 된 경우 그 대리인이 한 입찰행위는 유효하다.
> ㉢ 대리인이 계약을 체결함에 있어서 본인이 미리 자기계약을 허락한 경우에는 그 계약은 유효하다.
> ㉣ 친권자가 본인의 지위와 법정대리인으로서의 지위에서 자기의 부동산을 미성년인 자(子)에게 증여하는 자기계약은 무효이다.

① ㉠, ㉡
② ㉠, ㉢
③ ㉡, ㉢
④ ㉡, ㉣
⑤ ㉢, ㉣

키워드 대리권의 제한
풀이 ㉡ 부동산 입찰절차에서 동일물건에 관하여 동일인이 이해관계가 다른 2인 이상의 대리인이 된 경우 그 대리인이 한 입찰행위는 무효이다.
㉣ 친권자가 본인의 지위와 법정대리인으로서의 지위에서 자기의 부동산을 미성년 자(子)에게 증여하는 자기계약은 유효이다.

정답 ②

08 자기계약·쌍방대리에 관한 설명으로 옳지 않은 것은?

① 부동산의 매도를 위임받은 대리인은 원칙적으로 스스로 매수인이 될 수 없다.
② 대리인이 매도인과 매수인 쌍방을 모두 대리하는 것은 원칙적으로 금지된다.
③ 자기계약·쌍방대리일지라도 본인의 위임 또는 허락이 있는 경우에는 가능하다.
④ 다툼이 없는 채무의 이행, 부동산의 이전등기신청 등 새로운 이해관계를 창설하지 않는 것은 가능하다.
⑤ 자기계약·쌍방대리의 금지에 위배되는 대리행위는 무효로서 본인이 추인하면 그때부터 새로운 법률행위가 되는 것이 원칙이다.

키워드 대리권의 제한
풀이 자기계약·쌍방대리의 금지에 위배되는 대리행위는 무권대리로서 무효이지만, 본인이 이를 추인하면 대리행위 시로 소급하여 유효한 대리행위가 되는 것이 원칙이다.

정답 ⑤

09 배임적 대리행위, 즉 대리권 남용에 관한 설명으로 옳지 않은 것은? (다툼이 있으면 판례에 따름)

① 대리인이 대리권을 남용하여 대리행위를 한 경우에도 원칙적으로 본인에게 책임이 있다.
② 배임적 대리행위에 대하여는 의사와 표시의 불일치에 관한 민법 제107조가 유추적용된다.
③ 대리인이 본인의 지시를 위반하여 배임적 대리행위를 한 경우라도 원칙적으로 본인의 책임이 면제되는 것은 아니다.
④ 대리권 남용사실을 상대방이 알 수 있었다는 사실만으로 본인의 책임이 면제되는 것은 아니다.
⑤ 상대방의 악의 또는 과실의 유무는 본인이 이를 증명할 책임이 있다.

키워드 대리권의 남용
풀이 대리인의 대리권 남용사실을 상대방이 알았거나 알 수만 있었어도 이는 무효로서 본인은 책임지지 않는다.

정답 ④

10 자기계약과 쌍방대리에 관한 설명으로 옳지 않은 것은?

① 부동산 입찰절차에서 동일물건에 관하여 이해관계가 다른 2인 이상의 대리인이 된 경우 그 대리인이 한 입찰은 무효이다.
② 본인에게 변제기 도래의 채권을 가지는 대리인이 본인의 부동산으로 대물변제받는 행위는 자기계약으로 불가능하다.
③ 부득이한 경우에는 자기계약이 허용된다.
④ 이행기가 도래하지 않은 채무의 이행에는 원칙적으로 쌍방대리가 허용되지 않는다.
⑤ 쌍방대리의 금지규정에 위반된 대리행위는 무권대리행위로 된다.

키워드 대리권의 제한
풀이 ②③④ 자기계약·쌍방대리는 원칙적으로 금지된다. 다만, 본인의 허락이 있거나 채무의 이행은 그러하지 아니한다(제124조). 부득이한 사정이 있다는 사정만으로 자기계약이 허용되지는 아니한다. 다만, 채무의 이행이라도 새로운 이해관계를 생기게 하는 대물변제나 이행기가 도래하지 않은 채무의 이행의 경우에는 자기계약이나 쌍방대리가 허용되지 않는다.
① 2003마44
⑤ 자기계약·쌍방대리 금지규정에 위반한 행위는 무효가 아니라 무권대리가 된다(통설).

정답 ③

11 다음 중 자기계약 또는 쌍방대리로서 허용되는 것은?

① 대물변제
② 기한미도래 채무의 변제
③ 선택채무의 변제
④ 법무사의 등기신청
⑤ 다툼이 있는 채무의 변제

키워드 대리권의 제한
풀이 주식의 명의개서나 부동산의 이전등기신청은 허용된다.

정답 ④

12 대리에 관한 설명으로 옳은 것은?

① 대리인이 여럿일 때에는 법률 또는 수권행위에서 달리 정하지 않는 한 공동으로 본인을 대리한다.
② 甲이 제한능력자인 乙과 위임계약을 체결하고 乙을 대리인으로 선임한 경우, 乙의 제한능력을 이유로 위임계약은 취소할 수 있으나 대리행위는 취소할 수 없다.
③ 甲이 乙에게 금전소비대차 및 이것을 위한 담보권설정계약을 체결할 대리권을 수여한 경우, 원칙적으로 乙은 위 계약을 해제할 권한도 있다.
④ 甲의 대리인 乙이 丙과 매매계약을 체결하면서 甲의 대리인임을 표시하지 않고 자신을 매수인으로 한 경우, 乙의 의사표시는 乙 자신을 위한 것으로 추정한다.
⑤ 본인의 사망·성년후견의 개시·파산은 대리권의 소멸사유에 해당한다.

키워드 대리권
풀이 대리인은 행위능력자임을 요하지 않으므로 제한능력자인 대리인 乙의 행위는 유효한 대리행위로서 甲 또는 乙은 취소할 수 없다.
　① 대리인이 수인인 경우 법률 또는 수권행위에서 달리 정하지 않는 한 각자 단독대리가 원칙이다(제119조).
　③ 일반적으로 법률행위에 의하여 수여된 대리권은 원인된 법률관계의 종료에 의하여 소멸하는 것이므로 특별한 다른 사정이 없는 한, 본인을 대리하여 금전소비대차 내지 그를 위한 담보권설정계약을 체결할 권한을 수여받은 대리인에게 본래의 계약관계를 해제할 대리권까지 있다고 볼 수는 없다(92다39365).
　④ 대리인이 본인을 위한 것임을 표시하지 아니한 때에는 그 의사표시는 대리인 자신을 위한 것으로 본다(제115조). 즉, '추정'한다가 잘못된 표현이다.
　⑤ 법정대리와 임의대리의 공통된 소멸사유는 본인의 사망, 대리인의 사망·성년후견의 개시·파산 등이다(제127조).

TIP 법률행위의 대리에 관한 전반적 내용을 사례화한 문제입니다. 이렇게 법의 해석과 사례를 접목한 문제유형이 자주 출제되므로 충분히 연습하세요.

정답 ②

13 甲으로부터 포괄적인 대리권을 수여받은 乙은 주식투자로 큰 손해를 보자 이를 만회하기 위해, 대리인 자격으로 甲 소유 부동산을 丙에게 저당권을 설정해 주면서 5,000만원을 차용하여 자신의 주식투자자금으로 사용하였다. 이에 관한 설명으로 옳지 않은 것은?

① 乙이 대리권을 남용한 경우이다.
② 乙의 대리행위는 본인을 위하여 한 행위로 볼 수 없으므로 甲은 아무런 책임이 없다.
③ 乙의 대리행위는 협의의 무권대리행위 또는 표현대리인 것은 아니다.
④ 甲은 원칙적으로 丙에 대하여 5,000만원의 채무를 부담한다.
⑤ 丙이 乙의 배임행위를 알았거나 알 수 있었을 경우 甲은 책임이 없다.

키워드 대리권의 남용

풀이 대리인의 대리행위는 본인을 위한 것임을 표시하여야 한다(현명주의). 여기에서 본인을 위한다 함은 본인에게 대리행위의 효과를 귀속시키겠다는 뜻이지, 본인의 이익을 위해서 한다는 말은 아니다.
③④ 대리의 효과가 본인에게 불이익하더라도 역시 본인에게 그 효과가 귀속되고, 배임행위에 해당하는 乙의 대리행위도 대리권의 범위 내에서 행하여지는 한 본인에 대하여 효력이 발생한다.
⑤ 그러나 이는 본인에게 가혹한 것이므로 거래의 안전을 해하지 않는 범위 내에서 배임대리행위의 효력을 부정함으로써 본인을 보호할 필요가 있다. 즉, 대리인이 본인의 이익을 위하여 대리하는 것이 아니라는 사실을 상대방이 알았거나 알 수 있었을 경우에는 비진의표시에 관한 민법 제107조 제1항 단서를 유추적용하여 그 대리인의 대리행위는 본인에게 효력이 없다(제107조 제1항 단서 유추적용설)(2000다20694).

이론 + 대리권 남용이론
1. 의의: 대리인이 외형적으로는 현명주의에 입각해 대리권의 범위에서 대리행위를 했으나, 실질적으로는 오직 대리인 자신 또는 제3자의 이익을 꾀할 목적으로 행하여진 경우를 대리권 남용이라고 한다.
2. 효과: 대리인이 대리권을 남용한 경우에도 대리의사는 존재하므로 대리행위로서 유효하게 성립함이 원칙이지만, 대리인의 배임적 의사를 상대방이 알았거나 알 수 있었을 때에는 민법 제107조 제1항 단서를 유추적용하여 대리행위의 효력을 부정하는 것이 다수설이며, 판례(2000다20694)도 이 견해를 따르고 있다(제107조 제1항 단서 유추적용설).

정답 ②

14 임의대리권의 법정 소멸사유에 해당되지 않는 것은?

① 본인의 사망
② 대리인의 사망
③ 대리인에 대한 성년후견의 개시
④ 본인의 파산
⑤ 대리인의 파산

키워드 대리권의 소멸

풀이 본인의 파산은 임의대리권의 법정 소멸사유에 해당되지 않는다. 그러나 민법 제690조의 해석상 본인의 파산은 위임관계의 종료사유에 해당하여 내부적 기초관계가 소멸하는 결과가 되므로 임의대리권의 소멸사유에 해당한다는 것도 유력한 주장이다.

정답 ④

15 대리행위에 관한 다음 설명 중 옳지 않은 것은? (다툼이 있으면 판례에 따름)

① 대리인이 본인을 위한 것임을 표시하지 않고 한 대리행위는 대리인 자신을 위한 것으로 보기 때문에, 대리인은 착오를 주장하지 못한다.
② 대리행위의 하자는 대리인을 표준으로 판단하므로, 대리인이 상대방으로부터 사기를 당해 법률행위를 한 경우 사기를 이유로 본인과 대리인이 취소할 수 있다.
③ 상행위의 대리에 관하여서도 현명주의(顯名主義)가 적용되지 않는다.
④ 대리인이 계약서 등의 서면에 본인의 이름만을 적고 본인의 인장을 찍는 방법으로 대리행위를 하더라도 대리행위로서 유효하다.
⑤ 위임장을 제시하고 매매계약서 매도인란에 대리관계 표시 없이 대리인 자신의 이름만을 기재한 경우라도 대리행위가 있었던 것으로 본다.

키워드 대리행위

풀이 대리인이 상대방으로부터 사기를 당해 법률행위를 한 경우 사기를 이유로 본인이 취소할 수 있으나, 취소에 관한 특별수권이 없는 한 대리인은 취소할 수 없다.
④⑤ 현명은 불요식행위로서 주위의 사정으로부터 본인이 누구인지를 알 수 있을 정도면 족하다. 그러므로 본인의 이름만을 사용한 현명, 매매위임장을 제시하면서 대리관계를 표시하지 않은 경우 등 모두 유효한 현명이 될 수 있다.

정답 ②

16 대리행위에 관한 설명으로 옳은 것은? (다툼이 있으면 판례에 따름)

① 대리인이 법률행위를 하면서 본인을 위한 것임을 표시하지 아니한 경우, 그 행위는 언제나 자기를 위한 것으로 본다.
② 본인이 지정한 물건을 매수하는 때에 대리인이 하자를 몰랐다면 본인이 알았더라도 매도인의 하자담보책임을 물을 수 있다.
③ 대리행위의 하자로 인해 취소권이 발생한 경우, 그 취소권은 대리인에게 귀속된다.
④ 대리행위 시 대리인이 매도인의 배임행위에 적극가담한 사실이 있다면 본인이 비록 선의·무과실인 경우라도 그 행위는 무효가 된다.
⑤ 상대방이 본인을 강박하여 대리인과 법률행위를 한 경우 본인은 대리행위를 취소할 수 있다.

키워드 대리행위

풀이 대리행위의 하자는 대리인을 표준하여 결정한다.
① 대리인이 법률행위를 하면서 본인을 위한 것임을 표시하지 아니한 경우 원칙적으로 대리인 자신의 행위로 보아야 한다. 하지만 상대방이 알았거나 알 수 있었다면 대리행위로서 효력이 있다.
② 본인이 지정한 물건을 매수하는 때에 본인이 그 물건에 하자가 있음을 알고 있으면 비록 대리인이 그 하자를 몰랐다 하더라도 본인은 매도인의 하자담보책임을 물을 수 없게 된다.
③ 대리행위의 하자로 인해 취소권이 발생한 경우, 그 취소권은 본인에게 귀속된다.
⑤ 대리행위의 하자 여부는 대리인을 기준으로 판단하므로 상대방이 본인을 강박하여 대리인과 법률행위를 한 경우 본인은 대리행위를 취소할 수 없다.

정답 ④

고난도

17 대리행위에 관한 설명으로 옳은 것은? (다툼이 있으면 판례에 따름)

① 대리권의 범위가 불분명한 대리인은 처분행위를 할 수 없으나, 보존행위로서 부패하기 쉬운 물건을 매각하는 행위는 할 수 있다.
② 대리행위에 있어 의사의 흠결, 사기·강박에 의한 의사표시 등은 본인의 의사와 대리인의 표시를 비교하여 대리행위의 하자 여부를 판단한다.
③ 대리행위가 불공정한 법률행위(민법 제104조)에 해당하는지 여부를 판단함에 있어서, 궁박은 대리인을 기준으로 하여야 한다.
④ 특정한 법률행위를 위임받은 임의대리인이 본인의 지시에 좇아 그 행위를 한 때에, 본인은 자기가 과실로 인하여 알지 못한 사정에 관하여 대리인의 부지를 주장할 수 있다.
⑤ 대리인이 상대방에게 강박을 행한 경우, 본인이 그 사실을 알았거나 알 수 있었을 경우에 한하여 상대방은 그 의사표시를 취소할 수 있다.

키워드 대리행위 – 대리행위의 하자

풀이 대리권의 범위가 분명치 않은 대리인이라도 보존·이용·개량행위는 할 수 있으므로, 썩기 쉬운 물건의 매각은 보존행위이므로 무제한 허용된다.
② 의사표시의 효력이 의사의 흠결, 사기·강박 또는 어느 사정을 알았거나 과실로 알지 못한 것으로 인하여 영향을 받을 경우에 그 사실의 유무는 대리인을 표준하여 결정한다(제116조 제1항).
③ 대리행위가 불공정한 법률행위(제104조)에 해당하는지 여부를 판단함에 있어서 궁박은 본인을, 경솔·무경험은 대리인을 기준으로 하여야 한다.
④ 특정한 법률행위를 위임한 경우에 대리인이 본인의 지시에 좇아 그 행위를 한 때에는 본인은 자기가 안 사정 또는 과실로 인하여 알지 못한 사정에 관하여 대리인의 부지를 주장하지 못한다(제116조 제2항).
⑤ 대리인은 본인과 동일시 할 수 있는 자에 해당하므로 대리인이 상대방에게 강박을 행한 경우, 본인이 그 사실을 알았거나 알 수 있었는지 여부를 따지지 아니하고 상대방은 그 의사표시를 취소할 수 있다.

TIP 기초적인 내용을 소홀히 하지 마시고, 충분히 연습하세요.

정답 ①

고난도
18 A와 B가 계약을 체결하였다. 다음 설명 중 옳지 않은 것은? (다툼이 있으면 판례에 따름)

① A와 B 사이의 계약이 허위표시에 해당하고, A·B 사이의 사정을 모르는 C가 허위표시로 형성된 법률관계를 기초로 새로운 이해관계를 맺은 경우, A는 계약의 무효를 가지고 C에게 대항할 수 없다.

② A가 제3자 C로부터 사기를 당하여 B와 계약을 체결한 경우, A는 B가 C의 사기를 알았거나 알 수 있었을 경우라면 계약을 취소할 수 있다.

③ A와 B 사이의 계약에 해제사유와 착오로 인한 취소사유가 동시에 존재하는 경우, A가 계약을 적법하게 해제한 후라도 B로서는 착오를 이유로 한 취소권을 행사하여 계약 전체를 무효로 할 수 있다.

④ A가 대리인 C를 통하여 B와 계약을 체결한 경우, 의사의 흠결 혹은 사기·강박은 C를 표준으로 결정하고, 어느 사정의 알았거나(知)·알지 못한 것으로(不知) 인하여 계약의 효력이 영향을 받을 경우에 그 사실의 유무는 A를 표준으로 결정한다.

⑤ A가 타인 C의 이름을 임의로 사용하여 계약을 체결한 경우, A 또는 C 중 누구를 계약의 당사자로 볼 것인가에 관하여 A와 B의 의사가 일치한 경우에는 그 일치하는 의사에 따라 계약의 당사자를 확정하여야 한다.

키워드 대리행위의 하자

풀이 의사표시의 효력이 의사의 흠결, 사기, 강박 또는 어느 사정을 알았거나 과실로 알지 못한 것으로 인하여 영향을 받을 경우에 그 사실의 유무는 대리인을 표준하여 결정한다(제116조 제1항).

③ 매도인이 매수인의 중도금지급채무 불이행을 이유로 매매계약을 적법하게 해제한 후라도 매수인으로서는 상대방이 한 계약해제의 효과로서 발생하는 손해배상책임을 지거나 매매계약에 따른 계약금반환을 받을 수 없는 불이익을 면하기 위하여 착오를 이유로 한 취소권을 행사하여 매매계약 전체를 무효로 돌리게 할 수 있다(95다24982).

TIP 판례를 사례화한 문제는 조문과 판례를 구체화하는 연습을 하세요.

정답 ④

19 대리권이나 재산관리권을 행사할 때 선량한 관리자의 주의의무를 부담하는 자를 모두 고른 것은?

> ㉠ 법인의 이사
> ㉡ 친권자
> ㉢ 부재자의 재산관리인
> ㉣ 무상수치인
> ㉤ 무상수임인

① ㉠, ㉡, ㉢
② ㉠, ㉢, ㉤
③ ㉡, ㉣, ㉤
④ ㉠, ㉤
⑤ ㉢, ㉣

키워드 선관주의의무

풀이 ㉡ 친권자는 자기의 명의로 취득한 특수재산을 관리하며 관리권을 행사함에는 자기의 재산에 관한 행위와 동일한 주의를 기울여야 한다(제922조).
㉣ 특히 수임인은 주된 의무로서 위임의 유상·무상에 관계없이 위임의 내용에 따라 선량한 관리자의 주의로써 위임사무를 처리할 의무를 부담한다. 무상임치에서 수치인이 자기재산에 대한 것과 동일한 주의의무를 부담하는 것과 구별된다.

정답 ②

20 복대리에 관한 설명으로 옳지 않은 것은? (다툼이 있으면 판례에 따름)

① 복대리권은 대리인의 대리권의 존재 및 범위에 의존하므로 대리권이 소멸하면 복대리인의 복대리권도 소멸하게 된다.
② 자신이 직접 처리할 필요가 없는 법률행위에 관하여 임의대리인은 본인의 명시적인 금지가 있다면 복대리인을 선임할 수 없다.
③ 임의대리인이 본인의 지명에 의하여 복대리인을 선임한 경우에도 본인에 대하여 책임을 지는 경우가 있다.
④ 임의대리인은 본인의 승낙이 있는 경우에 한하여 복대리인을 선임할 수 있다.
⑤ 甲이 乙에게 채권자 특정 없이 대출의 대리권을 수여하였고, 乙이 丙에게 위임하여 丙이 대출을 받아 乙에게 전달하였다면 이는 甲을 위한 행위로서 효력이 있다.

키워드 복대리

풀이 임의대리인은 본인의 승낙이 있거나, 부득이한 사유가 있는 경우에 한하여 복대리인을 선임할 수 있다(제120조).

정답 ④

21 법률행위의 대리에 관한 설명으로 옳은 것은? (다툼이 있으면 판례에 따름)

① 미성년자의 친권자는 피한정후견인을 복대리인으로 선임할 수 있다.
② 법원이 선임한 부재자의 재산관리인이 선임한 복대리인은 본인 명의의 예금계약을 해지하고 주식을 매입할 수 있다.
③ 계약의 무권대리의 경우 본인이 무권대리인에게 추인한 경우 상대방은 계약을 철회할 수 없다.
④ 甲 소유의 부동산을 담보로 제공하고 금전을 차용하라고 甲으로부터 부탁받은 乙이 丙에게 이 부동산을 증여한 경우 표현대리가 성립할 수 있다.
⑤ 법정대리인은 부득이한 사유가 있을 때가 아니면 복대리인을 선임할 수 없다.

> **키워드** 대리행위
> **풀이** 제126조의 표현대리는 기본대리권과 대리행위가 동종이거나 유사할 필요도 없다. 다만, 상대방에게 정당한 이유가 있으면 성립한다.
> ① 제한능력자는 미성년자를 대리할 수 없으므로 미성년자의 친권자는 피한정후견인을 복대리인으로 선임할 수 없다.
> ② 법원이 선임한 부재자의 재산관리인이 선임한 복대리인은 본인 명의의 예금계약을 해지하고 주식을 매입할 권한이 없다.
> ③ 협의의 무권대리의 경우, 본인이 무권대리인에게 추인한 때에는 이를 알지 못하는 상대방에 대해서 본인은 추인의 효과를 주장할 수 없다.
> ⑤ 법정대리인은 그 책임으로 복대리인을 선임할 수 있다(제122조).
>
> 정답 ④

22 본인, 그 대리인 및 복대리인 사이의 법률관계에 관한 다음 설명 중 옳은 것은?

① 미성년자의 후견인은 본인의 승낙 또는 부득이한 사유 없이는 복대리인을 선임할 수 없다.
② 대리인이 본인의 승낙을 얻어 복대리인을 선임한 경우에, 대리인은 복대리인의 부적임·불성실을 알고 본인에 대한 통지나 해임을 태만히 한 경우에만 책임을 진다.
③ 복대리인이 대리인의 대리권의 범위를 초과한 행위를 한 경우에, 본인은 그 행위를 추인할 수 있으나 대리인은 추인할 수 없다.
④ 임의대리인은 언제든지 복대리인을 선임할 수 있으나, 법정대리인은 본인의 승낙이나 부득이한 사유가 있어야 복대리인을 선임할 수 있다.
⑤ 복대리인의 대리권은 대리인의 대리권과 동일하다.

키워드 **복대리**
풀이 복대리인이 월권대리를 한 경우에 본인만이 추인권이 있다.
① 미성년자의 후견인은 본인의 승낙 또는 부득이한 사유 없이도 복대리인을 선임할 수 있다.
② 임의대리인이 본인의 허락을 얻어 복대리인을 선임한 경우에도 복대리인의 선임·감독상 과실이 있는 경우 본인에 대하여 책임을 진다.
④ 법정대리인은 언제든지 복대리인을 선임할 수 있고, 임의대리인은 본인의 사전승낙이 있거나 부득이한 사유가 있는 경우에만 복대리인을 선임할 수 있다.
⑤ 복대리인의 대리권은 대리인의 대리권을 초과하지 못한다. 즉, 동일하다고 볼 수는 없다.

정답 ③

23 甲의 임의대리인 乙이 甲의 승낙을 받아 丙을 복대리인으로 선임하였다. 丙의 복대리권 소멸사유에 해당하지 않는 것은?

① 甲의 사망
② 丙의 사망
③ 丙에 대한 한정후견의 개시
④ 丙의 파산
⑤ 乙의 丙에 대한 수권행위의 철회

키워드 **복대리권의 소멸**
풀이 복대리인의 한정후견의 개시는 대리권의 소멸사유가 아니다.

이론 ➕
복대리권의 소멸사유
1. 대리권 일반의 소멸: 복대리인의 사망·성년후견의 개시·파산, 본인의 사망
2. 임의대리권의 소멸사유: 대리인·복대리인 간의 원인된 법률관계가 종료 또는 수권행위의 철회 등
3. 대리인의 대리권 소멸 등

정답 ③

24 무권대리의 법률관계에 관한 다음 설명 중 옳은 것으로만 묶인 것은?

> ㉠ 무권대리인에게 대리권한이 없다는 것을 알고 있던 상대방은 본인에 대하여 최고를 할 수 없다.
> ㉡ 최고를 할 때에는 상당한 기간을 정하여 해야 하며 본인에게만 할 수 있을 뿐 무권대리인에게는 할 수 없다.
> ㉢ 최고에 대하여 본인이 확답을 발하지 않으면 추인한 것으로 의제된다.
> ㉣ 상대방의 철회로 무권대리가 무효로 되면 상대방에 대한 무권대리인의 책임에 관한 제135조는 성립하지 않는다.
> ㉤ 철회권은 상대방이 선의인 경우에만 인정된다.

① ㉠, ㉡, ㉣
② ㉠, ㉡, ㉤
③ ㉡, ㉣, ㉤
④ ㉢, ㉣, ㉤
⑤ ㉠, ㉢, ㉤

키워드 무권대리
풀이 ㉡ ○ – 최고는 추인권자인 본인에게만 할 수 있다.
㉣㉤ ○ – 제134조
㉠ × – 철회는 선의자만 할 수 있으나(제134조), 최고는 선악 불문하고 할 수 있다.
㉢ × – 최고에 대하여 본인이 확답을 발하지 않으면 추인을 거절한 것으로 의제된다(제131조).

정답 ③

25 무권대리행위에 대한 본인의 추인에 관한 설명으로 옳지 않은 것은? (다툼이 있으면 판례에 따름)

① 추인은 명시적·묵시적 및 재판상·재판 외 등 모든 방법으로 가능하다.
② 일부에 대하여 추인을 하거나 변경을 가하여 추인을 하는 것은 상대방의 동의가 없는 한 추인으로서 효력이 없다.
③ 추인은 상대방 및 무권대리인의 동의나 승낙을 필요로 하지 않는 단독행위이다.
④ 무권대리인이 차용한 금전의 변제기일에 채권자가 본인에게 그 변제를 독촉하자 본인이 그 유예를 요청한 것만으로는 추인을 인정하지 않는다.
⑤ 무권대리인, 무권대리행위의 직접 상대방 및 그 무권대리행위로 인한 권리 또는 법률관계의 승계인에 대하여도 추인할 수 있다.

키워드 무권대리의 추인

풀이 무권대리인이 차용금 중의 일부로 본인 소유의 부동산에 가등기로 담보하고 있던 소외인에 대한 본인의 채무를 변제하고 그 가등기를 말소하고 무권대리인이 차용한 금원의 변제기일에 채권자가 본인에게 그 변제를 독촉하자 그 유예를 요청하였다면 무권대리인의 행위를 추인하였다고 볼 것이다(72다2309·2310).

①⑤ 무권대리행위의 추인에 특별한 방식이 요구되는 것이 아니므로 명시적인 방법만 아니라 묵시적인 방법으로도 할 수 있고, 그 추인은 무권대리인, 무권대리행위의 직접의 상대방 및 그 무권대리행위로 인한 권리 또는 법률관계의 승계인에 대하여도 할 수 있다(80다2314).

②③ 무권대리행위의 추인은 무권대리인에 의하여 행하여진 불확정한 행위에 관하여 그 행위의 효과를 자기에게 직접 발생하게 하는 것을 목적으로 하는 의사표시이며, 무권대리인 또는 상대방의 동의나 승낙을 요하지 않는 단독행위로서 추인은 의사표시의 전부에 대하여 행하여져야 하고, 그 일부에 대하여 추인을 하거나 그 내용을 변경하여 추인을 하였을 경우에는 상대방의 동의를 얻지 못하는 한 무효이다(81다카549).

정답 ④

---

26 협의의 무권대리에 관한 다음 설명 중 옳지 않은 것은? (다툼이 있으면 판례에 따름)

① 본인의 추인이 있으면 무권대리행위는 처음부터 유권대리행위였던 것과 동일한 법률효과를 발생한다.
② 무권대리에 대한 본인의 추인이 있었다고 하여 무권대리가 유권대리가 되는 것은 아니다.
③ 추인의 소급효는 제3자의 권리를 해하지 못한다.
④ 처가 승낙 없이 남편의 부동산에 근저당을 설정한 것을 남편이 알고 그 정산에 관하여 합의를 하였으나 합의가 결렬된 경우, 이미 추인이 있었던 것으로 본다.
⑤ 무권대리인의 재단법인 설립행위를 본인이 추인한 경우 그 처음부터 유효로 된다.

키워드 협의의 무권대리

풀이 무권대리인의 재단법인 설립행위는 상대방 없는 단독행위로 무효이며, 본인이 추인하더라도 효력이 생기지 않는다.

① 추인에 의하여 무권대리가 유권대리로 되는 것은 아니고, 본인의 추인에 의하여 무권대리행위는 대리행위 시로 소급하여 유효한 대리행위가 된다.
② 법률행위 당시 대리권이 없었으므로 추인이 있다 하여 유권대리로 전환되는 것은 아니다.
③ 제133조 단서
④ 94다45098

정답 ⑤

27 무권대리의 추인에 관한 설명으로 옳지 않은 것은? (다툼이 있으면 판례에 따름)

① 무권대리인 乙과 계약을 체결한 丙이 본인 甲에게 3주의 유예기간을 정하여 확답을 최고하였고, 그 3주 내에 확답을 받지 못한 경우 이는 추인을 거절한 것이다.
② 상대방 없는 단독행위의 무권대리는 본인이 추인하여 유효로 할 수 없다.
③ 타인의 무권대리로 인한 매매대금을 본인이 반환하겠다며 계약의 해약을 요청한 사실만으로 무권대리의 추인이 있었다고 단정할 수는 없다.
④ 무권대리에 대한 본인의 추인의 의사표시에는 원칙적으로 조건을 붙일 수 없다.
⑤ 무권대리인의 상대방에 대한 책임은 무과실책임이므로 대리권의 흠결에 관하여 대리인에게 과실 등의 귀책사유가 없는 경우에도 인정되므로 대리인이 제3자의 기망에 의하여 무권대리행위를 한 경우에도 그 책임이 면제되지 않는다.

키워드 무권대리
풀이 대리권 없는 자가 타인의 대리인으로 계약을 한 경우 상대방은 상당한 기간을 정해 본인에게 확답을 최고할 수 있고, 본인이 그 기간 내에 확답을 발하지 아니할 때에는 추인을 거절한 것으로 본다(제131조). 본인이 기간 내에 확답을 발하였으나 상대방이 받지 못하였다면 이는 추인 거절이 아니다.
② 상대방 없는 단독행위의 무권대리는 확정적 무효이므로 추인이 인정되지 않는다.
③ 85다카2337
④ 추인은 단독행위로서 원칙적으로 조건을 붙일 수 없다.
⑤ 2013다213038

정답 ①

28 다음 중 무권대리에 관한 설명으로 옳은 것은? (다툼이 있으면 판례에 따름)

① 무권대리의 상대방은 상당한 유예기간을 정하여 본인에게 무권대리에 대한 추인 여부의 확답을 최고할 수 있고, 그 유예기간 내에 추인을 받지 못한 경우 추인을 거절한 것으로 본다.
② 무권대리에 대한 본인의 추인은 원칙상 소급효가 있으며, 이는 절대적이다.
③ 무권대리인이 제한능력자인 경우, 제135조에 따른 계약의 이행이나 손해배상책임을 지지 않는다.
④ 무권대리에 대한 철회는 상대방의 선·악 불문하고 행사할 수 있다.
⑤ 무권대리인에게 대리권이 없음을 알았거나 알 수 있었다는 사실에 관하여는 상대방이 스스로 선의·무과실을 주장·증명책임이 있다.

키워드 무권대리

풀이 제135조 제2항
① 무권대리에 대한 상대방의 최고에 대하여 본인이 그 유예기간 내에 추인을 발하지 않은 경우 추인을 거절한 것으로 본다.
② 무권대리의 추인은 원칙상 소급효가 있으나 제3자의 권리와 충돌하는 경우 제3자의 권리를 해하지 못한다.
④ 무권대리에 대한 철회는 상대방이 선의인 경우에 인정한다(제134조).
⑤ 무권대리인의 무과실책임에 관한 원칙 규정인 제135조 제1항에 대한 예외 규정이므로 상대방이 대리권이 없음을 알았다는 사실 또는 알 수 있었는데도 알지 못하였다는 사실에 관한 주장·증명책임은 무권대리인에게 있다(2018다210775).

정답 ③

29 乙은 대리의 권한 없이 丙에게 甲 소유 토지를 매매하기로 계약을 체결하였다. 다음 설명 중 옳지 않은 것은? (다툼이 있으면 판례에 따름)

① 甲이 추인하면 甲은 丙에 대하여 소유권이전의무를 부담한다.
② 丙은 甲에게 상당한 기간을 정하여 추인 여부의 확답을 최고할 수 있다.
③ 甲이 추인을 거절하면 丙은 일정요건을 갖춘 경우 乙에게 계약의 이행 또는 손해배상을 청구할 수 있다.
④ 선의인 丙은 甲의 추인이 있기 전에 계약을 철회할 수 있다.
⑤ 乙이 甲을 단독상속한 경우, 乙은 甲의 지위에서 계약의 무효를 주장할 수 있다.

키워드 무권대리

풀이 무권대리인이 본인을 상속한 경우에 자신의 매매행위가 무권대리행위여서 무효였다는 이유로 매수인 앞으로 경료된 소유권이전등기가 무효의 등기라고 주장하여 그 등기의 말소를 청구하거나 부동산의 점유로 인한 부당이득금의 반환을 구하는 것은 금반언의 원칙이나 신의성실의 원칙에 반하여 허용될 수 없다(94다20617).
① 본인인 甲이 추인하면 무효인 무권대리행위가 유효하게 되어 甲에게 계약의 효력이 발생한다.
② 제131조
③ 제135조의 무권대리인의 책임으로 본인의 추인을 얻지 못하고, 대리권도 증명하지 못한 상태에서 상대방이 철회를 하지 않아 확정적 무효가 되면, 무권대리인이 상대방의 선택에 따라 계약의 이행 또는 손해배상의 책임을 진다.
④ 선의의 상대방만 무권대리행위에 대해 철회를 할 수 있고, 상대방의 선의는 추정된다(제134조).

정답 ⑤

30 무권대리의 추인을 인정할 수 있는 것(○)과 추인을 인정할 수 없는 것(×)을 바르게 표시한 것은? (다툼이 있으면 판례에 따름)

> ⊙ 매매계약을 체결한 무권대리인으로부터 본인이 매매대금의 전부 또는 일부를 받은 경우
> ⊙ 무권대리인이 차용한 금원의 변제기에 채권자가 본인에게 그 변제를 독촉하자 본인이 그 유예를 요청한 경우
> ⊙ 무권대리인이 임대차계약을 체결한 것에 대해 본인이 임대인 명의의 영수증을 받고 무권대리인에게 차임의 일부를 지급한 경우
> ⊙ 무권대리행위가 범죄가 성립된다는 사실을 알고도 본인이 장기간 형사고소를 하지 않은 경우

① ㉠ (○), ㉡ (○), ㉢ (○), ㉣ (×)
② ㉠ (○), ㉡ (○), ㉢ (×), ㉣ (×)
③ ㉠ (○), ㉡ (×), ㉢ (○), ㉣ (×)
④ ㉠ (×), ㉡ (○), ㉢ (×), ㉣ (○)
⑤ ㉠ (×), ㉡ (×), ㉢ (×), ㉣ (○)

키워드 무권대리

풀이 ㉠㉡㉢은 묵시적 추인에 해당하고, ㉣은 본인이 무권대리행위 사실을 알고 있으면서 이의를 제기하지 않았거나 상당기간 방치한 경우 무권대리행위를 추인한 것으로 보지 않는다.

정답 ①

고난도

31 乙은 자기의 아버지 甲의 위임장, 인장, 등기서류 등을 위조·도용하여 그 사실을 아는 선배 丙에게 甲 소유의 부동산을 양도하였다. 그리고 얼마 지나지 않아 丙은 아무런 사정을 알지 못하는 丁에게 그 부동산을 매각한 후 이전등기를 경료하였다. 다음 설명 중 옳지 않은 것은? (다툼이 있으면 판례에 따름)

① 甲의 추인이 없는 한 丁은 甲의 말소등기청구에 응해야 한다.
② 甲의 추인이 없는 경우 丁은 丙에게 지급한 매매대금에 대하여 반환청구권을 행사할 수 있다.
③ 甲이 추인을 거절한 경우에도 丙은 乙에게 이행이익의 배상을 청구할 수는 없다.
④ 丁은 甲에게 상당한 기간을 정하여 추인 여부의 확답을 최고할 수 있고, 그 기간 내에 甲이 확답을 발하지 아니하면 추인을 거절한 것으로 본다.
⑤ 후에 甲이 사망한 경우 상속인으로서의 乙은 甲의 지위를 승계하여 丁을 상대로 말소등기를 청구할 수는 없다.

키워드 무권대리 – 추인과 추인거절

풀이 무권대리행위의 상대방은 상당한 기간을 정하여 본인에게 그 추인 여부의 확답을 최고할 수 있고, 본인이 그 기간 내에 확답을 발하지 않으면 추인을 거절한 것으로 본다(제131조). 상대방 丙은 최고할 수 있으나 전득자 丁이 직접 甲에게 최고를 할 수는 없다. 즉, 丁은 甲으로부터 추인을 받을 수는 있으나, 甲에게 최고를 할 수는 없다.
② 담보책임으로서 계약을 해제하고 매매대금을 반환받을 수 있다(제570조).
③ 제135조 제1항의 무권대리인의 상대방에 대한 책임은, 상대방이 악의 또는 과실이 있거나 무권대리인이 제한능력자인 경우에는 적용되지 않는다(제135조 제2항).
⑤ 乙이 대리권 없이 甲 소유 부동산을 丙에게 매도하여 「부동산소유권 이전등기 등에 관한 특별조치법」에 의하여 소유권이전등기를 마쳐주었다면 그 매매계약은 무효이고 이에 터잡은 이전등기 역시 무효가 되나, 乙은 甲의 무권대리인으로서 민법 제135조 제1항의 규정에 의하여 매수인인 丙에게 부동산에 대한 소유권이전등기를 이행할 의무가 있으므로 그러한 지위에 있는 乙이 甲으로부터 부동산을 상속받아 그 소유자가 되어 소유권이전등기이행의무를 이행하는 것이 가능하게 된 시점에서 자신이 소유자라고 하여 자신으로부터 부동산을 전전매수한 丁에게 원래 자신의 매매행위가 무권대리행위여서 무효였다는 이유로 丁 앞으로 경료된 소유권이전등기가 무효의 등기라고 주장하여 그 등기의 말소를 청구하거나 부동산의 점유로 인한 부당이득금의 반환을 구하는 것은 금반언의 원칙이나 신의성실의 원칙에 반하여 허용될 수 없다(94다20617).

TIP 판례를 사례화한 문제는 조문과 판례를 구체화하는 연습을 하세요.

정답 ④

32 상대방에 대한 무권대리인의 책임(제135조)에 관한 설명으로 옳지 않은 것은? (다툼이 있으면 판례에 따름)

① 본인의 추인 거절로 무권대리가 무효로 확정된 경우 무권대리인은 선의·무과실의 상대방 선택에 따라 계약의 이행 또는 손해배상책임을 부담한다.
② 제3자가 위임장을 위조하는 등의 기망이나 기타 위법행위로 무권대리행위가 야기되었다고 하더라도 무권대리인의 책임은 면제되지 않는다.
③ 무권대리인이 상대방의 선택에 따른 급부를 이행한 후에는 반대급부를 상대방에게 청구할 수 있다.
④ 상대방이 손해배상청구를 선택한 경우 그 손해배상의 범위는 무권대리인에게 유효한 대리권이 있음을 믿음으로써 생긴 신뢰이익배상이다.
⑤ 무권대리인이 제한능력자인 경우 그 스스로 제한능력자임을 입증하고, 상대방의 악의 또는 과실이 있으면 이를 입증하여야 제135조 책임을 면할 수 있다.

> **키워드** 무권대리 – 무권대리인의 책임
> **풀이** 계약이 이행된 것과 동등한 이익으로서 이행이익배상이라는 것이 통설의 입장이다.
> ①② 무권대리인은 상대방의 선택에 따라 이행의무 또는 손해배상의무를 지는데(제135조), 이 책임은 무과실책임으로서 무권대리행위가 제3자의 기망이나 문서위조 등 위법행위로 야기되었다고 하더라도 책임은 부정되지 아니한다(2013다213038).
> ③ 대리행위에 의한 계약이 쌍무계약이고 상대방의 선택에 따라 무권대리인이 급부를 이행한 경우에, 무권대리인은 반대급부청구권을 취득한다.
> ⑤ 4294민상1021

정답 ④

고난도

33 무권대리에 관한 다음 설명 중 옳은 것은? (다툼이 있으면 판례에 따름)

① 재단법인의 설립행위를 무권대리인이 한 경우 본인은 상대방·상대방으로부터 권리를 승계한 승계인 또는 무권대리인에게 추인할 수 있다.
② 단독행위 당시 상대방이 대리인이라 칭하는 자의 대리권 없는 행위에 동의하거나 그 대리권을 다투지 아니한 경우, 또는 대리권 없는 자에 대하여 그 동의를 얻어 단독행위를 한 때는 계약의 무권대리에 관한 규정을 적용하지 않는다.
③ 대리인은 행위능력자임을 요하지 않는다. 그러므로 피한정후견인인 무권대리인이 본인의 추인을 얻지 못한 경우 상대방의 선택에 좇아 계약의 이행 또는 손해배상의 책임을 진다.
④ 무권대리행위의 추인은 명시적·묵시적, 구두·서면, 재판상·재판 외 모두 가능하다.
⑤ 무권대리행위가 추인된 경우에 그 행위는 원칙적으로 추인한 때로부터 효력을 가진다.

키워드 무권대리
풀이 80다2314
① 재단법인의 설립행위와 같은 상대방 없는 단독행위에 대한 무권대리는 절대적 무효이다. 특정의 상대방이 존재하지 않으므로 상대방 보호의 규정(제131조, 제134조)이 적용될 여지가 없고, 또한 본인에게 추인권을 인정한다면 본인은 아무런 제한 없이 추인권을 행사하여 무권대리행위의 효과를 좌우할 수 있어 불합리하기 때문이다.
② 단독행위 당시 상대방이 대리인이라 칭하는 자의 대리권 없는 행위에 동의하거나 그 대리권을 다투지 아니한 경우, 또는 대리권 없는 자에 대하여 그 동의를 얻어 단독행위를 한 때는 계약의 무권대리에 관한 규정을 적용한다(제136조).
③ 상대방이 무권대리인에게 대리권이 없는 것을 알았거나 알 수 있었을 때 또는 대리인으로 계약한 자가 제한능력자일 때에는, 무권대리인은 상대방에 대하여 책임을 지지 않아도 된다(제135조 제2항).
⑤ 추인은 다른 의사표시가 없는 때에는 계약 시에 소급하여 그 효력이 생긴다(제133조).

TIP 기본서의 관련 판례를 반드시 학습하세요.

정답 ④

34 다음 중 무권대리행위가 절대적으로 무효가 되는 것은?

① 계약해제
② 채무면제
③ 상계
④ 동의
⑤ 재단법인 설립행위

> **키워드** 단독행위의 무권대리
>
> **풀이** 상대방 없는 단독행위(유언·재단법인의 설립행위·권리의 포기 등)에 대한 무권대리는 절대적 무효이다. 특정의 상대방이 존재하지 않으므로 상대방 보호의 규정(제131조, 제134조)이 적용될 여지가 없고, 또한 본인에게 추인권을 인정한다면 본인은 아무런 제한 없이 추인권을 행사하여 무권대리행위의 효과를 좌우할 수 있어 불합리하기 때문이다.
>
> ①②③④ 상대방 있는 단독행위에 대한 무권대리도 원칙적으로는 무효이나, 민법 제136조에 의해 예외가 인정되고 있다. 즉, 능동대리에서는 상대방이 대리권 없는 행위에 동의하거나 그 대리권을 다투지 아니한 때(제136조 1문), 수동대리에서는 무권대리인의 동의를 얻어 행위를 한 때(동조 2문)에 한하여 계약에서와 같이 무권대리 규정(제130조 내지 제135조)이 적용된다.
>
> 정답 ⑤

고난도

35 甲은 자신 소유의 X부동산에 관한 등기권리증 및 자신의 인감도장을 乙에게 맡겨두었는데, 乙은 이를 기화로 관계서류를 위조하여 X부동산에 관하여 자기 앞으로 소유권이전등기를 한 후 이러한 사정을 모르는 丙에게 X부동산을 매각하고 소유권이전등기를 경료하여 주었다. 이 사례에 관한 다음 설명 중 옳지 않은 것은? (다툼이 있으면 판례에 따름)

① 乙과 丙의 매매계약은 무권리자의 행위로서 계약은 무효가 아니나 소유권이전행위는 효력이 없으므로, 甲의 추인이 없는 한 丙은 X부동산의 소유권을 취득하지 못한다.

② 丙이 소유권을 취득하기 위하여는 권리자인 甲의 추인을 요하는데, 甲의 추인은 무권대리에 대한 추인의 요건을 유추적용한다.

③ 甲의 추인의 의사표시는 명시적으로뿐만 아니라 묵시적인 방법으로도 가능하며, 그 의사표시는 丙이 아닌 乙에게 하여야 한다.

④ 사안과 같은 무권리자의 처분행위에 있어, 본인이 사후에 추인하면 처분행위가 유효로 되며, 그 효과는 소급한다.

⑤ 甲의 추인이 없어 丙이 소유권을 취득하지 못하는 경우, 丙이 X부동산을 점유하는 동안 얻은 사용이익, 즉 차임 상당의 부당이득을 반환할 필요는 없다.

키워드 무권리자의 처분행위

풀이 甲의 추인의 의사표시는 乙 또는 丙에게 할 수 있으며, 다만 추인을 무권리자인 乙에게 한 경우에는 상대방인 丙이 추인사실을 알지 못한 때에는 추인의 효과를 주장하지 못한다.

① 乙과 丙의 매매계약은 타인권리매매에 해당하므로(제569조) 甲의 추인이 없어 丙이 소유권을 취득하지 못하면 丙은 乙에게 그에 따른 담보책임을 추궁할 수 있다.

② 권리자가 무권리자의 처분을 추인하면 무권대리에 대해 본인이 추인을 한 경우와 당사자들 사이의 이익상황이 유사하므로, 무권대리의 추인에 관한 민법 제130조, 제133조 등을 무권리자의 추인에 유추적용할 수 있다(2017다3499).

④ 무권리자의 처분행위가 본인의 추인이 있으면 유효로 되는 근거에 대하여 무효행위 소급추인설, 무권대리 유추설, 사적자치설 등의 대립이 있으나, 추인의 효과가 소급한다는 점에는 일치하고 있다.

⑤ 민법 제201조 제1항에 의하면 선의의 점유자는 점유물의 과실을 취득한다고 규정하고 있는바, 건물을 사용함으로써 얻는 이득은 그 건물의 과실에 준하는 것이므로, 선의의 점유자는 비록 법률상 원인 없이 타인의 건물을 점유·사용하고 이로 말미암아 그에게 손해를 입혔다고 하더라도 그 점유·사용으로 인한 이득을 반환할 의무는 없다(95다44290).

TIP 판례를 사례화한 문제는 조문과 판례를 구체화하는 연습을 하세요.

정답 ③

36 대리에 관한 다음 설명 중 옳지 않은 것은? (다툼이 있으면 판례에 따름)

① 무권대리행위에 대하여 본인의 추인이 있으면 무권대리행위는 처음부터 유권대리행위이었던 것과 마찬가지로 다루어지지만, 본인과 상대방 사이에 법률행위의 효력발생시기에 관한 다른 약정이 있는 경우에는 그에 의하게 된다.
② 대리권한 없이 타인의 부동산을 매도한 자가 그 부동산을 상속한 후, 소유자의 지위에서 자신의 대리행위가 무권대리로 무효임을 주장하여 등기말소 등을 구하는 것은 금반언원칙이나 신의칙상 허용될 수 없다.
③ 무권대리가 상대방 없는 단독행위인 경우에는 언제나 절대 무효이고, 본인의 추인이 있더라도 아무런 효력이 생기지 아니한다.
④ 민법은 채무의 이행에 있어서는 쌍방대리를 허용하므로, 변제의 일종인 대물변제에 있어서도 쌍방대리가 원칙적으로 허용된다.
⑤ 복대리인은 대리인이 그의 권한으로, 즉 대리인이 자신의 이름으로 선임한 본인의 대리인이다.

키워드 무권대리

풀이 쌍방대리가 허용되는 채무의 이행(제124조 단서)은 단순한 변제행위를 말하는 것이므로, 새로운 이해관계를 생기게 하는 대물변제의 경우에는 쌍방대리가 허용되지 않는다.
① 제133조
② 94다20617
③ 무권대리가 상대방 없는 단독행위인 경우에는 절대적·확정적으로 무효가 된다. 본인의 추인에 의해 상대방을 보호한다는 여지가 전혀 없고, 그 추인 여부는 본인만의 이익에 편중하는 것이 되어, 전적으로 본인의 자의에 의해 무권대리행위의 효과가 좌우되어 불합리하기 때문이다.
⑤ 복대리인은 대리인의 이름으로 선임하지만 본인의 대리인임에 주의해야 한다. 민법은 대리인의 대리인제도를 인정하지 않는다.

정답 ④

37 대리권수여의 표시에 의한 표현대리에 관한 설명으로 옳지 않은 것은? (다수설과 판례에 따름)

① 본인이 제3자에 대하여 타인에게 대리권을 수여한다는 통지를 요건으로 한다.
② 단순히 구두(口頭)로 대리권수여의사를 표시하거나 자기 명의의 사용을 묵인한 경우에도 대리권수여의 표시에 의한 표현대리가 성립할 수 있다.
③ 대리권수여의 표시에 의한 표현대리는 임의대리에만 적용된다.
④ 복대리인의 법률행위도 대리권수여에 의한 표현대리가 성립할 수 있다.
⑤ 대리권수여에 의한 표현대리는 유권대리로 볼 수 있으므로 무권대리인의 손해배상책임에 관한 제135조 규정은 적용하지 않는다.

키워드 대리권수여표시에 의한 표현대리

풀이 유권대리에 있어서는 본인이 대리인에게 수여한 대리권의 효력에 의하여 법률효과가 발생하는 반면 표현대리에 있어서는 대리권이 없음에도 불구하고 법률이 특히 거래상대방 보호와 거래안전유지를 위하여 본래 무효인 무권대리행위의 효과를 본인에게 미치게 한 것으로서 표현대리가 성립된다고 하여 무권대리의 성질이 유권대리로 전환되는 것은 아니므로, 양자의 구성요건해당사실, 즉 주요사실은 다르다고 볼 수밖에 없으니 유권대리에 관한 주장 속에 무권대리에 속하는 표현대리의 주장이 포함되어 있다고 볼 수 없다(83다카1489 전합). 한편 표현대리는 무권대리에 속하는 것으로서 제130조 이하가 적용되는 것이 원칙이지만, 제135조(무권대리인의 상대방에 대한 책임)는 적용되지 않는다는 것이 다수설의 태도이다.

정답 ⑤

38 표현대리에 관한 설명으로 옳은 것을 모두 고른 것은?

㉠ 건물의 관리를 위임받은 대리인이 건물을 양도하는 처분행위를 한 경우는 권한을 넘은 표현대리가 될 수 있다.
㉡ 대리행위의 상대방으로부터 직접 전득한 자는 대리인에게 권한이 있다고 믿을 만한 정당한 이유가 있는 경우 권한을 넘은 표현대리를 주장할 수 있다.
㉢ 사회통념상 대리권을 추단할 수 있는 직함이나 명칭 등의 사용을 승낙 또는 묵인한 사정만으로는 대리권수여의 표시가 있는 것으로 볼 수 없다.
㉣ 인감증명서의 교부만으로는 대리권의 수여가 있다고 보기는 어렵다.
㉤ 단순히 건물의 관리인에게 인감도장을 보관시킨 후 그 관리인이 본인의 인감도장을 사용하여 본인의 부동산을 처분한 경우 권한을 초과한 표현대리가 성립한다.

① ㉠, ㉣
② ㉡, ㉣
③ ㉠, ㉢
④ ㉡, ㉢
⑤ ㉠, ㉡

키워드 표현대리의 효과

풀이 ㉣ 인감증명서는 인장사용에 부수해서 그 확인방법으로 사용되며 인장사용과 분리해서 그것만으로서는 어떤 증명방법으로 사용되는 것이 아니므로 인감증명서만의 교부는 일반적으로 어떤 대리권을 부여하기 위한 행위라고 볼 수 없다(78다75).
㉡ 권한을 넘은 표현대리를 주장할 수 있는 제3자란 대리행위의 직접상대방만을 의미한다. 따라서 대리행위의 상대방으로부터 전득한 자는 권한을 넘은 표현대리를 주장할 수 없다(93다21521).
㉢ 사회통념상 대리권을 추단할 수 있는 직함이나 명칭 등의 사용을 승낙 또는 묵인한 경우에도 대리권수여의 표시가 있는 것으로 볼 수 있다(97다53762).
㉤ 대리권을 수여한 행위가 있을 때 권한을 초과한 표현대리가 성립할 수 있고, 단순히 인장을 보관시킨 후 그 인장을 보관하던 자에게는 대리권이 있다고 볼 수 없으므로 제126조의 표현대리는 성립하지 않는다.

정답 ①

39 권한을 넘은 표현대리에 관한 설명으로 옳지 않은 것은? (다툼이 있으면 판례에 따름)

① 권한을 넘은 표현대리가 성립하기 위한 기본대리권은 권한을 넘은 행위와 동일한 종류 또는 유사한 것임을 요하지 않는다.
② 이미 소멸한 대리권에 기하여 그 대리권의 범위를 넘어서 대리권을 행사한 경우에는 권한을 넘은 표현대리가 성립할 수 있다.
③ 말소등기신청을 위한 대리권을 수여받은 자가 대물변제를 한 경우에 권한을 넘은 표현대리가 성립할 수 있다.
④ 본인을 사칭하여 인감증명을 발급받은 후 이를 이용하여 부동산을 매매한 경우에는 권한을 넘은 표현대리가 성립할 수 있다.
⑤ 증권회사로부터 위임받은 고객의 유치·투자상담 및 권유·위탁매매약정실적의 제고 등의 업무는 사실행위에 불과한 것으로서 이를 기본대리권으로 권한초과의 표현대리는 성립하지 않는다.

키워드 권한을 넘은 표현대리
풀이 기본대리권이 존재한다고 볼 수 없어 월권대리가 성립할 수 없다.
　① 권한을 넘은 행위가 기본대리권과의 동종 여부에 대하여 대리권이 있으면 되고, 그것이 권한을 넘은 행위와 같은 종류 또는 비슷한 것이어야 하는 것은 아니다(판례).
　② 민법 제129조의 대리권 소멸 후의 표현대리로 인정되는 경우에, 그 표현대리의 권한을 넘는 대리행위가 있을 때에는 민법 제126조의 표현대리가 성립될 수 있다(79다234).
　③ 기본대리권이 등기신청권 등의 공법상의 권리이고 표현대리행위가 사법상의 행위일지라도 권한을 넘은 표현대리는 적용된다(78다282·283).
　⑤ 91다32190

정답 ④

고난도

40 甲은 乙에게 丁 소유의 부동산을 3,000만원 한도로 매입하도록 대리권을 수여하였으나, 乙은 '부득이한 사유'로 丙을 복대리인으로 선임하였다. 丙은 丁 소유의 부동산을 3,500만원에 매입하여 계약을 체결하였다. 甲·乙·丙 및 丁 사이의 법률관계에 관한 설명으로 옳지 않은 것은? (다툼이 있으면 다수설 또는 판례에 따름)

① 丁이 丙에게 대리권이 있다고 믿고 또한 그렇게 믿을 만한 정당한 이유가 있는 경우, 丁은 甲에 대하여 매매대금 3,500만원의 지급을 청구할 수 있다.
② ①의 경우에 丁은 丙에 대하여 계약의 이행 또는 손해배상을 청구할 수 있다.
③ 丙의 행위에 대하여 乙은 선임·감독에 과실이 있는 때에 한하여 책임을 진다.
④ 丙은 甲의 승낙을 얻어 자기 이름으로 甲의 대리인을 선임할 수 있다.
⑤ 丙이 매매계약을 체결하기 전에 복대리인의 선임사실을 안 甲이 乙의 대리권을 박탈한 경우 丙의 대리권도 소멸한다.

키워드 표현대리 – 표현대리와 복대리
풀이 표현대리가 성립하면 이로써 상대방 보호는 충분하므로 상대방은 표현대리를 주장하거나 철회를 하지 않으면서 무권대리인에게 제135조의 책임을 주장할 수는 없다(통설).
TIP 기본서에 포함된 관련 판례를 면밀하게 학습하세요.

[정답] ②

41 권한을 넘은 표현대리에 관한 설명으로 옳지 않은 것은? (다툼이 있으면 판례에 따름)

① 사술을 써서 대리관계 표시 없이 단지 본인의 성명을 모용하여 본인 행세를 한 경우 권한을 넘은 표현대리가 성립할 수 없다.
② 복대리인의 행위가 그 권한을 넘은 경우에도 이를 기본대리권으로 하여 권한을 넘은 표현대리가 성립할 수 있다.
③ 부부 일방의 행위가 일상가사에 속하지 않더라도 그 행위에 특별수권이 주어졌다고 믿을 만한 정당한 이유가 있는 경우, 표현대리가 성립한다.
④ 무권대리인과 계약을 체결할 당시에는 위임장이나 인감 등의 등기관련서류를 확인하지 않았으나, 중도금을 지급하면서 이를 확인하였다면 표현대리는 성립하지 않는다.
⑤ 본인을 위한 것임을 현명하지 않은 경우에도 원칙적으로 표현대리는 성립한다.

키워드 권한을 넘은 표현대리

풀이 본인을 위한 것임을 현명하지 않은 경우에는 원칙적으로 표현대리가 성립될 수 없다.
① 2001다49814
② 법정대리권, 공법상 대리권, 전혀 별개의 행위에 대한 대리권도 기본대리권이 될 수 있다.
③ 일상가사대리권을 기본대리권으로 하여 문제된 행위에 특별한 수권이 있었다고 믿은 것에 정당한 이유가 있다고 판단되어지면 표현대리가 성립한다(98다18988).
④ 정당한 이유의 유·무는 자칭 대리인의 대리행위가 행하여질 때에 존재하는 제반사정을 객관적으로 판단하여야 하는 것이지 당해 법률행위가 이루어지고 난 이후의 사정을 고려하여 그 존부를 결정해야 하는 것은 아니다(86다카2475).

정답 ⑤

고난도
42 민법 제126조의 권한을 넘은 표현대리에 관한 판례의 태도로서 옳지 않은 것은?

① 상대방의 정당한 이유는 선의·무과실을 의미하는데 상대방 스스로 정당한 이유 있음을 증명하여야 한다.
② 사실혼 관계에 있는 배우자에게도 일상가사대리권이 인정되므로 이를 기본대리권으로 하여 표현대리를 적용할 수 있다.
③ 영업허가 신청에 사용하라고 보관시킨 인감도장을 사용하여 본인 소유의 부동산에 관한 소유권이전등기를 한 대리행위에는 기본대리권의 수여를 인정한다.
④ 상대방의 정당한 이유의 존재 여부는 대리인의 대리행위 성립 당시의 제반사정뿐만 아니라 사실심 변론종결 시까지 존재하는 모든 사정을 고려하여 결정한다.
⑤ 甲이 乙의 대리인으로서 매매계약을 체결한 것이 아니고 甲이 乙로부터 매수한 자기소유물이라고 丙에게 매도한 경우 권한을 넘은 표현대리는 성립하지 않는다.

키워드 권한을 넘은 표현대리

풀이 표현대리의 효과를 주장하려면 상대방이 자칭 대리인에게 대리권이 있다고 믿고 그와 같이 믿는 데 정당한 이유가 있을 것을 요건으로 하는 것인바, 여기의 정당한 이유의 존부는 자칭 대리인의 대리행위가 행하여질 때에 존재하는 제반사정을 객관적으로 관찰하여 판단하여야 하는 것이지 당해 법률행위가 이루어지고 난 훨씬 뒤의 사정을 고려하여 그 존부를 결정해야 하는 것은 아니다(86다카2475).
① 68다694
② 80다2077
③ 69다548
※ 비교판례: 인감증명서는 인장사용에 부수해서 그 확인방법으로 사용되며 인장사용과 분리해서 그것만으로서는 어떤 증명방법으로 사용되는 것이 아니므로 인감증명서만의 교부는 일반적으로 어떤 대리권을 부여하기 위한 행위라고 볼 수 없다(78다75).
⑤ 92다33329

TIP 기본서에 포함된 관련 판례를 면밀하게 학습하세요.

정답 ④

43 甲은 자신의 토지를 담보로 은행대출을 받기 위해 乙에게 대리권을 수여하고, 위임장·인감 및 저당권설정에 필요한 서류 일체를 교부하였다. 그러나 乙은 이를 악용하여 甲의 대리인으로서 그 토지를 丙에게 매도하였다. 다음 설명 중 옳지 않은 것은? (다툼이 있으면 판례에 따름)

① 乙에게는 기본대리권이 인정된다.
② 표현대리가 성립하지 않더라도, 丙은 甲에게 소유권이전등기를 청구할 수 있다.
③ 매매계약이 토지거래허가제를 위반하여 확정적으로 무효이면 표현대리 법리가 적용될 여지가 없다.
④ 丙이 매수 당시 乙에게 대리권이 있다고 믿은 데 정당한 이유가 있었다면, 매매계약 성립 후에 대리권 없음을 알았더라도 월권대리는 성립한다.
⑤ 만약 乙이 자기 앞으로 소유권이전등기를 마친 후 자신을 매도인으로 하여 丙에게 토지를 매도하였다면, 丙은 甲에게 표현대리의 성립을 주장할 수 없다.

키워드 권한을 넘은 표현대리
풀이 乙과 丙 사이의 매매계약은 무권대리이므로 표현대리가 성립하지 않은 이상, 본인의 추인이 없는 한 丙은 甲에게 소유권이전등기를 청구할 수 없다.

정답 ②

44 권한을 넘은 표현대리의 경우에 제3자가 대리인에게 권한이 있다고 믿을 만한 정당한 이유가 있는 때에는 본인에게 책임이 있다. 정당한 이유에 관한 설명으로 옳지 않은 것은? (다툼이 있으면 판례에 따름)

① 본인의 인장, 인감증명서, 위임장 및 기타 등기관련 서류 등을 소지하고 본인의 대리인이라 하여 매매계약을 체결한 경우
② 다른 토지를 매각하여 달라는 부탁을 받고 인감을 맡은 후, 이를 이용하여 위임장, 인감증명 등 관계서류를 작성하여 근저당권설정계약을 체결한 경우
③ 소유권이전등기절차를 위임받은 자가 교부받은 등기서류로 제3자에게 매도한 경우
④ 별거 중인 아내가 외국에 거주하는 남편의 재산을 처분한 행위는 부부간의 일상가사에 속하므로 표현대리가 성립된다.
⑤ 부동산매도의 위임을 받은 대리인이 본인이 지시한 금액보다 저렴한 가격으로 매도한 경우

> **키워드** 권한을 넘은 표현대리
>
> **풀이** 일상가사대리권도 권한을 넘은 표현대리의 기본대리권이 될 수는 있으나, 별거 중인 아내는 외국에 거주하는 남편 명의의 부동산 처분에 관한 일상가사대리권을 갖는다고 볼 수 없고, 부부 일방의 행위가 일상가사에 속하지 않더라도 그 행위에 특별수권이 주어졌다고 믿을 만한 정당한 이유가 있는 경우, 표현대리가 성립한다. 하지만 별거 중인 아내는 이러한 특별수권이 주어졌다고 믿을 만한 정당한 이유가 있다고 볼 수도 없다.
>
> **정답** ④

45 표현대리에 관한 설명으로 옳지 않은 것은? (다툼이 있으면 판례에 따름) 제20회

① 강행법규에 위반하여 무효인 법률행위에도 표현대리에 관한 규정이 적용된다.
② 권한을 넘은 표현대리에서 기본대리권은 권한을 넘은 행위와 반드시 같은 종류의 것일 필요는 없다.
③ 권한을 넘은 표현대리에서 정당한 이유의 유무는 대리행위 시를 기준으로 판단한다.
④ 권한을 넘은 표현대리에 관한 규정에서 말하는 제3자는 대리행위의 직접 상대방이 된 자만을 가리킨다.
⑤ 처음부터 대리권이 없었던 경우에는 대리권 소멸 후의 표현대리는 성립할 수 없다.

> **키워드** 표현대리
>
> **풀이** 강행법규를 위반하여 무효인 행위는 그 효력이 발생할 수 없는 것이므로 표현대리에 관한 규정이 적용될 수 없다.
>
> **정답** ①

46 표현대리에 관한 설명으로 옳지 않은 것은? (다툼이 있으면 판례에 따름)

① 표현대리도 무권대리의 일종이므로 표현대리가 성립하는 경우에도 상대방은 본인의 추인이 있을 때까지 무권대리를 이유로 계약을 철회할 수 있다.
② 표현대리에 있어서 표현대리인이 대리권을 갖고 있다고 믿은 상대방의 정당한 이유는 계약 성립 당시의 제반사정을 객관적으로 판단하여 결정하여야 하고, 표현대리인의 주관적 사정을 고려하여서는 안 된다.
③ 대리권수여표시에 의한 표현대리에서 대리권수여표시는 대리권 또는 대리인이라는 명칭을 사용한 경우에만 국한되지 않는다.
④ 복임권 없는 대리인이 복대리인을 선임하여 복대리행위가 있는 경우에도 제126조의 권한을 넘은 표현대리가 성립할 수 있다.
⑤ 표현대리가 성립하여 본인이 책임을 지는 경우 상대방에게 과실이 있다면 과실상계의 법리가 적용된다.

키워드 표현대리
풀이 표현대리가 성립하면 이에 대하여 본인은 표현대리 행위에 기하여 전적으로 책임을 져야 하고, 설사 상대방에게 과실이 있다 하더라도 과실상계의 법리가 적용되지 않는다(94다24985).

정답 ⑤

47 다음 중 표현대리에 관한 설명으로 옳지 않은 것은? (다툼이 있으면 판례에 따름)

① 강행법규를 위반하여 무효인 행위는 표현대리에 관한 법리가 적용될 여지가 없다.
② 본인회사의 명칭을 사용하여 호텔시설이용 우대회원 모집하는 것을 묵인 방조한 사실만으로 대리권수여표시가 있었다고 볼 수는 없다.
③ 기본적인 어떠한 대리권도 없었던 자에 대하여도 대리권이 있는 것과 같은 외관이 존재하면 권한을 넘은 표현대리(제126조) 또는 대리권 소멸 후의 표현대리(제129조)가 성립할 수 있다.
④ 정신병원에 장기간 입원한 남편 소유의 부동산을 매도한 부인에게 대리권이 있다고 믿었다면 상대방의 정당한 이유를 인정한다.
⑤ 법정대리의 경우 제125조의 표현대리는 성립할 수 없으나, 제126조와 제129조의 표현대리는 성립할 수 있다.

> **키워드** 표현대리의 효과
>
> **풀이** 대리권수여표시가 있는 것으로 보아 제125조의 표현대리가 성립할 여지가 있다(97다53762).
> ① 강행법규를 위반한 행위는 절대적 무효이므로 본인에게 표현대리의 효과로 책임이 발생할 여지도 없다(94다38199).
> ④ 70다1812
> ⑤ 민법 제125조는 '대리권수여의 표시'라고 규정되어 있는 점에 근거하여, 이는 임의대리에만 적용된다는 것이 학설과 판례의 태도이다. 반면 제126조와 제129조의 표현대리는 임의대리뿐만 아니라 법정대리에도 적용된다.
>
> 정답 ②

48 표현대리에 관한 판례의 태도와 다른 것은?

① 사실행위에 불과한 행위를 기본대리권으로 하여 권한을 넘은 표현대리는 성립하지 않는다.

② 비법인사단의 대표자가 사원총회 결의 없이 그 재산을 임의로 처분할 당시 상대방이 그 사실을 몰랐다면 상대방의 정당한 이유를 인정하여 제126조의 권한을 넘은 표현대리의 성립을 인정한다.

③ 표현대리의 법리가 적용될 권한을 넘은 행위는 그 대리인이 가지고 있는 진실한 대리권과 동종임을 필요로 하지 않는다.

④ 민법 제129조에 의한 대리권 소멸 후의 표현대리로 인정되는 경우에, 그 표현대리의 권한을 넘는 대리행위가 있을 때에는 민법 제126조의 표현대리가 성립될 수 있다.

⑤ 표현대리가 성립하면 상대방 보호는 충분하므로, 상대방이 표현대리를 주장하지 않고, 무권대리로서 계약의 철회도 하지 아니하면서 제135조 무권대리인의 책임을 주장할 수는 없다.

> **키워드** 표현대리
>
> **풀이** 비법인사단의 재산소유 형태는 총유로서 사원총회 결의 없이 그 재산을 처분할 수 없는 것이므로 그 대표자가 임의로 처분하였다면 상대방의 정당한 이유를 인정할 수 없다(2001다73626).
> ① 91다32190
> ③ 69다548
> ④ 79다234
>
> 정답 ②

49 다음 중 표현대리에 관한 설명으로 옳은 것은? (다툼이 있으면 판례에 따름)

① 재판과정에서 상대방이 표현대리를 주장하지 않더라도 법원은 이를 직권으로 판단할 수 있다.
② 공법상의 등기신청의 대리권으로 사법상의 처분행위를 한 경우에도 권한을 넘은 표현대리가 성립할 수 있다.
③ 대리인이 사자(使者)를 통해 권한 외의 대리행위를 한 경우, 그 사자에게는 기본대리권이 없으므로 권한을 넘은 표현대리가 성립할 수 없다.
④ 대리권수여표시에 의한 표현대리에서 대리권의 수여표시는 불특정 다수의 상대방에 대하여 신문광고 등을 통해서는 불가능하다.
⑤ 유권대리에 관한 주장 속에는 표현대리의 주장이 포함된 것으로 본다.

키워드 표현대리

풀이 반드시 어떤 대리권한을 가질 것을 요하지만 그 기본대리권이 권한을 벗어난 행위와 같은 종류나 비슷한 대리권이어야 하는 것은 아니다.
① 표현대리는 상대방을 보호하기 위한 제도로서 상대방이 표현대리를 주장하지 않으면 법원도 이를 직권으로 판단할 수는 없다.
③ 대리인이 사자 내지 임의로 선임한 복대리인을 통하여 권한 외의 법률행위를 한 경우, 상대방이 그 행위자를 대리권을 가진 대리인으로 믿었고 또한 그렇게 믿는 데에 정당한 이유가 있는 때에는, 복대리인 선임권이 없는 대리인에 의하여 선임된 복대리인의 권한도 기본대리권이 될 수 있을 뿐만 아니라, 그 행위자가 사자라고 하더라도 대리행위의 주체가 되는 대리인이 별도로 있고 그들에게 본인으로부터 기본대리권이 수여된 이상, 민법 제126조를 적용함에 있어서 기본대리권의 흠결 문제는 생기지 않는다(97다48982).
④ 대리권수여표시에 의한 표현대리에서 대리권의 수여표시는 불특정 다수의 상대방에 대하여 신문광고 등을 통해서도 가능하다.
⑤ 유권대리에 있어서는 본인이 대리인에게 수여한 대리권의 효력에 의하여 법률효과가 발생하는 반면, 표현대리에 있어서는 대리권이 없음에도 불구하고 법률이 특히 거래상대방 보호와 거래안전 유지를 위하여 본래 무효인 무권대리행위의 효과를 본인에게 미치게 한 것으로서 표현대리가 성립된다고 하여 무권대리의 성질이 유권대리로 전환되는 것은 아니므로, 양자의 구성요건해당사실, 즉 주요사실은 다르다고 볼 수밖에 없으니 유권대리에 관한 주장 속에 무권대리에 속하는 표현대리의 주장이 포함되어 있다고 볼 수 없다(83다카1489 전합).

정답 ②

CHAPTER 05 법률행위의 무효와 취소

▶ **연계학습** | 에듀윌 기본서 1차 [민법 上] p.314

대표기출

01 무효에 관한 설명으로 옳지 않은 것은? (다툼이 있으면 판례에 따름) 〔제16회〕

① 법률행위의 일부분이 무효인 경우, 다른 규정이 없으면 원칙적으로 법률행위 전부가 무효이다.
② 반사회적 법률행위는 당사자가 무효임을 알고 추인하여도 유효가 될 수 없다.
③ 무효인 법률행위를 당사자가 무효임을 알고 추인한 때에는 특별한 사정이 없는 한 소급하여 효력이 있다.
④ 반사회적 법률행위는 법률행위를 한 당사자 사이에서뿐만 아니라 제3자에 대한 관계에서도 무효이다.
⑤ 무효인 법률행위가 다른 법률행위의 요건을 구비하고 당사자가 그 무효를 알았더라면 다른 법률행위를 하였을 것이라고 인정될 때에는 다른 법률행위로서 효력을 가진다.

키워드 법률행위의 무효
풀이 무효인 법률행위를 당사자가 무효임을 알고 추인한 때에는 특별한 사정이 없는 그때부터 새로운 법률행위로 본다.

정답 ③

고난도

02 다음 중 법정추인에 해당하지 않는 것은?   제10회

① 미성년자 甲이 독자적으로 乙과 乙 소유 토지에 대한 매매계약을 체결한 후 법정대리인의 동의를 얻어 乙에게 매매대금을 지급한 경우
② 甲이 미성년자 乙로부터 자동차 1대를 매수한 후 乙의 법정대리인에게 자동차의 소유권이전을 청구한 경우
③ 미성년자 甲이 乙에 대하여 매매대금채무 300만원을 부담하고 있다가 성년이 된 후에 대금채무를 소멸시키고 그 대신 오토바이 1대를 주기로 약정한 경우
④ 甲이 乙의 사기에 의하여 乙 소유의 토지에 대한 매매계약을 체결한 후 기망상태에서 벗어나 매매대금채무를 담보하기 위하여 자신의 소유토지에 저당권을 설정해 준 경우
⑤ 성년후견개시의 심판을 받은 甲이 乙에게 1,000만원을 빌려주었으나 변제기일이 지나도 乙이 채무를 이행하지 않자 甲의 법정대리인 丙이 乙의 재산에 대하여 강제집행을 한 경우

키워드 법률행위의 취소 – 법정추인

풀이 이행의 청구(제145조 제2호)는 취소권자가 청구한 경우에만 법정추인이 되고, 취소권자가 상대방으로부터 청구받은 경우는 포함되지 않는다. 즉, 乙 측에서 甲에게 이행을 청구한 경우 법정추인이 된다.
① 전부나 일부의 이행(제145조 제1호)
③ 경개(제145조 제3호)
④ 담보의 제공(제145조 제4호)
⑤ 강제집행(제145조 제6호)

TIP 기초적인 내용도 사례로 만들면 어렵습니다. 소홀히 하지 마시고, 충분히 연습하세요.

정답 ②

고난도

01 법률행위의 무효·취소에 관한 다음 설명 중 옳지 않은 것은?

① 무효인 경우에는 특정인의 주장이 없더라도 당연히 효력이 없는 것이나, 취소사유가 있는 경우에는 취소권자의 주장이 있어야 비로소 효력이 없게 된다.
② 무효의 경우에는 시간의 경과에 따라 효력에 변동이 없으나, 취소권은 일정시간이 경과하면 소멸하고, 취소하면 이때부터 효력이 없었던 것이 되어 소급효는 없다.
③ 의사무능력자의 행위, 반사회질서의 행위는 절대적 무효이고, 상대방의 악의 또는 과실 있는 비진의표시, 허위표시 등은 상대적 무효이다.
④ 취소권은 형성권이므로 그의 행사방법은 권리자의 일방적 의사표시에 의하나, 상대방이 확정된 경우에는 상대방에 대하여 하여야 한다.
⑤ 미성년자의 법률행위, 사기·강박에 의한 의사표시, 착오에 의한 의사표시는 취소할 수 있는 행위이다.

키워드 무효 및 취소

풀이 민법은 취소할 수 있는 법률행위에 관하여, 조속히 법률관계를 확정하고 불안정한 지위에 있는 상대방을 보호하기 위해 취소권의 존속기간을 정하고 있다(제146조). 그리고 취소는 소급효가 있어, 취소한 법률행위는 처음부터 무효인 법률행위로 취급된다(제141조 본문).
③ 절대적 무효는 누구에 대해서도 무효를 주장할 수 있는 것을 말하는 것으로서, 무효의 원칙적인 모습이다. 반면 상대적 무효는 특정인에 대하여는 무효를 주장할 수 없는, 즉 당사자 사이에서는 무효이지만 선의의 제3자에게는 대항하지 못하는 경우를 말한다.
④ 제142조

이론+ 무효와 취소의 구분

구분	무효	취소
효과	절대적 무효가 원칙	상대적 취소가 원칙
주장권자	누구라도 주장	취소권자에 한하여 행사
주장기간	제한이 없음	제척기간이 있음(3년 또는 10년)
기간의 경과	무효원인이 치유되지 않음	제척기간 도과 시 취소원인이 치유됨
추인	무효행위의 추인 – 추인을 하더라도 효력이 치유되지 않는 것이 원칙	추인을 한 경우 확정적으로 유효가 됨(취소할 수 있는 법률행위의 추인·법정추인)
전환	일정한 경우 전환이 인정	전환제도가 없음

TIP 기초적인 내용을 소홀히 하지 마시고, 충분히 연습하세요.

정답 ②

02 선의의 제3자에게 대항할 수 없는 경우를 모두 고른 것은?

㉠ 의사무능력으로 인한 무효
㉡ 제한능력으로 인한 취소
㉢ 원시적 불능으로 인한 무효
㉣ 허위표시의 무효
㉤ 비진의의사표시가 무효인 경우
㉥ 사기나 강박으로 인한 취소

① ㉠, ㉥
② ㉣, ㉥
③ ㉡, ㉢
④ ㉣, ㉤, ㉥
⑤ ㉢, ㉣, ㉤

키워드 제3자 보호
풀이 허위표시의 무효, 비진의의사표시가 무효인 경우, 사기나 강박으로 인한 취소는 선의의 제3자에게 대항할 수 없다.

정답 ④

03 다음 중 법률행위의 무효에 관한 설명으로 옳지 않은 것은?

① 법률행위의 무효는 확정적으로 효력이 발생하지 않는 확정적 무효가 원칙이다.
② 법률행위의 효력이 현재 발생하지 못하지만 추후로 허가 또는 추인 등을 받으면 유효하게 되는 법적 상태를 유동적 무효라 한다.
③ 유동적 무효는 법률행위 시에 소급하여 또는 장래에 향하여 유효하게 된다.
④ 무효인 법률행위에 따른 법률효과를 침해하는 위법행위나 채무불이행이 있어도 법률효과 침해에 따른 손해는 없으므로 손해배상을 청구할 수는 없다.
⑤ 토지거래허가구역 내의 토지를 관할관청의 허가를 받지 않고 이를 배제할 목적으로 매매계약을 체결한 경우에는 유동적 무효로 판단하고 있다.

키워드 유동적 무효와 확정적 무효
풀이 판례는 토지거래허가구역 내의 토지에 대한 거래계약이 처음부터 허가를 배제하거나 잠탈하는 내용의 계약일 경우에는 '확정적으로 무효'로서 유효화될 여지가 없다고 한다(90다12243 전합).

정답 ⑤

04 다음 중 무효인 법률행위에 해당하는 것을 모두 고른 것은? (다툼이 있으면 판례에 따름)

> ㉠ 사람의 생체 장기 일부에 대한 매매계약
> ㉡ 의사무능력자가 체결한 주택의 매매계약
> ㉢ 사기에 의한 토지 매매계약
> ㉣ 상대방과 통정하여 허위로 체결한 도급계약
> ㉤ 피성년후견인의 자기 소유 건물에 대한 매매계약

① ㉠, ㉡, ㉤
② ㉡, ㉢, ㉣
③ ㉠, ㉡, ㉣
④ ㉠, ㉢, ㉤
⑤ ㉢, ㉣, ㉤

키워드 무효인 법률행위
풀이 ㉢ 사기에 의한 토지 매매계약 – 취소
㉤ 피성년후견인의 자기 소유 건물에 대한 매매계약 – 취소

정답 ③

05 다음 행위 중 법률적 성격이 다른 것은?

① 토지거래허가구역 내의 허가를 받기 전의 토지매매계약
② 부동산 이중매매에 있어 매수인이 매도인의 배임행위에 적극가담한 행위
③ 대리모계약
④ 의사무능력자의 법률행위
⑤ 민법이 규정하지 않는 물권의 발생을 목적으로 하는 법률행위

키워드 법률행위의 무효
풀이 토지거래허가구역 내의 허가를 받기 전의 토지매매계약은 유동적 무효, ②③④⑤는 확정적 무효

정답 ①

06 토지거래허가구역 내의 토지와 그 지상건물을 일괄하여 매매하고 계약금이 수수된 경우에 관한 다음 설명 중 판례의 입장과 다른 것은?

① 허가를 받을 것을 전제로 매매한 경우 허가를 받기 전에는 매매계약이 유동적 무효상태이다.
② 유동적 무효의 상태에 있는 거래계약의 당사자는 상대방이 그 거래계약의 효력이 완성되도록 협력할 의무를 이행하지 아니한 경우 거래계약을 해제할 수 있다.
③ 유동적 무효의 상태에서는 원칙적으로 계약금의 반환을 청구하지 못한다.
④ 당사자 쌍방이 허가절차 협력 이행거절의 의사표시를 명백히 하면 계약은 무효로 확정된다.
⑤ 특별한 사정이 없는 한 토지거래허가가 있기 전에는 매수인은 건물만의 소유권이전등기를 청구하지 못한다.

> **키워드** 유동적 무효
> **풀이** 유동적 무효의 법률관계에서는 허가를 받기 전까지는 채권적 효력도 없고, 물권적 효력도 없으므로 허가 없이 경료된 등기는 무효이고 허가를 조건으로 한 소유권이전등기청구도 할 수 없다. 또한 본래의 급부를 청구할 수도 없으며 해제 또는 해지도 할 수 없다. 이미 지급한 계약금 등에 대한 부당이득반환청구도 할 수 없다. 한편 공동으로 허가 신청할 의무가 있으므로 허가절차에 협력의무는 인정되며 이는 채권자대위권의 객체가 된다. 또한 협력의무 불이행을 이유로 한 계약의 해제는 불가능하지만 손해배상청구권을 행사할 수는 있다(90다12243 전합).
>
> **정답** ②

고난도

07 甲은 토지거래허가구역 안의 토지에 대하여 乙과 매매계약을 체결하고 계약금을 수령하였다. 이에 관한 다음 설명 중 판례의 태도로서 옳은 것은?

① 허가가 있기 전에도 甲이 토지를 제3자에게 처분하려고 하는 의도를 알았다면 乙은 소유권이전등기청구권을 피보전권리로 하여 해당 토지의 처분금지 가처분을 구할 수 있다.
② 甲과 乙 사이에 허가를 배제하기로 하는 특약이 있으면 甲은 소유권이전의무를 부담한다.
③ 계약체결 후 토지거래허가구역지정이 해제되더라도 계약은 확정적으로 유효하게 되는 것은 아니다.
④ 甲과 乙 사이에 특약이 없는 한 허가가 있기 전 또는 허가를 받은 후에라도 甲이 계약금의 배액을 상환하고 계약해제를 요구한 경우, 乙이 이를 거절하고 잔금을 제공하더라도 다른 약정이 없는 한 계약은 적법하게 해제된다.
⑤ 허가관청의 불허가처분이 확정되더라도 乙은 甲에 대하여 부당이득을 이유로 계약금의 반환을 청구할 수 없다.

키워드 유동적 무효

풀이 판례는 특별한 사정이 없는 한 토지거래허가를 받지 않아 유동적 무효상태인 매매계약에 있어서도 당사자 사이의 매매계약은 매도인이 계약금의 배액을 상환하고 계약을 해제함으로써 적법하게 해제된다고 한다(97다9369). 또한 해약금에 의한 계약해제는 당사자 중 일방이 이행에 착수하기 전에 가능한 것이고, 토지거래에 대한 관할관청의 허가가 있다고 하여 당사자 중 일방이 이행에 착수하였다고 볼 수는 없으므로 매도인 甲은 토지거래허가 여부를 불문하고 계약금의 배액을 상환하여 해제권을 행사할 수 있다.

① 토지거래허가를 받기 전의 유동적 무효의 상태에서는 거래계약의 채권적 효력도 전혀 발생하지 않으므로 권리의 이전 또는 설정에 관한 어떠한 내용의 이행청구도 할 수 없다(97다4357). 그러므로 소유권이전등기청구권을 피보전권리로 하여 해당 토지의 처분금지 가처분을 구할 수는 없다.
② 허가를 받기 전의 거래계약이 처음부터 허가를 배제하거나 잠탈하는 내용의 계약인 경우에는 허가 여부를 기다릴 필요가 없이 확정적으로 무효로서 유효화될 여지가 없다(96다3982).
③ 토지거래허가구역으로 지정된 토지에 대하여 허가구역지정을 해제하거나, 또는 허가구역지정기간이 만료되었음에도 허가구역재지정을 하지 아니한 때에는 그 토지거래계약이 허가구역지정이 해제되기 전에 확정적으로 무효로 된 경우를 제외하고는 더 이상 관할 행정청으로부터 토지거래허가를 받을 필요가 없이 확정적으로 유효로 되어 거래당사자는 그 계약에 기하여 바로 토지의 소유권 등 권리의 이전 또는 설정에 관한 이행청구를 할 수 있고, 상대방도 반대급부의 청구를 할 수 있다(98다40459 전합).
⑤ 유동적 무효의 상태에서는 임의 지급한 계약금에 대하여 부당이득으로 반환청구를 할 수는 없으며, 유동적 무효상태가 확정적으로 무효로 되었을 때 비로소 부당이득으로 그 반환을 청구할 수 있다(91다33766).

TIP 유동적 무효와 관련된 판례이론은 본 문제에 나온 내용만이라도 반드시 숙지하세요.

정답 ④

고난도

08 甲은 토지거래허가구역 내의 토지를 乙에게 매도하고 계약금 1천만원을 받고 중도금은 1개월 후에 지급받기로 했으며, 대금지급의무를 위반하면 계약금은 몰수하기로 하였지만, 아직 토지거래허가를 받지 않았다. 이에 관한 다음 설명 중 옳은 것은? (다툼이 있으면 판례에 따름)

① 甲과 乙의 계약은 정지조건부 계약이었고, 정지조건의 불성취가 확정되면 계약은 무효로 확정되고, 甲과 乙은 더 이상 허가절차에 협력할 필요가 없다.

② 토지거래허가신청 중 토지거래허가구역 지정이 만료되고 재지정되지 않았다 하더라도 허가구역지정기간 중에 체결한 계약이 유효로 전환되는 것은 아니다.

③ 乙은 매매계약이 유동적 무효상태에 있는 한 부당이득을 이유로 계약금의 반환을 청구할 수 있다.

④ 만일 이 계약이 甲의 기망행위로 체결되었다 하더라도 乙은 현재 유동적 무효상태의 계약을 사기를 이유로 계약을 취소하면서 계약금을 부당이득으로 반환청구할 수 없다.

⑤ 乙의 중도금지급은 선이행의무이므로 중도금을 기일에 지급하지 않으면 계약금을 몰수당한다.

키워드 유동적 무효

풀이 유동적 무효상태인 甲과 乙의 계약은 정지조건부 계약이었고, 정지조건의 불성취가 확정되면 계약은 무효로 확정되고, 甲과 乙은 더 이상 허가절차에 협력할 필요가 없다.
② 토지거래허가신청 중 허가구역의 지정이 만료되고 재지정되지 않았다면 계약은 유효로 확정되고, 더 이상 허가를 받을 필요가 없다.
③ 계약이 유동적 무효상태에 있는 한 부당이득을 이유로 계약금의 반환을 청구할 수 없다.
④ 토지거래허가구역 내의 토지에 대한 거래계약이 사기에 의하여 성립하였다면 당사자는 사기를 이유로 계약을 취소할 수 있다.
⑤ 허가받을 것을 전제로 한 거래계약은 그 허가를 받기 전까지 거래계약의 채권적 효력도 없는 것이므로 권리이전 또는 설정에 대한 어떠한 내용의 이행도 청구할 수 없으며, 나아가 채무불이행을 이유로 하여 계약을 해제하거나 그로 인한 손해배상을 청구할 수 없다.

정답 ①

이론 ➕

유동적 무효 – 토지거래허가구역 내 토지거래

1. 허가를 받기까지 유동적 무효의 상태에 있다(다만, 처음부터 허가를 배제하거나 잠탈하는 내용의 계약일 경우에는 확정적 무효이다).
2. 채권·채무관계의 불발생: 어떠한 내용의 이행청구도 할 수 없다. 따라서 허가를 받기 전의 상태에서 상대방의 거래계약상 채무불이행을 이유로 거래계약을 해제(법정해제권)하거나 그로 인한 손해배상을 청구할 수 없다.
3. 허가의 효력: 그 계약은 소급해서 유효가 되고, 따라서 허가 후에 새로이 거래계약을 체결할 필요는 없다. 그러나 관할관청의 불허가처분이 있거나 당사자 쌍방이 허가신청을 하지 않기로 의사표시를 명백히 한 경우에는 확정적 무효로 된다.
4. 협력의무: 허가를 전제로 한 거래계약을 체결한 당사자는 공동으로 관할관청의 허가를 신청할 의무가 있다(90다12243 전합). 따라서 당사자 일방이 토지거래허가를 받기 위한 협력 자체를 이행하지 아니하거나 허가신청에 이르기 전에 매매계약을 철회하는 경우에 상대방에게 일정한 손해액을 배상하기로 하는 약정을 유효하게 할 수 있다(96다49933).
   나아가 어느 일방이 허가신청협력의무의 이행거절의사를 명확히 하였다 하더라도 그 상대방은 소로서 그 협력을 청구할 수 있다(이를 이유로 하는 계약해제는 불가능).
5. 부당이득의 성립 여부: 계약금에 대해서 확정적인 무효가 되지 않는 한 부당이득의 반환을 청구할 수도 없다(91다33766).
6. 유동적 무효상태에서 계약의 해제: 민법 제565조 제1항의 해약금은 계약 일반의 법리인 이상, 유동적 무효상태인 매매계약에 있어서도 당사자 사이의 매매계약은 매도인이 계약금의 배액을 상환하고 계약을 해제함으로써 적법하게 해제된다(97다9369).
7. 허가구역지정의 해제: 허가를 받지 않은 상태에서 그 허가구역의 지정이 해제된 경우, 그 토지거래계약이 허가구역지정이 해제되기 전에 확정적으로 무효로 된 경우를 제외하고는 확정적으로 유효가 되었다고 할 것이다(98다40459 전합).
8. 취소의 가능 여부: 토지거래허가구역 내의 토지매매계약에 관하여 취소권을 행사할 수 있다.

TIP 기본서의 관련 판례를 반드시 학습하세요.

09 다음 중 일부무효의 법리에 관한 설명으로 옳지 않은 것은? (다툼이 있으면 판례에 따름)

① 토지거래허가구역 내에서 토지와 건물을 일괄하여 거래한 경우 토지가 없더라도 건물만이라도 매매하였을 것이라는 특별한 사정이 없는 한, 토지에 대한 거래허가를 받고 난 후 토지와 건물을 일괄하여 이전하도록 명하는 것이 옳다.
② 법률행위의 일부취소에 관하여는 일부무효의 법리를 유추적용할 수 있다.
③ 법률행위의 일부분이 무효인 경우에는 전부를 무효로 보는 것이 원칙이다.
④ 복수의 당사자 사이에 중간생략등기의 합의를 한 경우 그중 한 당사자의 의사표시가 무효인 것으로 판명되면 나머지 당사자 사이의 합의는 당연히 무효로 되는 것이고, 여기에 일부무효의 법리를 적용할 것은 아니다.
⑤ 법률행위의 내용이 불가분인 경우에는 전부무효로 되는 것이고, 여기에 일부무효의 법리가 적용될 여지는 없다.

키워드 일부무효의 법리

풀이 복수의 당사자 사이에 중간생략등기의 합의를 한 경우 그 합의는 전체로서 일체성을 가지는 것이므로, 그중 한 당사자의 의사표시가 무효인 것으로 판명된 경우 나머지 당사자 사이의 합의가 유효한지의 여부는 민법 제137조에 정한 바에 따라 당사자가 그 무효 부분이 없더라도 법률행위를 하였을 것이라고 인정되는지의 여부에 의하여 판정되어야 할 것이고, 그 당사자의 의사는 실재하는 의사가 아니라 법률행위의 일부분이 무효임을 법률행위 당시에 알았다면 당사자 쌍방이 이에 대비하여 의욕하였을 가정적 의사를 말한다(95다38875).
① 92다16836
② 하나의 법률행위의 일부분에만 취소사유가 있다고 하더라도 그 법률행위가 가분적이거나 그 목적물의 일부가 특정될 수 있다면, 그 나머지 부분이라도 이를 유지하려는 당사자의 가정적 의사가 인정되는 경우 그 일부만의 취소도 가능하다고 할 것이고, 그 일부의 취소는 법률행위의 일부에 관하여 효력이 생긴다(2002다21509).
③ 제137조 본문
⑤ 법률행위의 내용이 불가분인 경우에는 그 일부분이 무효일 때에도 일부 무효의 문제는 생기지 아니하나, 분할이 가능한 경우에는 민법 제137조의 규정에 따라 그 전부가 무효로 될 때도 있고, 그 일부만 무효로 될 때도 있다(93다58332).

정답 ④

10 무효행위의 전환에 관한 설명으로 옳지 않은 것은? (다수설과 판례에 따름)

① 혼인 외의 자를 혼인 중의 자로 출생신고한 경우 인지로서 효력을 인정할 수 있다.
② 불공정한 법률행위로서 무효인 경우에도 무효행위의 전환이 가능하다.
③ 무효인 가등기를 유효한 등기로 전용하기로 약정한 경우, 그 가등기는 그때부터 유효한 등기로 된다.
④ 불요식행위가 무효인 경우에도 요식행위의 유효로의 전환이 가능하고, 요식행위가 무효인 경우에는 유효인 요식행위로의 전환도 가능하다.
⑤ 상속의 포기가 그 행사기간이 경과되어 무효인 경우에도 협의분할의 유효로 전환을 인정한다.

키워드 무효행위의 전환
풀이 불요식행위에서 요식행위로의 전환은 인정되지 않는다. 요식행위에서 요식행위로의 전환은 명문의 규정이 있거나, 예외적으로 인정된다.

정답 ④

11 다음 중 무효행위의 전환이 인정될 수 없는 것은?

① 연착한 승낙 ⇨ 새로운 청약
② 수표 ⇨ 어음
③ 약속어음 ⇨ 채권증서
④ 친생자출생신고 ⇨ 인지
⑤ 비밀증서에 의한 유언 ⇨ 자필증서에 의한 유언

키워드 무효행위의 전환
풀이 '수표 ⇨ 어음'과 같이 각각 그 고유한 방식을 요구하는 요식행위가 무효인 경우, 다른 요식행위로의 전환은 인정되지 아니한다.

정답 ②

12 무효인 법률행위의 추인이 인정되는 경우에 그 추인에 관한 설명으로 옳지 않은 것은?

① 추인을 하면 원칙적으로 소급하여 효력이 발생한다.
② 추인할 때에는 새로운 법률행위로서의 법률요건을 갖추어야 한다.
③ 추인을 하는 자는 그 법률행위가 무효임을 알면서 추인하여야 한다.
④ 추인은 묵시적으로도 할 수 있다.
⑤ 허위표시에 의한 매매계약의 당사자가 추인을 하면 새로운 매매계약을 한 것으로 본다.

> **키워드** 무효행위의 추인
> **풀이** ①⑤ 무효인 법률행위를 당사자가 무효임을 알고 추인한 때에는 새로운 법률행위로 본다(제139조). 즉, 무효행위의 추인에는 소급효가 없는 것이 원칙이다.
> ②③④ 무효행위의 추인은 당사자가 무효임을 알고 추인하여야 하고, 추인의 의사표시는 묵시적으로도 가능하며, 추인은 무효사유가 종료한 후에 하여야 하고, 그 밖에 새로운 법률행위로서 유효요건을 구비하여야 한다.

정답 ①

13 다음 중 무효행위의 추인에 관한 설명으로 옳지 않은 것은?

① 무효인 법률행위를 추인에 의하여 새로운 법률행위로 보기 위하여는 당사자가 이전의 법률행위가 무효임을 알고 그 행위에 대하여 추인하여야 한다.
② 취득시효 완성 후 소유권이전등기 청구를 받은 소유자의 배임행위에 제3자가 적극가담하여 경료된 등기는 추인해도 효력이 발생하지 않는다.
③ 다수의 채권을 하나의 피담보채권으로 하여 저당권이 설정된 경우 다수 채권 중 일부가 무효인 경우 저당권은 일부무효의 법리에 따라 전부 무효된다.
④ 법률행위가 강행법규에 위반되어 무효인 경우에는 추인이 있더라도 무효이다.
⑤ 제3자의 권리를 해하지 않는 범위 내에서 당사자 합의에 의하여 무효인 법률행위를 채권적으로 소급하여 추인할 수 있다.

> **키워드** 무효행위의 추인
> **풀이** 다수의 채권을 하나의 피담보채권으로 하여 저당권이 설정된 경우 다수 채권 중 일부가 무효인 경우에도 불가분성의 원칙상 저당권은 나머지 채권을 위하여 특정성을 유지한 채 효력이 있다.
> ① 97다15715
> ② 2001다77352·77369
> ⑤ 무효행위의 추인에 관한 규정은 임의규정이므로 제3자의 권리를 해하지 않는 범위 내에서 당사자의 약정으로 소급적 추인을 하는 것은 가능하다.

정답 ③

14 해제 및 취소에 관한 설명으로 옳은 것은?

① 해제 및 취소는 모든 법률행위에 인정된다.
② 해제권 및 취소권은 법률의 규정에 의해서만 발생한다.
③ 권리행사가 있어야 해제나 취소의 효과가 발생한다.
④ 해제 및 취소로 인하여 발생하는 반환의무의 범위는 반환의무자의 선의·악의에 따라 달라진다.
⑤ 해제권 및 취소권은 포기할 수 없다.

키워드 취소와 해제의 비교

풀이 취소권이나 해제권은 형성권으로서 표의자의 일방적 의사표시로써 효력이 발생한다. 당연히 취소권 내지 해제권을 행사하지 않으면 그 효과는 발생하지 않는다.
① 취소는 모든 법률행위에 대하여 인정되나, 해제는 계약에 한하여 인정된다.
② 취소권은 법률의 규정에 의해서만 발생하나, 해제권은 법률의 규정은 물론 약정에 의해서도 발생할 수 있다.
④ 취소권의 행사로 인한 부당이득반환의 범위는 선의·악의에 따라 그 범위가 달라지나, 해제의 경우에는 당사자의 선의·악의를 불문하고 모두 '원상회복의무'를 부담한다.
⑤ 양자 모두 포기할 수 있다.

정답 ③

15 법률행위의 취소에 관한 설명으로 옳은 것은? (다툼이 있으면 판례에 의함) 제17회

① 임의대리인이 취소권을 행사하려면 취소권의 행사에 관한 본인의 수권행위가 있어야 한다.
② 제한능력자가 스스로 행한 취소할 수 있는 법률행위를 취소하려면 법정대리인의 동의를 얻어야 한다.
③ 사기에 의해 매매계약을 체결한 후 10년이 경과하였더라도, 속았다는 사실을 안 지 3년이 지나지 않았다면 그 매매계약을 취소할 수 있다.
④ 취소할 수 있는 법률행위의 추인은 취소권의 포기이므로 취소권자라면 누구나 언제든지 할 수 있다.
⑤ 법정추인은 민법에 정한 사유가 발생하면 취소권자의 이의유보와 무관하게 추인한 것으로 간주하는 제도이다.

> **키워드** 법률행위의 취소
> **풀이** 임의대리인은 본인의 특별수권이 있는 경우에 한하여 취소권을 행사할 수 있다.
> ② 제한능력자는 법정대리인의 동의 없어도 자신의 법률행위를 취소할 수 있다.
> ③ 취소권은 추인할 수 있는 날로부터 3년, 법률행위 한 날로부터 10년 중 먼저 도래한 날을 기준으로 소멸한다.
> ④ 취소할 수 있는 법률행위의 추인은 취소권의 포기에 해당하므로 취소의 원인이 소멸된 후에 하여야만 효력이 있다. 다만, 법정대리인 또는 후견인이 추인하는 경우에는 적용하지 아니한다(제144조). 취소권자라면 누구나 언제든지 할 수 있는 것은 아니다.
> ⑤ 취소할 수 있는 법률행위에 관하여 추인할 수 있는 후에 법이 정한 사유가 있으면 추인한 것으로 본다. 그러나 이의를 보류한 때에는 그러하지 아니하다(제145조).
>
> **정답** ①

16 본인으로부터 취소권 행사에 관한 수권이 있어야 취소권을 행사할 수 있는 자는?

① 제한능력자
② 법정대리인
③ 임의대리인
④ 취소권자의 포괄승계인
⑤ 취소권자의 특정승계인

> **키워드** 취소권자
> **풀이** 임의대리인은 원칙적으로 취소할 수 없다. 다만, 본인으로부터 취소권 행사에 관한 수권이 있는 경우에 한하여 취소권을 행사할 수 있다.
>
> **정답** ③

17 미성년자인 甲이 자신의 토지를 법정대리인 丙의 동의 없이 乙에게 매도하였다. 이에 관한 설명으로 옳은 것은? (다툼이 있으면 판례에 따름)

① 甲이 丙의 동의 없이 단독으로 매매계약을 취소한 경우, 그 취소는 다시 취소할 수 있는 행위가 된다.
② 甲은 자신이 성년자가 된 때로부터 3년이 지났다면 취소권을 행사할 수 없다.
③ 위 매매계약이 甲의 미성년임을 이유로 취소된 경우, 甲은 乙로부터 받은 매매대금에 이자를 붙여 반환하고 손해가 있으면 이를 배상하여야 한다.
④ 甲은 미성년자인 상태에서도 丙의 동의 없이 단독으로 乙과의 매매계약을 추인할 수 있다.
⑤ 丙이 위 매매계약이 취소할 수 있는 행위라는 사실을 알지 못하고 추인한 경우에도 그 추인은 유효하다.

키워드 법률행위의 취소
풀이 ① 미성년자도 그 행위를 스스로 취소할 수 있으므로 미성년상태의 취소도 효력이 있다. 그래서 甲이 丙의 동의 없이 단독으로 매매계약을 취소한 경우, 그 취소를 제한능력자의 행위로 다시 취소할 수는 없다.
③ 매매계약이 甲의 미성년임을 이유로 취소된 경우, 제한능력자 측에서는 언제나 현존이익만 반환하면 된다. 따라서 甲은 乙로부터 받은 매매대금 중 현존이익만을 반환하면 충분하다.
④ 취소할 수 있는 법률행위의 추인은 그 원인이 소멸한 후에 할 수 있으므로 甲이 미성년자인 상태에서는 丙의 동의 없이 단독으로 乙과의 매매계약을 추인할 수 없다.
⑤ 취소할 수 있는 행위의 추인은 그 원인이 소멸한 후 취소할 수 있음을 알고 하여야 하므로 丙이 위 매매계약이 취소할 수 있는 행위라는 사실을 알지 못하고 추인한 경우 유효한 추인이라 할 수 없다.

정답 ②

18 甲은 丙의 기망에 의하여 토지를 乙에게 매도하고 乙은 그 토지를 丁에게 전매·이전하였다. 이 경우 甲은 사기에 의한 의사표시의 취소를 누구에게 주장할 수 있는가?

① 丁
② 丙
③ 乙
④ 丙, 丁
⑤ 乙, 丙, 丁

키워드 취소권자
풀이 상대방 있는 의사표시에 관하여 제3자가 사기를 행한 경우에는 상대방이 그 사실을 알았거나 알 수 있었을 경우에 한하여 의사표시를 취소할 수 있는데, 이 경우 취소의 상대방은 '하자 있는 의사표시를 한 상대방' 乙이 된다(제110조 제2항).

정답 ③

19 甲은 乙의 기망행위로 자기 소유 건물을 乙에게 매도하고 소유권이전등기를 경료하였다. 乙이 그 건물을 丙에게 전매하여 소유권을 이전한 경우에 관한 설명으로 옳지 않은 것은?

① 甲이 추인의 의사 없이 乙에게 대금을 청구하였다면 더 이상 취소할 수 없다.
② 甲이 취소의 의사표시를 한 경우, 丙이 선의·무과실인 때에도 丙은 건물을 선의취득할 수 없다.
③ 甲이 취소의 의사표시를 하면 乙과 丙의 매매계약은 무효가 되고, 甲은 丙에게 건물반환을 청구할 수 있다.
④ 甲은 사기사실을 안 날로부터 3년, 매매계약을 체결한 날로부터 10년 내에 취소권을 행사하여야 한다.
⑤ 甲이 사기사실을 안 후 乙로부터 매매대금을 수령한 경우, 甲과 乙의 법률행위는 추인이 되어 확정적으로 유효로 되므로 丙의 소유권 취득에는 영향이 없다.

키워드 취소권의 단기소멸
풀이 甲이 취소의 의사표시를 하면 甲과 乙 간의 매매계약이 소급해서 무효가 되는 것이지 乙과 丙 간의 매매계약이 무효가 되는 것은 아니다.

정답 ③

20 甲은 자신의 골동품을 모조품으로 오인하여 乙에게 헐값으로 매도하였다. 乙은 그것을 다시 丙에게 매도하고, 丙은 다시 丁에게 매도하였다. 후에 그것이 진품인 것을 안 甲이 매매계약 착오를 이유로 취소하고자 한다. 그 취소는 누구를 상대로 하여야 하는가?

① 乙에게만 할 수 있다.
② 丁에게만 할 수 있다.
③ 乙, 丙, 丁 아무에게나 할 수 있다.
④ 乙, 丙, 丁 모두를 상대로 하여야 한다.
⑤ 乙, 丙, 丁 중 甲의 착오를 알았거나 알 수 있었던 자만을 상대로 하여야 한다.

키워드 법률행위의 취소
풀이 취소의 상대방은 당사자인 상대방(乙)에 대하여 한다(제142조).

정답 ①

21 다음 사례의 경우 甲이 丙에게 반환하여야 할 금액은 얼마가 되는가?

제10회 수정

> 미성년자 甲은 법정대리인 乙의 동의를 얻지 아니하고 자기 소유의 건물을 1억원에 丙에게 매각하였다. 甲은 매매대금 중 1,000만원은 채무변제를 위하여 사용하고, 4,000만원은 유흥비로, 2,000만원은 현금으로 가지고 있으며, 1,000만원은 자동차를 구입하고 500만원은 치료비로, 1,500만원은 생활비로 충당하였다. 그런데 법정대리인 乙이 甲과 丙 사이의 매매계약을 취소하였다.

① 2,000만원
② 3,000만원
③ 5,000만원
④ 6,000만원
⑤ 7,000만원

키워드 법률행위의 취소 – 부당이득반환

풀이 미성년자인 甲이 법정대리인 乙의 동의를 얻지 아니하고 자기 소유의 건물을 1억원에 丙에게 매각한 경우 甲의 매각행위는 제한능력을 이유로 甲 또는 乙이 이를 취소할 수 있다. 취소한 경우 이미 이행한 채무는 부당이득으로 그 반환을 청구할 수 있는데, 제한능력자는 선의·악의를 묻지 않고 취소된 법률행위로 인하여 받은 '이익이 현존하는 한도'에서 상환할 책임이 있다는 특칙을 두어 보호하고 있다(제141조 단서). 따라서 甲이 받은 매매대금 중 6,000만원[채무변제를 위하여 사용한 1,000만원과 현금으로 가지고 있는 2,000만원, 물품(자동차)구입비 1,000만원, 치료비 500만원, 생활비 1,500만원]은 이익이 현존하고 있으므로 반환해야 한다. 다만, 유흥비로 사용한 4,000만원은 이익이 현존하지 않으므로 반환할 필요가 없다.

정답 ④

22 법률행위의 취소에 관한 설명으로 옳지 않은 것은? (다툼이 있으면 판례에 따름)

① 법률행위의 취소사유가 없는 경우에는 당사자 쌍방이 각각 취소의 의사표시를 하였더라도 그 법률행위가 취소되는 것은 아니다.
② 취소는 재판상 행하여질 것이 특별히 요구되는 경우 외에는 상대방에 의하여 인식될 수 있다면 어떠한 방법에 의하더라도 무방하다.
③ 피한정후견인이 법률행위를 취소한 경우, 피한정후견인은 그 행위로 인하여 받은 이익이 현존하는 한도에서 상환할 책임이 있다.
④ 미성년자가 자신의 의사표시를 스스로 취소한 경우, 그 취소가 비록 미성년자의 의사표시였더라도 취소한 의사표시를 다시 취소할 수는 없다.
⑤ 피성년후견인은 능력자가 되기 전이라도 법정대리인의 동의를 얻어 추인할 수 있다.

키워드 법률행위의 취소

풀이 피성년후견인의 법정대리인은 동의권이 없기 때문에 피성년후견인이 법정대리인의 동의를 얻어 추인할 수 없고, 법정대리인이 추인할 수 있다.

정답 ⑤

23 취소할 수 있는 행위의 취소 또는 추인에 관한 설명으로 옳지 않은 것은? (다툼이 있으면 판례에 따름)

① 취소의 의사표시는 반드시 명시적이어야 하는 것은 아니지만, 취소권 행사 시 취소권자는 취소의 원인에 대한 진술을 하여야 취소할 수 있다.
② 취소할 수 있는 법률행위는 유동적 유효로서 이를 취소하면 그 법률행위는 소급하여 무효가 된다.
③ 취소권자는 그 취소의 원인이 종료한 후에 추인할 수 있다. 다만, 법정대리인 또는 후견인의 경우 취소의 원인이 종료되기 전에 추인할 수 있다.
④ 추인은 결국 취소권의 포기이므로 그 행위가 취소할 수 있는 것임을 알고 하여야 한다.
⑤ 제한능력자도 취소할 수 있다. 다만, 추인의 경우 취소의 원인이 종료되어야 하므로 미성년자와 피한정후견인은 능력자가 되거나 그 법정대리인 및 후견인의 동의를 얻어 추인할 수 있다.

키워드 법률행위의 취소 – 취소할 수 있는 행위의 추인
풀이 취소의 의사표시는 반드시 명시적으로 하는 것은 아니고, 취소원인의 진술 없이도 취소의 의사표시를 유효하게 할 수 있다(2004다43824).

정답 ①

24 취소할 수 있는 법률행위의 추인에 관한 설명으로 옳지 않은 것은?

① 취소할 수 있는 행위에 대하여 유효한 추인이 있으면 다시 취소할 수 없다.
② 미성년자는 성년이 되기 전에는 절대적으로 추인할 수 없다.
③ 추인의 명시적 의사표시가 없더라도 일정한 경우에는 법률상 당연히 추인한 것으로 볼 수 있다.
④ 착오에 의한 의사표시를 한 자는 착오상태를 벗어난 후에 한하여 유효한 추인을 할 수 있다.
⑤ 제한능력자의 법정대리인이 제한능력자의 법률행위를 추인한 후에는 제한능력을 이유로 그 법률행위를 취소하지 못한다.

> **키워드** 법률행위의 취소 – 취소할 수 있는 법률행위의 추인
>
> **풀이** 피성년후견인을 제외한 제한능력자, 즉 미성년자와 피한정후견인은 법정대리인 및 후견인의 동의를 얻어 유효한 법률행위를 할 수 있다(제5조, 제13조). 따라서 이들은 능력자가 되기 전에도 법정대리인 및 후견인의 동의를 얻어 유효하게 추인할 수 있다.
> ① 제143조 제1항
> ③ 제145조(법정추인)
> ④ 추인은 취소의 원인이 종료한 후에 하지 아니하면 효력이 없다(제144조 제1항).
>
> 정답 ②

25 취소할 수 있는 법률행위에 대한 법정추인사유가 될 수 없는 것은?

① 취소권자가 일부 이행을 청구한 경우
② 상대방이 제공한 담보를 취소권자가 수령한 경우
③ 취소권자가 채무자로서 강제집행을 받은 경우
④ 취소권자가 취소할 수 있는 행위로 취득한 권리의 일부를 양도한 경우
⑤ 취소할 수 있는 법률행위에서 발생한 채무의 보증인이 채무 전부를 이행 제공한 경우

> **키워드** 법률행위의 취소 – 법정추인
>
> **풀이** 제145조 제1호에서의 전부나 일부의 이행에는 취소권자의 이행뿐만이 아니라 상대방의 이행을 수령하는 경우를 포함한다. 보증인은 취소권자가 될 수 없다. 그러므로 보증인의 이행제공은 법정추인사유로 볼 수 없다.
>
> **이론 +**
>> 제145조【법정추인】취소할 수 있는 법률행위에 관하여 전조의 규정에 의하여 추인할 수 있는 후에 다음 각 호의 사유가 있으면 추인한 것으로 본다. 그러나 이의를 보류한 때에는 그러하지 아니하다.
>> 1. 전부나 일부의 이행
>> 2. 이행의 청구
>> 3. 경개
>> 4. 담보의 제공
>> 5. 취소할 수 있는 행위로 취득한 권리의 전부나 일부의 양도
>> 6. 강제집행
>
> 정답 ⑤

26 원칙적으로 소급효가 발생하는 것을 모두 고른 것은?

> ㉠ 한정후견의 종료심판
> ㉡ 실종선고의 취소
> ㉢ 소멸시효의 완성
> ㉣ 미성년자 영업허락에 대한 취소
> ㉤ 사기에 의한 매매계약의 취소

① ㉠, ㉡   ② ㉠, ㉢, ㉤
③ ㉡, ㉢, ㉣   ④ ㉡, ㉢, ㉤
⑤ ㉡, ㉤

키워드 법률행위의 취소 – 소급효
풀이 소급효 있는 행위와 소급효 없는 행위

소급효 있는 행위	소급효 없는 행위
• 실종선고의 취소	• 미성년자의 영업허락의 취소
• 제한능력자의 법률행위의 취소	• 한정후견의 종료심판
• 착오에 의한 의사표시의 취소	• 성년후견의 종료심판
• 사기·강박에 의한 의사표시의 취소	• 부재자 재산관리명령의 취소
• 무권대리행위의 추인	• 법인설립허가의 취소
• 소멸시효의 완성	• 무효행위의 추인(예외가 가능)
• 선택채권에 있어서의 선택	• 기한부 법률행위의 효력
• 상계	• 혼인의 취소
• 계약의 해제	• 부부간의 계약의 취소
• 이혼의 취소	• 인지의 취소
• 인지	• 입양의 취소
• 상속재산의 분할	• 조건의 성취(예외가 가능)

정답 ④

27 취소권이 소멸하는 때가 아닌 것은?

① 사기를 당해 교환계약을 체결한 자가 취득한 토지에 전세권을 설정한 경우
② 미성년자의 계약을 그 친모가 이행한 때
③ 17세에 법률행위를 한 자가 21세가 된 때
④ 법정대리인이 미성년자의 법률행위를 안 날로부터 3년이 경과한 때
⑤ 미성년자가 법률행위를 한 날로부터 10년이 경과한 때

| 키워드 | 법률행위의 취소 – 취소권의 소멸 |
| 풀이 | 취소권은 단기소멸제도를 두고 있다. 이는 취소할 수 있는 법률행위에 관한 법률관계를 빨리 확정하여 불안정한 상태에 있는 상대방을 보호하고 거래의 안전을 도모하기 위한 것이다. 그 기간은 추인할 수 있는 날로부터 3년 내에, 법률행위를 한 날로부터 10년 내에 행사하여야 한다(제146조). 17세에 법률행위를 한 자는 22세가 되면 취소권이 소멸한다.

정답 ③

28 민법 제146조가 규정하는 취소권의 행사기간에 관한 설명으로 옳지 않은 것은? (다툼이 있으면 판례에 따름)

① 추인할 수 있는 날로부터 3년을 기산할 때 강박으로 인한 의사표시의 취소권 행사기간은 강박상태를 벗어난 때부터 진행한다.
② 취소권의 행사기간 내에 소를 제기하는 방법으로 권리를 행사하여야 한다.
③ 소멸시효의 중단에 관한 규정은 유추·적용되지 않는다.
④ '추인할 수 있는 날'이란 취소의 원인이 소멸한 날로서 취소와 추인을 선택할 수 있게 된 날을 의미한다.
⑤ 취소권행사 결과 발생하는 부당이득반환청구권은 취소권을 행사한 때로부터 따로 소멸시효가 진행한다.

| 키워드 | 법률행위의 취소 – 취소권의 소멸 – 제척기간 |
| 풀이 | 제척기간의 법적 성질에 관해 학설은 출소기간설과 이원설로 나뉘어져 있고 판례는 이원설 입장으로 평가된다. 즉, 권리의 성질 및 법률의 규정을 종합적으로 고려하여 출소기간인 제척기간과 재판 외 행사기간인 제척기간으로 나누어 보고 있다. 구체적으로 살펴보면 첫째, 형성권의 경우 채권자취소권과 같은 형성소권의 제척기간은 제소기간으로 보나, 그 외 취소권(92다52795)·매매예약완결권 등은 재판 외 행사기간으로 본다. 둘째, 청구권의 경우 상속회복청구권, 점유회수청구권의 제척기간은 제소기간으로 보나 담보책임의 존속기간인 제척기간은 재판 외 행사기간으로 본다.
① 취소권은 추인할 수 있는 날로부터 3년 내에, 법률행위를 한 날로부터 10년 내에 행사하여야 한다(제146조). 여기서 추인할 수 있는 날이란 취소의 원인이 종료된 때를 말하므로 강박상태를 벗어난 때부터 진행한다.
③ 제척기간은 조속한 권리관계의 확정에 그 목적이 있으므로, 소멸시효와 달리 중단이 없다(대판 2003.1.10, 2000다26425에서도 이 점을 확인해 주고 있다).
④ 95다38240
⑤ 판례는 취소권을 행사한 때로부터 따로 소멸시효가 진행한다고 본다(90다13420).

정답 ②

29 무효와 취소에 관한 설명으로 옳은 것은? (다툼이 있으면 판례에 따름)

① 계약이 불성립하였다면 무효행위의 전환이나 무효행위의 추인규정이 적용되지 않는다.
② 甲과 乙이 무효인 가등기를 유효한 등기로 유용하기로 약정하였다면 이 가등기는 소급하여 유효한 등기로 전환된다.
③ 취소권만의 특정승계도 가능하므로 취소권자로부터 취소권만을 매수한 자도 취소권을 행사할 수 있다.
④ 甲과 乙 사이의 매매계약이 적법하게 취소되면 계약은 장래에 향하여 소멸하므로 甲과 乙은 이행된 것을 반환할 필요가 없다.
⑤ 甲이 행위능력자 乙과 체결한 계약을 제한능력을 이유로 적법하게 취소한 경우, 乙은 자신이 받은 이익이 현존하는 한도에서만 상환할 책임이 있다.

> **키워드** 무효와 취소
> **풀이** 무효행위의 전환이나 추인은 법률행위가 성립한 이후의 문제이며, 법률행위가 성립하지 않은 경우에는 그러한 문제가 발생할 수 없다.
> ② 무효행위의 추인에는 소급효가 없는 것이 원칙이다. 따라서 유용하기로 한 때로부터 유효한 등기가 된다.
> ③ 취소권만을 특정승계할 수는 없다.
> ④ 취소하면 계약은 소급해서 무효가 되므로 이미 이행한 부분에 대해서는 부당이득반환의무를 부담한다.
> ⑤ 제한능력자인 甲은 현존이익을 반환하며, 행위능력자인 乙은 선의인 경우에는 현존이익을 반환하며 악의인 경우에는 받은 이익에 이자를 가산하여 반환하고 손해가 있으면 이를 배상하여야 한다.
>
> 정답 ①

30 무효와 취소에 관한 설명으로 옳지 않은 것은? (다툼이 있으면 판례에 따름)

① 취소권의 행사기간은 제척기간으로 강행규정에 해당하므로 법원의 직권판단 대상이다.
② 무효인 법률행위를 무효임을 알고 추인하면 유효한 법률행위로 전환된다.
③ 상대방의 기망행위를 원인으로 근저당설정계약 취소의 의사표시는 원칙적으로 금전소비대차계약을 포함한 전체에 대하여 취소의 효력이 있다.
④ 법률행위의 상대방이 확정되어 있다면 그 상대방이 취소의 상대방이 된다.
⑤ 법정대리인은 취소원인의 종료 전에도 제한능력자의 법률행위를 추인할 수 있다.

> **키워드** 무효와 취소
>
> **풀이** 무효인 법률행위는 추인하여도 그 효력이 생기지 아니한다. 그러나 당사자가 그 무효임을 알고 추인한 때에는 새로운 법률행위로 본다(제139조). 즉, 무효행위의 추인은 무효인 법률행위 자체를 사후에 유효로 하는 것이 아니라, 새로운 의사표시에 의하여 새로운 행위가 있는 것으로 하여 그때부터 유효하게 되는 것이다(83므22).

정답 ②

31 법률행위의 무효와 취소에 관한 설명으로 옳지 않은 것은? (다툼이 있으면 판례에 따름)

① 추인권자가 수개의 취소원인 중 하나만을 알고 추인한 경우에는 그 취소사유에 관한 취소권만 소멸하고, 나머지 알지 못한 취소원인에 기한 취소권은 소멸하지 않는다.
② 무효로 인하여 부당이득반환의무를 부담하는 경우, 쌍방은 동시이행의무가 있다.
③ 취소로 생긴 손해배상청구권을 양도한 경우, 이는 법정추인에 해당하므로 취소권자는 다시 취소할 수 없다.
④ 법률행위가 취소되어 무효가 된 경우 취소할 수 있는 행위로서 추인할 수는 없으나, 무효행위의 추인요건을 갖추었다면 무효행위로서 추인할 수는 있다.
⑤ 법률행위가 무효이더라도 선의의 제3자에게 무효를 주장할 수 없는 경우가 있다.

> **키워드** 무효와 취소
>
> **풀이** 취소로 인한 손해배상청구권이나 부당이득반환청구권을 양도한 경우 법정추인이 아니다.

정답 ③

32 법률행위의 무효와 취소에 관한 설명으로 옳은 것은?

① 토지매매 시 상대방의 기망에 의하여 일정부분을 매매대상에서 제외하는 특약을 하였다면 이후 사기를 이유로 그 특약만을 취소할 수 있다.
② 법률행위 후 소송상의 반환청구에 취소의 의사가 포함되어 있다고 볼 수는 없다.
③ 하나의 법률행위에 무효와 취소의 원인이 모두 포함되는 경우, 당사자는 각각의 요건을 증명하여 무효 또는 취소를 주장할 수 있다.
④ 법률행위의 일부가 무효인 경우, 민법은 원칙적으로 그 해당 부분만을 무효로 취급한다.
⑤ 무효와 취소는 특정인의 주장이 있는 경우에 비로소 처음부터 효력이 없는 것으로 되는 점에서 일치한다.

키워드 무효와 취소
풀이 ① 토지의 일정부분을 매매대상에서 제외하는 특약을 한 경우 그 특약 부분만을 취소할 수 없다.
② 취소를 당연한 전제로 한 소송상의 반환청구나 이행거절의 의사표시 가운데는 취소의 의사가 포함되어 있다고 볼 수 있다(93다13162).
④ 법률행위의 일부분이 무효인 때에는 원칙적으로 그 전부를 무효로 한다(제137조).
⑤ 취소와는 달리 무효는 특정인의 주장을 필요로 하지 않는다.

정답 ③

CHAPTER 06 조건과 기한

▶ **연계학습** | 에듀윌 기본서 1차 [민법 上] p.337

대표기출

조건과 기한에 관한 설명으로 옳지 않은 것은? (다툼이 있으면 판례에 따름) 제21회

① 기한은 채권자의 이익을 위한 것으로 추정한다.
② 종기 있는 법률행위는 기한이 도래한 때로부터 그 효력을 잃는다.
③ 조건을 붙이는 것이 허용되지 않는 법률행위에 조건을 붙인 경우, 그 법률행위 전부가 무효이다.
④ 조건이 법률행위 당시에 이미 성취할 수 없는 경우, 그 조건이 정지조건이면 그 법률행위는 무효이다.
⑤ 정지조건부 법률행위에서 조건성취의 사실에 대한 증명책임은 조건성취로 인한 권리 취득을 주장하는 자에게 있다.

키워드 조건과 기한
풀이 기한은 채무자의 이익을 위한 것으로 추정한다(제153조 제1항).

정답 ①

01 조건부 법률행위에 관한 다음 설명 중 옳지 않은 것은? (다툼이 있으면 판례에 따름)

① 조건은 법률행위의 효력의 발생 또는 소멸을 장래의 불확실한 사실의 성부에 의존하게 하는 법률행위의 부관이다.
② 조건을 붙이고자 하는 의사, 즉 조건의사가 있더라도 그것이 외부에 표시되지 않으면 법률행위의 동기에 불과할 뿐이고 그것만으로는 법률행위의 부관으로서의 조건이 되는 것은 아니다.
③ 정지조건부 채권양도에 있어서 정지조건이 성취되었다는 사실에 대한 입증책임은 채권양도의 효력을 저지하려는 자에게 있다.
④ 해제조건부 증여로 인한 부동산소유권이전등기를 마쳤다 하더라도 그 해제조건이 성취되면 그 소유권은 증여자에게 복귀한다.
⑤ 어떠한 법률행위가 정지조건부 법률행위에 해당한다는 사실에 대한 주장·입증책임은 그 법률효과의 발생을 다투려는 자에게 있다.

키워드 조건과 기한

풀이 정지조건부 법률행위에 있어서 조건이 성취되었다는 사실은 이에 의하여 권리를 취득하고자 하는 측에서 그 입증책임이 있다 할 것이므로, 정지조건부 채권양도에 있어서 정지조건이 성취되었다는 사실은 채권양도의 효력을 주장하는 자에게 그 입증책임이 있다(81다카692).
①② 조건은 법률행위의 효력의 발생 또는 소멸을 장래의 불확실한 사실의 성부에 의존하게 하는 법률행위의 부관으로서 당해 법률행위를 구성하는 의사표시의 일체적인 내용을 이루는 것이므로, 의사표시의 일반원칙에 따라 조건을 붙이고자 하는 의사, 즉 조건의사와 그 표시가 필요하며, 조건의사가 있더라도 그것이 외부에 표시되지 않으면 법률행위의 동기에 불과할 뿐이고 그것만으로는 법률행위의 부관으로서의 조건이 되는 것은 아니다(2003다10797).
④ 해제조건부 증여로 인한 부동산소유권이전등기를 마쳤다 하더라도 그 해제조건이 성취되면 그 소유권은 증여자에게 복귀한다고 할 것이고, 이 경우 당사자간에 별단의 의사표시가 없는 한 그 조건성취의 효과는 소급하지 아니하나, 조건성취 전에 수증자가 한 처분행위는 조건성취의 효과를 제한하는 한도 내에서는 무효라고 할 것이고, 다만 그 조건이 등기되어 있지 않는 한 그 처분행위로 인하여 권리를 취득한 제3자에게 위 무효를 대항할 수 없다(92다5584).
⑤ 어떠한 법률행위가 조건의 성취 시 법률행위의 효력이 발생하는 소위 정지조건부 법률행위에 해당한다는 사실은 그 법률행위로 인한 법률효과의 발생을 저지하는 사유로서 그 법률효과의 발생을 다투려는 자에게 주장·입증책임이 있다(93다20832).

정답 ③

02 조건에 관한 설명으로 옳지 않은 것은? (다툼이 있으면 판례에 따름)

① "건축허가 신청이 불허되면 계약은 효력을 상실한다."라는 특약은 해제조건에 해당한다.
② 조건이 법률행위 당시에 이미 성취한 것인 때에는 그 조건이 해제조건이면 그 법률행위는 무효로 한다.
③ 약혼예물의 수수는 혼인의 불성립을 해제조건으로 하는 증여와 유사한 성질을 갖는다.
④ 조건은 법률행위의 성립을 결정하기 위한 것이 아니고, 그 법률효과를 결정하기 위한 것이다.
⑤ 부첩관계의 종료를 해제조건으로 하는 증여계약은 조건 없는 법률행위가 된다.

> **키워드** 조건과 기한 – 조건부 법률행위
> **풀이** 부첩관계인 부부생활의 종료를 해제조건으로 하는 증여계약은 반사회적 법률행위로서 무효가 된다.
>
> 정답 ⑤

03 다음 중 조건을 붙일 수 있는 행위는?

① 상속의 포기
② 어음행위
③ 해제
④ 채무면제
⑤ 취소

> **키워드** 조건부 법률행위
> **풀이** ① 신분행위(혼인, 인지, 입양, 상속의 승인 및 포기 등)에는 조건을 붙일 수 없는 것이 원칙이고, 다만 유언(제1073조 제2항)이나 약혼에는 조건을 붙이는 것이 가능하다.
> ③⑤ 단독행위(취소, 철회, 해제, 상계, 환매 등)에도 원칙적으로 조건을 붙일 수 없다. 왜냐하면 상대방의 의사에 의하지 않고 그를 일방적으로 불안정한 지위에 서게 하기 때문이다. 따라서 상대방의 동의가 있다거나, 상대방에게 이익만 주는 단독행위(채무면제, 유증)에는 조건을 붙일 수 있다.
>
> 정답 ④

04 조건을 붙일 수 있는 법률행위로만 묶인 것은?

> ㉠ 인지 ㉡ 유증
> ㉢ 입양 ㉣ 혼인
> ㉤ 상속의 포기 ㉥ 채무의 면제
> ㉦ 상계

① ㉠, ㉡
② ㉢, ㉣
③ ㉡, ㉥
④ ㉢, ㉥
⑤ ㉤, ㉦

키워드 조건부 법률행위

풀이 조건이란 법률행위의 효력의 발생 또는 소멸을 장래의 불확실한 사실에 의존하게 하는 법률행위의 부관이다. 조건부 법률행위는 그 효력의 발생이나 존속이 불안정하기 때문에, 효과가 확정적으로 발생될 것이 요구되는 것(혼인·입양·인지·상속의 승인 및 포기 등 신분행위, 어음 및 수표행위)과 단독행위에는 조건을 붙이지 못한다. 다만, 유언에는 조건을 붙일 수 있으며(제1073조 제2항) 단독행위라도 상대방의 동의가 있거나 상대방에게 이익만을 주는 경우(채무면제, 유증)에는 조건을 붙여도 무방하다(통설).

정답 ③

05 조건부 법률행위에 관한 설명으로 옳지 않은 것은? (다툼이 있으면 판례에 따름)

① 어음보증에 조건을 붙이는 것은 어음거래의 안정성을 해치므로 허용되지 않는다.
② 상계·취소·철회 등에 대하여는 조건을 붙일 수 없다.
③ 조건과 친하지 않은 법률행위에 조건을 붙인 경우에는 그 법률행위는 원칙적으로 전부무효가 된다.
④ 어떤 법률행위가 정지조건부 법률행위에 해당한다는 사실은 그 법률효과의 발생을 다투려는 자에게 증명책임이 있다.
⑤ 계약당사자 일방이 이행지체에 빠진 상대방에 대하여 일정한 기간을 정하여 채무이행을 최고함과 동시에 그 기간 내에 이행이 없을 시에는 계약을 해제하겠다는 정지조건부 계약해제의 의사표시는 유효하다.

키워드 조건부 법률행위

풀이 어음보증에 조건을 붙이는 것은 가능하다(84다카2310).
② 단독행위에는 원칙적으로 조건을 붙일 수 없다.
⑤ 단독행위라 하더라도 상대방이 스스로 결정할 수 있는 사실을 조건(상대방에게 불이익하지 아니하므로)으로 하는 경우에는 조건을 붙일 수 있다.

정답 ①

06 조건에 관한 다음 설명 중 옳은 것은?

① 조건을 붙이고자 하는 의사를 상대방이 알 수 있었다면 그 의사가 외부로 표시되지 않았더라도 그 자체로서 조건부 법률행위로 효력이 결정된다.
② 당사자의 합의에 의해 조건성취의 효력을 그 성취 전에 소급시킬 수 있다.
③ 정지조건부 법률행위는 그 조건의 성취 여부가 단지 채무자의 의사에만 달려 있을지라도 유효하다.
④ 사회질서에 반하는 조건을 붙인 법률행위는 그 조건만이 무효이다.
⑤ 조건의 성취가 확정된 후에만 조건부 법률행위로 인한 권리를 처분할 수 있다.

키워드 조건부 법률행위
풀이 제147조 제3항
① 조건의사가 있어도 외부로 표시되지 않았다면 이는 동기에 불과하다(2003다10797).
③ 조건의 성부가 전적으로 당사자의 일방적 의사에 의존하는 순수수의조건은 언제나 무효이다.
④ 사회질서에 반하는 조건을 붙인 법률행위는 그 조건만이 무효인 것이 아니라 법률행위 전부가 무효로 된다(제151조 제1항).
⑤ 조건의 성취가 미정한 권리·의무는 일반규정에 의하여 처분, 상속, 보존 또는 담보로 할 수 있다(제149조).

정답 ②

07 법률행위의 조건에 관한 설명으로 옳지 않은 것은?

① 정지조건부 법률행위의 조건이 성취되었다는 사실은 권리를 취득하려는 자 측에서 그 증명책임이 있다.
② 조건의 성취가 미정인 권리·의무는 일반규정에 의해 처분, 상속, 보존 또는 담보로 할 수 없다.
③ 진돗개가 죽으면 풍산개를 주겠다고 하였다면 이는 조건부 법률행위가 아니다.
④ 정지조건이 있는 법률행위는 그 조건이 성취한 때로부터 효력이 생긴다.
⑤ 조건부 권리가 부동산에 관한 것이면 이를 가등기할 수 있고, 가등기한 경우 이로써 제3자에게 대항할 수 있다.

키워드 조건부 법률행위
풀이 조건의 성취가 미정한 권리·의무는 일반규정에 의하여 처분, 상속, 보존 또는 담보로 할 수 있다(제149조).
③ 불확정기한부 법률행위에 해당한다.
④ 제147조 제1항
⑤ 92다5584

정답 ②

고난도
08 조건에 관한 다음 설명 중 옳지 않은 것은?

① 조건의 성취로 인하여 불이익을 받을 당사자가 신의성실에 반하여 조건의 성취를 방해한 경우, 조건이 성취된 것으로 의제되는 시점은 이러한 신의성실에 반하는 행위가 없었더라면 조건이 성취되었으리라고 추산되는 시점이다.

② 조건이 법률행위 당시 이미 성취한 것인 경우에는 그 조건이 해제조건이면 조건 없는 법률행위로 하고, 정지조건이면 그 법률행위는 무효로 한다.

③ 조건부 법률행위의 당사자는 조건의 성취가 미정인 동안 조건 성취로 인하여 생길 상대방의 이익을 해하지 못한다.

④ 조건부 권리를 침해하는 처분행위가 있은 후 조건이 성취된 경우, 그 처분행위는 조건부 권리자의 권리취득을 방해하는 범위 내에서 무효이나, 이에 관한 대항요건을 갖추어야 조건성취의 효력을 제3자에게 주장할 수 있다.

⑤ 부첩관계인 부부생활의 종료를 해제조건으로 하는 증여계약은 그 조건만이 무효인 것이 아니라 증여계약 자체가 무효이다.

키워드 조건부 법률행위 - 조건성취의 효과
풀이 조건이 법률행위의 당시 이미 성취한 것인 경우에는 그 조건이 정지조건이면 조건 없는 법률행위로 하고, 해제조건이면 그 법률행위는 무효로 한다(제151조 제2항).
① 98다42356
③ 제148조
⑤ 66다530
TIP 기본서에 포함된 관련 판례를 면밀하게 학습하세요.

정답 ②

09 조건부 법률행위에 관한 다음 설명 중 옳은 것으로만 묶인 것은? (다툼이 있으면 판례에 따름)

> ㉠ 조건은 법률행위의 성립 여부를 장래의 불확실한 사실의 성부에 의존하게 하는 법률행위의 부관이다.
> ㉡ 불능조건이 정지조건이면 그 법률행위는 무효가 되고, 해제조건이면 조건 없는 법률행위로 된다.
> ㉢ 법률행위 당시 이미 성취된 조건이 정지조건이면 그 법률행위는 무효가 되고, 해제조건이면 조건 없는 법률행위가 된다.
> ㉣ 상대방의 동의가 있다면 단독행위에도 조건을 붙일 수 있다.
> ㉤ 조건의 성취로 이익을 받을 당사자가 신의성실에 반하여 조건을 성취시킨 때에는 상대방은 그 조건이 성취하지 아니한 것으로 주장할 수 있다.

① ㉠, ㉡, ㉤
② ㉡, ㉣
③ ㉠, ㉣, ㉤
④ ㉡, ㉣, ㉤
⑤ ㉠, ㉤

키워드 조건부 법률행위 – 가장조건

풀이 ㉠ 조건은 법률행위 '효력'의 발생 또는 소멸을 장래의 불확실한 사실의 성부에 의존하게 하는 법률행위의 부관이다.
㉢ 기성조건이 해제조건이면 그 법률행위는 무효가 되고, 정지조건이면 조건 없는 법률행위가 된다.

정답 ④

10 다음 설명 중 옳은 것으로만 묶인 것은?

> ㉠ 취소할 수 있는 법률행위의 상대방이 그 행위로 취득한 권리를 양도한 경우에 취소의 의사표시는 양수인에게 하여야 한다.
> ㉡ 임대차계약의 기간을 '임차인에게 매도할 때까지'로 정한 경우, 특별한 사정이 없는 한 기간의 약정이 없는 것으로 보아야 한다.
> ㉢ 조건부 법률행위에서 조건이 선량한 풍속 기타 사회질서에 위반한 경우에 그 조건만이 무효로 된다.
> ㉣ 통정허위표시로써 증여를 한 경우 그 증여는 무효가 된다.

① ㉠, ㉡, ㉢   ② ㉠, ㉢
③ ㉡, ㉢, ㉣   ④ ㉡, ㉣
⑤ ㉠, ㉡, ㉣

키워드 조건부 법률행위 – 법률행위의 효력

풀이 ㉠ 취소의 의사표시는 취소할 수 있는 법률행위의 직접 상대방에 대하여 하여야 한다.
㉢ 조건부 법률행위에서 조건이 선량한 풍속 기타 사회질서에 위반한 경우에는 그 조건만이 무효로 되는 것이 아니라 법률행위 전체가 무효이다.

정답 ④

11 조건에 관한 설명으로 옳지 않은 것은? (다툼이 있으면 판례에 따름)

① 어음을 발행하면서 기한으로 시기를 붙이거나, 어음보증에 조건을 붙이는 것은 무효가 아니다.
② 약혼 예물의 수수는 약혼의 성립을 증명하고 혼인이 성립한 경우 당사자 내지 양가의 정리를 두텁게 할 목적으로 수수되는 것으로 혼인의 성립을 정지조건으로 하는 증여와 유사한 성질을 갖는다.
③ 조건부 법률행위에 있어 조건의 내용 자체가 불법적인 것이어서 무효일 경우 또는 조건을 붙이는 것이 허용되지 아니하는 법률행위에 조건을 붙인 경우 그 조건만을 분리하여 무효로 할 수는 없고 그 법률행위 전부가 무효로 된다.
④ 부관이 붙은 법률행위에 있어서 부관에 표시된 사실이 발생하지 아니하면 채무를 이행하지 아니하여도 된다고 보는 것이 상당한 경우에는 이는 조건부 법률행위로 보아야 한다.
⑤ 해제조건부 증여로 인한 부동산소유권이전등기를 마쳤다 하더라도 그 해제조건이 성취되면 그 소유권은 증여자에게 비소급적으로 복귀한다.

키워드 **조건부 법률행위**
풀이 혼인의 불성립을 해제조건으로 하는 증여와 유사한 성질을 가진다(96다5506).
③ 2005마541
④ 부관이 붙은 법률행위에 있어서 부관에 표시된 사실이 발생하지 아니하면 채무를 이행하지 아니하여도 된다고 보는 것이 상당한 경우에는 조건으로 보아야 하고, 표시된 사실이 발생한 때에는 물론이고 반대로 발생하지 아니하는 것이 확정된 때에도 그 채무를 이행하여야 한다고 보는 것이 상당한 경우에는 표시된 사실의 발생 여부가 확정되는 것을 불확정기한으로 정한 것으로 보아야 한다. 따라서 이미 부담하고 있는 채무의 변제에 관하여 일정한 사실이 부관으로 붙여진 경우에는 특별한 사정이 없는 한 그것은 변제기를 유예한 것으로서 그 사실이 발생한 때 또는 발생하지 아니하는 것으로 확정된 때에 기한이 도래한다(2003다24215).
⑤ 92다5584

정답 ②

12 기한의 이익에 관한 설명으로 가장 옳지 않은 것은? (다수설과 판례에 따름)

① 기한의 이익은 기한이 도래하지 않음으로 인하여 법률관계의 당사자가 받는 이익을 의미한다.
② 기한의 이익을 가지는 자가 누구인지는 당사자 합의로 정할 수 있다.
③ 기한이 누구를 위하여 존재하는 것인지 불분명한 경우 기한은 채무자를 위하여 존재하는 것으로 추정된다.
④ 채무자가 자신이 설정한 담보물을 손상, 감소 또는 멸실하게 한 때에는 기한의 이익을 주장하지 못한다.
⑤ 기한이 일정한 당사자의 이익만을 위하여 존재하는 경우 그 당사자는 자유롭게 기한의 이익을 포기할 수 있고, 포기는 소급효를 갖는다.

키워드 **기한부 법률행위**
풀이 기한의 이익의 포기는 기한의 도래를 의미하는 것으로 절대적으로 그 효과는 비소급이다.
③ 제153조 제1항
④ 제388조 제1호

정답 ⑤

13 다음 중 채무자의 기한이익의 상실사유에 해당하지 않는 것은?

① 채무자가 담보를 손상한 때
② 채무자가 파산선고를 받은 때
③ 채무자가 담보제공의무를 게을리한 때
④ 채무자가 보증인을 상해하여 생활능력을 상실시킨 때
⑤ 채무자의 무자력

> **키워드** 기한부 법률행위 – 기한이익의 상실
> **풀이** 채무자의 무자력은 기한이익의 상실사유가 아니다.
> **이론+**
> **기한이익의 상실사유**
> 1. 채무자가 담보(인적 담보, 물적 담보를 불문)를 손상, 감소, 멸실하게 한 때(제388조 제1호)
> 2. 채무자가 담보제공의무를 이행하지 아니한 때(제388조 제2호)
> 3. 채무자가 파산한 때(채무자 회생 및 파산에 관한 법률 제425조)

정답 ⑤

14 조건 및 기한에 관한 설명으로 옳지 않은 것은? (다툼이 있으면 판례에 따름)

① 기한이익 상실에 관한 당사자 사이의 특약은 특별히 정함이 없다면 형성권적 기한이익 상실에 관한 특약으로 추정함이 타당하다.
② 불확정한 사실이 발생한 때를 이행기한으로 정한 경우 그 사실이 발생하지 않는 것으로 확정된 법률행위는 무효이다.
③ 법률행위에 어떤 조건이 붙어 있었는지 여부는 그 조건의 존재를 주장하는 자가 이를 증명해야 한다.
④ 취소나 해제에는 일반적으로 조건을 붙일 수 없다.
⑤ 기한도래의 효과는 절대적으로 비소급이다.

> **키워드** 조건과 기한
> **풀이** 불확정한 사실발생을 이행기한으로 정한 경우 그 사실이 발생한 때는 물론 발생하지 않는 것으로 확정이 된 때도 기한은 도래한 것으로 보아야 한다(2001다41766).
> ① 2002다28340
> ③ 2006다35766

정답 ②

고난도

15 조건 및 기한에 관한 다음 설명 중 옳지 않은 것은?

① 기한 있는 법률행위의 당사자는 기한이 도래하지 않는 동안에 기한의 도래로 인하여 생길 상대방의 이익을 해하지 못한다.
② 부관으로 정한 사실이 발생한 때는 물론 발생하지 않는 것으로 확정이 된 때도 반드시 이행하여야 한다는 부관은 정지조건에 해당한다.
③ 기한이익 상실에 관한 당사자 사이의 특약을 특별히 정지조건부로 정하지 않았다면 형성권적 기한이익 상실에 관한 특약으로 추정한다.
④ 임대차는 임대인과 임차인 모두 기한이익을 갖는다.
⑤ 기한이익 상실사유가 발생하였다 하여 기한도래가 의제되는 것은 아니지만, 채권자의 즉시 이행청구가 있으면 채무자는 기한이익을 주장할 수 없다.

키워드 조건과 기한
풀이 부관으로 정한 사실이 발생한 때는 물론 발생하지 않는 것으로 확정이 된 때도 반드시 이행하여야 한다는 부관은 불확정기한에 해당한다(2010다89036).
① 제154조, 제148조
③ 2002다28340
TIP 기본서의 관련 판례를 반드시 학습하세요.

정답 ②

16 조건과 기한에 관한 설명으로 옳은 것은? (다툼이 있으면 판례에 따름)

① 기한이익 상실에 관한 당사자 사이의 특약은 채무자를 위하여 정한 것이다.
② 기한은 채무자의 이익을 위한 것으로 본다. 그래서 채무자는 기한의 이익을 포기할 수 있다.
③ 조건부 권리는 조건의 성취 여부가 미정인 동안에도 일반규정에 의해 담보로 할 수 있다.
④ 조건부 법률행위에 있어 조건의 내용 자체가 불법이어서 무효일 경우 조건만을 분리하여 무효로 할 수 있다.
⑤ 기한도래의 효과는 비소급이 원칙이나, 당사자 합의로 소급효를 정할 수 있다.

키워드 조건과 기한
풀이 조건부 권리는 조건 성취 여부가 미정인 동안에도 처분, 상속, 보존, 담보로 할 수 있다.
① 기한이익 상실에 관한 당사자 사이의 특약은 채권자를 위하여 정한 것이다(2002다28340).
② 기한은 채무자의 이익을 위한 것으로 '추정'한다.
④ 조건이 불법인 경우에는 조건만이 무효인 것이 아니라 법률행위 자체가 무효이다.
⑤ 기한도래의 효과에 대한 제152조는 강행규정이다.

정답 ③

17 기한이익을 갖는 자를 모두 고른 것은?

> ㉠ 사용대차에서 차주
> ㉡ 임대차에서 임대인
> ㉢ 무상임치에서 임치인
> ㉣ 이자 없는 소비대차에서 대주
> ㉤ 이자 있는 소비대차에서 차주 및 대주

① ㉠, ㉡, ㉢, ㉣
② ㉠, ㉡, ㉢, ㉤
③ ㉠, ㉡, ㉣, ㉤
④ ㉠, ㉢, ㉣, ㉤
⑤ ㉡, ㉢, ㉣, ㉤

키워드 기한부 법률행위
풀이 이자 없는 소비대차에서는 차주만이 기한이익을 갖는다.

정답 ②

CHAPTER 07 기간과 소멸시효

▶ **연계학습** | 에듀윌 기본서 1차 [민법 上] p.354

대표기출

01 甲은 2000. 6. 1. 오후에 乙에게 1억원을 빌려주면서 변제기를 2002. 6. 1. 정오(12시)로 정하였다. 그러나 약정기일에 乙이 변제하지 않자, 甲은 乙에게 변제를 독촉하는 내용증명우편을 보냈고 乙은 2002. 8. 7. 15시에 이를 수령하였다. 甲의 대여금채권의 소멸시효는 언제 완성되는가? 제15회

① 2010. 6. 1. 자정(24시) ② 2010. 6. 1. 정오(12시)
③ 2012. 6. 1. 자정(24시) ④ 2012. 8. 7. 자정(24시)
⑤ 2012. 8. 7. 15시

> **키워드** 기간의 계산
> **풀이** 일반채권의 소멸시효는 10년이고, 기간의 단위가 일·주·월·년으로 정해졌으므로 역법적 계산에 의해 확인할 수 있다. 채권자 甲의 최고를 乙이 수령하였으나 이에 후속조치가 없으므로 소멸시효는 중단되지 않았으므로 소멸시효의 기산일은 초일 불산입 원칙에 의하여 2002. 6. 1.의 익일인 2002. 6. 2.이 되고 2012. 6. 1. 24시가 되면 소멸시효가 완성된다.
> **정답** ③

02 기간의 계산에 관한 설명으로 옳은 것은? (다툼이 있으면 판례에 따름) 제12회

① 어느 법률이 2009년 1월 30일에 공포되고, 부칙에서 공포 후 6월이 경과한 날부터 시행하도록 되어 있다면, 그 법률은 2009년 7월 31일 0시부터 시행된다.
② 기간 계산에 관한 민법규정은 강행규정이므로 당사자가 법률행위로 달리 정할 수 없다.
③ 1989년 8월 5일 오전 8시에 태어난 자는 2008년 8월 6일부터 성년자이다.
④ 2009년 5월 22일 오후 1시에 오토바이를 빌리면서 3월 내에 반환하기로 한 경우 8월 22일이 토요일이므로 그 익일인 8월 23일 24시가 만료점이 된다.
⑤ 2009년 9월 8일 오후 2시에 사단법인의 사원총회를 소집하려면, 별도의 경합이 없는 한, 2009년 9월 2일 24시까지 사원들에게 소집통지가 발송되어야 한다.

> **키워드** 기간의 계산
>
> **풀이** 기산일이 1월 31일이므로 만료일은 7월 30일 24시로서 7월 31일 00시부터 발효된다.
> ② 기간 계산에 관한 민법규정은 임의규정으로서 당사자의 특약으로 달리 정할 수 있다.
> ③ 연령 계산에서 출생일은 산입되므로 1989년 8월 5일 오전 8시에 태어난 자는 2008년 8월 5일 00시부터 성년자이다.
> ④ 초일 불산입 원칙으로서 2009년 5월 23일이 초일이 되고 3월기간 만료일은 8월 22이고, 만료일이 토요일 또는 공휴일인 경우 그 익일에 만료하므로 만료일은 월요일인 8월 24일 24시가 만료점이 된다.
> ⑤ 2009년 9월 8일 오후 2시에 사단법인의 사원총회를 소집하려면, 정관에 별도의 정함이 없는 한, 2009년 8월 31일 24시까지 사원들에게 소집통지가 발송되어야 한다.
>
> 정답 ①

03 소멸시효의 기산점에 관한 설명으로 옳은 것은? (다툼이 있으면 판례에 따름)

제14회

① 채무자가 소멸시효 완성 후에 채무를 승인함으로써 시효이익을 포기한 경우에는 그 채무는 소멸시효가 완성된 때로부터 시효가 다시 진행한다.
② 부작위채권의 소멸시효는 그 위반행위를 한 때로부터 진행된다.
③ 무효인 과세처분에 기해 오납한 세금의 반환청구권의 소멸시효는 납세자가 그 과세처분의 무효를 안 날로부터 진행한다.
④ 이행불능으로 인한 손해배상청구권의 소멸시효는 본래의 채권을 행사할 수 있는 때부터 진행한다.
⑤ 동시이행의 항변권이 붙은 채권의 소멸시효는 채권자가 변제의 제공을 위해 채무자의 동시이행의 항변권이 소멸된 때부터 진행한다.

> **키워드** 소멸시효의 기산점
>
> **풀이** ① 채무자가 소멸시효 완성 후에 채무를 승인함으로써 시효이익을 포기한 경우에는 그 채무는 그 시효이익을 포기한 때로부터 시효가 다시 진행된다.
> ③ 무효인 과세처분에 기해 오납한 세금의 반환청구권의 소멸시효는 납세자가 오납한 때로부터 진행된다(91다32053 전합).
> ④ 이행불능으로 인한 손해배상청구권의 소멸시효는 이행불능이 된 때부터 진행한다.
> ⑤ 동시이행의 항변권이 붙은 채권의 소멸시효는 채무의 변제기가 도래한 때부터 진행한다.
>
> 정답 ②

이론 + 각종 권리의 소멸시효의 기산점

구분	소멸시효의 기산점	이행지체의 기산일
확정기한부 권리	이행기가 도래한 때	이행기일의 다음 날
불확정기한부 권리	기한이 객관적으로 도래한 때	채무자가 안 날의 다음 날
기한의 정함이 없는 권리	채권이 발생한 때	상대방의 청구를 받은 다음 날
채무불이행으로 인한 손해배상청구권	채무불이행(이행지체/이행불능) 시	최고기간이 만료한 다음 날
청구·해지통고 후 상당기간 또는 일정기간 경과해야 청구 가능한 권리	청구나 해지통고를 할 수 있는 때로부터 상당한 기간(제603조 제2항)이나, 일정한 기간(제625조, 제659조, 제660조)이 경과한 때로부터	상당기간·일정기간 경과한 다음 날
할부금채권(1회라도 변제를 게을리하면 곧 전액의 청구를 할 수 있다는 특약을 한 경우)	• 1회 불이행한 때 잔액 전부에 대해 시효진행(통설) • 채권자가 잔액 전부에 대해 최고·청구한 때(소수설)	이행기가 도래한 다음 날
정지조건부 권리	조건성취한 때	조건성취한 다음 날
부작위채권	위반행위한 때	
불법행위로 인한 손해배상청구	• 가해자 및 손해를 안 때로부터 3년 • 불법행위한 때로부터 10년	불법행위의 성립일
동시이행항변권이 붙은 채권	이행기가 도래한 때	상대방이 이행제공한 다음 날
물권	권리가 발생한 때	이행청구를 받은 다음 날

04 소멸시효(消滅時效)에 관한 다음 설명 중 옳은 것은? (다툼이 있으면 판례에 따름)

제19회

① 소멸시효는 법률행위에 의하여 이를 단축·경감할 수 없으나, 이를 배제·연장·가중할 수는 있다.
② 부동산이 가압류된 뒤 강제경매절차에서 매각되어 가압류등기가 말소된 경우, 특별한 사정이 없는 한 그 말소시점에 가압류에 의한 시효중단의 효력은 종료한다.
③ 주채무의 소멸시효기간이 확정판결로 10년으로 연장된 경우, 단기인 보증채무의 소멸시효기간도 10년으로 연장된다.
④ 채무자가 액수에 다툼이 없는 채무의 소멸시효가 완성된 후 그 일부를 변제한 경우, 나머지 채무에 대해서는 시효완성의 이익을 포기한 것으로 추정되지 않는다.
⑤ 시효가 정지한 때에는 정지 시까지 경과한 시효기간은 이를 산입하지 아니하고 정지사유가 종료한 때로부터 새로이 진행한다.

> **키워드** 소멸시효의 완성
>
> **풀이** 압류·가압류·가처분 등은 소멸시효의 중단사유이나 그 가압류의 효력이 적법한 절차를 통하여 소멸하면 소멸시효 중단의 효력도 소멸하므로, 부동산이 가압류된 뒤 강제경매절차에서 매각되어 가압류등기가 말소된 경우, 특별한 사정이 없는 한 그 말소시점에 가압류에 의한 시효중단의 효력은 종료한다.
> ① 소멸시효는 법률행위에 의하여 이를 배제·연장·가중할 수 없으나, 이를 단축·경감할 수는 있다.
> ③ 재판상 판결의 효력은 그 범위를 임의로 확대할 수 없으므로 주채무자에 대한 소송의 제기로서 주채무의 소멸시효기간이 확정판결로 10년으로 연장된 경우, 보증채무의 소멸시효기간에는 영향을 미치지 않는다.
> ④ 채권의 소멸시효가 완성된 후 채무자가 그 채무의 일부를 변제한 경우, 특별한 사정이 없는 한 시효완성 사실을 알고 그 이익을 포기한 것으로 추정된다.
> ⑤ 시효가 중단된 때에는 중단 시까지 경과한 시효기간은 이를 산입하지 아니하고 중단사유가 종료한 때로부터 새로이 진행한다. 시효의 정지는 시효의 진행을 잠시 멈추는 효력은 있으나 그 시효기간을 갱신하는 효력은 없다.
>
> 정답 ②

01 기간의 계산에 관한 다음 설명 중 옳지 않은 것은?

① 연령계산에는 출생일을 산입한다.
② 기간을 일·주·월(日·週·月) 또는 연(年)으로 정한 때에는 기간의 초일은 산입하지 아니한다.
③ 기간을 일·주·월 또는 연으로 정한 때에는 기간말일의 종료로 기간이 만료한다.
④ 기간의 초일이 공휴일에 해당하는 때에는 기간은 그 익일로부터 기산한다.
⑤ 주·월(週·月) 또는 연(年)의 처음으로부터 기간을 기산하지 아니하는 때에는 최후의 주·월(週·月) 또는 연(年)에서 그 기산일에 해당한 날의 전일(前日)로 기간이 만료한다.

키워드 기간의 계산
풀이 기간의 말일이 공휴일에 해당한 때에는 기간은 그 익일로 만료하지만(제161조), 기간의 초일이 공휴일이라 하더라도 기간은 초일부터 기산한다(81누204).
① 제158조 ② 제157조 본문 ③ 제159조 ⑤ 제160조 제2항

정답 ④

02 기간의 말일이 토요일 또는 공휴일인 경우 기간의 만료점은?

① 토요일 또는 공휴일 전일
② 토요일 또는 공휴일 당일
③ 토요일 또는 공휴일 익일
④ 토요일 또는 공휴일 2일 전
⑤ 토요일 또는 공휴일 2일 후

키워드 기간의 계산
풀이 기간의 말일이 공휴일에 해당하는 때에는 기간은 그 익일로 만료한다.

정답 ③

03 다음 중 기간의 계산에 관한 설명으로 옳지 않은 것은?

① 10월 31부터 4월이 기간으로 정해졌다면 만료일은 통상 2월 28일이 된다.
② 기간은 법률사실로서 사건이다.
③ 공휴일을 기간의 말일로 하는 거래 관습이 있으면 그 거래에 있어서 공휴일도 기간의 말일이 될 수 있다.
④ 직원의 정년 산정 시 그 연령은 실제 생년월일을 기준으로 산정하여야 한다.
⑤ 정년이 60세라 함은 60세가 종료되는 날을 의미한다.

키워드 기간의 계산
풀이 60세에 도달하는 날을 의미한다(71다2669 및 2016다249236 응용).

정답 ⑤

04 어느 법률이 2021년 1월 30일에 효력이 발생하였다면 이 법이 공포된 날은 언제인가? (단, 이 법의 부칙에는 공포일로부터 3월이 경과하면 효력이 발생한다는 규정이 있다)

① 2020년 10월 29일
② 2020년 10월 30일
③ 2020년 10월 31일
④ 2020년 10월 28일
⑤ 2020년 10월 27일

키워드 기간의 계산
풀이 2020년 10월 29일 공포되었다면 기산일은 10월 30일이 되고 3월의 기간이 만료되는 날은 2021년 1월 29일 24시이므로 1월 30일 0시부터 효력이 발생한다.

정답 ①

05 기간에 관한 다음 설명 중 옳은 것을 모두 고른 것은?

> ㉠ 사단법인의 사원총회 소집을 1주일 전에 통지하여야 하는 경우에 총회일이 11월 19일이라고 하면, 늦어도 11월 11일 24시까지는 사원에게 소집통지를 발신하여야 한다.
> ㉡ 기간의 말일이 공휴일인 때에는 기간은 그 익일에 만료하고, 공휴일에는 임시공휴일이 포함되지 않는다.
> ㉢ 기간의 초일이 공휴일인 경우 공휴일은 기간계산에 산입한다.
> ㉣ 원칙적으로 기간에 관한 민법상의 규정은 사법관계는 물론, 공법관계 등 모든 법률관계에 공통적으로 적용된다.
> ㉤ 2000년 1월 1일 23시 55분에 출생한 자는 2019년 12월 31일 24시에 성년이 된다.

① ㉠, ㉢, ㉣
② ㉠, ㉡, ㉤
③ ㉢, ㉣
④ ㉠, ㉢
⑤ ㉡, ㉣, ㉤

키워드 기간의 계산

풀이 ㉠ ○ – 기간의 역산에도 기간의 계산에 관한 규정이 적용된다.
㉢ ○ – 제157조, 제158조
㉣ ○ – 제155조
㉡ × – 제161조. 임시공휴일도 포함한다.
㉤ × – 2018년 12월 31일 24시 또는 2019년 1월 1일 0시에 성년이 된다.

정답 ①

06 기간 계산에 관한 설명으로 옳지 않은 것은?

① 기간 계산에 관한 민법규정은 사법관계뿐만 아니라 공법관계에도 적용되지만, 당사자 합의로 기간을 계산하는 특별한 방법을 정할 수 있다.
② 1997년 7월 28일 08시에 출생한 자는 2016년 7월 28일부터 성년이 된다.
③ 오늘 돈을 차용하면서 3개월 후에 갚기로 하였다면 오늘은 그 기산일에 포함하지 않는 것이 원칙이다.
④ 2018년 6월 2일부터 효력이 발생한 법률의 부칙에는 공포일로부터 6월이 경과한 날로부터 효력이 발생한다고 되어 있다면 이 법률의 공포일은 2017년 12월 2일이다.
⑤ 3월 6일 10시에 승용차를 빌리면서 3월이 되는 날에 반납하기로 하였다면 기간의 만료일인 6월 6일이 금요일이라면 그 기간은 6월 9일에 만료한다.

키워드 기간의 계산
풀이 2018년 6월 2일부터 효력이 발생한 법률의 부칙에는 공포일로부터 6월이 경과한 날로부터 효력이 발생한다고 되어 있다면 이 법률의 공포일은 2017년 12월 1일이다.
TIP 기초적인 내용도 사례로 만들면 어렵습니다. 소홀히 하지 마시고, 충분히 연습하세요.

정답 ④

07 소멸시효와 제척기간에 관한 설명으로 옳지 않은 것은? (다수설과 판례에 따름)

① 소멸시효가 완성되면 기산일에 소급하여 권리소멸의 효과가 발생하나, 제척기간의 경과는 소급효가 없다.
② 소멸시효에서는 중단이 인정되나, 제척기간의 경우에는 그러하지 아니하다.
③ 소멸시효의 경우에는 시효의 완성으로 이익을 얻는 자가 그 사실을 재판상 원용하지 않으면 법원은 이를 재판의 기초로 할 수 없으나, 제척기간의 경우에는 그 기간의 경과만으로 권리소멸의 효과가 발생하므로 법원은 당사자의 주장을 기다리지 않고 이를 고려하여야 한다.
④ 소멸시효의 경우에는 당사자가 법률행위에 의하여 소멸시효기간을 단축·경감할 수 있으나, 제척기간의 경우에는 그러하지 아니하다.
⑤ 하자담보책임에 기한 토지매수인의 손해배상청구권은 제척기간에 걸리므로 소멸시효의 적용이 배제된다.

키워드 소멸시효와 제척기간

풀이 매도인에 대한 하자담보에 기한 손해배상청구권에 대하여는 민법 제582조의 제척기간이 적용되고, 이는 법률관계의 조속한 안정을 도모하고자 하는 데에 그 취지가 있다. 그런데 하자담보에 기한 매수인의 손해배상청구권은 그 권리의 내용·성질 및 취지에 비추어 민법 제162조 제1항의 채권 소멸시효의 규정이 적용된다고 할 것이고, 민법 제582조의 제척기간 규정으로 인하여 위 소멸시효 규정의 적용이 배제된다고 볼 수 없으며, 이때 다른 특별한 사정이 없는 한 무엇보다도 매수인이 매매의 목적물을 인도받은 때부터 그 소멸시효가 진행한다고 해석함이 상당하다(2011다10266).

TIP 소멸시효와 제척기간을 비교하는 문제입니다. 기본서 p.361의 도표를 참조하여 반드시 숙지해야 합니다.

정답 ⑤

08 제척기간에 관한 설명으로 옳지 않은 것은? (다툼이 있으면 판례에 따름)

① 제척기간은 소멸시효와 달리 쌍방에게 적용되는 일반적 강행규정이다.
② 당사자가 책임질 수 없는 사유로 그 제척기간을 준수하지 못한 경우에도 추후에 보완될 수 없다.
③ 불법행위를 한 날로부터 10년이 경과하면 손해배상을 청구할 수 없도록 한 민법의 규정은 제척기간이 아니라 소멸시효에 관한 규정이다.
④ 형성권의 행사기간은 언제나 10년이다.
⑤ 제척기간에는 기간의 중단이 있을 수 없다.

키워드 소멸시효와 제척기간 – 제척기간

풀이 형성권의 행사기간은 당사자 합의로 특별히 정하거나, 법률에 특별히 정함이 없으면 10년의 제척기간에 걸린다.
② 제척기간은 불변기간이 아니어서 그 기간을 지난 후에는 당사자가 책임질 수 없는 사유로 그 기간을 준수하지 못하였더라도 추후에 보완될 수 없다(2003스32).

정답 ④

09 소멸시효의 대상이 될 수 있는 권리는?

① 할부금채권
② 유치권
③ 상린권
④ 저당권
⑤ 인격권

키워드 소멸시효에 걸리는 권리

풀이 할부채권의 경우에는 1회의 불이행이 있더라도 각 할부금에 대해 그 각 변제기의 도래 시마다 그때부터 순차로 소멸시효가 진행하고, 채권자가 특히 잔존 채무 전액의 변제를 구하는 취지의 의사를 표시한 경우에 한하여 잔액에 대하여 그때부터 소멸시효가 진행한다(97다12990).

②④ 유치권·질권·저당권과 같은 담보물권은 피담보채권의 소멸로 부종성에 기하여 소멸할 뿐, 피담보채권이 존속하는 한 담보물권만이 피담보채권에 독립하여 소멸시효의 대상이 되지 않는다.

③ 상린관계상의 권리 및 공유물분할청구권(제268조)은 기초가 되는 법률관계가 존재하는 한 독립하여 소멸시효의 대상이 되지 않는다(80다1888).

⑤ 인격권, 가족권 등 비재산권은 소멸시효의 대상이 아니다.

정답 ①

10 다음 권리 중 시효로 인하여 소멸할 수 있는 것은?

① 질권
② 공유물분할청구권
③ 점유권
④ 취득시효 완성에 의한 소유권이전등기청구권
⑤ 소유권에 기한 무효등기 말소등기청구권

키워드 소멸시효에 걸리는 권리

풀이 점유취득시효 완성에 의한 소유권이전등기청구권의 법적 성질을 채권적 청구권으로 보는 것이 통설과 판례의 태도이다. 다만, 판례는 당해 부동산에 대한 점유가 계속되는 한 소멸시효가 진행하지 않는다고 한다. 즉, 토지에 대한 취득시효 완성으로 인한 소유권이전등기청구권은 그 토지에 대한 점유가 계속되는 한 시효로 소멸하지 아니하고, 그 후 점유를 상실하였다고 하더라도 이를 시효이익의 포기로 볼 수 있는 경우가 아닌 한 이미 취득한 소유권이전등기청구권은 바로 소멸되는 것은 아니나, 취득시효가 완성된 점유자가 점유를 상실한 경우 취득시효 완성으로 인한 소유권이전등기청구권의 소멸시효는 이와 별개의 문제로서, 그 점유자가 점유를 상실한 때로부터 10년간 등기청구권을 행사하지 아니하면 소멸시효가 완성한다(95다34866).

① 질권과 같은 담보물권은 피담보채권에 부종하는 권리이므로 피담보채권과 분리하여 그 스스로 소멸시효에 걸리지 않는다.

② 공유물분할청구권은 공유관계에서 수반되는 형성권이므로 공유관계가 존속하는 한 그 분할청구권만이 독립하여 시효소멸될 수 없다(80다1888·1889).

③ 점유권과 유치권은 점유라는 사실상태에 의존하므로 소멸시효의 문제가 발생할 여지가 없다.

⑤ 통설·판례(80다2968)

정답 ④

11 소멸시효의 기산점에 관한 설명으로 옳지 않은 것은? (다툼이 있으면 판례에 따름)

① 권리가 불확정기한부인 경우에 기한이 객관적으로 도래한 때부터 소멸시효가 진행한다.
② 보수공사비채권은 보수공사가 완료된 날로부터 소멸시효가 진행한다.
③ 동시이행의 항변권이 붙어 있는 채권의 경우에 이행기가 도래한 때부터 소멸시효가 진행한다.
④ 도급공사의 하자보수에 갈음한 손해배상청구권은 하자가 발생한 날로부터 소멸시효가 진행한다.
⑤ 채무불이행(이행불능)으로 인한 손해배상청구권의 경우에 소멸시효는 본래의 채권을 행사할 수 있는 때부터 진행한다.

> 키워드 **소멸시효의 기산점**
> 풀이 부동산소유권이전채무의 이행불능으로 인한 손해배상청구권은 이전채무가 이행불능이 된 때에 발생하므로 그 소멸시효는 계약체결일이 아니라 소유권이전채무가 이행불능이 된 때부터 소멸시효가 진행한다(2005다29474).

정답 ⑤

고난도

12 소멸시효의 기산점에 관한 판례의 태도로서 옳지 않은 것은?

① 미성년자에 대한 성범죄로 인한 손해배상청구권의 소멸시효는 그 미성년자가 성년자가 되기 전에는 진행하지 아니한다.
② 권리의 존재나 권리행사의 가능성을 알지 못하였고 또 알지 못함에 과실이 없는 경우에도 소멸시효는 진행한다.
③ 면책적 채무인수가 있는 경우 인수채무의 소멸시효기간은 채무인수일로부터 새로이 진행된다.
④ 환매권의 행사 결과 발생하는 소유권이전등기청구권은 환매권을 행사한 때가 아니라 환매권을 행사할 수 있는 기간과 함께 소멸시효가 진행한다.
⑤ 미등기 매수인이 목적물을 인도받아 사용·수익하다가 제3자에게 전매하고 인도한 경우에도 매수인의 매도인에 대한 소유권이전등기청구권의 소멸시효가 진행하는 것은 아니다.

키워드 소멸시효의 기산점

풀이 환매권은 일종의 형성권으로서 위 환매권은 재판상이든 재판 외이든 그 제척기간 내에 이를 일단 행사하면 그 형성적 효력으로 매매의 효력이 생기는 것이고, 환매권의 행사로 발생한 소유권이전등기청구권은 환매권을 행사한 때로부터 일반채권과 같이 민법 제162조 제1항 소정의 10년의 소멸시효기간이 진행된다(92다4666).

① 미성년자가 성폭력, 성추행, 성희롱, 그 밖의 성적 침해를 당한 경우에 이로 인한 손해배상청구권의 소멸시효는 그가 성년이 될 때까지는 진행되지 아니한다(제766조 제3항).
② 소멸시효는 권리를 행사할 수 있는 때로부터 진행하고 그 권리를 행사할 수 없는 동안만은 진행하지 아니하는바, "권리를 행사할 수 없다."라고 함은 그 권리행사에 법률상의 장애사유, 예컨대 기간의 미도래나 조건불성취 등이 있는 경우를 말하는 것이고, 사실상 권리의 존재나 권리행사의 가능성을 알지 못하였고 또 알지 못함에 과실이 없다고 하여도 이러한 사유는 법률상 장애사유에 해당한다고 할 수 없다(91다40924).
③ 면책적 채무인수가 있은 경우, 인수채무의 소멸시효기간은 채무인수와 동시에 이루어진 소멸시효 중단사유, 즉 채무승인에 따라 채무인수일로부터 새로이 진행된다(99다12376).
⑤ 부동산의 매수인이 그 부동산을 인도받은 이상 이를 사용·수익하다가 그 부동산에 대한 보다 적극적인 권리행사의 일환으로 다른 사람에게 그 부동산을 처분하고 그 점유를 승계하여 준 경우에도 그 이전등기청구권의 행사 여부에 관하여 그가 그 부동산을 스스로 계속 사용·수익만 하고 있는 경우와 특별히 다를 바 없으므로 위 두 어느 경우에나 이전등기청구권의 소멸시효는 진행되지 않는다고 보아야 한다(98다32175 전합).

TIP 기본서의 관련 판례를 반드시 학습하세요.

정답 ④

13 민법상 소멸시효에 관한 설명으로 옳지 않은 것은? (다툼이 있으면 판례에 따름)

① 당사자가 주장하는 소멸시효의 기산점과 본래 소멸시효의 기산점이 다른 경우 법원은 직권으로 소멸시효의 기산점을 산정한다.
② 의사의 치료에 관한 채권이 판결로 확정된 경우의 소멸시효기간은 10년이다.
③ 채권과 소유권 이외의 재산권의 소멸시효기간은 20년이다.
④ 시효중단의 효력이 있는 승인에는 상대방의 권리에 관한 처분의 능력이나 권한 있음을 요하지 아니한다.
⑤ 소멸시효의 기간만료 전 6월 내에 제한능력자의 법정대리인이 없는 때에는 그가 능력자가 되거나 법정대리인이 취임한 때로부터 6월 내에는 시효가 완성하지 아니한다.

키워드 소멸시효기간
풀이 본래 소멸시효의 기산일과 당사자가 주장하는 소멸시효의 기산일이 다른 경우 변론주의 원칙상 당사자가 주장하는 기산일을 기준으로 소멸시효를 계산한다(94다35886).

정답 ①

14 다음 중 3년의 단기소멸시효가 적용되는 것은?

① 변호사의 직무에 관한 채권
② 여관의 숙박료채권
③ 파산절차에 의하여 확정된 채권
④ 연예인의 임금채권
⑤ 음식점의 음식료채권

키워드 소멸시효기간
풀이 변호사의 직무에 관한 채권은 3년의 단기소멸시효기간에 걸리는 채권이다.
②④⑤ 1년의 단기소멸시효기간에 걸리는 채권들이다.
③ 기판력 있는 확정판결을 받은 권리와 마찬가지로 그 소멸시효기간은 10년이다.

정답 ①

15 소멸시효기간에 관한 설명으로 옳지 않은 것을 모두 고른 것은? (다툼이 있으면 판례에 따름)

> ㉠ 1개월 단위로 지급되는 집합건물의 관리비채권은 10년의 소멸시효에 걸린다.
> ㉡ 생산자 및 상인이 판매한 생산물과 상품의 대가에 관한 채권의 소멸시효기간은 3년이다.
> ㉢ 상인이 아닌 물상보증인이 상인인 채무자에게 구상권을 행사하는 경우 그 구상권은 5년의 소멸시효에 걸린다.
> ㉣ 도급으로 인한 공사대금채권은 3년의 소멸시효에 걸린다.

① ㉠, ㉡
② ㉠, ㉢
③ ㉡, ㉢
④ ㉡, ㉣
⑤ ㉢, ㉣

키워드 소멸시효기간

풀이 ㉠ 1월 이내의 기간을 정해 정기적으로 지급되는 집합건물의 관리비채권은 3년의 단기소멸시효에 걸린다.
㉢ 상인이 아닌 물상보증인이 상인인 채무자에게 구상권을 행사하는 경우 그 구상권은 10년의 소멸시효에 걸린다. 상거래채권이 아닌 구상금채권이기 때문이다.
㉡ 상인이 판매한 상품의 대금채권은 3년의 소멸시효에 걸린다.
㉣ 도급으로 인한 공사대금채권은 3년의 소멸시효에 걸린다.

정답 ②

16 다음 중 1년의 단기소멸시효에 걸리는 채권이 아닌 것은?

① 체당금채권
② 공인회계사의 직무에 관한 채권
③ 학생의 교육에 관한 교주(校主)의 채권
④ 동산의 사용료채권
⑤ 오락장의 대석료채권

키워드 소멸시효기간

풀이 변호사, 변리사, 공증인, 공인회계사 및 법무사의 직무에 관한 채권은 3년의 단기소멸시효에 걸린다(제163조 제5호).
①③④⑤ 제164조(1년의 단기소멸시효)

정답 ②

17 다음 중 소멸시효기간이 가장 단기인 것은?

① 의복, 침구, 장구 기타 동산의 사용료의 채권
② 공사의 설계·감독에 종사하는 자의 공사에 관한 채권
③ 이자, 부양료, 급료, 사용료 기타 1년 이내의 기간으로 정한 금전 또는 물건의 지급을 목적으로 한 채권
④ 불법행위로 인한 손해배상청구권
⑤ 수공업자 및 제조자의 업무에 관한 채권

키워드 소멸시효기간
풀이 의복, 침구, 장구 기타 동산의 사용료의 채권은 1년의 단기소멸시효가 적용된다(제164조 제2호).
②③⑤ 3년의 단기소멸시효(제163조 제3호, 제1호, 제7호)
④ 손해 및 가해자를 안 날로부터 3년, 불법행위를 한 날로부터 10년(제766조)

정답 ①

고난도
18 소멸시효에 관한 다음 설명 중 옳지 않은 것은?

① 이미 사망한 자를 채무자로 하여 가압류가 확정된 경우, 소멸중단의 효력이 없다.
② 연대채무자 중 1인에 대하여 소멸시효가 완성하여도 다른 연대채무자에게는 영향이 없다.
③ 압류결정에 의한 압류집행이 압류할 물건이 없어 집행불능 상태가 된 경우라도 소멸시효 중단의 효력은 있다.
④ 민사소송이 취하, 각하 또는 기각된 경우 소멸시효 중단의 효력이 없다.
⑤ 당사자가 민법상의 소멸시효를 주장한 경우에도 법원은 직권으로 「상법」상의 소멸시효를 적용할 수 있다.

키워드 소멸시효
풀이 어느 연대채무자에 대하여 소멸시효가 완성한 때에는 그 부담부분에 한하여 다른 연대채무자도 의무를 면한다(제421조).
① 2004다26287
⑤ 2016다258124
TIP 기본서의 관련 판례를 반드시 학습하세요.

정답 ②

19 소멸시효에 관한 다음 설명 중 옳지 않은 것은? (다툼이 있으면 판례에 따름)

① 의사의 치료에 관한 채권은 그 개개의 진료가 종료될 때마다 각각의 당해 진료에 필요한 비용의 이행기가 도래하여 그에 대한 시효가 진행된다.
② 금전채무의 이행지체로 인하여 발생하는 지연손해금은 3년간의 단기소멸시효의 대상이다.
③ 소멸시효의 중단사유로서의 승인은 소멸시효의 진행이 개시된 이후에만 가능하고 그 이전에 승인을 하더라도 시효가 중단되지 않는다.
④ 채권자와 채무자 사이의 판결로 인하여 주채무의 소멸시효가 10년으로 연장된 경우에도 보증채무는 종전의 시효기간에 따른다.
⑤ 소멸시효의 장애사유로서 '권리를 행사할 수 없는 경우'라 함은 기한의 미도래나 조건불성취 등이 있는 경우를 말한다.

키워드 소멸시효의 기산점 – 소멸시효의 중단

풀이 변제기 이후에 지급하는 지연이자는 금전채무의 이행을 지체함으로 인한 손해배상금이지 이자가 아니고 또 민법 제163조 제1호 소정의 1년 이내의 기간으로 정한 채권도 아니므로 단기소멸시효의 대상이 되는 것도 아니다(88다카214).

① 민법 제163조 제2호 소정의 '의사의 치료에 관한 채권'에 있어서는, 특약이 없는 한 그 개개의 진료가 종료될 때마다 각각의 당해 진료에 필요한 비용의 이행기가 도래하여 그에 대한 소멸시효가 진행된다고 해석함이 상당하고, 장기간 입원 치료를 받는 경우라 하더라도 다른 특약이 없는 한 입원 치료 중에 환자에 대하여 치료비를 청구함에 아무런 장애가 없으므로 퇴원 시부터 소멸시효가 진행된다고 볼 수는 없다(2001다52568).
③ 소멸시효의 중단사유로서의 승인은 시효이익을 받을 당사자인 채무자가 그 권리의 존재를 인식하고 있다는 뜻을 표시함으로써 성립하는 것이므로 이는 소멸시효의 진행이 개시된 이후에만 가능하고 그 이전에 승인을 하더라도 시효가 중단되지는 않는다고 할 것이고, 또한 현존하지 아니하는 장래의 채권을 미리 승인하는 것은 채무자가 그 권리의 존재를 인식하고서 한 것이라고 볼 수 없어 허용되지 않는다고 할 것이다(2001다52568).
④ 86다카1569
⑤ 소멸시효는 객관적으로 권리가 발생하고 그 권리를 행사할 수 있는 때부터 진행한다고 할 것이며 따라서 권리를 행사할 수 없는 동안은 소멸시효는 진행할 수 없다고 할 것이고, 한편 '권리를 행사할 수 없는 때'라 함은 그 권리행사에 법률상의 장애사유, 예를 들면 기간의 미도래나 조건불성취 등이 있는 경우를 말하는 것이므로 사실상 그 권리의 존재나 권리행사 가능성을 알지 못하였거나 알지 못함에 있어서의 과실 유무 등은 시효진행에 영향을 미치지 아니한다(84누572 전합).

정답 ②

20 다음 중 시효의 중단사유가 아닌 것은?

① 채무자에 대한 파산절차에 참가
② 강제집행절차에 있어서 배당을 요구하는 것
③ 처분권한이 없는 자의 승인
④ 지급명령의 신청
⑤ 청구기각판결이 확정된 후 재심의 소제기

> **키워드** 소멸시효의 중단
> **풀이** 청구기각판결 확정 후 재심의 소를 제기하였다 하여 소멸시효가 중단되는 것은 아니다(92다6983).

정답 ⑤

21 다음 중 원인이 되는 채권에 대한 소멸시효의 중단사유가 아닌 것은?

① 가처분
② 파산절차참가
③ 이행의 청구
④ 유치권의 행사
⑤ 재판상 화해를 위한 소환

> **키워드** 소멸시효의 중단사유
> **풀이** 유치권의 행사 중에도 피담보채권의 소멸시효는 진행된다.
> **이론 +** 제326조【피담보채권의 소멸시효】유치권의 행사는 채권의 소멸시효의 진행에 영향을 미치지 아니한다.

정답 ④

22 甲은 乙에 대하여 채권을 가지고 있다. 이에 관한 설명으로 옳은 것은? (다툼이 있으면 판례에 따름)

① 甲이 소멸시효기간 만료 전 최고를 한 후 6개월 내에 소를 제기한 경우, 그 소제기 시에 시효중단의 효력이 생긴다.
② 甲의 乙에 대한 시효중단의 효력은 乙의 보증인에게는 미치지 않는다.
③ 乙이 명시적으로 채무를 승인한 경우뿐만 아니라 묵시적으로 승인한 경우에도 소멸시효는 중단될 수 있다.
④ 甲이 乙을 사기죄로 고소하여 형사재판이 개시된 경우 특별한 사정이 없는 한 소멸시효 중단사유인 재판상의 청구로 볼 수 있다.
⑤ 甲과 乙 간에 소멸시효기간에 관한 다툼이 있는 경우 변론주의 원칙상 법원은 직권으로 판단할 수 없다.

키워드 소멸시효의 중단
풀이 채무의 승인은 명시적·묵시적으로 가능하므로 묵시적 채무의 승인도 소멸시효의 중단사유에 해당한다.
① 甲이 소멸시효기간 만료 전 최고를 한 후 6개월 내에 소를 제기한 경우, 최고 시로부터 시효중단의 효력이 생긴다.
② 주채무자에 대한 시효중단의 효력은 그의 보증인에게도 영향을 미친다.
④ 소멸시효 중단의 효력이 있는 재판상 청구는 민사재판을 의미하므로 형사재판의 청구는 원칙적으로 소멸시효 중단사유인 재판상의 청구로 볼 수 없다.
⑤ 어떤 권리의 소멸시효기간이 얼마나 되는지는 법원의 직권조사 사항이다(2012다68217).

정답 ③

23 시효의 중단에 관한 설명으로 옳지 않은 것은? (다툼이 있으면 판례에 따름)

① 원인채권에 기한 청구는 그 채권담보를 목적으로 제공된 어음채권의 소멸시효의 중단사유가 된다.
② 乙에 대한 甲의 물건대금지급청구소송이 진행되는 중 乙이 사망한 경우, 甲은 乙의 상속인 丙에 대하여 가지는 청구권에 대한 시효중단의 효력을 주장할 수 있다.
③ 과오납한 조세에 대한 과세처분의 취소 또는 무효확인의 소(訴)는 조세환급을 구하는 부당이득반환청구권의 소멸시효를 중단하게 한다.
④ 채무자가 자신의 부동산에 2순위 저당권을 설정하였다 하여 1순위 저당권자에 대한 채무승인이 있다고 볼 수는 없다.
⑤ 채권자가 연대채무자의 1인에 대하여 이행청구를 한 경우에 그 시효중단의 효력은 다른 연대채무자에게도 미친다.

> **키워드** 소멸시효의 중단
>
> **풀이** 채권확보를 위하여 어음이 수수된 경우 원인채권에 기한 청구로 인하여 어음채권의 소멸시효는 중단되지 않지만, 어음채권에 기한 청구는 원인채권의 소멸시효 중단사유가 된다(99다16378).
> ③ 91다32053 전합

> **정답** ①

고난도

24 소멸시효에 관한 다음 설명 중 옳지 않은 것은? (다툼이 있으면 판례에 따름)

① 주채무가 민사채무로서 10년의 소멸시효에 걸린다 하더라도, 보증채무는 상행위로 인한 것인 경우 5년의 소멸시효에 걸린다.
② 형사공판절차에서 피고인에게 유죄판결과 함께 피해자에게 배상명령이 있는 경우 형사피해자의 가해자에 대한 손해배상청구권의 소멸시효 중단의 효력이 있다.
③ 근저당 설정 약정에 의한 근저당 설정의 소제기는 피담보채권의 소멸시효 중단사유가 된다.
④ 요역지가 수인의 공유인 경우 지역권자 1인이 지역권의 소멸시효를 중단시켰다고 하여 나머지 공유자를 위하여도 지역권의 소멸시효가 중단되는 것은 아니다.
⑤ 채권자가 물상보증인에 대하여 그 피담보채권의 실행으로서 담보권 실행경매를 신청하여 법원이 경매개시결정을 하고 채무자에게 그 결정이 송달된 경우, 채무자는 당해 피담보채권의 소멸시효 중단의 효과를 받는다.

> **키워드** 소멸시효의 중단
>
> **풀이** 요역지가 수인의 공유인 경우 지역권자 1인이 지역권의 소멸시효를 중단시키면 나머지 공유자를 위하여도 지역권의 소멸시효는 중단된다.
> ① 2011다76105
> ② 「소송촉진 등에 관한 특례법」 제25조
> ③ 2002다7213
> ⑤ 채권자가 물상보증인이나 저당부동산의 제3취득자에 대하여 그 피담보채권의 실행으로서 임의경매를 신청하여 경매법원이 경매개시결정을 하고 경매절차의 이해관계인인 채무자에게 그 결정이 송달된 경우에는, 시효의 이익을 받은 채무자는 민법 제176조에 의하여 당해 피담보채권의 소멸시효 중단의 효과를 받는다고 보아야 한다(89다카32606).
>
> **TIP** 기본서에 포함된 관련 판례를 면밀하게 학습하세요.

> **정답** ④

고난도
25 소멸시효에 관한 설명으로 옳지 않은 것은?

① 저당권이 설정되어 있는 경우, 저당권이 존속하는 동안 저당권의 피담보채권이 시효중단이 되는 것은 아니다.
② 타인의 채무를 담보하기 위하여 자기의 물건에 담보권을 설정한 물상보증인은 그 피담보채권의 소멸에 의하여 직접 이익을 받는 관계에 있으므로 소멸시효의 완성을 주장할 수 있다.
③ 물상보증인이 제기한 저당권설정등기 말소등기절차이행청구소송에서 채권자 겸 저당권자가 응소행위를 하였다면 주채무의 소멸시효가 중단된다.
④ 시효를 주장하는 자가 원고가 되어 소를 제기한 경우에 있어서, 피고가 변론에서 시효중단의 주장 또는 이러한 취지가 포함되었다고 볼 만한 주장을 하지 아니하는 한, 피고의 응소행위가 있었다는 사정만으로 당연히 시효중단의 효력이 발생한다고 할 수는 없다.
⑤ 근저당권설정 약정에 의한 근저당권설정등기청구권은 그 피담보채권이 될 채권과 별개로 소멸시효에 걸리며, 근저당권설정등기청구의 소의 제기는 그 피담보채권의 재판상의 청구에 준하는 것으로서 피담보채권에 대한 소멸시효 중단의 효력을 생기게 한다.

키워드 소멸시효의 중단
풀이 물상보증인이 제기한 저당권설정등기 말소등기절차이행청구소송에서 채권자 겸 저당권자가 응소행위를 한 것은 피담보채권의 소멸시효 중단사유를 규정한 민법 제168조 제1호 소정의 '청구'에 해당하지 않는다(2003다30890).
② 2003다30890
④ 2003다17927·17934
⑤ 2002다7213

TIP 기본서에 포함된 관련 판례를 면밀하게 학습하세요.

정답 ③

26 소멸시효의 중단에 관한 설명으로 옳지 않은 것은?

① 시효중단의 효력은 당사자 및 그 승계인 사이에서만 효력이 있다.
② 가압류로 중단된 시효가 다시 진행하기 시작하는 시기는 그 절차가 끝날 때이다.
③ 가처분의 집행행위가 시효의 이익을 받을 자에 대하여 행하여지지 않은 때에는 이를 그 자에게 통지한 후가 아니면 중단의 효력이 없다.
④ 시효중단사유인 승인을 미성년자가 단독으로 한 경우에 제한능력을 이유로 이것을 취소할 수 없다.
⑤ 부진정연대채무자 1인에 대한 이행의 청구는 다른 부진정연대채무자에 대하여 시효중단의 효력이 없다.

> **키워드** 소멸시효의 중단
> **풀이** 승인자는 최소한 그 권리를 '관리'할 능력이나 권한은 있어야 한다. 따라서 피성년후견인은 승인을 할 수 없고, 미성년자가 법정대리인의 동의 없이 한 승인은 이를 취소할 수 있다.
>
> 정답 ④

27 시효정지의 사유에 관한 설명으로 옳지 않은 것은?

① 천재 그 밖의 사변으로 말미암아 소멸시효를 중단할 수 없을 때에는 그 사유가 종료한 때로부터 6월 안에는 시효가 완성하지 않는다.
② 소멸시효의 기간만료 전 6월 안에 제한능력자의 법정대리인이 없는 때에는 법정대리인이 취임한 때로부터 6월 안에는 시효가 완성하지 않는다.
③ 재산을 관리하는 부모 또는 후견인에 대한 제한능력자의 권리는 그가 능력자가 되거나 또는 후임의 법정대리인이 취임한 때로부터 6월 안에는 소멸시효가 완성하지 아니한다.
④ 상속재산에 대한 권리는 상속인의 확정, 관리인의 선임 또는 파산선고가 있는 때로부터 6월 안에 소멸시효가 완성하지 아니한다.
⑤ 부부의 일방의 타방에 대한 권리는 혼인관계가 종료한 때로부터 6월 안에는 소멸시효가 완성하지 않는다.

> **키워드** 소멸시효의 정지
> **풀이** 천재 그 밖의 사변으로 말미암아 소멸시효를 중단할 수 없을 때에는 그 사유가 종료한 때로부터 1월 안에는 시효가 완성하지 않는다.
>
> 정답 ①

고난도

28 다음 중 소멸시효에 관한 설명으로 옳은 것은? (다툼이 있으면 통설, 판례에 따름)

① 채무자가 제기한 소멸시효 완성에 관한 소송에 채권자가 응소한 경우, 그 응소한 사실만으로 소멸시효 중단사유에 해당한다.

② 甲이 乙에게 갖고 있는 5억원의 채권 중 1억원에 관하여만 판결을 구한다는 취지를 명백히 하여 소송을 제기한 경우, 소제기에 의한 소멸시효 중단의 효력은 그 채권 전부에 관하여 발생한다.

③ 甲이 乙에게 10년 11개월 10일 전에 1년 기한으로 2억원을 빌려주었다. 甲이 시효중단을 하려고 소송을 준비하던 중 지진으로 교통이 두절되어 제소할 수 없게 된 경우, 교통이 소통된 때로부터 6개월 이내에 제소하면 시효가 중단된다.

④ 甲은 乙로부터 10년간 건물을 빌리면서 사용료로 매월 10만원을 지급하기로 약정한 경우, 그 사용료의 소멸시효기간은 3년이다.

⑤ 甲은 乙로부터 2억원을 2년간 빌리기로 하고 이자 4,000만원은 2년 후 원금과 함께 지급하기로 약정한 경우, 그 이자채권의 소멸시효기간은 3년이다.

키워드 소멸시효의 중단

풀이 1년 이내로 기간을 정한 정기급채권의 소멸시효기간은 3년이다(제163조 제1호). 1년 이내로 기간을 정한 정기급채권이란 변제기를 1년 이내로 정한 경우를 의미하는 것이 아니라 그 정기가 1년 이내라는 의미이다. 이때 사용료는 부동산 사용료를 말하는 것이고, 동산의 사용료의 소멸시효기간은 1년이다(제164조 제2호).

① 채무자가 제기한 소멸시효 완성에 관한 소송에 채권자가 응소하여 적극적으로 권리를 주장하고 그것이 받아들여진 경우에 한하여 응소한 때로 소급하여 소멸시효가 중단된다(77다2509).

② 한 개의 채권 중 일부에 관하여만 판결을 구한다는 취지를 명백히 하여 소송을 제기한 경우에는 소제기에 의한 소멸시효 중단의 효력이 그 일부에 관하여만 발생하고, 나머지 부분에는 발생하지 아니하지만 비록 그중 일부만을 청구한 경우에도 그 취지로 보아 채권 전부에 관하여 판결을 구하는 것으로 해석된다면 그 청구액을 소송물인 채권의 전부로 보아야 하고, 이러한 경우에는 그 채권의 동일성의 범위 내에서 그 전부에 관하여 시효중단의 효력이 발생한다고 해석함이 상당하다(91다43695).

③ 2억원 채권의 소멸시효의 기산점은 빌려준 때로부터 1년 후이므로 시효가 아직 20일이 남아 있다. 천재 기타 사변으로 인하여 소멸시효를 중단할 수 없는 때에는 그 사유가 종료한 때로부터 '1개월' 이내에는 시효가 완성하지 아니한다(제182조).

⑤ 이자채권이 모두 3년의 단기소멸시효에 걸리는 것은 아니다. 즉, 1년 이내로 기간을 정한 정기급채권인 경우에만 3년의 시효에 걸리는 것이다. 따라서 지문의 이자채권은 일반채권으로서 10년의 소멸시효에 걸리게 된다.

TIP 판례를 사례화한 문제는 조문과 판례를 구체화하는 연습을 하세요.

정답 ④

29 소멸시효에 관한 설명으로 옳지 않은 것은? (다툼이 있으면 판례에 따름)

① 최고를 여러 번 거듭하다가 재판상 청구를 한 경우, 재판상 청구를 한 시점을 기준으로 하여 소급하여 6월 이내에 한 최고 시에 시효중단의 효력이 발생한다.
② 부동산 경매절차에서 집행력 있는 채무명의 정본을 가진 채권자의 배당요구가 있으면 그 채권의 소멸시효는 중단된다.
③ 채권자취소소송에서 수익자 또는 전득자는 채권자의 채권이 시효로 소멸했음을 주장할 수 있다.
④ 채권자대위소송의 제3채무자는 채권자의 채무자에 대한 권리가 시효로 소멸되었음을 원용할 수 있다.
⑤ 담보가등기가 설정된 부동산의 제3취득자도 그 담보가등기의 피담보채권이 시효로 소멸하였음을 이유로 가등기 및 본등기의 원인무효를 주장하여 말소등기를 청구할 수 있다.

키워드 소멸시효의 완성
풀이 채권자대위소송의 제3채무자는 소멸시효의 원용권자가 아니다(97다31472 ; 2001다10151).
① 87다카2337
② 2000다25484
③ 2007다54849
⑤ 95다12446

정답 ④

30 소멸시효 완성의 효과에 대해서 학설은 절대적 소멸설과 상대적 소멸설로 나뉜다. 같은 입장으로만 바르게 묶인 것은?

> ㉠ 소멸시효 완성 후 채무변제는 유효인 채무변제로서 그 반환을 청구할 수 없다.
> ㉡ 채무자가 소멸시효 완성 사실을 모르고 소멸시효가 완성된 채무를 변제한 경우, 이는 선의의 비채변제로서 변제자는 그 이익의 반환을 청구할 수 있다.
> ㉢ 채무자가 시효완성의 사실을 알고 변제를 하면 시효이익의 포기 내지는 악의의 비채변제가 되어 그 반환을 청구하지 못한다.
> ㉣ 채무자가 소송을 통한 공격과 방어의 방법으로 소멸시효를 원용했을 때, 법원의 판단은 시효완성을 확인하는 효력이 있다.
> ㉤ 소멸시효의 완성으로 채무가 당연히 소멸하지 않고, 다만 시효의 이익을 받을 자에게 채무의 소멸을 주장할 권리가 생긴다.
> ㉥ 시효완성 후에 채권, 기타의 재산권은 소급적으로 소멸하므로, 채권자는 채무자에 대하여 채무의 이행을 청구할 권리가 없고 채무자는 이행의 의무를 면한다.

① ㉠, ㉣, ㉤
② ㉠, ㉢, ㉤
③ ㉣, ㉤, ㉥
④ ㉢, ㉣, ㉥
⑤ ㉢, ㉤, ㉥

키워드 소멸시효의 완성

풀이 ㉢㉣㉥: 절대적 소멸설
㉠㉤: 상대적 소멸설
㉡: 선의의 비채변제지만 도의관념에 부합되므로 그 이익의 반환을 청구할 수 없다.

이론 +

구분	절대적 소멸설(判)	상대적 소멸설
소멸시효 완성의 효과	권리가 당연히 소멸	시효의 이익을 받을 자에게 권리의 소멸을 주장할 권리가 생길 뿐(권리가 당연 소멸 ×)
재판상 시효완성사실 주장 필요 여부	변론주의 원칙상, 당사자의 주장이 필요 ※ 상대적 소멸설과 차이 없음	당사자의 원용이 없는 한, 법원은 직권으로 시효를 고려하지 못함
시효완성 후의 변제	• 알고 변제 – 시효이익의 포기, 비채변제(제742조) • 모르고 변제 – 도의관념에 적합한 비채변제(제744조) ※ 상대적 소멸설과 '결론적으로는 차이 없음(반환청구 ×)	시효완성을 알았는지 몰랐는지 상관없이 유효한 변제(∵ 원용이 없는 동안은 채권이 소멸하지 않은 것으로 되어)
시효이익의 포기	시효완성의 이익을 받지 않겠다는 의사표시	원용권을 포기하는 의사표시

정답 ④

31 소멸시효 완성의 효과와 관련하여 판례의 태도에 관한 설명은?

㉠ 시효완성사실을 알았든 몰랐든 시효완성 후의 변제는 현존채무에 대한 변제이다.
㉡ 시효완성사실을 모르고 변제하면 도의관념에 적합한 비채변제로서 변제금액에 대한 부당이득반환청구는 불가능하다.
㉢ 시효완성으로 채권자의 채권은 소멸하였으나 변론주의 원칙상 공격과 방어방법으로 당사자가 이를 원용한 경우에 한하여 법원이 판단할 수 있다.
㉣ 민법상 등기된 부동산물권도 소멸시효에 걸리는데 시효기간의 경과만으로 등기된 물권이 소멸하는 것은 아니다.
㉤ 소멸시효가 완성된 채권에 기하여 한 채권자의 가압류는 무권리자의 행위가 되고 가압류 당시 시효의 원용이 없었더라도 가압류채권자에게 과실이 인정된다.

① ㉠, ㉣
② ㉡, ㉢, ㉣
③ ㉡, ㉢
④ ㉡, ㉢, ㉤
⑤ ㉠, ㉣, ㉤

키워드 소멸시효의 완성

풀이 절대적 소멸설(판례): ㉡㉢㉤
㉤ 당사자의 원용이 없어도 시효의 완성으로써 채무는 당연히 소멸하므로(65다2445), 소멸시효가 완성된 채권에 기한 채권자의 가압류는 무권리자의 행위가 되고, 가압류 당시 시효의 원용이 없었더라도 가압류채권자에게 과실이 없었다고는 할 수 없다.
㉠ 상대적 소멸설 – 시효완성 후에 변제하는 경우, 시효완성사실을 알았는지 여부를 불문하고 시효완성의 항변권을 원용하지 않는 한 시효의 이익을 주장할 수 없으므로, 유효한 변제행위로 되어 부당이득의 문제는 발생하지 않는다.

정답 ④

32 소멸시효이익의 포기에 관한 판례의 입장과 다른 것은?

① 소멸시효이익 포기는 시효완성의 이익을 받은 당사자 또는 대리인이 시효완성으로 권리를 상실한 권리자 또는 그 대리인에게 하여야 효력이 있다.
② 주채무자가 시효이익을 포기하더라도 연대보증인이나 물상보증인에게는 포기의 효과가 미치지 않는다.
③ 소멸시효 완성 이후에 있은 과세부과처분에 대하여 세액을 납부하였다면 소멸시효의 이익을 포기한 것으로 보아야 한다.
④ 채권의 소멸시효가 완성된 후에 채무자가 그 기한의 유예를 요청하였다면 그때에 소멸시효의 이익을 포기한 것으로 보아야 한다.
⑤ 채무자가 소멸시효 완성 후 채무를 일부변제한 때에는 그 액수에 관하여 다툼이 없는 한 그 채무 전체를 묵시적으로 승인한 것으로 보아야 하고, 이 경우 시효완성의 사실을 알고 그 이익을 포기한 것으로 추정된다.

> **키워드** 시효이익의 포기
> **풀이** 소멸시효 완성 이후에 있은 과세처분에 기하여 세액을 납부하였다 하더라도 이를 들어 바로 소멸시효의 이익을 포기한 것으로 볼 수 없다(87다카70).
> ② 89다카1114
> ④ 65다2133
> ⑤ 2001다3580
>
> 정답 ③

33 소멸시효에 관한 다음 설명 중 옳지 않은 것은?

① 시효완성의 효과는 기산일로 소급하므로 기산일 이후 이자를 지급할 필요는 없으나, 시효완성 전 상계할 수 있었던 채권은 시효완성 후에도 상계할 수 있다.
② 주된 채무가 시효로 소멸하면 보증채무 역시 소멸한다.
③ 가분채권 일부에 대한 시효이익의 포기는 통상적으로 채무 전부에 대한 포기가 된다.
④ 보증인이 한 승인은 주채무자에 대하여도 시효중단의 효력이 있다.
⑤ 공사대금채권이 시효로 소멸하였다면 그 공사대금채무의 불이행을 이유로 계약을 해지하거나 손해배상을 청구할 수 없다.

키워드 **소멸시효**
풀이 시효의 중단은 시효중단행위에 관여한 당사자 및 그 승계인 사이에 효력이 있는 것이므로 …… 주채무자에 대한 시효중단의 사유가 없는 이상 연대보증인 겸 물상보증인에 대한 시효중단의 사유가 있다 하여 주채무까지 시효중단되었다고 할 수는 없다(93다21477).
① 제167조 및 제495조
② 2016다211620
③ 2001다3580

정답 ④

34 甲이 동료교사 乙에게 이자 없이 5백만원을 빌려주었고, 동료교사 丙은 乙의 채무를 보증하였다. 이 경우 소멸시효에 관한 설명으로 옳지 않은 것은?

① 甲의 乙에 대한 채권은 10년의 소멸시효에 걸린다.
② 乙이 甲에게 3월 후에 갚기로 약정하였다면, 甲의 乙에 대한 채권의 소멸시효는 3월이 경과한 때부터 진행된다.
③ 乙이 甲에게 甲의 부(父) 丁이 사망하면 갚기로 약정하였다면 甲의 乙에 대한 채권의 소멸시효는 乙이 丁의 사망을 안 때부터 진행한다.
④ 甲은 乙과의 합의로 미리 그 채권의 소멸시효를 연장 또는 가중할 수 없다.
⑤ 丙이 보증채무를 이행한 경우, 丙의 乙에 대한 구상권은 보증채무를 이행한 때부터 소멸시효가 진행된다.

키워드 **소멸시효기간**
풀이 불확정기한부 채권의 소멸시효는 객관적으로 기한이 도래한 때부터 소멸시효가 진행된다. 그러므로 甲의 乙에 대한 채권의 소멸시효는 丁이 사망한 때부터 진행된다.

정답 ③

35 소멸시효에 관한 설명으로 옳지 않은 것은? (다툼이 있으면 판례에 따름)

① 가등기담보권이 설정된 부동산의 제3취득자는 그 피담보채권에 관한 소멸시효를 독자적으로 원용할 수 있다.
② 채무자가 채권자의 제소(提訴)기간 연장 신청에 동의하였다면 이는 시효이익 포기로 보아야 한다.
③ 소멸시효 완성 후 채무의 승인이 있었다고 하여 곧바로 소멸시효 이익을 포기하였다고 단정할 수 없다.
④ 계약의 해제로 인한 원상회복청구권의 소멸시효는 해제한 때부터 진행한다.
⑤ 연대채무자 어느 1인의 시효이익 포기는 다른 연대채무자에게는 효력이 없다.

> **키워드** 소멸시효 – 시효이익의 포기
> **풀이** 시효이익 포기로 볼 수 없다(86다카2107).
> ① 95다12446
> ③ 2011다21556

정답 ②

에듀윌이
너를
지지할게
ENERGY

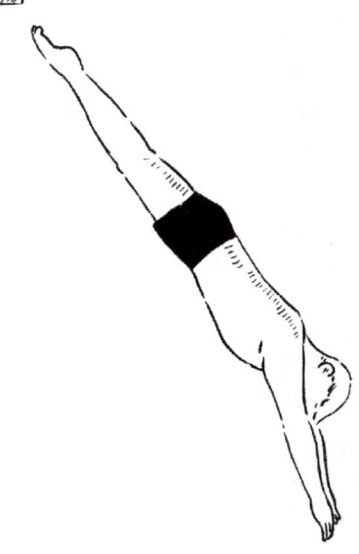

한 글자로는 '꿈'

두 글자로는 '희망'

세 글자로는 '가능성'

네 글자로는 '할 수 있어'

– 정철, 『머리를 구하라』, 리더스북

PART 4
물권법

CHAPTER 01 　물권법 총론
CHAPTER 02 　물권의 변동
CHAPTER 03 　점유권
CHAPTER 04 　소유권
CHAPTER 05 　용익물권
CHAPTER 06 　담보물권

출제경향

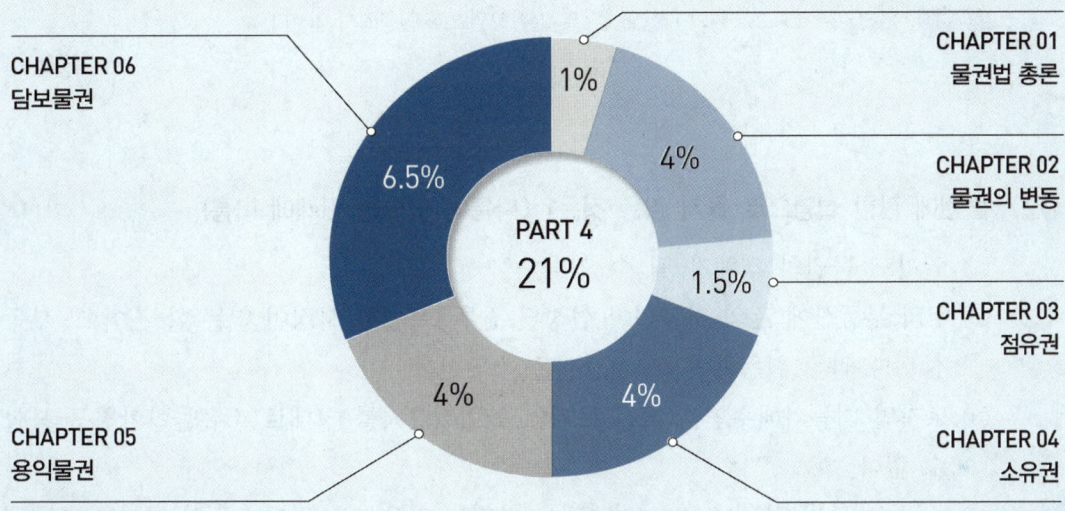

합격 POINT

물권법은 출제비중이 적은 것에 반해 학습분량은 상당한데, 출제난도까지 점점 높아지는 경향이 있어 이에 잘 대비하여야 합니다. 민법 총칙을 공부하며 물권에 관한 중요부분을 연관시켜 학습하시는 것을 추천합니다. 물권의 변동, 용익물권, 담보물권에서 각각 2문항 정도씩 출제되고 있으므로 주의 깊게 학습하시기 바랍니다.

CHAPTER 01 물권법 총론

▶ **연계학습** | 에듀윌 기본서 1차 [민법 下] p.8

01 다음 중 독립된 물권이 아닌 것은?
① 온천권
② 광업권
③ 어업권
④ 구분지상권
⑤ 분묘기지권

> **키워드** 물권의 종류
> **풀이** 온천권은 토지소유권의 내용일 뿐 독립된 물권으로 인정되지 않는다.

정답 ①

02 물권에 관한 설명으로 옳지 않은 것은? (다툼이 있으면 판례에 따름) 제19회
① 권리도 물권의 객체가 될 수 있다.
② 甲의 부동산에 乙의 저당권이 설정된 경우, 특별한 사정이 없는 한 乙이 그 부동산 소유권을 취득하면 그 저당권은 소멸한다.
③ 토지의 미등기매수인은 직접 토지의 불법점유자를 상대로 소유물반환청구를 할 수 없다.
④ 甲 소유 토지 전부에 乙이 지상권을 가지는 경우, 甲은 乙의 동의 없이도 丙에게 그 지하 공간의 일부에 대해 지상권을 설정할 수 있다.
⑤ 물건의 소유자 甲이 乙에게 그 처분권한을 부여한 경우, 乙이 이를 행사하지 않고 있는 동안에 甲은 그 물건을 유효하게 처분할 수 있다.

> **키워드** 물권의 효력
> **풀이** 구분지상권을 설정하는 경우에는 해당 토지상에 이해관계인 전원의 동의를 얻어야 하므로, 甲 소유 토지 전부에 乙이 지상권을 가지는 경우 甲은 乙의 동의 없이는 丙에게 그 지하 공간의 일부에 대해 지상권을 설정할 수는 없다.

정답 ④

03 물권에 관한 설명으로 옳지 않은 것은? (다툼이 있으면 판례에 따름)

① 1물로서 독립된 건물이 되기 위하여는 기둥·지붕·주벽 정도는 갖추어야 한다.
② 토지 일부에 지상권은 설정할 수 있으나, 저당권은 설정할 수 없다.
③ 관습법상 경제적 독립성이 인정되고 공시방법을 갖춘 경우 물건의 집단이나 집합물에 물권이 성립할 수 있다.
④ 증감변동하는 유동집합물 위에는 물권을 설정할 수 있으나, 그 구성부분의 변동이 생기면 동일성이 깨어진다.
⑤ 집합물은 원칙적으로 하나의 물건이 아니므로 그 구성부분의 수만큼 물권이 성립한다.

키워드 일물일권주의
풀이 증감변동하는 유동집합물에도 물권이 성립할 수 있고, 그 구성부분의 변화가 생겨도 그 특정성을 잃지 않는 범위 내에서 동일성이 인정된다(88다카20224).

정답 ④

04 甲은 乙에게 대출을 해주면서 그 담보로 乙이 양식하고 있는 양식장 내의 뱀장어에 대해 양도담보를 설정하였다. 그런데 乙은 어린 뱀장어가 성장한 경우에는 수시로 내다 팔고, 또 수시로 어린 뱀장어를 양식장에 넣어 왔다. 이 경우에 관한 설명으로 옳은 것은? (다툼이 있으면 판례에 따름)

① 담보권 설정 이후에 뱀장어의 변동이 있더라도 양도담보권은 현재의 뱀장어 전부에 미친다.
② 증감·변동하는 유동집합물에 대해 설정한 양도담보는 무효이다.
③ 일물일권주의에 위배되어 양도담보는 무효이다.
④ 양도담보설정 당시의 뱀장어에 대하여는 유효하지만, 현재의 뱀장어에 대하여는 양도담보권은 무효이다.
⑤ 목적물이 특정되지 않았기 때문에 양도담보는 무효이다.

키워드 일물일권주의
풀이 판례는 위 사안에서 목적물이 다른 물건과 구별될 수 있도록 그 종류, 장소 또는 수량지정 등의 방법으로 '특정'되어 있으면 그 전부를 하나의 물건으로 보아 물권이 성립할 수 있다고 본다(88다카20224). 또한 그 후 담보물의 변동이 있어도 그 특정성은 상실하지 않으므로 언제나 현재의 담보물 전부에 양도담보의 효력이 영향을 미친다.
TIP 판례를 사례화한 문제는 조문과 판례를 구체화하는 연습을 하세요.

정답 ①

05 물권의 객체인 물건에 관한 설명으로 옳지 않은 것은? (다툼이 있으면 판례에 따름)

① 우리 민법상 건물은 토지와 별개의 부동산이며, 이로 인해 법정지상권이 성립한다.
② 건물은 그 완성 여부를 불문하고 토지에 정착한 것으로서 지붕과 기둥 그리고 주벽을 갖추고, 사회통념상 거래의 객체가 될 수 있으면 독립성을 인정한다.
③ 건물의 개수는 건물의 물리적 구조뿐만 아니라 거래관념을 고려하여 결정하여야 한다.
④ 경매대상인 토지를 평가함에 있어서 등기된 입목은 그 평가에 포함되지 아니한다.
⑤ 지상권이나 전세권에 저당권을 설정하거나 일반채권에 질권을 설정하는 것은 물권법정주의 위반이다.

> **키워드** 물권의 객체
> **풀이** 지상권·전세권에 저당권 설정도 가능하고, 일반채권에 질권을 설정하는 것도 가능하다.
> ④ 등기된 입목은 토지와 별개의 부동산으로 인정된다.

정답 ⑤

06 물권의 우선적 효력에 관한 다음 설명 중 옳지 않은 것은?

① 법인이 파산 시, 근로자의 체불임금 중 일정 부분은 법인 소유 부동산을 담보로 설정된 담보권에 우선하여 변제된다.
② 소유권은 사용가치와 교환가치를 전면적으로 지배하는 권리이므로 그 일부만을 제한적으로 지배하는 제한물권에 우선하는 것이 원칙이다.
③ 제한물권 상호간에는 먼저 성립한 물권이 우선한다.
④ 점유권은 배타성이 없으므로 다른 물권과 달리 우선적 효력도 없다.
⑤ 물권은 항상 채권에 우선하는 것은 아니다.

> **키워드** 물권의 우선적 효력
> **풀이** 제한물권은 소유권이 가지는 가치 중 일부를 지배하기 위하여 설정하므로 제한물권은 소유권에 우선한다.

정답 ②

07 물권적 청구권에 관한 다음 설명 중 옳은 것은?

① 토지의 매수인이 소유권이전등기 전(前)에 매매계약의 이행으로 토지를 인도받아 점유·사용하였다면, 매도인이 매수인에 대하여 부당이득반환청구를 할 수 있다.
② 불가항력에 의해 방해가 생긴 경우에는 물권적 방해배제청구를 할 수 없다.
③ 담보물권에 기해서는 물권적 청구권을 행사할 수 없다.
④ 손해배상청구권은 물권적 청구권의 내용으로서 물권적 청구에 반드시 수반한다.
⑤ 소유권을 상실한 전(前)소유자는 제3자의 불법행위에 대하여 소유권에 기한 물권적 청구권을 행사할 수 없다.

키워드 **물권적 청구권**

풀이 물권적 청구권은 물권과 분리하여 양도할 수 없는 것이므로 소유권을 상실한 전(前)소유자는 현재 물권자가 아니므로 물권적 청구권도 행사할 수 없다(68다725 전합).
① 토지의 매수인이 아직 소유권이전등기를 마치지 않았더라도 매매계약의 이행으로 토지를 인도받은 때에는 매매계약의 효력으로서 이를 점유·사용할 권리가 있으므로, 매도인이 매수인에 대하여 그 점유·사용을 법률상 원인이 없는 이익이라고 하여 부당이득반환청구를 할 수는 없다(2014다2662).
② 물권의 행사가 방해당하고 있는 한 방해자의 고의·과실 여하를 불문하고 방해배제를 청구할 수 있다.
③ 질권과 저당권에 기한 물권적 청구권도 인정된다.
④ 손해배상청구권은 채권법상의 문제이나 편의상 함께 규정하고 있을 뿐이다. 손해배상을 청구하기 위해서는 가해자에게 고의·과실이 있어야 한다.

정답 ⑤

08 물권적 청구권에 관한 다음 설명 중 옳지 않은 것은? (다툼이 있으면 판례에 따름)

① 소유자는 물권적 청구권 행사 시 그 방해제거비용이나 방해예방비용을 물권을 침해하는 자에게 청구할 수 없다.
② 현실적인 방해가 없이 방해의 염려가 있는 경우에도 물권적 청구권을 행사할 수 있다.
③ 타인의 토지에 건물을 무단으로 지은 뒤에 그 건물을 제3자에게 매각한 경우에는 그 건물의 신축자가 물권적 청구권의 상대방이 된다.
④ 물권적 청구권은 불법행위로 인한 손해배상청구권과 달리 침해자의 고의·과실을 요건으로 하지는 않는다.
⑤ 대항력을 갖추지 않은 임차인은 임대인이 방해자에 대하여 갖는 물권적 청구권을 대위행사할 수 있다.

키워드 물권적 청구권

풀이 물권적 청구권의 상대방은 현재의 침해자(점유자) 또는 침해의 우려가 있는 상태를 지배할 수 있는 자이기 때문에 신축자가 아니라 제3자가 상대방이 된다.
① 2014다52612
② 방해의 염려만으로도 물권적 청구권이 인정된다(제214조).
④ 물권적 청구권은 불법행위로 인한 손해배상청구권과 달리 침해자의 고의, 과실을 요하지 않는다.
⑤ 대항력 있는 임차권에 대해서는 물권적 청구권을 인정할 수 있다는 견해가 통설이다. 그러나 대항력을 갖추지 않은 임차인은 임차인이 점유하고 있는 경우 점유보호청구권을 행사할 수 있으며, 점유하고 있지 않은 경우 채권자대위권에 의한 물권적 청구권 대위행사가 가능하다.

정답 ③

고난도

09 물권적 청구권에 관한 설명으로 옳지 않은 것은? (다툼이 있으면 판례에 따름)

① 甲이 자기 소유 토지를 乙에게 매도하고 인도하였으나 이전등기는 하지 않은 채로 乙이 그 토지 위에 건물을 신축하고 등기를 마친 후 乙이 그 건물의 소유권과 점유를 丙에게 이전한 경우, 甲은 丙에 대하여 토지소유권에 기한 물권적 청구권을 행사할 수 없다.

② 토지소유자 甲은 서류를 위조하여 그 토지에 대한 소유권이전등기를 경료하고 있는 乙을 상대로 하여 그 등기의 말소를 구하는 외에 '진정한 등기명의의 회복'을 원인으로 한 소유권이전등기절차의 이행을 직접 청구할 수 있다.

③ 甲이 자기 소유 토지에 대하여 乙에게 지상권을 설정해준 후 그 토지를 丙이 불법으로 점유하고 있다면 乙뿐만 아니라 甲도 丙에 대하여 방해배제를 청구할 수 있다.

④ 甲이 자기 소유 토지에 乙에 대한 채무를 담보하기 위하여 저당권을 설정한 이후, 토지를 양수한 丙이 피담보채권을 변제한 경우, 丙은 乙에게 무효등기의 말소를 청구할 수 있다.

⑤ 건물의 신축자 甲으로부터 그 건물을 미등기인 상태로 매수한 乙은 그 건물을 불법점유하고 있는 丙에 대하여 甲을 대위하여 그 건물의 명도를 청구할 수 있으나, 乙은 丙에 대하여 乙 자신에게 직접 명도할 것을 청구할 수는 없다.

키워드 물권적 청구권

풀이 원고가 미등기 건물을 매수하였으나 소유권이전등기를 하지 못한 경우에는 위 건물의 소유권을 원시취득한 매도인을 대위하여 불법점유자에 대하여 명도청구를 할 수 있고, 이때 원고는 불법점유자에 대하여 직접 자기에게 명도할 것을 청구할 수도 있다(79다1928).

① 토지의 매수인이 아직 소유권이전등기를 경료받지 아니하였다 하여도 매매계약의 이행으로 그 토지를 인도받은 때에는 매매계약의 효력으로서 이를 점유하여 사용·수익할 권리가 생기게 된 것으로 보아야 하고 또 매수인이 그 토지 위에 건축한 건물을 취득한 자는 그 토지에 대한 매수인의 위와 같은 점유사용권까지 아울러 취득한 것으로 봄이 상당하므로 매도인은 매매계약의 이행으로서 인도한 토지 위에 매수인이 건축한 건물을 취득한 자에 대하여 토지소유권에 기한 물권적 청구권을 행사할 수 없다(87다카1682).

② 이미 자기 또는 피상속인 앞으로 소유권을 표상하는 등기가 되어 있었거나 법률에 의하여 소유권을 취득한 자가 진정한 등기명의를 회복하기 위한 방법으로는 현재의 등기명의인을 상대로 그 등기의 말소를 구하는 외에 '진정한 등기명의의 회복'을 원인으로 한 소유권이전등기절차의 이행을 직접 구하는 것도 허용된다(89다카12398 전합; 2001다20103).

③ 토지소유권은 그 토지에 대한 지상권설정이 있어도 그 권리의 전부 또는 일부가 소멸하는 것은 아니므로 소유자가 그 토지에 대하여 지상권을 설정하여도 그 토지를 불법으로 점유하는 자에 대하여 방해배제를 구할 수 있는 물권적 청구권이 있다고 해석함이 상당하다. 그러나 지상권을 설정한 토지소유자는 지상권이 존속하는 한 토지를 사용·수익할 수 없으므로 특별한 사정이 없는 한 불법점유자에게 손해배상을 청구할 수 없다(74다1150).

④ 93다16338 전합

TIP 판례를 사례화한 문제는 조문과 판례를 구체화하는 연습을 하세요.

정답 ⑤

CHAPTER 02 물권의 변동

▶ **연계학습** | 에듀윌 기본서 1차 [민법 下] p.25

대표기출

01 물권변동에 관한 설명으로 옳은 것은? (다툼이 있으면 판례에 따름)   제19회

① 토지수용 재결에서 정한 수용의 개시일까지 보상금이 지급 또는 공탁된 경우, 그 수용의 개시일에 물권변동이 일어난다.
② 건물을 신축한 자는 그 보존등기를 한 때에 건물의 소유권을 취득한다.
③ 법원에 의한 부동산 경매에 있어서는 매각허가 결정 시에 물권변동이 일어난다.
④ 甲이 신축한 건물을 乙이 양수하여 乙 앞으로 보존등기를 한 경우 乙은 건물의 소유권을 취득하지 못한다.
⑤ 부동산 매매를 원인으로 하는 소유권이전등기소송에서 매수인의 승소판결이 확정된 때에 매수인은 소유권을 취득한다.

키워드 물권변동의 원인

풀이 수용에 의한 부동산 물권의 변동시기는 보상금 지급을 정지조건부로 정한 시점이므로 토지수용 재결에서 정한 수용의 개시일까지 보상금이 지급 또는 공탁된 경우에는 수용보상금이 지급되었다 할 수 있으므로, 그 수용의 개시일에 물권변동이 일어난다.
② 건물을 신축한 자는 그 보존등기와 무관하게 사회통념상 건물이 신축된 때 건물의 소유권을 취득한다.
③ 법원에 의한 부동산 경매에 있어서는 경낙(매수)인이 경낙(매수)대금을 완납한 때 등기 없이도 물권을 취득한다.
④ 甲이 신축한 건물을 乙이 양수하여 乙 앞으로 보존등기를 한 경우라 할지라도 양수인 乙의 실체권리와 등기가 일치하므로 乙은 건물의 소유권을 취득한다[일종의 모두(冒頭) 생략등기].
⑤ 부동산 매매를 원인으로 하는 소유권이전등기소송은 이행소송이므로 매수인의 승소판결이 확정된 때에도 이를 근거로 소유권이전등기를 한 때에 매수인은 소유권을 취득한다.

정답 ①

02 등기의 효력에 관한 설명으로 옳지 않은 것은? (다툼이 있으면 판례에 따름) 제17회

① 부동산에 관하여 소유권이전등기가 경료되어 있는 경우 등기원인사실에 관한 입증이 부족하다는 이유로 그 등기를 무효라고 단정할 수 없다.
② 등기부상 소유권이전등기의 등기절차가 적법하게 진행되지 않은 것으로 볼 만한 의심스러운 사정이 입증된 경우에는 그 등기의 추정력은 상실된다.
③ 등기부상 명의자를 소유자로 믿고 그 부동산을 매수하여 점유하는 자는 특별한 사정이 없는 한, 과실 없는 점유자이다.
④ 멸실회복등기에 있어 전(前) 등기의 접수연월일 등이 각 불명이라고 기재되었다면 특별한 사정이 없는 한, 이는 등기공무원에 의하여 적법하게 수리되고 처리된 것이라고 추정되지 않는다.
⑤ 부동산에 관하여 소유권이전등기가 경료되어 있는 경우, 등기명의자는 그 전의 소유자에 대하여도 적법한 등기원인에 의하여 소유권을 취득한 것으로 추정된다.

키워드 등기의 효력

풀이 등기의 적법추정력 중 물적 효력에 의거 절차, 대리권, 권리, 원인, 불이익을 위한 추정력이 인정되므로 이미 경료된 등기는 적법한 절차에 따라 수리되고 처리된 것으로 추정된다. 그러므로 멸실회복등기에 있어 전(前) 등기의 접수연월일 등이 각 불명이라고 기재되었다 하더라도 특별한 사정이 없는 한, 이는 등기공무원에 의하여 적법하게 수리되고 처리된 것이라고 추정된다.

정답 ④

고난도

01 A는 B와 매매계약을 체결하고 그 소유의 주택에 대하여 이전등기를 하였으나, 그 후 강박을 이유로 하여 매매계약을 취소한 경우 다음 중 옳지 않은 것은? (다툼이 있으면 판례에 따름)

① A는 B에 대하여 등기의 말소를 청구할 수 있다.
② B는 A에게 등기를 회복하기 전에 사정을 알고 있는 C에게 그 가옥을 팔고 이전등기를 하였다면 A는 매매계약의 취소로 C에게 대항할 수 있다.
③ 악의의 C가 B로부터 매수한 부동산을 다시 D에게 양도한 경우, A는 이러한 사실을 알고 있는 D에게 진정명의회복을 원인으로 소유권이전등기를 청구할 수 있다.
④ A의 취소에 의하여 가옥의 소유권은 B에게서 A로 자동적으로 복귀하지만, A가 회복된 자신의 권리를 제3자에게 대항하기 위해서는 등기를 필요로 한다.
⑤ A가 매매계약을 취소한 이후에 B가 그 주택을 이 사실을 모르는 C에게 팔고 이전등기를 한 후에는 A는 원칙적으로 C의 등기를 말소할 것을 청구할 수 없다.

키워드 물권의 변동 – 물권행위
풀이 물권변동에 관하여 제187조의 적용을 받는 경우에는 등기는 단지 물권의 처분을 위한 요건일 뿐, 대항요건과는 상관없다.
① 제110조 제1항 참조
②③ 물권행위의 유인론(판례의 입장)에 의하면 A는 악의의 C 및 D에 대하여 반환을 청구할 수 있으나, 무인론에 의하면 물권행위 자체에 취소원인이 없는 한 B에게 부당이득반환청구를 할 수 있을 뿐, C(선의·악의 불문)에게는 반환을 청구할 수 없다.
⑤ 취소 이전에 있었든가 이후에 있었든가는 가릴 필요 없이 사기에 의한 의사표시 및 그 취소사실을 몰랐던 모든 제3자에 대하여는 그 의사표시의 취소를 대항하지 못한다(75다533).

TIP 판례를 사례화한 문제는 조문과 판례를 구체화하는 연습을 하세요.

정답 ④

02 다음 중 등기를 해야 물권변동의 효력이 발생하는 것은? (다툼이 있으면 판례에 따름)

> ㉠ 증여계약의 취소에 의한 소유권의 복귀
> ㉡ 재단법인설립 시 출연재산에 대한 출연자와 법인 사이의 소유권 귀속
> ㉢ 교환에 의한 부동산물권의 이전
> ㉣ 피상속인의 사망으로 인한 상속재산의 귀속
> ㉤ 법원의 이행판결에 의한 소유권이전
> ㉥ 합병에 의한 법인부동산의 소유권이전

① ㉠, ㉡
② ㉢, ㉣
③ ㉢, ㉤
④ ㉤, ㉥
⑤ ㉣, ㉥

키워드 물권변동의 원인

풀이 ㉢ 법률행위에 의한 물권변동은 물권적 합의와 등기를 함으로써 그 변동의 효력이 발생한다(제186조). 따라서 교환계약에 의한 부동산소유권의 이전은 등기를 하여야 물권변동의 효력이 발생한다.
㉤ 법원의 이행판결에 의한 소유권이전의 경우에도 등기를 하여야 물권변동의 효력이 발생한다. 제187조의 판결은 형성판결만을 의미하기 때문이다.

정답 ③

03 부동산 물권의 변동을 위하여 등기가 필요한 경우는? (다툼이 있으면 판례에 따름)

① 공유토지의 분할청구가 판결로 확정된 경우
② 건물의 신축자로부터 그 건물을 매수한 경우
③ 법정지상권을 취득하는 경우
④ 건물의 전세권이 법정갱신된 경우
⑤ 신도시개발을 위하여 토지가 공용징수된 경우

키워드 물권변동과 등기

풀이 법률행위(매매)에 의한 부동산에 관한 물권의 득실변경은 등기를 해야 효력이 발생한다.
① 형성판결(공유물의 분할판결), ② 신축, ③④ 기타 법률규정, ⑤ 제187조 등에 의한 부동산에 관한 물권의 취득 시에는 등기를 요하지 않는다.

정답 ②

04 등기청구권은 그 성질에 따라 물권적 청구권 또는 채권적 청구권으로 나뉜다. 등기청구권의 성질이 물권적 청구권에 해당하는 것은?

① 도급인에 대한 수급인의 보수채권을 위한 저당권설정등기청구권
② 법률행위에 의한 물권변동 시 등기청구권
③ 실체관계와 부합하지 않는 등기의 말소등기청구권
④ 부동산임차권에 기한 등기청구권
⑤ 부동산 점유취득시효의 완성으로 인한 등기청구권

키워드 등기청구권

풀이 물권행위가 존재하지 않음에도 불구하고 위조문서 등에 의하여 이전등기가 되어 있는 경우에 행하여지는 말소등기청구권은 물권의 효력으로서 생기는 것이며, 따라서 그 성질은 일종의 물권적 청구권이라고 하는 것이 통설 및 판례의 입장이다. 등기청구권의 성질을 물권적 청구권이라고 보면, 등기청구권은 물권과 독립하여 소멸시효에 걸리지 않는다.
① 제666조 참조
②④⑤ 채권적 청구권

정답 ③

05 부동산 소유권이전등기청구권에 관한 설명으로 옳지 않은 것은? (다툼이 있으면 판례에 의함)

제15회

① 매매로 인한 매수인의 등기청구권은 채권적 청구권으로서 10년의 소멸시효에 걸린다.
② 매매로 인한 등기청구권을 매수인으로부터 양도받은 양수인은 매도인이 그 양도에 대하여 동의나 승낙이 없으면 특별한 사정이 없는 한 매도인에 대하여 채권양도를 원인으로 이전등기를 청구할 수 없다.
③ 매매목적 부동산을 인도받아 사용하고 있는 매수인의 등기청구권은 소멸시효에 걸리지 않는다.
④ 점유취득시효의 완성으로 인한 소유권이전등기청구는 시효완성 당시의 소유자를 상대로 하여야 한다.
⑤ 매수인이 매매목적 부동산을 인도받아 사용하다가 제3자에게 이를 처분하고 그 점유를 승계하여 준 경우, 매수인의 등기청구권의 소멸시효가 진행한다.

키워드	등기청구권
풀이	①③⑤ 부동산 매수인의 소유권이전등기청구권은 채권적 청구권으로서 10년의 소멸시효에 걸리지만 매수인이 목적물을 인도받아 사용·수익하고 있는 경우 소멸시효는 진행되지 않는다. 또한 매수인이 사용·수익하던 목적물을 제3자에게 처분하고 그 점유를 승계한 경우에도 등기청구권의 소멸시효는 진행되지 않는다. ② 매매로 인한 등기청구권은 채권적 청구권이나 등기청구권을 양도함에 있어 매도인의 동의 등을 요한다. ④ 취득시효 완성으로 인한 등기청구권은 채권적 청구권으로서 취득시효 완성 당시의 점유자가 취득시효 완성 당시의 소유자에게 청구하여야 한다.

정답 ⑤

06 중간생략등기에 관한 설명으로 옳지 않은 것은? (다툼이 있으면 판례에 따름)

① 甲이 신축한 건물을 乙이 매수한 후, 당사자들의 합의에 따라 경료된 乙 명의의 보존등기는 유효하다.
② 토지거래허가구역 내 토지가 甲에서 乙, 乙에서 丙으로 매도되고 중간생략등기의 합의가 있더라도, 丙이 자신과 甲을 매매당사자로 하는 토지거래허가를 받아 丙 앞으로 경료된 소유권이전등기는 무효이다.
③ 매도인 甲, 중간매수인 乙, 최후매수인 丙 사이에 중간생략등기에 대한 전원의 합의가 없는 경우, 丙은 甲에 대하여 직접 자기에게 이전등기를 청구할 수 없다.
④ 매도인 甲, 중간매수인 乙, 최후매수인 丙이 甲으로부터 丙으로 이전등기를 해주기로 전원 합의한 경우, 乙이 대금을 지급하지 않더라도 甲은 丙에게 소유권이전등기를 해주어야 한다.
⑤ 매도인 甲, 중간매수인 乙, 최후매수인 丙이 甲으로부터 丙으로 이전등기를 해주기로 전원 합의한 경우에도 乙은 甲에 대한 등기청구권을 잃지 않는다.

키워드	중간생략등기
풀이	매도인 甲, 중간매수인 乙, 최후매수인 丙이 甲으로부터 丙으로 이전등기를 해주기로 전원 합의한 경우라 할지라도 매도인의 소유권이전의무는 매수인의 대금지급의무와 특별한 사정이 없는 한 동시이행관계에 있으므로 乙이 대금을 지급하지 않는다면 甲은 丙에게 소유권이전등기를 거절할 수 있다.
TIP	판례를 사례화한 문제는 조문과 판례를 구체화하는 연습을 하세요.

정답 ④

고난도

07 甲 명의의 토지를 매수한 乙은 자기 앞으로 소유권이전등기를 경료하지 않은 채 丙에게 그 부동산의 소유권을 이전하기로 하는 계약을 체결하였다. 이에 관한 설명으로 옳지 않은 것은? (다툼이 있으면 판례에 따름)

① 「부동산등기 특별조치법」은 중간생략등기를 금지하고 있으나, 토지거래허가구역이 아니라면 당사자 사이의 중간생략등기 합의가 무효인 것은 아니다.
② 중간생략등기에 관한 3자 간의 합의가 성립된 후 甲, 乙 사이의 증액에 합의가 있었다면 甲은 증액 부분의 미지급을 이유로 丙의 등기청구를 거절할 수 있다.
③ 甲, 乙, 丙 3자 간에 중간생략등기의 합의가 있는 경우 乙의 甲에 대한 소유권이전등기청구권은 소멸한다.
④ 乙과 丙 사이에 채권양도의 합의를 하고 채권양도에 관한 통지를 甲에게 하였다 하더라도 丙은 중간생략등기청구를 할 수 없다.
⑤ 3자 간에 합의 없이 이루어진 중간생략등기일지라도 그 등기가 실체관계와 부합하는 것이라면 이를 무효로 볼 것은 아니다.

키워드 중간생략등기
풀이 중간생략등기의 합의가 있었다고 하여 중간매수인의 소유권이전등기청구권이 소멸하는 것은 아니다 (91다18316).
① 92다39112. 다만, 토지거래허가구역 내(內)에서는 무효가 된다.
② 2003다66431
④ 95다15575
⑤ 79다2104
TIP 판례를 사례화한 문제는 조문과 판례를 구체화하는 연습을 하세요.

정답 ③

08 물권변동에 관한 설명으로 옳지 않은 것은?

① 동산의 경우 현실적·직접적인 인도가 없더라도 물권이 변동될 수 있다.
② 이중보존등기가 동일인 명의로 경료된 경우 선등기가 유효이고 후등기는 무효가 된다.
③ 법률행위에 의한 부동산 물권변동 시 점유의 이전은 물권변동의 요건이 아니다.
④ 원인행위의 무효로 물권이 복귀되는 경우에 말소등기를 하지 않고 이전등기를 하면 그 등기는 효력이 없다.
⑤ 미등기부동산의 원시취득자와 합의로 승계취득자가 자신의 명의로 직접 경료한 소유권보존등기도 실체관계에 부합하면 유효하다.

| 키워드 | 물권의 변동 |
| 풀이 | 실제와 다른 등기원인에 의한 등기도 현재의 권리상태를 반영하기에 부족함이 없으므로 그 유효성을 인정하는 것이 일반적이다. 판례는 증여를 매매로 하거나(80다791) 이전등기를 말소하여야 할 것을 다시 이전등기(진정명의회복을 위한 이전등기)하는 것(70다1005)도 유효하다고 한다.
① 점유개정·목적물반환청구권의 양도는 현실적·직접적 인도가 없어도 물권변동의 효력이 있다.
② 87다카2961, 87다453 전합
③ 제186조에 따라 등기가 물권변동의 요건이 된다.
⑤ 모두생략등기(중간생략등기의 일종)로서 판례는 유효성을 인정한다.

정답 ④

09 등기의 효력에 관한 다음 설명 중 옳지 않은 것은? (다툼이 있으면 판례에 따름)

① 등기의 신청이 있었다 할지라도 어떠한 사정으로 등기가 완료되지 않으면 등기의 유·무효의 문제는 발생하지 않는다.
② 등기가 원인 없이 말소된 경우 말소회복등기는 말소 당시의 소유자에게 하여야 한다.
③ 등기된 저당권의 피담보채권이 4,000만원일지라도 피담보채권을 5,000만원으로 하기로 하는 물권적 합의가 있었다면 합의의 한도에서 효력이 있다.
④ 무효인 저당권등기의 유용은 유용합의 이전에 등기부상 이해관계를 가진 제3자가 없는 경우에 한하여 유효하다.
⑤ 멸실된 건물의 보존등기를 멸실 후에 신축한 건물의 보존등기로 유용하는 것은 허용되지 않는다.

| 키워드 | 등기의 유효요건 |
| 풀이 | 등기된 양이 물권적 합의보다 클 때에는 합의의 한도에서 효력이 있고, 반대로 등기된 양이 물권적 합의보다 적을 때에는 일부무효의 법리에 의하여야 한다(제137조).
② 68다1617
④ 87다카425(제한적 유효설)
⑤ 80다441

정답 ③

10 다음 설명 중 옳지 않은 것은? (다툼이 있으면 판례에 따름)

① 가등기에 의한 본등기가 경료된 경우 권리변동시기는 가등기 시점으로 소급한다.
② 멸실회복등기에 있어 전(前)등기의 원인이 각 불명이라고 기재되었다 하더라도 특별한 사정이 없는 한 적법한 절차를 거쳐 등기된 것으로 추정된다.
③ 가등기상의 권리의 이전도 가등기에 대한 부기등기에 의한다면 가능하다.
④ 등기는 물권변동의 효력발생요건일 뿐 효력존속요건은 아니므로, 등기가 불법말소된 경우에 말소회복등기를 하면 등기명의자는 종전의 순위를 보유한다.
⑤ 부동산에 관하여 소유권이전등기가 경료되어 있다면 등기원인 및 일자(日字)에 관한 입증이 부족하다는 이유로 그 등기를 무효라고 단정할 수는 없다.

> **키워드** 등기의 효력
> **풀이** 가등기에 의하여 본등기가 경료된 경우 등기관이 등기신청을 접수한 때로 소급하여 권리변동의 효력이 발생한다.

> 정답 ①

11 등기에 관한 설명으로 옳지 않은 것은? (다툼이 있으면 판례에 따름)

① 신축건물의 보존등기를 그 건물 완성 전에 경료했더라도 이후 건물이 완성된 이상 그 보존등기는 무효라 할 수 없다.
② 이중으로 경료된 소유권보존등기명의인이 동일인이 아닌 경우, 먼저 경료된 소유권보존등기가 원인무효가 아니라면 나중에 경료된 보존등기는 그 매수인 명의로 경료된 경우에도 절대적 무효이다.
③ 나중에 경료되어 무효인 보존등기를 기초로 하여 경료된 근저당설정등기의 실행으로 경락을 받은 자가 선의·무과실인 경우 경락인은 그 권리를 취득할 수 있다.
④ 등기부상 명의자를 진정한 권리자로 믿고 그 부동산을 매수하여 점유하는 자는 특별한 사정이 없는 한, 과실 없는 점유자이다.
⑤ 신축된 건물의 소유권보존등기의 명의자가 이를 신축한 것이 아니라면 그 등기의 추정력은 깨어지고 그 보존등기의 명의자가 소유권 취득사실을 입증하여야 한다.

> **키워드** 등기의 효력
>
> **풀이** 나중에 경료되어 무효인 보존등기와 이를 기초로 경료된 다른 등기, 예컨대 근저당설정등기도 무효로서 이 근저당권의 실행으로 경락을 받았다 하더라도 소유권을 취득하지 못한다(96다14326).
> ① 2013다59876
> ② 선(先)순위등기가 원인무효가 아닌 한 후(後)등기는 절대적 무효이다.
> ④ 96다14326
> ⑤ 신축된 건물의 소유권은 이를 건축한 사람이 원시취득하는 것이므로, 건물소유권보존등기의 명의자가 이를 신축한 것이 아니라면 그 등기의 추정력은 깨어지고 그 보존등기의 명의자가 소유권 취득사실을 입증하여야 한다(82다카707).
>
> **정답** ③

12 [고난도] 등기에 관한 다음 설명 중 옳지 않은 것은? (다툼이 있으면 판례에 따름)

① 하나의 부동산에 甲 명의로 소유권보존등기가 된 후 다시 乙 명의로 소유권보존등기가 된 경우라도 甲이 허위의 등기서류에 의해 보존등기를 한 경우에는 甲의 보존등기는 원인무효이므로 乙의 등기가 유효하다.

② 미등기부동산이 전전(轉傳)매매된 경우 최후의 매수인이 소유권이전등기를 하지 않고 소유권보존등기를 하여도 그 소유권보존등기는 무효라 할 수 없다.

③ 중간생략등기를 하기로 한 경우, 중간자의 채무불이행이 있으면 최초매도인은 최종매수인 명의로 소유권이전등기 이행을 거절할 수 있다.

④ 중간생략등기의 합의가 없는 경우, 부동산의 최종매수인은 중간자를 대위하여 최초양도인에 대하여 순차적으로 소유권이전등기절차의 이행을 청구할 수 있다.

⑤ 최초양도인과 중간자의 동의가 있는 외에 최초양도인과 최종양수인 사이에 중간생략등기의 합의가 있어도 최종양수인은 최초양도인에 대하여 직접 그 소유권이전등기청구권을 행사할 수 없다.

> **키워드** 중간생략등기
>
> **풀이** 중간생략등기에 관한 3자 간의 합의가 있으면 직접 소유권이전등기를 청구할 수 있고, 그 3자 간의 합의는 반드시 동시에 이루어질 것을 요하지는 않는다.
> ④ 최종매수인은 중간자를 대위하여 최초양도인에 대하여 순차적으로 이전등기를 할 것을 청구할 수 있다.
>
> **TIP** 기본서의 관련 판례를 반드시 학습하세요.
>
> **정답** ⑤

13 등기의 추정력에 관한 설명으로 옳지 않은 것은? (다툼이 있으면 판례에 따름)

① 등기부상 등기명의자의 공유지분의 분자 합계가 분모를 초과하는 경우라도, 이미 등기가 적법한 절차에 따라서 경료된 이상 분모의 합계를 분자의 지분비율에 맞춰 공유하는 것으로 추정된다.
② 소유권이전등기의 추정력은 권리변동의 당사자에게도 미친다.
③ 적법한 권리 없이 소유자로 등기된 자는 그 등기로 인한 불이익이 발생한 경우 스스로 적법한 권리 없음을 입증할 책임이 있다.
④ 전(前) 등기명의인이 직접 처분행위를 하지 아니하고 제3자가 등기서류를 위조하여 처분하는 행위가 개입된 경우에도 그 제3자는 정당한 대리인으로서 현등기명의인에게 등기가 적법하게 이루어진 것으로 추정된다.
⑤ 저당권의 설정등기가 되어 있으면 이에 상응하는 피담보채권의 존재가 추정된다.

키워드 등기의 추정력

풀이 소유권지분이전등기가 경료되어 있는 경우, 일단 등기명의자는 공유지분 비율에 의한 적법한 공유자로 추정되는 것이나, 등기부상 등기명의자의 공유지분의 분자 합계가 분모를 초과하는 경우에는 등기부의 기재 자체에 의하여 그 등기가 부실함이 명백하므로 그중 어느 공유지분에 관한 등기가 무효인지를 가려보기 전에는 등기명의자는 등기부상 공유지분의 비율로 공유한다고 추정할 수 없을 뿐만 아니라, 공유지분의 분모를 분자 합계로 수정한 공유지분의 비율로 공유한다고 추정할 수도 없다(96다33709).

정답 ①

고난도

14 2021년 5월 6일 甲은 乙 소유의 건물에 대한 매매계약에 기한 소유권이전등기청구권보전의 가등기를 경료한 후(後) 乙은 2021년 5월 15일에 丙에게 그 건물을 양도하여 소유권을 이전등기해 주었다. 甲은 2021년 7월 27일에 본등기를 하려고 한다. 옳지 않은 것은?

① 가등기가 경료된 사실만으로 甲과 乙 사이에 법률관계 존재가 추정되지는 않는다.
② 甲이 본등기 청구가 아닌 다른 원인으로 소유권이전등기를 경료한 경우라도 甲의 가등기에 기한 본등기청구권은 혼동으로 소멸하지 않는다.
③ 甲의 본등기가 경료되어도 2021년 5월 15일부터 2021년 7월 27일 甲의 본등기 전까지 목적물로부터 발생한 과실은 丙에게 속한다.
④ 甲이 본등기를 하면, 甲은 2021년 5월 6일에 소유권을 취득한 것으로 된다.
⑤ 甲은 가등기에 대한 부기등기(가등기) 형태로 그 권리를 타인에게 양도할 수 있다.

| 키워드 | 등기의 효력 |
| 풀이 | 가등기에 기하여 본등기가 행해지면 본등기의 순위는 가등기의 순위에 의한다. 그러나 물권변동의 시기는 가등기 시로 소급하는 것이 아니라, 본등기 시에 물권변동이 있은 것으로 된다(81다1298·1299).
| TIP | 판례를 사례화한 문제는 조문과 판례를 구체화하는 연습을 하세요.

정답 ④

15 등기에 관한 설명으로 옳지 않은 것은? (다툼이 있으면 판례에 따름)

① 보존등기 명의자가 보존등기하기 이전의 소유자로부터 부동산을 양수한 것이라고 주장하고 전소유자는 양도 사실을 부인하는 경우에는 그 보존등기의 추정력은 깨어지고 그 보존등기 명의자 측에서 그 양수사실을 입증할 책임이 있다.
② 채권자·채무자·제3자 사이에 합의가 있고, 채권이 그 제3자에게 실질적으로 귀속되었다고 볼 수 있는 특별한 사정이 있다면 제3자 명의의 근저당권설정등기도 유효하다.
③ 원시취득자와 승계취득자 사이의 합치된 의사에 따라 승계취득자 앞으로 직접 소유권보존등기를 경료하게 되었다면, 그 소유권보존등기는 실체적 권리관계에 부합되어 적법한 등기로서의 효력을 가진다.
④ 가등기가 원인 없이 말소된 경우 가등기권리자도 그 회복등기를 청구할 수 있다.
⑤ 전세권 존속기간이 시작되기 전에 마친 전세권설정등기는 원칙적으로 무효이다.

| 키워드 | 등기의 효력 |
| 풀이 | 채권담보 목적으로 전세권을 설정할 수 있으므로 전세권자의 목적물에 대한 사용·수익을 완전히 배제하는 것이 아니라면 전세권 존속기간이 시작되기 전에 마친 전세권설정등기는 원칙적으로 효력이 있다(2017마1093).

정답 ⑤

16 선의취득에 관한 다음 설명 중 옳지 않은 것은? (다툼이 있으면 판례에 따름)

① 타인의 산림을 자기의 것으로 잘못 알고 벌채하는 경우에는 선의취득의 적용이 없다.
② 선의취득자는 선의취득의 효과를 거부하고 종전소유자에게 동산을 반환받아 갈 것을 요구할 수 없다.
③ 양수인은 점유를 취득하여야 하는데, 그 점유의 유형에는 점유개정도 포함한다.
④ 선의취득에 의하여 취득할 수 있는 동산물권은 소유권과 질권에 한한다.
⑤ 무상으로 취득한 동산이라도 취득자가 원권리자에 대해 부당이득반환의무를 지지 않는다.

> **키워드** 동산물권의 변동 – 선의취득
> **풀이** 점유개정에 의한 선의취득에 대하여는 학설이 대립하나, 통설·판례에 의하면 양수인이 점유를 취득하는 데 있어서 점유개정에 의한 선의취득은 거래의 안전을 위협한다는 이유로 점유의 유형에 점유개정에 의한 선의취득은 포함하지 않는다고 한다.

정답 ③

17 선의취득에 관한 설명으로 옳은 것은? (다툼이 있으면 판례에 따름)

① 도품, 유실물에 대하여는 제250조의 도품 및 유실물의 반환청구할 수 있는 기간인 2년을 경과한 때에 취득자는 소유권을 취득한다.
② 선의취득은 유효한 거래행위를 통한 동산취득의 경우에 한하여 인정되고, 경매의 경우에 적용이 없다.
③ 무권대리인이 처분한 경우는 처분권한이 없는 자가 한 것으로서 이 경우 선의취득을 인정하면 무권대리제도가 무의미하게 될 것이므로 이 경우에는 선의취득은 적용되지 않는다.
④ 선박은 민법상 동산이므로 원칙적으로 선의취득의 목적으로 된다.
⑤ 동산을 상속으로 취득하는 경우에도 선의취득이 인정된다.

> **키워드** 동산물권의 변동 – 선의취득
> **풀이** 이런 경우에는 무권대리 또는 표현대리의 규정에 의해 거래상대방을 보호하게 되고, 원칙적으로 선의취득의 적용은 부정된다.
> ① 선의취득자는 점유취득과 동시에 소유권을 취득하고, 원소유자가 제250조의 반환청구권을 행사하여 점유를 회복하면 그 소유권을 상실한다.
> ② 경매도 선의취득의 요건으로서의 거래행위에 해당한다(97다32680).
> ④ 점유가 아닌 등기·등록으로 공시되는 동산은 선의취득의 대상이 되지 않는다.
> ⑤ 선의취득은 유효한 거래행위를 그 요건으로 한다. 그러므로 포괄승계의 경우에는 선의취득의 적용이 없다.

정답 ③

18 다음 중 선의취득이 인정되는 경우로 옳은 것을 모두 고른 것은?

> ㉠ 처분권한이 없는 점유보조자가 횡령한 동산을 증여받은 경우
> ㉡ 타인의 시계를 선친의 유품인 줄 알고 상속인이 자주점유하는 경우
> ㉢ 처분권한 없는 대리인으로부터 컴퓨터를 선의로 매수한 경우
> ㉣ 무권리자로부터 점유개정의 방법으로 인도받은 경우
> ㉤ 타인의 임야에 있는 수목을 무권리자로부터 매입한 경우

① ㉠
② ㉠, ㉡
③ ㉠, ㉡, ㉢
④ ㉠, ㉡, ㉢, ㉣
⑤ ㉠, ㉡, ㉢, ㉣, ㉤

키워드 동산물권의 변동 – 선의취득

풀이
㉠ 점유보조자는 점유권자는 아니나, 점유보조자가 점유물을 처분한 경우에도 선의취득이 인정된다.
㉡ 동산을 원시적으로 취득하거나, 회사의 합병·상속 등 포괄적 승계에 의한 취득에는 그 적용이 없다.
㉢ 양도인이 무권리자라는 점을 제외하고는 위 거래행위는 완전·유효해야 한다. 따라서 거래행위에 무효·취소 사유가 있어 실효되거나 제한능력 또는 무권대리의 문제가 되는 경우에는 선의취득은 적용될 여지가 없다.
㉣ 점유개정에 의한 선의취득은 부정하는 것이 통설·판례이다.
㉤ 선의취득의 객체는 동산이어야 한다. 따라서 부동산 또는 부동산의 일부는 선의취득의 대상이 아니니다.

정답 ①

19 혼동으로 인한 물권의 소멸에 관한 다음 설명 중 옳지 않은 것은?

① 甲토지에 저당권을 가진 자가 후에 그 토지의 소유권을 취득하면 그 저당권은 소멸한다.
② 甲토지에 A가 1번 저당권을, B가 2번 저당권을 가졌을 경우에 B가 甲토지의 소유권을 취득하면 B의 2번 저당권은 소멸하지 않는다.
③ 甲토지의 지상권자가 이후에 그 지상권 위의 저당권을 취득하면 저당권은 혼동으로 소멸한다.
④ 甲토지의 지상권자가 상속으로 소유권을 취득하였더라도 그 지상권이 타인의 저당권의 목적이 되었을 때에는 혼동으로 소멸하지 않는다.
⑤ 지역권자가 승역지의 소유권을 취득한 경우 지역권은 소멸한다.

> **키워드** 물권의 소멸 – 혼동
> **풀이** A가 1번 저당권을, B가 2번 저당권을 가졌을 경우에 A가 甲토지의 소유권을 취득하더라도 A저당권은 소멸하지 않는다. 그 이유는 B의 권리가 혼동의 결과로 부당하게 유리한 지위를 차지하기 때문이다. 반대로 이 경우에 있어서 B가 甲토지의 소유권을 취득하면 B의 2번 저당권은 소멸한다. 그 이유는 혼동으로 A의 권리가 부당하게 우위를 점하는 일이 없기 때문이다.
>
> **정답** ②

고난도

20 혼동으로 인해 밑줄 친 권리가 확정적으로 소멸하는 경우는? (다툼이 있으면 판례에 따름)

① 지상권자가 <u>지상권</u>이 설정된 토지의 소유권을 단독 상속한 경우
② <u>저당권</u>의 목적물을 저당권자가 매수하였으나 그 매매계약이 원인무효인 경우
③ <u>저당권</u>이 설정된 부동산에 가압류등기가 된 후 그 저당권자가 부동산의 소유권을 취득한 경우
④ 甲의 지상권에 대해 乙이 1번 <u>저당권</u>, 丙이 2번 저당권을 취득한 후 乙이 그 지상권을 취득한 경우
⑤ 주택임차인이 대항력 및 우선변제권이 있는 <u>임차권</u>을 취득한 다음에 그 주택에 제3자의 저당권이 설정된 후 임차인이 이를 매수하여 소유권을 취득한 경우

> **키워드** 물권의 소멸 – 혼동
> **풀이** 지상권자가 단독 상속을 통하여 소유권을 취득한 경우에는 지상권은 혼동으로 소멸한다.
> **TIP** 기초적인 내용도 사례로 만들면 어렵습니다. 소홀히 하지 마시고, 충분히 연습하세요.
>
> **정답** ①

21 물권의 소멸에 관한 설명 중 옳지 않은 것으로 묶인 것은?

㉠ 광업권 또는 점유권이 토지소유권과 함께 동일인에게 귀속되더라도 광업권 또는 점유권은 소멸하지 않는다.
㉡ 소멸시효와 권리의 포기 등은 혼동과 같이 재산권의 공통된 소멸원인에 해당된다.
㉢ 甲이 채무자 乙의 토지 위에 선순위저당권을 가지고 있고 丙이 그 토지 위에 후순위저당권을 가지고 있는 경우에 甲이 乙을 상속하였다면 甲의 선순위저당권은 소멸하지 않는다.
㉣ 근저당권자가 소유권을 취득하면 그 근저당권은 혼동에 의하여 소멸하고, 혼동에 의한 물권소멸의 효과는 절대적이기 때문에, 그 뒤 그 소유권취득이 무효인 것이 밝혀지더라도 소멸하였던 근저당권은 부활하지 않는다는 것이 판례의 태도이다.
㉤ 甲에 대한 乙의 채권을 담보하기 위하여 丙의 토지에 저당권이 설정된 후 丁이 그 토지에 지상권을, 戊가 임차권의 취득등기를 경료하였다. 이후 丙의 토지를 乙이 상속한 경우 乙의 저당권은 소멸하지 않는다.

① ㉢, ㉣
② ㉡, ㉤
③ ㉡, ㉣, ㉤
④ ㉠, ㉢, ㉤
⑤ ㉡, ㉢, ㉣

키워드 물권의 소멸 – 혼동

풀이 ㉢ 선순위저당권자 甲이 乙의 지위를 상속받게 되면 주된 권리인 피담보채권이 소멸하게 되며, 피담보채권이 소멸하면 종된 권리인 저당권도 부종성의 원칙에 따라 당연히 소멸한다.
㉣ 근저당권자가 소유권을 취득하면 그 근저당권은 혼동에 의하여 소멸되지만, 그 뒤 소유권이전등기가 원인무효인 것이 밝혀지면 소멸하였던 근저당권은 당연히 부활한다는 것이 판례의 태도이다(71다1386).
㉤ 채권과 채무가 동일인에게 귀속되면 그 채권이 소멸하여 그 채권을 담보로 설정된 담보권은 소멸하는 것이 원칙이지만, 甲에 대한 乙의 채권을 담보하기 위하여 丙의 토지에 저당권이 설정된 후 丙의 토지를 乙이 상속한 경우 乙의 채권은 甲에 대한 것이고, 후순위자 丁·戊에 대한 乙의 권리를 보호하기 위하여 乙의 저당권은 소멸하지 않는다.

정답 ①

고난도

22 물권의 소멸에 관한 설명으로 옳지 않은 것은? (다툼이 있으면 판례에 따름)

① 건물이 멸실된 경우 그 소유권은 소멸하고, 동일한 구조와 규모로 신축을 한 경우에도 구 건물의 등기를 신축건물의 등기로 유용할 수 없다.
② 토지가 포락하여 그 경제적 가치가 소멸한 경우 이후 성토하여 회복을 했다 하더라도 특별한 사정이 없는 한 소유권은 다시 부활하지 않는다.
③ 부동산에 대한 물권의 포기는 등기를 해야 그 물권소멸의 효과가 발생한다.
④ 하나의 물건에 여러 개의 저당권이 설정된 후 제1순위 저당권자가 채무자를 상속한 경우, 소유권과 제한물권의 혼동으로 인하여 저당권은 소멸한다.
⑤ 수개의 저당권 중 제1순위 저당권자가 물상보증인을 상속한 경우, 담보물권은 소멸하지 않는다.

키워드 물권의 소멸
풀이 제1순위 저당권자가 채무자를 상속한 경우, 피담보채권이 혼동으로 소멸하고 이어서 담보물권의 부종성으로 인하여 저당권은 소멸한다. 소유권과 제한물권의 혼동으로 소멸하는 것은 아니다.
TIP 물권의 혼동과 채권의 혼동, 부종성 등에 의한 권리의 소멸을 구분해야 합니다.

정답 ④

CHAPTER 03 점유권

▶ **연계학습** | 에듀윌 기본서 1차 [민법 下] p.68

대표기출

점유에 관한 설명으로 옳지 않은 것은? (다툼이 있으면 판례에 따름) 제20회

① 점유자가 점유물에 유익비를 지출한 경우, 점유자의 선택에 좇아 그 지출금액이나 증가액의 상환을 청구할 수 있다.
② 선의의 점유자라도 본권에 관한 소에 패소한 때에는 그 소가 제기된 때로부터 악의의 점유자로 본다.
③ 임치 기타의 관계로 타인으로 하여금 물건을 점유하게 한 자는 간접으로 점유권이 있다.
④ 점유자가 점유물에 대하여 행사하는 권리는 적법하게 보유한 것으로 추정한다.
⑤ 폭력에 의한 점유자는 수취한 과실을 반환하여야 하며, 과실로 인하여 수취하지 못한 경우에는 그 과실의 대가를 보상하여야 한다.

키워드 점유의 효력
풀이 점유자가 점유물에 유익비를 지출한 경우, 그 회복자의 선택에 좇아 그 지출금액이나 증가액의 상환을 청구할 수 있다.

정답 ①

01 점유권에 관한 설명으로 옳은 것은?

① 목적물에 대한 직접적 실력행사를 하지 않는 경우에는 점유권이 인정될 수 없다.
② 점유권은 상속할 수 없다.
③ 점유에 대한 권리의 적법 추정은 동산은 물론 부동산에도 적용된다.
④ 점유자가 기망을 당하여 점유물을 인도한 경우에는 점유물반환청구할 수 있다.
⑤ 점유자가 그 의사에 반하여 점유를 침탈당한 때에는 점유물반환청구할 수 있다.

> **키워드** 점유의 의의
> **풀이** 점유의 침탈자에 대한 반환청구권에서 침탈자의 범위에는 임대차기간이 종료하여도 반환하지 않은 임차인으로부터 폭력으로 빼앗은 소유권자(정당하게 점유인도를 청구할 수 있는 자)도 포함된다.
> ① 점유보조자, 간접점유, 상속인의 점유 등 점유의 관념화가 대표적인 사례가 된다.
> ② 상속에 의한 점유를 인정한다(제193조).
> ③ 점유에 대한 권리추정은 부동산에 대해서는 적용되지 않는다.
> ④ 점유물반환청구권(제204조)을 행사하기 위해서는 점유가 침탈되었을 것을 요건으로 하는데, 여기서 침탈이란 점유자의 의사에 기하지 않고서 사실적 지배를 빼앗긴 것으로서 기망에 의해서 점유를 상실한 경우에는 인정되지 않는다.

정답 ⑤

02 점유의 관념화에 관한 설명으로 옳지 않은 것은?

① 점유권도 대리인에 의하여 취득할 수 있으며, 이때 본인은 간접점유권을 취득한다.
② 점유보조관계에서 점유자의 점유는 직접점유에 해당하고 간접점유는 아니다.
③ 간접점유자는 점유물에 대한 반환청구권을 갖는다.
④ 직접점유가 침탈된 경우 간접점유자는 직접점유자에게 목적물을 반환할 것을 먼저 청구한 후 반환이 불가능할 때 자신에게 반환할 것을 청구할 수 있다.
⑤ 직접점유자가 타주점유자인 경우에 간접점유자도 점유권이 있다.

> **키워드** 점유의 관념화
> **풀이** 점유권은 사실상 지배상태를 권리로 인정하는 것으로서 사실행위를 그 기초로 하는 것이므로 대리제도가 적용되지 않는다.

정답 ①

03 점유에 관한 설명으로 옳지 않은 것은? (다툼이 있으면 판례에 따름)

① 점유자의 자주·평온·공연한 점유는 추정되나, 무과실은 추정되지 않는다.
② 사실상 지배가 계속되는 한 점유할 권리의 소멸로 점유권이 소멸하지 않는다.
③ 점유에 관한 소(訴)는 본권에 관한 이유로 재판할 수 있다.
④ 간접점유자는 목적물반환청구권을 양도함으로써(제190조) 간접점유를 승계시킬 수 있다.
⑤ 건물소유자가 현실적으로 건물이나 그 부지를 점거하지 않더라도 특별한 사정이 없는 한 건물의 부지에 대한 점유가 인정된다.

키워드 점유의 추정적 효력
풀이 점유에 관한 소(訴)는 본권에 관한 이유로 재판하지 못한다(제208조 제2항).

정답 ③

04 점유의 태양에 관한 설명으로 옳지 않은 것은? (다툼이 있으면 판례에 따름)

① 처분권한 없는 자로부터 그 사실을 잘 알면서 토지를 매수하여 이를 점유하는 경우에 그 점유는 타주점유이다.
② 타주점유를 상속한 자가 하는 점유는 비록 내심으로 당해 부동산이 자신의 소유라고 생각하더라도 그 점유는 타주점유이다.
③ 타인의 토지에 분묘를 설치한 자가 그 분묘기지를 점유하는 경우에 그 토지에 대한 점유는 자주점유이다.
④ 채무불이행을 이유로 매매계약이 해제된 경우, 그 이후 매수인의 점유는 타주점유로 전환된다.
⑤ 매매대금을 다 받아서 목적물의 인도의무가 있는 매도인이 그 부동산을 점유하는 경우에 그 점유는 특별한 사정이 없는 한 타주점유이다.

키워드 점유의 태양
풀이 타인의 토지 위에 분묘를 설치·소유하는 자는 다른 특별한 사정이 없는 한 그 분묘의 보존·관리에 필요한 범위 내에서만 타인의 토지를 점유하는 것(분묘기지권은 지상권의 유사한 성질의 물권)이므로 점유의 성질상 소유의 의사가 추정되지 않는다(97다3651·97다3668).
① 99다50705
② 97다40100
④ 71다2306
⑤ 92다43975

정답 ③

05 甲은 악의로 10년간 점유한 후 乙에게 그 점유를 이전하여, 乙은 5년간 선의로 점유하였다. 丙이 다시 그 점유를 승계하여 10년간 선의로 점유하였을 때, 특정승계인 丙의 점유의 주장으로 옳은 것은?

① 악의의 점유 25년 만을 주장할 수 있을 뿐이다.
② 선의의 점유 15년 만을 주장할 수 있을 뿐이다.
③ 자신의 선의의 점유 10년을 주장할 수 있을 뿐이다.
④ 선의의 점유 10년 또는 악의의 점유 25년 중 하나를 선택하여 주장할 수 있을 뿐이다.
⑤ 선의의 점유 10년 내지 15년 또는 악의의 점유 25년 중 어느 것이라도 주장할 수 있다.

키워드 점유의 승계
풀이 점유의 승계가 있는 경우 승계인은 자기의 점유만을 주장하거나 자기의 점유와 전점유자의 점유를 아울러 주장할 수 있다. 다만, 전점유자의 점유를 아울러 주장하는 경우에는 전점유자의 점유의 하자도 그대로 승계된다(제199조).

정답 ⑤

06 점유의 태양에 관한 설명으로 옳지 않은 것은? (다툼이 있으면 판례에 따름)

① 토지의 점유자가 전(前)토지소유자를 상대로 매매를 원인으로 한 소유권이전등기청구소송을 제기했다가 패소했더라도 자주점유가 타주점유로 전환되는 것은 아니다.
② 점유자의 무과실은 추정되지 않는다.
③ 점유자가 취득시효기간 경과 후 소유자에게 목적물의 매수의사를 표시한 사실이 있다면 점유자의 점유는 타주점유라고 볼 수 있다.
④ 타주점유자가 그 명의로 소유권이전등기를 경료한 것만으로는 소유의 의사를 표시하여 자주점유로 전환되었다고 볼 수 없다.
⑤ 양도담보권이 있다고 오신한 선의의 점유자는 그 점유물의 과실을 취득할 수 없다.

키워드 **점유의 태양**
풀이 점유자가 취득시효기간 경과 후 매수의사를 표시한 사실이 있다고 하더라도 위 점유자의 점유는 타주점유라고 볼 수 없다(82다708 전합).
① 토지의 점유자가 이전 토지소유자를 상대로 그 토지에 관하여 매매를 원인으로 한 소유권이전등기청구소송을 제기했다가 패소한 사정만으로 자주점유가 타주점유로 전환되는 것은 아니다(97다30288).
② 83다카531
④ 92다51723
⑤ 양도담보권자는 과실취득권이 없고, 과실취득권이 없는 본권을 오신한 점유자는 수취한 과실을 반환해야 한다.

정답 ③

고난도
07 점유자와 회복자의 관계에 관한 설명으로 옳은 것을 모두 고른 것은? (다툼이 있으면 판례에 따름)

㉠ 선의점유자가 과실을 취득할 수 있는 범위에서 부당이득의 반환의무는 없다.
㉡ 통상의 필요비는 점유자가 과실을 취득한 경우에는 그 상환을 청구하지 못한다.
㉢ 악의점유자는 자주점유이든 타주점유이든 그 귀책사유로 점유물이 멸실·훼손된 경우에 손해 전부에 대한 책임을 진다.
㉣ 악의의 점유자는 수취한 과실을 반환해야 하며 소비하였거나 과실(過失)로 인하여 훼손 또는 수취하지 못한 경우 그 과실(果實)의 대가를 보상하여야 한다.

① ㉠, ㉡, ㉢, ㉣
② ㉠, ㉡
③ ㉢, ㉣
④ ㉠, ㉢, ㉣
⑤ ㉡, ㉣

키워드 **점유의 효력 – 점유자와 회복자의 관계**
풀이 ㉠ 선의의 점유자는 점유물로부터 생기는 과실을 취득할 수 있으므로 비록 선의의 점유자가 과실을 취득함으로 인하여 타인에게 손해를 입혔다 할지라도 그 과실취득으로 인한 이득을 그 타인에게 반환할 의무는 없다(77다2169).
㉡ 제203조 제1항 단서
㉢ 제202조
㉣ 제201조 제2항

TIP 기초적인 내용을 소홀히 하지 마시고, 충분히 연습하세요.

정답 ①

08 점유자의 과실취득권에 관한 설명으로 옳지 않은 것은? (다툼이 있으면 판례에 따름)

① 과실을 취득할 수 있는 본권이 있다고 오신하는 점유자는 과실을 취득할 수 있다.
② 선의점유자가 취득할 수 있는 과실에는 천연과실과 법정과실이 포함되고, 사용이익은 포함되지 않는다.
③ 선의의 점유자는 단순히 소비한 과실뿐만 아니라 수취한 과실 전부에 대하여 부당이득반환의무를 부담하지 않는다.
④ 폭력·은비에 의한 점유자는 수취한 과실 또는 그 대가를 반환하여야 한다.
⑤ 선의의 점유자가 본권 있음을 오신함에는 오신할 만한 정당한 근거가 있어야 한다.

> **키워드** 점유자의 과실취득
> **풀이** 선의점유자가 취득할 수 있는 과실에는 천연과실, 법정과실뿐만 아니라 사용이익(차임상당의 부당이득)도 포함된다(95다44290).
> ⑤ 선의의 점유자가 본권 있음을 오신한 경우 단순한 오신으로서는 부족하고 오신을 함에는 오신할 만한 정당한 근거가 있어야 한다(99다63350).
>
> 정답 ②

09 점유에 관한 설명으로 옳지 않은 것은?

① 선의의 점유자가 필요비를 지출한 경우라도 대수선 비용 등의 특별필요비는 상환을 받을 수 있다.
② 점유자가 점유물에 대하여 행사하는 권리는 적법하게 보유한 것으로 추정한다.
③ 악의의 점유자는 그 과실(過失) 없이 수취하지 못한 과실(果實)은 그 대가를 보상하여야 한다.
④ 유익비 상환에 관하여 법원의 상환기간 허여가 있으면 유치권은 성립하지 않는다.
⑤ 필요비 및 유익비는 물건에 관하여 생긴 채권이므로 점유자는 유치권을 행사할 수 있다.

> **키워드** 점유자의 반환청구권
> **풀이** 악의의 점유자가 그 과실(過失) 없이 수취하지 못한 과실(果實)은 그 대가의 보상의무가 없다(제201조 제2항).
> ② 제200조
> ④ 제203조 제3항
>
> 정답 ③

10 점유에 관한 다음 설명 중 옳지 않은 것은? (다툼이 있으면 판례에 따름)

① 점유권에 기인한 소는 본권에 관한 이유로 재판하지 못한다.
② 전후 양(兩)시점에 점유한 사실이 있는 때에는 그 전후 양(兩)시점의 점유자가 다른 경우에도 점유의 승계가 입증되면 점유의 계속은 추정된다.
③ 회복자가 점유자 명의로 경료된 소유권이전등기의 말소만을 구하는 경우 점유자는 그 유익비상환청구권으로서 동시이행 또는 유치권의 항변을 할 수 없다.
④ 점유자가 점유물을 반환할 때는 필요비 전액을 회복자에게 청구할 수 있으나, 점유자가 과실을 취득한 경우에는 필요비를 청구하지 못한다.
⑤ 점유자가 공사로 인하여 점유의 방해를 받은 경우 공사착수 후 1년이 경과하거나 그 공사가 완성한 때에는 방해의 제거를 청구하지 못한다.

> **키워드** 점유의 효력 – 점유자와 회복자의 관계
> **풀이** 과실을 취득한 점유자는 통상의 필요비는 이를 상환청구할 수 없고, 특별의 필요비만을 청구할 수 있을 뿐이다.
> ① 제208조 제2항
> ② 전후 양(兩)시점에 점유한 사실이 있는 때에는 그 전후 양(兩)시점의 점유자가 다른 경우에도 점유의 승계가 입증되면 점유의 계속은 추정된다(제198조).
> ③ 76다172
> ⑤ 제205조 제3항
>
> 정답 ④

11 점유에 관한 설명으로 옳은 것은? (다툼이 있으면 판례에 의함) 제17회

① 과실을 취득한 선의의 점유자는 회복자를 상대로 그 점유물에 대하여 지출한 통상의 필요비의 상환을 청구할 수 없다.
② 선의의 점유자가 본권에 관한 소에서 패소하면 그 소에서 패소한 때부터 악의의 점유자로 간주된다.
③ 점유자는 선의·무과실로 점유하는 것으로 추정되므로, 점유자에게 과실 있음을 주장하는 자는 이를 증명할 책임이 있다.
④ 폭력 또는 은비에 의한 점유자도 선의인 경우 점유물의 과실을 취득할 수 있다.
⑤ 유익비에 관하여는 그 가액의 증가가 현존한 경우에 한하여 점유자의 선택에 좇아 그 지출금액이나 증가액의 상환을 청구할 수 있다.

키워드 점유의 효력 – 점유자와 회복자의 관계

풀이 점유자가 점유물을 반환할 때에는 회복자에 대하여 점유물을 보존하기 위하여 지출한 금액 기타 필요비의 상환을 청구할 수 있다. 그러나 점유자가 과실을 취득한 경우에는 통상의 필요비는 청구하지 못한다(제203조 제1항).
② 선의의 점유자라도 본권에 관한 소에 패소한 때에는 그 소가 제기된 때로부터 악의의 점유자로 본다(제197조 제2항).
③ 점유자는 소유의 의사로 선의, 평온 및 공연하게 점유한 것으로 추정한다(제197조 제1항). 다만, 무과실은 추정되지 않으므로 무과실에 관하여는 점유자 스스로 과실 없음을 입증하여야 한다.
④ 악의의 점유자의 과실반환에 관한 민법규정은 폭력 또는 은비에 의한 점유자에 준용한다(제201조 제3항).
⑤ 점유자가 점유물을 개량하기 위하여 지출한 금액 기타 유익비에 관하여는 그 가액의 증가가 현존한 경우에 한하여 회복자의 선택에 좇아 그 지출금액이나 증가액의 상환을 청구할 수 있다(제203조 제2항).

정답 ①

12 점유보호청구권에 관한 설명으로 옳은 것끼리 묶인 것은? (다툼이 있으면 판례에 따름)

㉠ 점유의 방해를 받은 점유자는 방해의 제거 및 손해의 배상을 청구할 수 있으나, 손해배상을 청구하려면 방해자의 고의나 과실이 있어야 한다.
㉡ 점유의 방해를 받을 염려가 있을 때 점유자는 방해의 예방과 손해배상의 담보를 함께 청구할 수 있다.
㉢ 점유자가 상대방의 기망행위로 점유를 이전한 경우 점유물반환청구권을 행사할 수 없다.
㉣ 점유자가 점유의 침탈을 당한 경우 침탈자의 선의의 매수인으로부터 악의로 이를 전득한 자에 대해 점유물반환청구권을 행사할 수 있다.
㉤ 점유회수 또는 점유의 보유를 위한 청구는 그 사유발생일로부터 1년 이내에 재판상 또는 재판 외로 행사할 수 있다.

① ㉠, ㉡, ㉤
② ㉠, ㉢
③ ㉡, ㉢, ㉤
④ ㉠, ㉡, ㉣
⑤ ㉡, ㉢, ㉣

키워드 점유보호청구권

풀이 ㉡ 점유물방해예방청구와 손해배상담보의 청구는 선택관계이다. 따라서 함께 행사하는 것은 인정되지 않는다.
㉣ 선의의 특별승계인은 점유물반환청구권의 상대방이 아니고, 그로부터 승계한 악의의 전득자도 선의자의 지위를 승계하므로 상대방이 되지 않는다.
㉤ 점유회수 또는 점유의 보유를 위한 청구의 행사기간 1년은 제척기간으로 반드시 소(訴)를 제기해야 하는 출소기간이다(2001다8097).

정답 ②

13 점유권에 관한 다음 설명 중 옳은 것은?

① 미등기부동산은 등기부가 없으므로 점유의 권리적법이 추정된다.
② 사기를 당하여 기망상태에서 건물을 인도하였다면 인도한 자는 상대방에게 건물에 대한 점유회수의 소(訴)권을 행사할 수 있다.
③ 점유의 방해가 공사로 인한 경우 착수 후 1년이 경과하였지만 완공이 되지 않았다면, 점유보호청구권을 행사할 수 있다.
④ 전(前)점유자의 점유가 타주점유라 하더라도 그의 특정승계인인 현재의 점유자가 자신의 점유만을 주장하는 경우 그 점유는 자주점유로 추정된다.
⑤ 직접점유자는 물론 간접점유자도 자력구제권을 행사할 수 있다.

> **키워드** 점유의 효력
> **풀이** 제197조 제1항, 제199조 제1항
> ① 미등기부동산은 권리적법 추정이 인정되지 않는다.
> ② 점유의 침탈이 아니고 사기를 당해 스스로 인도한 경우 점유회수의 소를 제기할 수 없다.
> ③ 점유의 방해가 공사로 인한 경우 착수 후 1년이 경과하였거나 이미 완공이 된 경우 점유보호청구권을 행사할 수 없다.
> ⑤ 간접점유자는 자력구제권을 행사할 수 없다.
>
> 정답 ④

CHAPTER 04 소유권

▶ **연계학습** | 에듀윌 기본서 1차 [민법 下] p.92

대표기출

01 甲 소유의 X토지를 乙이 20년간 소유의 의사로 평온·공연하게 점유하여 취득시효기간이 만료되었으나, 乙은 그 등기를 하지 않았다. 그 후 甲은 丙과 X토지에 대한 매매계약을 체결하였다. 다음 설명 중 옳지 않은 것은? (다툼이 있으면 판례에 따름) 제13회

① 丙의 소유권이전등기 완료 후에도 乙의 평온·공연한 자주점유가 20년 이상 계속되었다면 乙은 丙에 대하여 취득시효의 완성을 주장할 수 있다.
② 甲·丙 간의 토지매매계약은 원칙적으로 유효하므로 丙이 X토지에 대한 소유권이전등기를 완료하였다면 그 토지의 소유권을 취득할 수 있다.
③ 乙이 甲에게 소유권이전등기를 청구한 후 甲이 X토지를 丙에게 매도하여 이전등기까지 경료해 준 경우, 乙은 甲에 대하여 손해배상을 청구할 수 있다.
④ 만약 丙이 甲의 배임행위에 적극 가담하여 乙에 대한 소유권이전등기 의무를 불가능하게 하였다면 丙은 소유권을 취득하지 못한다.
⑤ X토지가 미등기 부동산인 경우에는 소유권이전등기가 불가능하므로 乙은 취득시효완성만으로 등기 없이도 소유권을 취득할 수 있다.

키워드 점유취득시효
풀이 X토지가 미등기 부동산인 경우에는 소유권이전등기가 불가능하므로 乙은 취득시효완성만으로 등기 없이도 소유권을 취득할 수 없고, 다만 민법 제245조 규정에 의거 등기청구권만을 취득할 수 있다.

정답 ⑤

02 甲, 乙, 丙이 X건물을 각 3분의 1의 지분에 의하여 공유(共有)하고 있다. 다음 설명 중 옳지 않은 것은? (다툼이 있으면 판례에 따름) 제15회

① 丙의 동의가 없더라도 甲과 乙의 합의만으로 X건물을 타인에게 임대할 수 있다.
② X건물을 무단으로 사용하는 자에 대하여 丙은 단독으로 반환을 요구할 수 있다.
③ X건물을 처분하기 위해서는 甲, 乙, 丙 전원이 동의하여야 한다.
④ 甲이 자신의 지분을 처분하기 위해서는 乙과 丙의 동의가 있어야 한다.
⑤ 특약이 없는 한, 甲, 乙, 丙은 X건물의 관리비용을 균분하여 부담한다.

키워드 공동소유 – 공유

풀이 공유자는 그 지분의 처분을 자유롭게 할 수 있으므로, 甲이 자신의 공유지분을 처분함에 있어 다른 공유자의 동의는 필요없다.
① 공유물의 관리는 공유지분의 과반수 동의가 필요하므로 乙과 丙이 합의하면 甲의 동의가 없이도 X건물을 타인에게 임대할 수 있다.
② 공유자가 물권적 청구권을 행사하는 행위는 공유물의 보존행위로서 공유자 중 1인이 단독으로 공유물 전부에 대하여 행사할 수 있다.
③ 공유물의 처분행위는 공유자 전원의 동의를 요한다.
⑤ 공유자는 그 지분의 비율로 공유물의 관리비용을 부담하여야 하므로 지분이 동일한 甲·乙·丙은 균분하여 공유물의 관리비용을 부담한다.

정답 ④

고난도
01 주위토지통행권에 관한 설명으로 옳지 않은 것은?

① 기존 통로가 토지용도에 필요한 통로로서의 기능을 다하지 못하는 경우에도 새로운 통행권이 인정된다.
② 「건축법」상 도로의 폭 등에 관하여 제한규정이 있다면 반사적 이익으로서 포위된 토지소유자에게 이와 일치하는 통행권이 인정된다.
③ 기존의 통로보다 더 편리하다는 이유만으로 다른 곳으로 통행할 권리를 갖는 것은 아니다.
④ 통행지소유자는 통행권자의 허락을 얻어 사실상 통행하고 있는 자에게 손해의 보상을 청구할 수 없다.
⑤ 분할이나 토지의 일부양도로 포위된 토지의 특정승계인의 경우에는 주위토지통행권에 관한 일반원칙에 따라 그 통행권의 범위를 따로 정하여야 한다.

키워드 　상린관계 – 주위토지통행권

풀이 　「건축법」의 각 규정에 의하면 도시계획구역 내에서 건축을 하고자 하는 경우 방재 및 통행의 안전을 위하여 건축물의 주위에 넓은 공지가 있는 등 특별한 안전성에 지장이 없는 경우를 제외하고는 건축물의 대지는 2미터 이상을 도로에 접하여야 하며, 이에 적합하지 아니할 경우에는 건축허가를 받을 수 없도록 규제하고 있는바, 이러한 규정은 건물의 신축이나 증·개축 허가 시 그와 같은 범위의 도로가 필요하다는 행정법규에 불과한 것이고, 위 규정 자체만으로 당연히 포위된 토지소유자에게 그 반사적 이익으로서 「건축법」에서 정하는 도로의 폭이나 면적 등과 일치하는 주위토지통행권이 바로 생긴다고 단정할 수는 없다(91다32251).
① 주위토지통행권은 어느 토지가 타인 소유의 토지에 둘러싸여 공로에 통할 수 없는 경우뿐만 아니라, 이미 기존의 통로가 있더라도 그것이 당해 토지의 이용에 부적합하여 실제로 통로로서의 충분한 기능을 하지 못하고 있는 경우에도 인정된다(2002다53469).

TIP 　주위토지통행권 관련 판례를 기본서를 중심으로 면밀하게 학습하세요.

정답 ②

02 상린관계에 관한 설명으로 옳지 않은 것은?

① 무상의 주위토지통행권은 일부양도·일부분할의 직접당사자 및 그 특정승계인과의 사이에만 인정된다.
② 인접하여 토지를 소유한 자의 경계표 설치를 위한 측량비용은 면적에 비례하여 부담하고, 경계표 설치비용은 절반하여 부담한다.
③ 인지소유자는 자기의 비용으로 담의 재료를 양호한 것으로 하거나 통상의 높이보다 높게 하고 특수시설을 할 수 있다.
④ 우물을 파거나 오물 등을 저치할 지하시설을 설치하는 경우 경계로부터 2미터 이상의 거리를 두어야 하고, 지하실 공사에는 경계로부터 그 깊이의 반 이상의 거리를 두어야 한다.
⑤ 인접지의 수목가지가 경계를 넘는 때에는 그 소유자에 대하여 가지의 제거를 청구할 수 있고, 이에 응하지 않은 때 청구자가 직접 그 가지를 제거할 수 있다.

키워드 　상린관계 – 주위토지통행권

풀이 　무상의 주위토지통행권은 일부양도·일부분할의 직접당사자 사이에만 인정된다(93다45268).
② 제237조 제2항
③ 제238조
④ 제244조 제1항
⑤ 제240조 제1항 및 제2항

정답 ①

03 소유물반환청구권에 관한 설명으로 옳지 않은 것은?

① 소유물의 점유를 상실한 경우이면 족하고, 점유의 상실이유가 침탈에 한하지 않는다.
② 상대방은 현재 소유자의 점유를 방해하고 있는 자이면 족하고, 그의 고의·과실 여하는 묻지 않는다.
③ 선의의 특정승계인에게도 반환을 청구할 수 있다.
④ 점유자가 물건을 점유할 권리가 있는 때에는 소유자의 반환청구를 거부할 수 있다.
⑤ 물건의 반환 및 손해배상의 청구는 점유를 상실한 날로부터 1년 내에 행사하여야 한다.

키워드 물권적 청구권

풀이 소유물반환청구는 점유물반환청구와는 달리 점유의 상실이유는 침탈에 한하지 않으며, 선의의 특정승계인에게도 반환을 청구할 수 있다. 또한 제척기간의 제한도 없다.

정답 ⑤

고난도
04 점유취득시효에 관한 설명으로 옳지 않은 것은? (다툼이 있으면 판례에 따름)

① 취득시효의 기산점은 원칙적으로 점유가 시작된 때이고, 시효취득을 주장하는 자가 이를 임의로 선택할 수 없다.
② 기산일 이후에 이해관계 있는 제3자가 없는 경우에는 점유자는 임의로 취득시효의 기산점을 선택할 수 있고, 시효취득 완성을 주장할 수 있는 시점에서 20년 이상의 기간이 경과되었다는 사실만 확정되면 족하다.
③ 시효기간 중 소유권자의 변동이 있을지라도 시효취득을 원인으로 한 소유권이전등기의 청구는 점유개시 당시의 소유자를 상대로 하여야 한다.
④ 취득시효 완성 당시의 소유자가 시효완성 후에 부동산을 처분한 경우 악의의 제3자라도 권리를 취득하지만, 제3자가 그 부동산의 처분에 적극가담하였다면 그 처분은 무효이다.
⑤ 취득시효 완성 당시의 점유자로부터 목적물을 양수하여 점유를 승계한 현 점유자는 전점유자의 시효완성의 효과를 주장하여 직접 자기에게 소유권이전등기를 할 것을 청구할 수 없다.

> **키워드** 취득시효
> **풀이** 시효취득을 원인으로 한 소유권이전등기의 청구는 시효완성 당시의 소유자를 상대로 하여야 한다.
> **TIP** 기본서의 관련 판례를 반드시 학습하세요.

정답 ③

05 부동산점유취득시효에 관한 설명으로 옳지 않은 것은? (다툼이 있으면 판례에 따름)

① 국유재산 중 일반재산이 취득시효 완성 후 행정재산으로 되면 시효완성자는 국가를 상대로 그 소유권이전등기를 청구할 수 없다.
② 분필되지 않은 토지의 일부도 시효취득될 수 있다.
③ 시효완성 당시의 소유권보존등기가 무효라면 그 등기명의인은 원칙적으로 시효완성을 원인으로 한 소유권이전등기청구의 상대방이 될 수 없다.
④ 취득시효가 완성되기 전에 해당 부동산이 압류된 경우에도 취득시효가 중단되는 것은 아니다.
⑤ 취득시효로 인한 권리취득의 효력은 등기한 때부터 발생하며, 점유를 개시한 때로 소급하지는 않는다.

> **키워드** 취득시효
> **풀이** 취득시효로 인한 권리취득의 효력은 점유를 개시한 때로 소급하여 효력이 발생하므로 시효취득자는 점유기간 중의 부동산에 대한 사용이익을 부당이득으로서 그 소유자에게 반환할 필요가 없다.

정답 ⑤

06 甲 소유의 X토지를 乙이 20년간 소유의 의사로 평온하고 공연하게 점유하여 취득시효기간이 만료되었으나, 乙은 그 등기를 하지 않았다. 그 후 甲은 丙과 X토지에 대한 매매계약을 체결하였다. 다음 설명 중 옳지 않은 것은? (다툼이 있으면 판례에 따름)

① 乙의 등기청구 후 丙이 공익사업을 위하여 X토지를 수용한 것이라면 乙은 그 수용보상금에 대하여 대상청구를 할 수 있다.
② 甲·丙 간의 토지매매계약은 원칙적으로 유효하므로 丙이 X토지에 대한 소유권이전등기를 완료하였다면 그 토지의 소유권을 취득할 수 있다.
③ 乙이 甲에게 소유권이전등기를 청구한 후 甲이 X토지를 丙에게 매도하여 이전등기까지 경료해 준 경우, 乙은 甲에 대하여 불법행위에 기한 손해배상을 청구할 수 있다.
④ 乙의 등기청구 후 X토지에 대한 수용이 결정된 경우라도 乙은 丙에게 수용보상금의 수령 주체가 자신이라고 주장할 수 없다.
⑤ X토지가 미등기부동산인 경우에는 소유권이전등기가 불가능하므로 乙은 취득시효 완성만으로 등기 없이도 소유권을 취득할 수 있다.

키워드 점유취득시효
풀이 X토지가 미등기부동산인 경우에는 소유권이전등기가 불가능하므로 乙은 취득시효 완성만으로 등기 없이 소유권을 취득할 수 없고, 다만 민법 제245조 규정에 의거 등기청구권만을 취득할 수 있다.
정답 ⑤

07 甲은 A 소유 부동산의 등기관련서류를 위조하여 소유권이전등기를 경료하였다. 乙은 甲 앞으로 경료된 등기를 믿고 甲으로부터 그 부동산의 소유권을 취득하여 4년간 사용하다가 또한 등기를 신뢰한 丙에게 소유권을 이전하였고, 현재 丙이 그 부동산을 7년째 사용하고 있다. 이 사례에 관한 설명으로 옳은 것은? (다툼이 있으면 판례에 따름)

① 등기에 공신력이 인정되지 않으므로 乙과 丙은 소유권을 취득할 수 있는 경우는 없다.
② 乙과 丙은 선의의 제3자이므로 유효하게 소유권을 취득한다.
③ 乙과 丙 어느 누구도 10년 이상 등기된 상태에서 점유하지 아니하였으므로 소유권을 취득하지 못한다.
④ 丙은 乙의 점유와 등기의 승계를 모두 주장하여 A에 대해서도 소유권 취득을 주장할 수 있다.
⑤ 위조 여부를 확인하지 않은 乙은 선의이지만 무과실이라고 할 수 없으므로 丙은 소유권의 취득을 주장할 수 없다.

| 키워드 | 등기부취득시효 |

| 풀이 | 판례는 "등기부취득시효에 관한 민법 제245조 제2항의 규정에 의하여 소유권을 취득하는 자는 10년 간 반드시 그의 명의로 등기되어 있어야 하는 것은 아니고 앞사람의 등기까지 아울러 그 기간 동안 부동산의 소유자로 등기되어 있으면 된다고 할 것이다."라고 하여 이를 인정하고 있다(87다카2176 전합). 따라서 丙은 乙의 점유와 등기의 승계를 모두 주장하여 A에 대해서도 소유권 취득을 주장할 수 있다.

정답 ④

08 부동산점유취득시효에 관한 설명으로 옳지 않은 것은? (다툼이 있으면 판례에 따름)

제18회

① 행정재산은 공용폐지가 되지 않는 한 취득시효의 대상이 되지 못한다.
② 분필되지 않은 토지의 일부도 시효취득될 수 있다.
③ 미등기 부동산에 대하여 점유취득시효가 완성된 경우에도 등기를 하지 않는 한, 점유자는 소유권을 취득하지 못한다.
④ 취득시효 완성자는 취득시효가 완성된 후에 시효이익을 포기할 수 있다.
⑤ 취득시효로 인한 권리취득의 효력은 등기한 때부터 발생하며, 점유를 개시한 때로 소급하지는 않는다.

| 키워드 | 점유취득시효 |

| 풀이 | 취득시효로 인한 권리취득의 효력은 점유를 개시한 때로 소급하여 효력이 발생하므로 시효취득자는 점유기간 중의 부동산에 대한 사용이익을 부당이득으로서 그 소유자에게 반환할 필요가 없다.

정답 ⑤

09 부합에 관한 설명으로 옳지 않은 것은? (다툼이 있으면 판례에 따름)

① 동산과 동산이 부합하여 훼손하지 아니하면 분리할 수 없거나 그 분리에 과다한 비용을 요할 경우에는 그 합성물의 소유권은 주된 동산의 소유자에게 속한다.
② 건물이 증축된 경우에 증축 부분의 기존 건물에 부합 여부는 증축 부분이 기존 건물에 부착된 물리적 구조뿐만 아니라 그 용도와 기능면에서 독립성 여부 및 증축하여 이를 소유하는 자의 의사 등을 종합하여 판단하여야 한다.
③ 동산과 동산이 부합하여 그 주종을 구분할 수 없는 경우 동산의 소유자는 동일한 지분으로 합성물의 소유권을 취득한다.
④ 건물의 증축 부분이 기존 건물에 부합된 경우에는 기존 건물에 대한 경매절차에서 경매목적물로 평가되지 아니하였다고 할지라도 경락인은 부합된 증축 부분의 소유권을 취득한다.
⑤ 임차인이 임차한 건물에 그 권원에 의하여 증축을 한 경우에는 증축된 부분이 구조상으로나 이용상으로 기존 건물과 구분되는 독립성이 있다면 증축된 부분이 독립한 소유권의 객체가 될 수 있다.

키워드 소유권 취득 – 첨부 – 부합
풀이 부합한 동산의 주종을 구분할 수 없으면 부합 당시 가액의 비율로 합성물을 공유한다(제257조).

정답 ③

10 첨부에 관한 다음 설명 중 판례의 입장과 다른 것은?

① 타인의 동산에 가공한 때에는 그 물건의 소유권은 원재료의 소유자에게 속하는 것이 원칙이다.
② 선박에 부착된 나침반과 쌍안경은 이를 선박으로부터 분리함에 있어 선박의 훼손이나 과다한 비용을 요하지 아니한다면 선박에 부합하지 않는다.
③ 건물 임차인이 그 권원에 의하여 그 건물의 내부벽 및 내부천장에 부착시킨 장식 석재와 합판은 임차인 소유에 귀속한다.
④ 주유소 지하에 매설된 유류저장탱크를 토지로부터 분리하는 데 과다한 비용이 들고 이를 분리하면 그 경제적 가치가 현저히 감소하는 경우에 그 유류저장탱크는 토지에 부합된 것으로 본다.
⑤ 부동산에 부합하는 물건은 동산에 한하지 않고 부동산도 포함될 수 있다.

> **키워드** 소유권의 취득 – 첨부
>
> **풀이** 부속된 물건이 종물인 경우에는 권원에 의하여 부착한 경우에는 권원자의 소유이지만, 구성부분이 되는 경우에는 주물의 소유자의 것이 된다.
> ① 제259조
> ⑤ 다수설은 부동산에 부합하는 물건은 동산에 한한다고 한다.
>
> [정답] ③

11 공동소유에 관한 설명으로 옳은 것은?

① 합유자는 원칙적으로 합유물의 분할을 청구할 수 없으나, 합유자 전원의 동의가 있는 경우에는 합유물의 분할을 청구할 수 있다.
② 법률 또는 계약에 특별한 정함이 없는 한 합유물을 변경함에는 합유지분의 과반수로써 결정한다.
③ 공유지분은 다른 공유자의 동의를 얻지 못하는 한 임의로 처분하지 못한다.
④ 건물의 구분소유 관계에서의 공용부분은 일반공유물에 대한 것과 같은 분할청구를 할 수 없다.
⑤ 총유물의 관리 또는 처분행위는 사원총회의 결의에 의한다. 그러나 보존행위는 구성원 각자 단독으로 그 총유물 전부에 대하여 할 수 있다.

> **키워드** 공동소유
>
> **풀이** 구분건물의 공용부분은 구분소유자 전원의 공유에 속하나, 이에 대한 분할청구는 인정하지 않는다.
> ① 조합체가 종료하지 않는 한 합유물의 분할은 청구할 수 없다.
> ② 합유물을 변경함에는 합유자 전원의 동의가 있어야 한다(제272조).
> ③ 공유지분은 다른 공유자의 동의 없이 임의로 처분할 수 있다.
> ⑤ 총유물의 관리 및 처분은 사원총회의 결의에 의한다(제276조 제1항). 총유물의 보존은 사원총회의 결의를 거치거나 정관이 정하는 바에 따른 절차를 거쳐야 한다.
>
> [정답] ④

12 공동소유에 관한 설명으로 옳지 않은 것은? (다툼이 있으면 판례에 따름)

① 공유자의 지분은 특별한 사정이 없는 한 균등한 것으로 추정한다.
② 부동산 공유자가 자기 지분상에 저당권을 설정하는 등의 처분행위를 하기 위하여는 다른 공유자의 동의를 받아야 한다.
③ 공유자는 다른 공유자가 분할로 인하여 취득한 물건에 대하여 그 지분의 비율로 매도인과 동일한 담보책임이 있다.
④ 총유물을 보존하기 위한 소송을 제기하는 경우, 사원총회의 결의에 따라 비법인사단이 소송의 당사자로서 소송을 제기하여야 한다.
⑤ 합유는 조합체의 해산 또는 합유물의 양도로 인하여 종료한다.

키워드 공동소유 – 공유
풀이 공유자는 그 지분을 자유로이 처분할 수 있다(제263조). 따라서 공유물의 처분과는 달리 지분의 처분(양도, 담보제공, 포기 등)에는 다른 공유자의 동의를 필요로 하지 않는다.

정답 ②

13 공유물의 분할에 관한 설명으로 옳지 않은 것은?

① 공유물분할은 협의분할을 원칙으로 하고, 협의가 성립되지 아니한 때에는 재판상 분할을 청구할 수 있다.
② 공유물의 분할에 관한 합의를 하였으나 이에 따른 이전등기에 협조하지 않는 경우 공유자는 공유물분할청구의 소를 제기할 수 있다.
③ 공유자 중의 누구라도 공유관계의 소멸을 희망하는 경우에는 언제든지 자유로이 그 분할을 청구할 수 있고, 분할절차에는 전원이 필요적으로 참석하여야 한다.
④ 공유자는 5년 내의 기간으로 공유물의 불분할약정 및 그 약정을 갱신할 수 있으나, 이를 등기하지 않으면 제3자에게 대항하지 못한다.
⑤ 공유지분 위에 저당권을 설정한 후 공유물이 분할된 경우 저당권은 분할 전(前) 공유자의 지분범위 내에서 분할된 각 부분은 공동담보가 된다.

키워드 공동소유 – 공유 – 공유물의 분할

풀이 공유물분할은 협의분할을 원칙으로 하고 협의가 성립되지 아니한 때에는 재판상 분할을 청구할 수 있으므로 공유자 사이에 이미 분할에 관한 협의가 성립된 경우에는 일부 공유자가 분할에 따른 이전등기에 협조하지 않거나 분할에 관하여 다툼이 있더라도 그 분할된 부분에 대한 소유권이전등기를 청구하든가 소유권확인을 구함은 별 문제이나 또다시 소로써 그 분할을 청구하거나 이미 제기한 공유물분할의 소를 유지함은 허용되지 않는다(94다30348).

⑤ 공유자가 공유지분 위에 저당권을 설정한 후 공유물이 분할된 경우 저당권은 분할되기 전(前) 공유자의 지분범위 내에서 분할된 그 물건과 다른 공유자가 분할로 취득한 다른 물건에 그대로 존속하여 분할된 각 부분은 지분범위 내에서 공동담보가 된다.

정답 ②

CHAPTER 05 용익물권

▶ **연계학습** | 에듀윌 기본서 1차 [민법 下] p.136

1 용익물권 – 지상권

대표기출

01 지상권에 관한 설명으로 옳지 않은 것은? (다툼이 있으면 판례에 따름) 제20회

① 지상권자는 권리의 존속기간 내에서 타인에게 그 토지를 임대할 수 있다.
② 지상권자는 지상권을 유보한 채 지상물의 소유권만을 양도할 수 있으나, 지상물소유권을 유보한 채 지상권만을 양도할 수는 없다.
③ 수목의 소유를 목적으로 하는 지상권의 최단존속기간은 30년이다.
④ 지료의 지급은 지상권의 요소가 아니어서 지료에 관한 유상약정이 없는 이상 지료의 지급을 구할 수 없다.
⑤ 지상권자가 2년 이상의 지료를 지급하지 아니한 때에는 지상권설정자는 지상권의 소멸을 청구할 수 있다.

키워드 지상권
풀이 토지에 대한 사용권으로서 지상권과 지상물의 소유권은 각각 별개의 물권이므로 지상권자가 지상물을 소유하고 있다면 이는 각각 분리 처분할 수 있음은 물권의 배타적 지배성 및 양도성에 비추어 당연히 인정될 수 있는 것이므로 지상권자는 지상권을 유보한 채 지상물의 소유권만을 양도하거나 지상물의 소유권을 유보한 채 지상권만을 양도할 수도 있다.

정답 ②

02 관습법상 법정지상권에 관한 설명으로 옳은 것은? (다툼이 있으면 판례에 따름)

제21회

① 무허가건물을 위해서는 관습상 법정지상권이 성립할 여지가 없다.
② 「국세징수법」에 의한 공매로 인하여 대지와 건물의 소유자가 달라지는 경우에는 관습상 법정지상권이 성립하지 않는다.
③ 건물만을 매수하면서 그 대지에 관한 임대차계약을 체결했더라도, 특별한 사정이 없는 한 관습상 법정지상권을 포기한 것으로 볼 수 없다.
④ 토지와 그 지상건물이 처음부터 동일인 소유가 아니었더라도 그중 어느 하나를 처분할 당시에 동일인 소유에 속했다면, 관습상 법정지상권이 성립할 수 있다.
⑤ 甲으로부터 그 소유 대지와 미등기 지상건물을 양수한 乙이 대지에 관하여서만 소유권이전등기를 넘겨받은 상태에서 丙에게 대지를 매도하여 소유권을 이전한 경우, 乙은 관습상 법정지상권을 취득한다.

키워드 관습법상 법정지상권

풀이 관습법상 법정지상권은 동일인 소유에 속하던 토지와 건물이 저당물 경매가 아닌 기타 처분행위로 토지의 소유자와 건물의 소유자가 달라졌을 때 성립하는 것이고, 이 경우 동일인 소유의 토지와 건물은 원시적으로 동일인일 필요는 없고 처분행위 당시에 동일인 소유이면 충분하다(95다9075).
① 관습법상 법정지상권 성립을 위한 지상물은 미등기 무허가건물도 무방하다.
② 관습법상 법정지상권 성립을 위한 기타 처분행위에 공매도 포함된다.
③ 대지에 관한 임대차계약을 체결한 경우 관습법상 법정지상권을 포기한 것으로 본다.
⑤ 甲과 乙의 거래에서 乙은 토지의 소유권만 취득하였고, 乙이 이를 다시 丙에게 매도한 경우 관습법상 법정지상권은 성립하지 않는다.

정답 ④

01 지상권에 관한 설명으로 옳지 않은 것은? (다툼이 있으면 판례에 따름)

① 지상권자는 지상권설정자의 동의 없이 지상권을 타인에게 양도하거나 그 권리의 존속기간 내에서 그 토지를 임대하거나 저당권설정의 방식으로 담보로 제공할 수 있다.
② 지료를 지급하기로 하는 약정이 없으면 지상권은 성립하지 않는다.
③ 지상권의 최장존속기간은 제한규정이 없다. 따라서 영구무한의 지상권설정도 가능하다.
④ 수목에 대한 지상권의 존속기간은 언제나 30년 이상이다.
⑤ 입목에 대한 벌채권 확보를 위하여 지상권을 설정한 이후 그 벌채권이 소멸했더라도 지상권마저 소멸하는 것은 아니다.

키워드 지상권
풀이 지료의 지급은 지상권의 성립요건이 아니다. 지상권의 지료는 당사자의 약정에 의하여 유상·무상으로 설정할 수 있다.

정답 ②

---

02 지상권에 관한 설명으로 옳지 않은 것은? (다툼이 있으면 판례에 따름)

① 지상권설정의 목적이 된 건물이 전부 멸실하면 지상권은 소멸한다.
② 지상권이 설정된 토지를 양수한 자는 지상권자에게 그 토지의 인도를 청구할 수 없다.
③ 환매특약의 등기가 경료된 나대지의 소유자가 그 지상에 건물을 신축한 후, 환매권이 행사되면 관습상의 법정지상권은 설정할 수 없다.
④ 법원이 결정한 지료의 지급을 2년분 이상 지체한 경우, 토지소유자는 법정지상권의 소멸을 청구할 수 있다.
⑤ 저당권이 설정된 나대지의 담보가치 하락을 막기 위해 저당권자 명의의 지상권이 설정된 경우, 피담보채권이 변제되어 저당권이 소멸하면 그 지상권도 소멸한다.

키워드 지상권
풀이 지상권은 토지사용권이므로 건물이 전부 멸실하여도 지상권은 소멸하지 않는다.

정답 ①

03 乙 소유의 토지에 설정된 甲의 지상권에 관한 설명으로 옳지 않은 것은? (다툼이 있으면 판례에 따름)

① 甲은 그가 乙의 토지에 신축한 X건물의 소유권을 유보하여 지상권을 양도할 수 있다.
② 甲의 권리가 법정지상권일 경우, 지료에 관한 협의나 법원의 지료결정이 없으면 乙은 지료연체를 주장하지 못한다.
③ 지료를 연체한 甲이 丙에게 지상권을 양도한 경우, 乙은 지료약정이 등기된 때에만 연체사실로 丙에게 대항할 수 있다.
④ 乙의 토지를 양수한 丁은 甲의 乙에 대한 지료연체액을 합산하여 2년의 지료가 연체되면 지상권소멸을 청구할 수 있다.
⑤ 甲이 戊에게 지상권을 목적으로 하는 저당권을 설정한 경우, 지료연체를 원인으로 하는 乙의 지상권소멸청구는 戊에게 통지한 후 상당한 기간이 경과함으로써 효력이 생긴다.

> **키워드** 지상권
> **풀이** 乙의 토지를 양수한 丁은 甲의 乙에 대한 지료연체액을 합산하여 2년의 지료가 연체되어야 하는 것이 아니고 丁이 양수한 이후 2년의 지료가 연체되면 지상권소멸을 청구할 수 있다.
>
> 정답 ④

04 지상권자에게 불리하게 변경할 수 없는 강행규정을 편면적 강행규정이라 한다. 이에 해당하지 않는 것은?

① 지상권의 양도성을 정한 규정(제282조)
② 지상권자의 수거권을 정한 규정(제285조)
③ 지료체납의 효과를 정한 규정(제287조)
④ 지상권의 존속기간을 정한 규정(제280조)
⑤ 지상권의 비용상환청구권을 정한 규정

> **키워드** 지상권의 효력
> **풀이** 지상권자의 비용상환청구권에 관하여 민법에 아무런 규정이 없고 토지임차권에 관한 규정을 준용하고, 임차인의 비용상환청구권에 관한 민법규정은 임의규정이다.
>
> 정답 ⑤

05 지상권에 관한 설명으로 옳지 않은 것은? (다툼이 있으면 판례에 따름)

① 지상권의 최단존속기간에 관한 민법 제280조는 지상권자가 기존의 건물사용을 목적으로 하는 경우에는 적용하지 않는다.
② 상당기간 내구력을 가지며 용이하게 해체할 수 없는 건물의 소유를 목적으로 하는 지상권의 존속기간은 약정이 없으면 30년이다.
③ 토지소유권의 양도 전후에 걸쳐 2년의 지료가 연체되었다 하더라도 토지양수인에 대한 지료연체기간이 2년이 되지 않는다면 지상권의 소멸을 청구할 수 없다.
④ 지상권 설정 당시 기존의 건물이나 수목이 멸실하더라도 존속기간이 남아 있는 한 지상권이 같이 소멸하는 것은 아니다.
⑤ 종류를 정하지 않은 수목의 소유를 목적으로 한 지상권의 존속기간은 15년이다.

키워드 지상권의 성립
풀이 존속기간을 정하지 않은 경우 수목의 소유를 목적으로 한 지상권의 존속기간은 30년이다(제280조 제1항 제1호).

정답 ⑤

06 관습법상 법정지상권 발생원인으로서 처분행위로 볼 수 없는 것은? (다툼이 있으면 판례에 따름)

① 증여　　　　　　　　　　② 귀속재산의 불하
③ 환지　　　　　　　　　　④ 강제경매
⑤ 공유물의 분할

키워드 관습법상 법정지상권
풀이 환지의 경우에는 관습법상의 법정지상권을 부정한다(2001다4101).

정답 ③

07 甲은 乙로부터 미등기건물을 대지와 함께 매수하였으나 대지에 관하여만 소유권이전등기를 넘겨받고 대지에 대하여 저당권을 설정한 후 저당권의 실행으로 위 대지의 소유권이 丙에게 이전되었다. 이 사례에 관한 설명으로 옳지 않은 것은? (다툼이 있으면 판례에 따름)

① 甲은 그 건물의 소유권을 취득하였다고 볼 수 없다.
② 저당권의 설정 당시에 이미 대지와 건물이 각각 다른 사람의 소유에 속하고 있었으므로 민법 제366조의 법정지상권은 성립될 여지가 없다.
③ 대지에 관하여만 甲 앞으로 소유권이전등기가 경료된 경우이므로 乙은 관습법상의 법정지상권을 취득하고, 甲은 乙을 대위하여 법정지상권을 행사할 수 있다.
④ 동일인 소유의 토지와 건물 중 토지를 처분할 당시 지상의 건물이 미등기 무허가 건물인 경우에도 관습법상 법정지상권은 성립한다.
⑤ 형식적으로 대지와 건물이 그 소유명의자를 달리하게 되었다 하더라도 토지소유자가 건물의 처분권까지 함께 취득한 경우에는 관습상의 법정지상권은 인정되지 않는다.

키워드 관습법상 법정지상권

풀이 미등기건물을 그 대지와 함께 매도하였다면 비록 매수인에게 그 대지에 관하여만 소유권이전등기가 경료되고 건물에 관하여는 등기가 경료되지 아니하여 형식적으로 대지와 건물이 그 소유명의자를 달리하게 되었다 하더라도 매도인에게 관습상의 법정지상권을 인정할 이유가 없다고 할 것이다(2002다9660 전합). 결론적으로 미등기건물을 위한 법정지상권이나 관습상의 법정지상권을 취득할 수 없다 할 것이고, 따라서 甲이 乙을 대위하여 관습상의 법정지상권을 행사할 수도 없다고 할 것이다.
①② 미등기건물을 그 대지와 함께 매수한 사람이 그 대지에 관하여만 소유권이전등기를 넘겨받고 건물에 대하여는 그 등기를 이전받지 못하고 있다가, 대지에 대하여 저당권을 설정하고 그 저당권의 실행으로 대지가 경매되어 다른 사람의 소유로 된 경우에는, 그 저당권의 설정 당시에 이미 대지와 건물이 각각 다른 사람의 소유에 속하고 있었으므로 민법 제366조의 법정지상권이 성립될 여지가 없다.
④⑤ 관습상의 법정지상권은 동일인의 소유이던 토지와 그 지상건물이 매매 기타 원인으로 인하여 각각 소유자를 달리하게 되었으나 그 건물을 철거한다는 등의 특약이 없으면 그 지상건물의 허가 여부는 따지지 않으나, 토지의 점유·사용에 관하여 당사자 사이에 특별한 약정이 있는 것으로 볼 수 있거나 토지소유자가 건물의 처분권까지 함께 취득한 경우에는 관습상의 법정지상권을 인정할 까닭이 없다.

TIP 판례를 사례화한 문제는 조문과 판례를 구체화하는 연습을 하세요.

정답 ③

08 법정지상권 또는 관습법상 법정지상권에 관한 설명으로 옳은 것은? (다툼이 있으면 판례에 따름)

① 법정지상권은 등기 없이 당사자의 약정만으로 승계취득할 수 있다.
② 건물소유자가 토지소유자와 건물소유를 목적으로 하는 토지임대차계약을 체결하였더라도 관습상 법정지상권을 포기하였다고 볼 수 없다.
③ 토지의 매수인이 이전등기를 하지 않은 상태에서 매도인의 승낙을 받아 건물을 신축한 후 매매계약이 해제된 경우에도 매수인은 관습상 법정지상권을 취득한다.
④ 법정지상권이 있는 건물이 개축된 경우는 법정지상권이 소멸한다.
⑤ 법정지상권이 있는 건물의 양수인으로서 장차 법정지상권을 취득할 지위에 있는 자가 그 대지를 점유·사용함으로 인하여 얻은 이득은 부당이득이다.

키워드 법정지상권과 관습법상 법정지상권
풀이 ① 법률행위에 의한 이전이므로 지상권 양도협의와 이전등기가 필요하다.
② 건물소유자가 토지소유자와의 사이에 건물의 소유를 목적으로 하는 토지임대차계약을 체결한 경우에는 관습상의 법정지상권을 포기한 것으로 봄이 상당하다(92다3984).
③ 토지의 매수인이 이전등기를 하지 않은 상태로 토지와 건물이 동일인 소유가 아니므로 관습상 법정지상권이 성립하지 않는다.
④ 법 제366조 소정의 법정지상권이나 관습상의 법정지상권이 성립한 후에 건물을 개축 또는 증축하는 경우는 물론 건물이 멸실되거나 철거된 후에 신축하는 경우에도 법정지상권은 성립하나, 다만 그 법정지상권의 범위는 구 건물을 기준으로 하여 그 유지 또는 사용을 위하여 일반적으로 필요한 범위 내의 대지부분에 한정된다(96다40080).

정답 ⑤

09 법정지상권이 성립하는 경우를 모두 고른 것은? (다툼이 있으면 판례에 따름)

㉠ 저당권이 설정된 토지 위에 건물이 축조된 후, 토지의 경매로 인하여 토지와 그 건물이 다른 소유자에게 속하게 된 경우
㉡ 토지에 저당권이 설정될 당시 지상에 건물이 존재하고 있었고, 그 양자가 동일 소유자에 속하였다가 그 후 저당권의 실행으로 토지가 매각되기 전에 건물이 제3자에게 양도된 후 저당권 실행경매로 다시 토지와 건물이 다른 소유자에게 속한 경우
㉢ 토지에 저당권이 설정될 당시 그 지상에 건물이 토지소유자에 의하여 건축 중이었고, 건물의 규모, 종류가 외형상 예상할 수 있는 정도까지 건축이 진전된 후 저당권의 실행으로 토지가 매각된 경우
㉣ 동일인 소유의 토지와 건물에 관하여 공동저당권이 설정된 후 그 건물이 철거되고 제3자 소유의 건물이 새로이 축조된 다음, 토지에 관한 저당권의 실행으로 토지와 건물의 소유자가 달라진 경우

① ㉠, ㉡
② ㉡, ㉢
③ ㉢, ㉣
④ ㉠, ㉢
⑤ ㉡, ㉣

키워드 법정지상권

풀이 ㉠ 저당권이 설정된 토지 위에 건물이 축조되었다면 일괄경매 청구의 문제가 발생할 수는 있으나, 법정지상권은 성립하지 않는다.
㉣ 동일인 소유의 토지와 건물에 관하여 공동저당권이 설정된 후 그 건물이 철거되었다면 건물에 대한 저당권은 소멸하였고, 대지에 대한 저당권만이 성립되어 있는 상태이므로 제3자 소유의 건물이 새로이 축조된 다음, 토지에 관한 저당권의 실행으로 토지와 건물의 소유자가 달라졌다면 법정지상권은 성립하지 않는다.

정답 ②

고난도
10 법정지상권 및 관습법상의 법정지상권에 관한 설명으로 옳지 않은 것은? (다툼이 있으면 판례에 따름)

① 법정지상권도 독립된 물권으로 지상 건물의 소유자는 건물과 법정지상권을 분리하여 처분할 수 있다.
② 관습법상 법정지상권이 성립한 이후 그 등기 전에 토지의 소유권이 제3자에게 양도된 경우, 건물의 소유자는 지상권에 관한 등기 없이는 토지의 소유권을 취득한 제3자에게 관습법상의 법정지상권을 주장할 수 없다.
③ 건물과 함께 미등기인 법정지상권을 가지고 있는 사람이 건물만을 제3자에게 처분하고 그 명의의 소유권이전등기를 경료하였다면 그 법정지상권은 원래의 법정지상권자에게 유보되어 있는 것으로 보아야 한다.
④ 특별한 사정이 없는 한, 법정지상권이 붙은 건물의 양수인은 건물양도인을 순차 대위하여 토지소유자에 대하여 건물소유자였던 법정지상권자에의 법정지상권설정 등기절차 이행을 청구할 수 있다.
⑤ 법정지상권을 가진 건물소유자로부터 건물을 양수하면서 지상권까지 양도받기로 한 자에 대하여 대지소유자는 그 지상건물의 철거를 청구할 수 없다.

키워드 법정지상권
풀이 관습상의 지상권은 법률행위로 인한 물권의 취득이 아니고 관습법에 의한 부동산물권의 취득이므로 등기를 필요로 하지 아니하고 지상권 취득의 효력이 발생하고 이 관습상의 법정지상권은 물권으로서의 효력에 의하여 이를 취득할 당시의 토지소유자나 이로부터 소유권을 전득한 제3자에 대하여도 등기 없이 위 지상권을 주장할 수 있다(87다카279).
TIP 법정지상권 및 관습법상 법정지상권 관련 판례를 기본서를 중심으로 면밀하게 학습하세요.

정답 ②

고난도

11 A소유의 X토지와 그 지상 Y건물 중 Y건물에 관하여만 경매가 이루어져 B소유가 되었고, B는 이 건물을 C에게 매매한 후 건물에 대한 소유권이전등기를 경료하였다. 지상권에 관하여는 현재 아무런 등기도 없다. 다음 설명 중 옳은 것은? (다툼이 있으면 판례에 따름)

① B가 지상권자인데 C에게는 건물만 매도하였으므로, 의사표시의 해석에 의하더라도 C는 B에게 지상권이전등기를 청구할 수 없다.

② C는 A·B에게 지상권 설정 및 이전을 순차적으로 청구할 수 있다.

③ 현재 지상권에 관하여 등기가 없으므로 B·C 모두 지상권자가 아니다.

④ C는 A에게 자신(C)의 명의로 지상권설정등기절차를 경료해 줄 것을 청구할 수 있다.

⑤ C는 법정지상권자이므로 지상권등기가 없더라도 A는 C에게 건물철거를 청구할 수 없다.

키워드 법정지상권

풀이 ①② 법정지상권을 취득한 건물소유자가 법정지상권 설정등기를 경료함이 없이 건물을 양도하는 경우에 특별한 사정이 없는 한 건물과 함께 지상권도 양도하기로 하는 채권적 계약이 있었다고 할 것이므로 지상권자는 지상권설정등기를 한 후에 건물양수인에게 이의 양도등기절차를 이행하여 줄 의무가 있다. 따라서 건물 양수인은 건물양도인을 순차 대위하여 토지 소유자에 대하여 건물소유자였던 법정지상권자에의 법정지상권설정 등기절차 이행을 청구할 수 있다(대판 1981.9.8. 80다2873).

③ 법정지상권은 법률규정에 의한 물권변동이므로 등기가 되어 있지 않더라도 B는 법정지상권자이다(제187조). 다만 C는 등기를 해야만 지상권을 취득한다(대판 1969.7.31. 67다1759).

④ C는 A와는 계약을 맺은 바가 없으므로 직접 A에게 지상권설정등기를 청구할 수는 없고, B를 대위하여 청구해야 한다.

⑤ 지상권자는 여전히 B이나 B를 대위하여 A에게 지상권설정등기 절차의 이행을 청구할 수 있는 C에게 A가 건물철거를 구하는 것은 신의칙상 허용되지 않는다(대판 1996.3.26. 95다45545).

TIP (관습법상) 법정지상권 관련 내용을 사례화한 문제입니다. 여러 번 반복학습하세요.

정답 ②

12 분묘기지권에 관한 설명으로 옳지 않은 것은? (다툼이 있으면 판례에 따름)

① 타인의 토지에 승낙 없이 분묘를 설치한 자가 20년간 평온·공연하게 분묘기지를 점유하면 그 분묘에 대한 등기를 하지 않아도 분묘기지권을 시효취득한다.
② 분묘기지권을 시효취득하기 위한 분묘는 봉분 등이 존재해야 하고, 평장이나 암장의 경우 분묘기지권의 시효취득을 인정하지 않는다.
③ 분묘기지권을 시효로써 취득한 자는 지료의 지급의무가 없다.
④ 분묘를 수호하고 봉사하는 데 필요한 주위의 빈 땅에도 미치나, 그 범위는 구체적인 경우에 따라 개별적으로 판단하여야 하고 사성(무덤 뒤에 반달형으로 둘러쌓은 언덕)부분을 포함한 지역에까지 미치는 것은 아니다.
⑤ 기존의 분묘기지권의 효력이 미치는 범위 내에서 부부합장을 위한 쌍분 형태의 분묘를 새로이 설치할 수 없고, 또한 단분 형태의 분묘도 새로이 설치할 수 없다.

> **키워드** 특수지상권 – 분묘지상권
> **풀이** 분묘기지권을 시효취득한 경우에도 토지소유자의 지료의 청구가 있으면 그때부터 지료를 지급할 의무가 있다(2017다228007 전합).
> ①② 96다14036
> ④ 95다29086
> ⑤ 2001다28367

정답 ③

13 구분지상권에 관한 설명으로 옳지 않은 것은?

① 1필의 토지의 일부에 관하여 구분지상권을 설정할 수 있다.
② 구분지상권을 설정하려는 토지에 대하여 제3자가 이미 전세권을 가지고 있는 경우에는 그 토지에 구분지상권을 설정할 수 없다.
③ 수목소유를 위한 구분지상권을 설정하는 것은 허용되지 않는다.
④ 구분지상권의 행사를 위하여 토지소유권자의 사용권을 제한하는 특약을 구분지상권설정행위에서 할 수 있다.
⑤ 구분지상권자는 구분지상권의 존속기간 내에서 자신의 구분지상권을 양도할 수 있으며, 양도를 금지하는 특약을 하더라도 그 특약은 무효이다.

> **키워드** 특수지상권 – 구분지상권
> **풀이** 당해 토지에 대한 기존의 용익물권자가 있는 경우에도 구분지상권을 설정할 수 있으나, 그들 전원의 승낙을 얻어야 한다.
> ①⑤ 구분지상권도 지상권의 일종이므로, 일반지상권과 동일하다.
> ④ 이 특약을 등기하면 제3자에게 대항할 수 있다.

정답 ②

2 용익물권 − 지역권

대표기출

지역권에 관한 설명으로 옳지 않은 것은? (다툼이 있으면 판례에 따름) 제18회

① 공유자의 1인이 지역권을 취득한 때에는 다른 공유자도 이를 취득한다.
② 지역권자에게는 승역지의 반환청구권이 인정되지 않는다.
③ 요역지가 수인의 공유인 경우에 그 1인에 의한 지역권소멸시효의 중단 또는 정지는 다른 공유자를 위하여 효력이 있다.
④ 승역지와 요역지는 서로 인접하여야 하며, 떨어진 토지에 대하여는 지역권을 설정할 수 없다.
⑤ 지역권을 시효취득한 자는 원칙적으로 지료를 지급할 의무가 있다.

키워드 지역권의 효력
풀이 지역권의 설정목적은 당사자가 자유롭게 결정할 수 있으므로 승역지와 요역지는 서로 인접하여야 할 필요는 없다.

정답 ④

---

01 지역권에 관한 다음 설명 중 옳지 않은 것은?

① 민법은 지역권의 존속기간은 10년을 넘지 못한다고 규정하고 있다.
② 승역지의 소유자는 지역권의 행사를 방해하지 아니하는 범위 내에서 지역권자가 지역권의 행사를 위하여 승역지에 설치한 공작물을 사용할 수 있다.
③ 취득시효의 대상이 되는 것은 표현되고 계속되는 지역권에 한하며, 요역지의 불법점유자는 지역권을 시효취득할 수 없다.
④ 지역권은 토지 전부를 위하여 토지 전부 또는 일부 위에 설정할 수 있다.
⑤ 용수승역지의 수량이 요역지 및 승역지의 수요에 부족한 때에는 그 수요 정도에 의하여 먼저 가용에 공급하고 다른 용도에 공급하여야 한다. 그러나 설정행위에 다른 약정이 있는 때에는 그 약정에 의한다.

키워드 지역권의 성립
풀이 민법은 지역권의 대가와 존속기간에 관하여 아무런 규정을 두고 있지 않을 뿐 아니라, 「부동산등기법」도 이것을 등기사항으로 규정하고 있지 않다.

정답 ①

02 지역권에 관한 다음 설명 중 옳지 않은 것은? (다툼이 있으면 판례에 따름)

① 지역권의 존속기간은 영구무한으로 정할 수 있다.
② 통행지역권은 요역지의 소유자가 승역지 위에 통로를 설치하여 요역지의 편익을 위하여 승역지를 늘 사용하는 객관적 상태가 민법 제245조에 규정된 기간 계속된 경우에 한하여 그 시효취득을 인정할 수 있다.
③ 토지의 분할이나 토지의 일부양도의 경우에는 지역권은 요역지의 각 부분을 위하여 또는 그 승역지의 각 부분에 존속한다. 이는 지역권이 토지의 일부분에만 관한 것인 때에는 다른 부분에 대하여도 또한 같다.
④ 계약에 의하여 승역지소유자가 자기의 비용으로 지역권의 행사를 위하여 공작물의 설치 또는 수선의 의무를 부담한 때에는 승역지소유자의 특별승계인도 그 의무를 부담한다.
⑤ 지역권은 비배타적 공용권으로서 지역권에 대한 침해가 있는 경우라도 지역권자는 지역권에 기한 반환청구권을 행사할 수 없다.

키워드 지역권의 효력
풀이 토지의 분할이나 토지의 일부양도의 경우에는 지역권은 요역지의 각 부분을 위하여 또는 그 승역지의 각 부분에 존속한다. 그러나 지역권이 토지의 일부분에만 관한 것인 때에는 다른 부분에 대하여는 그러하지 아니하다(제293조 제2항).

정답 ③

03 지역권에 관한 다음 설명 중 옳지 않은 것은? (다툼이 있으면 판례에 따름)

① 불계속 지역권은 20년의 소멸시효에 걸린다.
② 지역권은 독립된 물권으로서 요역지소유권과 분리하여 양도할 수 있다.
③ 통행지역권은 요역지의 소유자가 승역지 위에 도로를 설치하여 승역지를 사용하는 객관적 상태가 시효취득에 필요한 기간 계속된 경우에 한하여 그 시효취득을 인정할 수 있다.
④ 토지공유자의 1인은 지분에 관하여 그 토지를 위한 지역권 또는 그 토지가 부담한 지역권을 소멸하게 하지 못한다.
⑤ 점유로 인한 지역권취득기간의 중단은 지역권을 행사하는 모든 공유자에 대한 사유가 아니면 그 효력이 없다.

| 키워드 | 지역권의 효력 |
| 풀이 | 지역권은 요역지를 위하여 존재하는 토지의 종된 권리이므로 요역지소유권에 부종하여 이전하며, 요역지와 분리하여 지역권만을 따로 양도하거나 다른 권리의 목적으로 하지 못한다(제292조).

정답 ②

04 지역권에 관한 설명으로 옳지 않은 것은?

① 요역지의 소유권이 양도되면 지역권은 원칙적으로 이전되지 않는다.
② 공유자의 1인이 지역권을 취득한 때에는 다른 공유자도 이를 취득한다.
③ 요역지의 불법점유자는 비록 계속되고 표현된 지역권을 행사했더라도 지역권을 시효취득할 수 없다.
④ 어느 토지에 대하여 통행지역권을 주장하려면 그 토지의 통행으로 편익을 얻는 요역지가 있음을 주장·증명해야 한다.
⑤ 승역지에 관하여 통행지역권을 시효취득한 경우, 특별한 사정이 없는 한 요역지소유자는 승역지소유자에게 승역지의 사용으로 입은 손해를 보상해야 한다.

| 키워드 | 지역권 |
| 풀이 | 지역권은 부종성과 수반성이 인정되므로 요역지의 소유권이 양도되면 지역권은 원칙적으로 이전된다.

정답 ①

3 용익물권 – 전세권

대표기출

전세권에 관한 설명으로 옳지 않은 것은? (다툼이 있으면 판례에 따름) 제19회

① 목적물의 인도는 전세권의 성립요건이 아니다.
② 전세권자는 목적물의 현상을 유지하고 그 통상의 관리에 속한 수선을 하여야 한다.
③ 전세권의 존속기간 중 전세목적물의 소유권이 이전된 경우, 구(舊) 소유자의 전세권자에 대한 전세금반환의무는 소멸하지 않는다.
④ 건물전세권이 법정갱신된 경우 전세권자는 갱신의 등기 없이도 전세목적물을 취득한 제3자에 대하여 자신의 권리를 주장할 수 있다.
⑤ 전세권소멸 후 전세권자가 그 목적물을 반환하였더라도 전세권설정등기의 말소에 필요한 서류를 교부하거나 그 이행의 제공을 하지 아니하는 이상, 전세권설정자는 전세금의 반환을 거절할 수 있다.

키워드 전세권의 효력
풀이 전세권의 존속기간 중 전세목적물의 소유권이 이전된 경우, 이는 면책적 채무인수에 해당하므로 구(舊) 소유자의 전세권자에 대한 전세금반환의무는 소멸하고 전세권에 따른 권리·의무는 신(新) 소유자와의 사이에 성립한다.

정답 ③

---

01 전세권에 관한 설명으로 옳지 않은 것은?

① 전세권의 사용·수익을 배제하고 채권담보만을 목적으로 전세권을 설정하는 것은 허용되지 않는다.
② 전세금의 지급은 전세권의 성립요건이다.
③ 건물에 대한 전세권의 존속기간을 1년 미만으로 정한 경우 그 기간은 1년이 된다.
④ 전전세 이후 목적물이 전전세권자의 책임 있는 사유로 멸실된 경우 전세권자는 이에 대하여 책임을 지나, 불가항력의 사유로 목적물이 멸실된 경우라면 위험부담의 법리에 따라 책임의 소재가 결정된다.
⑤ 전세권의 최장 존속기간은 10년이다.

키워드 　전세권의 효력

풀이 　전세권자는 전세목적물을 자유롭게 임대할 수 있으나 임대한 경우에는 책임이 가중되어, 임대하지 않았더라면 발생하지 않을 불가항력에 대해서도 책임을 져야 한다(제308조).
① 2018다40235

정답 ④

02 전세권에 관한 설명으로 옳지 않은 것은? (다툼이 있으면 판례에 의함) 　제17회 수정

① 전세권은 건물에 한하여 설정할 수 있다.
② 전세권이 용익물권적 성격과 담보물권적 성격을 겸비하고 있다는 점을 감안하면 목적물의 인도는 전세권의 성립요건이 아니다.
③ 전세권자는 목적물에 대하여 그 통상의 관리에 속한 수선을 하여야 한다.
④ 전세권을 설정하기로 합의하고 등기하지 않으면, 전세권은 성립하지 않는다.
⑤ 원칙적으로 전세권 존속기간 중에는 전세금반환채권을 확정적으로 분리하여 양도할 수 없다.

키워드 　전세권의 효력

풀이 　전세권은 타인의 부동산(토지·건물)에 대한 용익물권이다.
전세권자는 전세금을 지급하고 타인의 부동산을 점유하여 그 부동산의 용도에 좇아 사용·수익하며, 그 부동산 전부에 대하여 후순위권리자 기타 채권자보다 전세금의 우선변제를 받을 권리가 있다(제303조 제1항).

정답 ①

03 전세권에 관한 설명으로 옳지 않은 것은? (다툼이 있으면 판례에 따름)

① 대지와 건물의 소유자가 동일한 경우, 건물에 전세권을 설정한 때에는 그 대지소유권의 특별승계인은 전세권설정자에 대하여 지상권을 설정한 것으로 본다.
② 전세권에 저당권이 설정된 후 전세권의 존속기간이 만료되면 더 이상 전세권 자체에 대하여 저당권을 실행할 수 없게 된다.
③ 전세권자가 전세목적물에 필요비를 지출한 경우, 전세권설정자의 선택에 좇아 그 지출액이나 증가액의 상환을 청구할 수 있다.
④ 전세권자가 전세목적물을 타인에게 임대한 경우 전세권자는 임대하지 아니하였으면 면할 수 있는 불가항력으로 인한 손해에 대하여 책임을 부담한다.
⑤ 타인의 토지에 있는 건물에 전세권을 설정한 경우 전세권의 효력은 그 건물의 소유를 목적으로 한 지상권 또는 임차권에 미친다.

키워드 전세권의 효력
풀이 전세권은 물권으로서 전세권자는 전세목적물의 현상을 유지하고 그 통상의 관리에 속한 수선의무가 있으므로 필요비상환청구권은 없다.

정답 ③

04 다음은 전세권의 존속기간에 관한 설명이다. 괄호 안에 들어갈 사항이 바르게 배열된 것은?

> 전세권의 존속기간은 (　　)을 넘지 못한다. 건물에 대한 전세권의 존속기간을 (　　) 미만으로 정한 때에는 (　　)으로 한다. 건물의 전세권설정자가 전세권의 존속기간 만료 전 (　　)부터 (　　)까지 사이에 전세권자에 대하여 갱신거절의 통지 또는 조건을 변경하지 아니하면 갱신하지 아니한다는 뜻의 통지를 하지 아니한 경우에는 그 기간이 만료한 때에 전(前)전세권과 동일한 조건으로 그 존속기간은 정함이 없는 전세권으로 자동 갱신된다.

① 10년 – 1년 – 1년 – 6월 – 1월
② 10년 – 2년 – 2년 – 3월 – 1월
③ 30년 – 1년 – 1년 – 6월 – 1월
④ 20년 – 1년 – 1년 – 6월 – 1월
⑤ 20년 – 2년 – 2년 – 3월 – 1월

키워드 전세권의 존속기간
풀이 제312조 참조

정답 ①

05 전세권에 관한 설명으로 옳은 것은? (다툼이 있으면 판례에 따름)

① 건물전세권이 법정갱신된 경우 전(前)전세권과 동일한 조건, 존속기간은 2년으로 갱신된 것으로 본다.
② 전세권의 존속기간을 약정하지 않은 때에는 각 당사자는 언제든지 상대방에 대하여 전세권의 소멸을 통고할 수 있고, 상대방이 이 통고를 받은 날로부터 3개월이 경과하면 전세권은 소멸한다.
③ 전세권자는 전세권을 타인에게 양도 또는 담보로 제공할 수 있고, 그 존속기간 내에서 그 목적물을 타인에게 전전세 또는 임대할 수 있다. 그러나 설정행위로 이를 금지할 수 있다.
④ 전세권자는 전세권설정자의 동의를 받지 않으면 전세 목적물을 제3자에게 임대할 수 없는 것이 원칙이다.
⑤ 건물의 전세권이 법정갱신된 경우 이에 대한 등기를 경료한 이후에 한하여 전세권설정자나 제3자에게 전세권을 주장할 수 있다.

키워드 전세권의 효력

풀이
① 건물전세권의 경우 최단존속기간은 1년이다. 이는 법정갱신의 경우에도 적용된다.
② 전세권의 존속기간을 약정하지 않은 때에는 각 당사자는 언제든지 상대방에 대하여 전세권의 소멸을 통고할 수 있고, 상대방이 이 통고를 받은 날로부터 6개월이 경과하면 전세권은 소멸한다.
④ 전세권은 물권으로서 전세권자는 전세권설정자의 동의 없이도 전세 목적물을 제3자에게 임대할 수 있으나, 이는 설정행위로 금할 수는 있다.
⑤ 등기를 하지 않은 경우에도 전세권설정자나 제3자에게 전세권을 주장할 수 있다(88다카21029).

정답 ③

고난도

06 전세권에 관한 설명으로 옳지 않은 것은?

① 전세금반환청구권은 전세권과 분리하여 양도할 수 없는 것이 원칙이나, 정지조건부 전세금반환채권의 양도 등 특정한 경우 전세권과 분리하여 전세금반환채권만의 양도도 가능하다.
② 전세금은 등기사항으로서 등기된 금액에 한하여 제3자에게 대항할 수 있고, 이는 전세권 존속기간 중에 전세금을 증액한 경우도 같다.
③ 전세권자는 지출한 비용 중 유익비에 관하여 그 가액의 증가가 현존한 경우에 한하여 전세권자의 선택에 좇아 그 지출액이나 증가액의 상환을 청구할 수 있다.
④ 전세권 소멸 시 전세목적물의 인도 및 전세권말소등기에 필요한 서류의 교부와 전세금의 반환은 동시이행의 관계에 있다.
⑤ 전세금의 지급은 전세권 성립의 요소이지만, 반드시 전세금의 지급이 현실적으로 수수되어야만 하는 것이 아니고, 기존의 채권으로도 전세금의 지급에 갈음할 수 있다.

키워드 전세권의 효력

풀이 전세권자가 목적물을 개량하기 위하여 지출한 금액 기타 유익비에 관하여는 그 가액의 증가가 현존한 경우에 한하여 소유자의 선택에 좇아 그 지출액이나 증가액의 상환을 청구할 수 있다(제310조 제1항).
① 97다29790
④ 제317조(전세금반환의 동시이행의무) 참조
⑤ 94다18508

TIP 기본서의 관련 판례를 반드시 학습하세요.

정답 ③

07 전세권에 관한 설명으로 옳지 않은 것은? (단, 다툼이 있으면 판례에 따름)

① 전세권이 기간만료로 소멸한 경우 부속물건이 전세권설정자의 동의를 얻어 부속시킨 것인 때에는 전세권자는 전세권설정자에 대하여 그 부속물건의 매수를 청구할 수 있다. 그 물건이 전세권설정자로부터 매수한 것인 때에는 그러하지 아니하다.
② 전세권이 존속기간의 만료로 소멸한 경우 등과 같은 특별한 사정이 있는 경우 전세권과 분리하여 무담보인 전세금반환채권만의 양도도 가능하다.
③ 전세권에 저당권이 설정된 후 전세권이 기간만료로 소멸한 경우 전세권설정자는 전세권자에게만 전세금을 반환하면 된다.
④ 건물의 일부분에 대한 전세권이 기간만료로 소멸한 경우에 전세권설정자가 전세금의 반환을 지체하더라도 전세권의 목적물이 아닌 나머지 건물부분에 대하여는 우선변제권은 별론으로 하고 경매신청권은 없다.
⑤ 부동산에 관하여 1순위로 전세권이 설정된 후 저당권이 설정된 경우, 저당권자가 경매신청을 하여 제3자에게 경락되었더라도 전세권자의 용익권을 확보하기 위하여 전세권은 소멸하지 않는 것이 원칙이다.

키워드 전세권의 효력

풀이 전세권이 기간만료로 소멸한 경우 부속물건이 전세권설정자의 동의를 얻어 부속시킨 것인 때에는 전세권자는 전세권설정자에 대하여 그 부속물건의 매수를 청구할 수 있다. 그 부속물건이 전세권설정자로부터 매수한 것인 때에도 같다(제316조 제2항).
③ 98다31301
⑤ 말소기준권리보다 우선하는 전세권은 경락으로 소멸하지 않는다. 다만, 전세권자가 배당요구하여 전세금에 대하여 배당이 이루어지면 전세권은 담보물권의 부종성으로 인하여 소멸한다.

정답 ①

08 전전세에 관한 다음 설명 중 옳지 않은 것은?

① 전전세의 당사자는 원전세권자와 전전세권자로서 원전세권설정자의 동의를 요하지 않는다.
② 전전세에 있어서도 전전세금을 지급하여야 하는데, 전전세금은 원전세의 그것을 초과할 수 없다.
③ 전전세의 경우 전전세권자는 직접적으로 원전세권설정자에 대해 아무런 권리·의무를 가지지 않는다.
④ 전전세권자는 우선변제권을 가지나, 전세권자와 달리 목적부동산을 경매할 수는 없다.
⑤ 전세권자는 자신의 귀책사유가 없더라도 손해를 야기한 사유가 전전세와 인과관계에 있는 것이면 그 손해에 대해 책임을 부담한다.

키워드 전세권의 효력 - 전전세
풀이 원전세권자가 전전세금의 반환을 지체하면 전전세권자는 목적부동산을 경매할 수 있다. 다만, 전전세권자가 경매권을 행사하려면 원전세권의 존속기간도 만료하고, 또한 원전세권설정자가 원전세권자에게 전세금의 반환을 지체하고 있는 경우라야 한다.

정답 ④

CHAPTER 06 담보물권

▶ **연계학습** | 에듀윌 기본서 1차 [민법 下] p.182

1 담보물권 – 일반

고난도
01 물상대위에 관한 설명으로 옳은 것은? (단, 다툼이 있으면 판례에 따름)

① 물상대위는 담보물의 공용징수로 인한 보상금청구권, 저당물의 협의취득으로 인한 보상금 및 담보물의 매도로 인한 매매대금청구권에 대하여도 인정된다.
② 물상대위의 요건인 '담보물의 멸실'이라 함은 물리적 멸실뿐만 아니라 법률적 멸실도 포함하며, 담보물권자의 과실에 의해 담보물이 멸실된 경우에도 물상대위가 인정된다.
③ 제3자의 불법행위로 저당목적물이 멸실되어 저당권설정자가 제3자에 대하여 불법행위로 인한 손해배상청구권을 취득한 경우, 위 손해배상청구권도 물상대위권의 대상이 된다.
④ 민법은 유치권에 관하여 물상대위를 규정하고 질권과 저당권에 이를 준용하고 있는바, 저당권자가 물상대위권을 행사하려면 저당권설정자가 저당목적물의 가치변형물인 금전 기타 물건을 지급 또는 인도받기 전에 이를 압류하여야 한다.
⑤ 제3자가 이미 저당목적물의 변형물인 금전 기타 물건을 압류하였다 하더라도, 저당권자는 스스로 이를 압류해야만 물상대위권을 행사할 수 있다.

키워드 담보물권의 통유성 – 물상대위
풀이 ① 저당토지의 협의취득에 의한 보상금이나(80다2109), 매매대금에 대하여는 물상대위할 수 없다.
② 멸실, 훼손의 원인은 사람의 행위이든 사건이든 이를 묻지 않으나, 담보권자의 과실에 기하지 않은 경우이어야 한다.
④ 우선변제권이 없는 유치권에는 물상대위가 인정되지 않는다.
⑤ 압류는 당해 담보권자에 의한 압류일 것을 요하지 않는다(96다21058).
TIP 기본서의 관련 판례를 반드시 학습하세요.

정답 ③

2 담보물권 – 유치권

> **대표기출**
>
> **민사유치권에 관한 설명으로 옳은 것은? (다툼이 있으면 판례에 따름)** 제19회
>
> ① 부동산에 가압류등기가 마쳐진 후에 채무자의 점유이전으로 제3자가 유치권을 취득한 경우, 유치권자는 그 부동산경매절차의 매수인에게 유치권을 주장할 수 없다.
> ② 부동산에 경매개시결정등기가 마쳐진 후에 채무자의 점유이전으로 제3자가 유치권을 취득한 경우, 유치권자는 그 부동산경매절차의 매수인에게 유치권을 주장할 수 없다.
> ③ 부동산에 저당권이 설정된 후에 유치권이 성립하면 유치권자는 그 부동산경매절차의 매수인에게 유치권을 주장할 수 없다.
> ④ 유치권자가 피담보채권의 일부를 변제받은 경우, 남은 채권액에 상응하는 유치물 부분에 한하여 그 권리를 행사할 수 있다.
> ⑤ 유치권자가 유치물로부터 금전이 아닌 과실(果實)을 수취한 경우, 특별한 절차를 거치지 않고도 그 과실을 다른 채권보다 먼저 그 채권의 변제에 충당할 수 있다.
>
> **키워드** 유치권
>
> **풀이** ①③ 부동산에 가압류등기 또는 저당권이 설정된 상태일지라도 압류 또는 경매개시결정등기가 경료되어 압류의 효력이 발생하기 전에 유치권이 성립하였다면 유치권자는 그 부동산경매절차의 매수인에게 유치권을 주장할 수 있다.
> ④ 유치권자가 피담보채권의 일부를 변제받은 경우일지라도 담보물권의 불가분성의 원칙상 남은 채권액의 다과와 무관하게 유치물 전부에 대하여 그 권리를 행사할 수 있다.
> ⑤ 유치권자가 유치물로부터 금전이 아닌 과실(果實)을 수취한 경우, 이에 대한 경매절차를 통하여 그 과실로써 다른 채권보다 먼저 자신의 채권변제에 충당할 수 있다.
>
> **정답** ②

01 민법상 유치권에 관한 설명으로 옳지 않은 것은? 제18회

① 유치권의 발생을 배제하는 특약을 하면 유치권은 성립하지 않는다.
② 피담보채권이 변제기에 있지 않으면, 유치권은 성립하지 않는다.
③ 타인의 부동산뿐만 아니라 동산도 유치권의 객체가 될 수 있다.
④ 불법행위로 취득한 점유에 기해서는 유치권이 성립하지 않는다.
⑤ 유치권자가 유치물에 관하여 필요비를 지출한 때에는 그 가액이 현존한 경우에 한하여 상환을 청구할 수 있다.

키워드 유치권
풀이 유치권자는 선량한 관리자의 주의의무가 있으므로 유치물에 대한 필요비·유익비 등을 지출하였다면 이는 제203조를 준용하여 상환을 청구할 수 있으므로 특히 유익비의 경우에는 목적물을 반환할 때 그 가액의 증가가 현존한 경우에 한하여 채무자 내지 소유자의 선택에 좇아 지출액이나 증가액의 상환을 청구할 수 있다.

정답 ⑤

02 유치권에 관한 다음 설명 중 옳지 않은 것은? (다툼이 있으면 판례에 따름)

① 유치권자는 타인의 물건을 점유해야 하는데, 여기서 타인의 물건은 채무자 및 제3자의 물건을 포함한다.
② 다세대주택의 창호 등의 공사대금채권 잔액을 변제받기 위하여 위 다세대주택 중 한 세대를 점유하여 유치권을 행사하는 경우, 그 유치권은 다세대주택 전체에 대하여 시행한 공사대금채권의 잔액 전부를 피담보채권으로 하여 성립한다.
③ 유치물에 대한 점유를 승계한 자는 전점유자를 대위하여 유치권을 주장할 수 있다.
④ 임대차계약을 체결하지 않고 권원 없이 타인의 물건을 점유한 자는 그 물건에 관하여 필요비 또는 유익비를 지출하였다 하더라도 유치권을 행사할 수 없다.
⑤ 건물의 임차인이 임대차관계 종료 시 건물을 원상으로 복구하여 임대인에게 명도하기로 약정한 경우, 임차인은 유치권을 주장할 수 없다.

키워드 유치권의 성립
풀이 유치권자가 점유를 상실하면 유치권은 소멸하므로, 비록 건물에 대한 점유를 승계한 사실이 있다 하더라도 전점유자를 대위하여 유치권을 주장할 수 없다(72다548).
② 2005다16942
④ 66다600·601
⑤ 73다2010

정답 ③

03 다음 중 채권과 물건의 관계에서 유치권이 성립하는 경우는?

① 전세권이 소멸한 후에 전세권자가 소유자와 합의 없이 목적물을 증축한 경우에 공사대금채권과 그 건물
② 신축건물의 소유권을 도급인에게 귀속시키기로 한 수급인의 공사대금채권과 그 완성물
③ 임차목적물의 명도 시에 반환하기로 한 권리금반환채권과 그 임차목적물
④ 임대차계약 종료 후 보증금반환채권과 그 임차목적물
⑤ 임차인의 부속물매수청구에 따른 매매대금채권과 그 임차목적물

> **키워드** 유치권의 성립
> **풀이** 유치권이 성립하기 위해서는 채권이 목적물과 견련관계에 있어야 하며, 적법한 점유여야 한다.
> ① 소유자와 합의 없이 증축한 경우이므로 유치권이 성립하지 않는다.
> ③④⑤ 채권과 목적물 간의 견련관계가 없으므로 유치권이 성립하지 않는다.
>
> **정답** ②

04 다음 중 유치권자에게 인정되지 않는 권리는 어느 것인가?

① 유치물에 관하여 지출한 비용의 상환을 청구할 수 있는 권리
② 유치물의 보존에 필요한 범위 내에서 유치물을 사용할 수 있는 권리
③ 유치물의 과실을 수취하여 변제에 충당할 수 있는 권리
④ 채권의 변제를 받기 위하여 유치물을 경매할 수 있는 권리
⑤ 채권의 변제를 받기 위하여 유치물을 제3자에게 담보로 제공할 수 있는 권리

> **키워드** 유치권의 효력
> **풀이** 유치권자는 선량한 관리자의 주의로 유치물을 점유하여야 하고(제324조 제1항), 채무자의 승낙 없이 유치물을 사용, 대여 또는 담보제공을 하지 못한다(제324조 제2항). 유치권자가 위 의무를 위반한 때에는 채무자는 유치권의 소멸을 청구할 수 있다(제324조 제3항).
>
> **정답** ⑤

05 유치권 및 동시이행의 항변권에 관한 설명으로 옳지 않은 것은? (다툼이 있으면 판례에 따름)

① 유치권은 독립된 물권이며, 동시이행의 항변권은 쌍무계약에서 발생하는 채무에 따르는 단순한 권능이다.
② 유치권자뿐만 아니라 동시이행의 항변권을 가진 자도 경매권이 인정된다.
③ 토지의 일부 또는 건물의 일부에도 유치권이 성립할 수 있다.
④ 유치물의 소유자 또는 채무자는 상당한 담보를 제공하고 유치권의 소멸을 청구할 수 있으나, 동시이행의 항변권은 그러하지 아니하다.
⑤ 유치권의 유치물이나 동시이행의 항변권에 기한 목적물반환청구소송이 제기되면 법원은 상환이행판결, 즉 원고일부승소 판결을 하여야 한다.

> **키워드** 유치권과 동시이행의 항변권
> **풀이** 유치권에는 경매권이 인정되나, 동시이행의 항변권에는 경매권이 인정되지 않는다.
>
> [정답] ②

06 유치권의 소멸에 관한 설명으로 옳은 것은?

① 유치권은 담보물권으로서 소멸시효에 걸리지 않으므로 유치권의 행사는 채권의 소멸시효의 진행을 중단한다.
② 채무자가 상당한 담보를 제공하고 유치권의 소멸을 청구하면 유치권이 즉시 소멸한다.
③ 유치권자가 소유자의 승낙 없이 목적물을 임대하면 그것만으로 곧 유치권은 소멸한다.
④ 타인의 임야의 일부를 개간한 자는 그 개간 부분과 다른 부분과의 분할이 가능한 경우 그 유치권의 객체는 전체 임야 중 개간 부분에 한한다.
⑤ 건물점유자가 건물의 원시취득자에게 그 건물에 관한 유치권이 있다면 그 건물이 불법건물일지라도 그 유치권으로 토지소유자에게 대항할 수 있다.

> **키워드** 유치권의 효력
> **풀이** 유치권의 불가분성에 관한 내용이다(67다2786).
> ① 유치권의 행사 중에도 피담보채권의 소멸시효는 진행된다(제326조 참조).
> ② 유치권자의 승낙이 있어야 한다(제327조 참조).
> ③ 유치권소멸청구권(제324조)을 행사하여야 소멸한다.
> ⑤ 건물점유자가 건물의 원시취득자에게 그 건물에 관한 유치권이 있다고 하더라도 그 건물의 존재와 점유가 토지소유자에게 불법행위가 되고 있다면 그 유치권으로 토지소유자에게 대항할 수 없다(87다카3073).
>
> [정답] ④

07 유치권에 관한 설명으로 옳지 않은 것은? (다툼이 있으면 판례에 따름)

① 건물의 신축공사를 도급받은 수급인은 사회통념상 독립한 건물이 되지 못한 정착물을 토지에 설치한 상태에서 공사가 중단된 경우, 그 정착물은 물론 토지에 대하여도 유치권을 행사할 수 없다.
② 유치권 행사 중 유치물의 소유자가 변경된 경우, 유치권자는 새로운 소유자에게는 채권의 변제를 요구할 수는 없지만 유치권의 항변은 할 수 있다.
③ 유치권은 간접점유로도 성립하므로 채무자를 직접점유자로 하여 간접점유하는 경우에도 유치권이 성립한다.
④ 견련관계 있는 원채권의 이행불능으로 인한 손해배상채권은 유치권의 피담보채권이 된다.
⑤ 점유를 상실하면 유치권은 소멸하지만, 1년 이내에 점유회수의 소를 통해 점유를 회복하면 처음부터 소멸하지 않았던 것으로 취급한다.

키워드 유치권의 효력

풀이 유치권의 성립요건이자 존속요건인 유치권자의 점유는 직접점유이든 간접점유이든 관계없으나, 다만 유치권은 목적물을 유치함으로써 채무자의 변제를 간접적으로 강제하는 것을 본체적 효력으로 하는 권리인 점 등에 비추어, 그 직접점유자가 채무자인 경우에는 유치권으로서의 점유에 해당하지 않는다(2007다27236).

정답 ③

08 민사유치권에 관한 설명으로 옳은 것은? (다툼이 있으면 판례에 따름)　　2021년 변리사

① 유치권자는 유치물의 과실(果實)이 금전인 경우, 이를 수취하여 다른 채권보다 먼저 유치권으로 담보된 채권의 변제에 충당할 수 있다.
② 유치권자가 유치물의 보존에 필요한 사용을 한 경우에는 특별한 사정이 없는 한, 차임 상당의 이득을 소유자에게 반환할 의무가 없다.
③ 건물공사대금의 채권자가 그 건물에 대하여 유치권을 행사하는 동안에는 그 공사대금채권의 소멸시효가 진행하지 않는다.
④ 임대인과 임차인 사이에 임대차 종료에 따른 건물명도 시에 권리금을 반환하기로 약정한 경우, 임차인은 권리금반환청구권을 가지고 건물에 대한 유치권을 행사할 수 있다.
⑤ 유치권자가 경매개시결정등기 전에 부동산에 관하여 유치권을 취득하였더라도 그 취득에 앞서 저당권설정등기가 먼저 되어 있었다면, 경매절차의 매수인에게 자기의 유치권으로 대항할 수 없다.

키워드 유치권의 효력

풀이
② 사용이익도 과실에 준하는 것이므로 유치권자가 유치물의 보존에 필요한 사용을 한 경우에는 특별한 사정이 없는 한, 차임 상당의 이득을 소유자에게 반환하여야 한다.
③ 유치권의 행사는 피담보채권의 소멸시효의 진행에 영향을 미치지 않는다(제326조). 그러므로 건물공사대금의 채권자가 그 건물에 대하여 유치권을 행사하는 동안에도 그 공사대금채권의 소멸시효는 진행한다.
④ 임차인은 권리금반환청구권을 가지고 건물에 대한 유치권을 행사할 수 없다.
⑤ 유치권자가 경매개시결정등기 전에 부동산에 관하여 유치권을 취득하였다면 선순위저당권 실행의 경매절차에서 매수인에게 자기의 유치권으로 대항할 수 있다.

정답 ①

3 담보물권 – 질권

대표기출

질권에 관한 설명으로 옳지 않은 것은? 제16회

① 질권은 점유개정에 의한 인도에 의해서도 성립한다.
② 질권은 양도할 수 없는 물건을 목적으로 하지 못한다.
③ 질권자는 질물의 과실을 수취하여 다른 채권보다 먼저 자기 채권의 변제에 충당할 수 있다.
④ 질권자는 채권의 변제를 받기 위하여 질물을 경매할 수 있다.
⑤ 질권자는 피담보채권의 변제를 받을 때까지 질물을 유치할 수 있으나, 자기보다 우선권이 있는 채권자에게 대항하지 못한다.

키워드 질권의 효력
풀이 점유개정에 의한 질권의 성립은 인정되지 않는다.
제332조 (설정자에 의한 대리점유의 금지) 질권자는 설정자로 하여금 질물의 점유를 하게 하지 못한다.

정답 ①

01 동산질권의 효력 및 범위에 관한 설명으로 옳은 것은?

① 질권은 원본, 이자, 위약금, 질권 실행의 비용, 질물 보존의 비용 및 채무불이행 또는 질물의 하자로 인한 손해배상의 채권을 담보한다.
② 질권자는 그 담보된 채권의 변제를 받을 때까지 질물을 점유·사용할 수 있다.
③ 질권은 물권으로서 질권자는 자기보다 우선권이 있는 채권자에게 대항할 수 있으나 물권자에게는 대항할 수 없다.
④ 수개의 채권을 담보하기 위하여 동일한 동산에 수개의 질권을 설정한 때에는 그 순위는 동 순위로 한다.
⑤ 물권법의 강행규정성에 근거하여 질권에 관한 민법규정은 강행규정으로서 그 피담보채권의 범위에 관한 당사자간의 특약은 채무자에게 불리하면 그 효력이 없다.

> **키워드** 질권의 효력범위
>
> **풀이** ①⑤ 질권은 원본, 이자, 위약금, 질권 실행의 비용, 질물 보존의 비용 및 채무불이행 또는 질물의 하자로 인한 손해배상의 채권을 담보한다. 그러나 다른 약정이 있는 때에는 그 약정에 의한다(제334조).
> ②③ 질권자는 그 담보된 채권의 변제를 받을 때까지 질물을 유치할 수 있다. 그러나 자기보다 우선권이 있는 채권자에게 대항하지 못한다(제335조).
> ④ 수개의 채권을 담보하기 위하여 동일한 동산에 수개의 질권을 설정한 때에는 그 순위는 설정의 선후에 의한다(제333조).
>
> **정답** ①

02 전질에 관한 설명으로 옳지 않은 것은?

① 질권자는 자기의 책임으로 질물을 전질할 수 있다.
② 질권자가 전질을 한 경우에는 전질을 하지 아니하였으면 면할 수 있는 불가항력으로 인한 손해에 대하여도 책임을 부담하는 것을 그 전제로 한다.
③ 질권자가 전질을 한 경우에 질권자가 채무자에게 전질의 사실을 통지하거나 채무자가 이를 승낙함이 아니면 전질의 효력은 소멸한다.
④ 채무자가 질권자로부터 전질의 통지를 받은 후 전질권자의 동의 없이 질권자에게 채무를 변제한 이후 전질권자에게 목적물의 반환을 청구할 수 없다.
⑤ 전질의 범위는 원질의 범위를 초과할 수 없다.

> **키워드** 질권의 효력
>
> **풀이** 질권자가 전질을 한 경우에 질권자가 채무자에게 전질의 사실을 통지하거나 채무자가 이를 승낙함이 아니면 전질로써 채무자, 보증인, 질권설정자 및 그 승계인에게 대항하지 못한다(제337조 제1항).
> ①②⑤ 제336조(전질권)
> ④ 채무자가 전질의 통지를 받거나 승낙을 한 때에는 전질권자의 동의 없이 질권자에게 채무를 변제하여도 이로써 전질권자에게 대항하지 못한다(제337조 제2항). 그러므로 채무자는 전질권자에게 목적물의 반환을 청구할 수 없다.
>
> **정답** ③

03 질권의 변제와 구상권에 관한 설명으로 옳지 않은 것은?

① 종물이 인도된 경우 질권은 그 종물에도 영향을 미친다.
② 질권자는 질물에 의하여 변제를 받지 못한 부분의 채권에 한하여 채무자의 다른 재산으로부터 변제를 받을 수 있다.
③ 타인의 채무를 담보하기 위한 질권설정자가 그 채무를 변제하거나 질권의 실행으로 인하여 질물의 소유권을 잃은 때에는 보증채무에 관한 규정에 의하여 채무자에 대한 구상권이 있다.
④ 질권은 질물의 멸실, 훼손 또는 공용징수로 인하여 질권설정자가 받을 금전 기타 물건에 대하여도 이를 행사할 수 있다. 이 경우에는 그 지급 또는 인도 전에 압류하여야 한다.
⑤ 질권설정자는 채무변제기 전의 계약으로 질권자에게 변제에 갈음하여 질물의 소유권을 취득하게 정할 수 있다.

키워드 질권의 효력
풀이 질권설정자는 채무변제기 전의 계약으로 질권자에게 변제에 갈음하여 질물의 소유권을 취득하게 하거나 법률에 정한 방법에 의하지 아니하고 질물을 처분할 것을 약정하지 못한다(제339조).

정답 ⑤

04 질권의 효력에 관한 설명으로 옳지 않은 것은?

① 질권자는 채권의 변제를 받기 위하여 질물을 경매할 수 있다.
② 정당한 이유가 있다면 질권자는 감정인의 평가에 의하여 질물로 직접 변제에 충당할 것을 법원에 청구할 수 있다.
③ 간이변제충당을 받고자 하는 질권자는 미리 채무자 및 질권설정자에게 이 사실을 통지하여야 한다.
④ 전질의 경우 질권자는 전질하지 아니하였으면 면할 수 있었던 불가항력의 손해를 제외한 모든 손해를 부담한다.
⑤ 물상대위는 질권에서 규정하고 저당권에서 준용하나, 유치권에는 준용하지 않는다.

키워드 질권의 효력
풀이 전질의 경우 질권자는 전질하지 아니하였으면 면할 수 있었던 불가항력의 손해에 대하여도 책임을 부담한다(제336조).

정답 ④

고난도
05 질권의 효력에 관한 설명으로 옳은 것은?

① 질권자가 스스로 질물을 채무자에게 반환한 경우 질권은 소멸한다.
② 질물의 경매에 앞서 채무자의 다른 재산으로부터 배당하는 경우에 질권자는 참여하거나 또는 공탁을 요구할 수 있다.
③ 질권의 실행으로 인하여 물상보증인이 질물의 소유권을 잃을 염려가 있는 때에는 보증채무에 관한 규정에 의하여 채무자에 대한 구상권이 있다.
④ 질권은 질물의 멸실, 훼손 또는 매매, 교환·환매 등으로 인하여 질권설정자가 받을 금전 기타 물건에 대하여도 이를 행사할 수 있다.
⑤ 질권자가 물상대위를 하고자 경우에는 그 지급 또는 인도 전(前)에 압류하여야 하고, 이 경우 질권자가 아닌 제3자의 압류는 허용하지 않는다.

키워드 질권의 효력
풀이 ② 질권자는 질물에 의하여 변제를 받지 못한 부분의 채권에 한하여 채무자의 다른 재산으로부터 변제를 받을 수 있다. 그러나 질물의 경매에 앞서 채무자의 다른 재산으로부터 배당하는 경우에도 질권자는 채무자의 다른 재산으로부터 변제를 받을 수 있고, 이때 다른 채권자는 질권자에게 그 배당금액의 공탁을 청구할 수 있다(제340조 – 질물 이외의 재산으로부터의 변제).
③ 타인의 채무를 담보하기 위한 질권설정자가 그 채무를 변제하거나 질권의 실행으로 인하여 질물의 소유권을 잃은 때에는 보증채무에 관한 규정에 의하여 채무자에 대한 구상권이 있다(제341조).
④⑤ 질권은 질물의 멸실, 훼손 또는 공용징수로 인하여 질권설정자가 받을 금전 기타 물건에 대하여도 이를 행사할 수 있다. 이 경우에는 그 지급 또는 인도 전에 압류하여야 하는데 압류는 제3자가 한 경우에도 물상대위는 가능하다(제342조).

TIP 기초적인 내용을 소홀히 하지 마시고, 충분히 연습하세요.

정답 ①

06 권리질권에 관한 설명으로 옳지 않은 것은?

① 권리질권의 목적인 재산권은 양도가 가능한 것이어야 한다.
② 권리질권의 효력은 입질된 원본채권 및 이자 그리고 종된 권리에 미친다.
③ 지명채권에 대한 질권의 설정 시 채권증서가 있는 경우 이를 질권자에게 교부함으로써 질권을 설정할 수 있다.
④ 채권질권의 목적물이 금전 이외의 물건일 때 질권자는 그 물건으로 직접 변제에 충당할 수는 없고, 그 변제받은 물건에 대하여 질권을 실행할 수 있다.
⑤ 저당권으로 담보한 채권은 일물일권주의 원칙상 질권의 목적으로 할 수 없다.

키워드 권리질권의 성립
풀이 저당권으로 담보한 채권을 질권의 목적으로 한 때에는 그 저당권등기에 질권의 부기등기를 하여야 그 효력이 저당권에 미친다(제348조).

정답 ⑤

07 권리질권에 관한 설명으로 옳지 않은 것은? (다툼이 있으면 판례에 따름)

① 채권을 질권의 목적으로 하는 경우에 채권증서가 있는 때에는 질권의 설정은 그 증서를 질권자에게 교부함으로써 그 효력이 생긴다.
② 질권설정자가 제3채무자에게 질권설정 사실을 통지한 후 제3채무자가 질권자의 동의 없이 질권설정자와 상계합의를 하여 질권의 목적인 채무를 소멸하게 한 경우, 질권자는 제3채무자에 대하여 직접 채무의 변제를 청구할 수 있다.
③ 부동산의 사용·수익을 목적으로 하는 권리는 그 계약의 증서를 질권자에게 입질함으로써 설정할 수 있다.
④ 저당권으로 담보한 채권을 질권의 목적으로 한 때에는 그 저당권등기에 질권의 부기등기를 함으로써 이를 설정할 수 있다.
⑤ 저당권으로 담보된 채권에 질권을 설정한 경우, 질권자와 질권설정자가 피담보채권만을 질권의 목적으로 하고 저당권은 질권의 목적으로 하지 않는 것도 가능하다.

키워드 권리질권의 효력
풀이 질권은 재산권을 그 목적으로 할 수 있다. 그러나 부동산의 사용·수익을 목적으로 하는 권리는 그러하지 아니하다(제345조).
① 제347조(설정계약의 요물성)
② 2016다265689
④ 제348조(저당채권에 대한 질권과 부기등기)
⑤ 2016다235411

정답 ③

08 권리질권에 관한 설명으로 옳지 않은 것은?

① 부동산임차권은 이를 질권의 목적으로 할 수 있다.
② 어음·수표는 이를 질권의 목적으로 할 수 있다.
③ 친족 간에 부양을 받을 권리는 질권의 목적이 될 수 없다.
④ 매매대금채권은 이를 질권의 목적으로 할 수 있다.
⑤ 은행에 대한 예금채권은 이를 질권의 목적으로 할 수 있다.

키워드 권리질권의 목적
풀이 부동산의 사용·수익을 내용으로 하는 채권은 이를 질권의 목적으로 할 수 없다.

정답 ①

고난도
09 채권에 대한 질권에 관한 설명으로 옳지 않은 것은?

① 지명채권을 목적으로 한 질권의 설정은 설정자가 제3채무자에게 질권설정의 사실을 통지하거나 제3채무자가 이를 승낙함이 아니면 이로써 제3채무자 기타 제3자에게 대항하지 못한다.
② 지시채권을 질권의 목적으로 한 질권의 설정은 증서에 배서하여 질권자에게 교부함으로써 그 효력이 생긴다.
③ 무기명채권을 목적으로 한 질권의 설정은 채무자에게 이를 통지 또는 채무자가 승낙함으로써 그 효력이 생긴다.
④ 질권설정자는 질권자의 동의 없이 질권의 목적된 권리를 소멸하게 하거나 질권자의 이익을 해하는 변경을 할 수 없다.
⑤ 권리질권의 목적인 금전채권의 변제기가 질권자의 채권의 변제기보다 먼저 도래한 때에는 질권자는 제3채무자에게 그 변제금액의 공탁을 청구할 수 있다.

키워드 질권의 성립
풀이 무기명채권을 목적으로 한 질권의 설정은 증서를 질권자에게 교부함으로써 그 효력이 생긴다(제351조).
TIP 기초적인 내용을 소홀히 하지 마시고, 충분히 연습하세요.

정답 ③

10 권리질권에 관한 설명으로 옳지 않은 것은?

① 부동산 임차보증금을 금전으로 지급한 경우 그 반환채권은 질권의 목적으로 할 수 있다.
② 금전채권이 질권의 목적인 경우에 질권자는 질권의 목적이 된 채권을 직접 청구할 수 있다.
③ 채권의 목적물이 금전인 때에는 질권자는 자기 채권의 한도에서 직접 청구할 수 있다.
④ 채권의 목적물이 금전인 때 채권의 변제기가 질권자의 채권의 변제기보다 먼저 도래한 때에는 질권자는 제3채무자에 대하여 그 변제금액의 공탁을 청구할 수 있다. 이 경우에 질권은 그 공탁금에 존재한다.
⑤ 채권의 목적물이 금전 이외의 물건인 때에는 질권자는 채무자의 동의 없이 그 변제를 받은 물건에 대하여 질권을 행사할 수 없다.

> **키워드** 질권의 효력
> **풀이** 채권의 목적물이 금전 이외의 물건인 때에는 질권자는 그 변제를 받은 물건에 대하여 질권을 행사할 수 있다(제353조 제4항).
> ① 보증금반환채권은 금전채권으로서 질권의 목적으로 할 수 있다.
> ②③④ 제353조(질권의 목적이 된 채권의 실행방법)
>
> **정답** ⑤

11 유치권과 질권에 관한 설명으로 옳은 것은? (다툼이 있으면 판례에 따름)

> ㉠ 유치권과 질권은 우선 변제적 효력이 인정된다.
> ㉡ 부동산에 관한 유치권은 등기를 요하나, 질권은 등기를 요하지 않는다.
> ㉢ 유치권자와 질권자 모두 경매권이 인정된다.
> ㉣ 저당권으로 담보된 채권도 질권의 목적으로 할 수 있다.
> ㉤ 유치권 및 질권에 관한 민법규정은 강행규정으로서 당사자 합의로 배제할 수 없다.

① ㉠, ㉡
② ㉠, ㉤
③ ㉡, ㉢
④ ㉢, ㉣
⑤ ㉣, ㉤

> **키워드** 유치권과 질권
> **풀이** ㉠ 질권과 달리 유치권은 우선변제력이 없어 물상대위도 불가능하다.
> ㉡ 유치권은 부동산에 관한 것이든 동산에 관한 것이든 등기를 요하지 않는다.
> ㉤ 유치권은 당사자 합의로 배제할 수 있으므로 강행규정이 아니다.
>
> **정답** ④

4 담보물권 – 저당권

대표기출

고난도

저당권에 관한 설명으로 옳지 않은 것은? (다툼이 있으면 판례에 따름) 제16회

① 건물 저당권자는 독립된 건물로 인정되지 않는 증축 부분에 대해서도 저당권을 행사할 수 있다.
② 저당권 설정 뒤에 부속된 종물에 대해서도 특별한 사정이 없는 한 저당권의 효력이 미친다.
③ 건물 저당권자는 건물의 매매대금에 대해 물상대위를 할 수 있다.
④ 저당권이 설정된 건물의 화재로 건물 소유자가 받을 보험금청구권은 물상대위의 객체가 될 수 있다.
⑤ 채무자 소유의 여러 부동산에 공동저당권을 설정한 경우 그 경매대가를 동시에 배당하는 때에는 각 부동산의 경매대가에 비례하여 그 채권의 분담을 정한다.

키워드 저당권의 효력

풀이 물상대위는 저당물이 법률적 또는 물리적으로 멸실한 경우 이에 대한 가치변형물에 대한 압류를 통하여 인정되는 것이므로, 저당물에 대한 매매대금을 가치변형물이라 할 수 없어 건물 저당권자는 건물의 매매대금에 대해 물상대위를 할 수 없다.

정답 ③

01 저당권의 효력에 관한 설명으로 옳지 않은 것은?

① 저당권자는 채권자에 한하는 것이 원칙이나, 저당권설정자는 채무자 및 제3자도 될 수 있다.
② 저당권자는 법률상 무효이나 사실상 저당권 실행에 장해가 될 수 있는 등기의 말소를 청구할 수 있다.
③ 채무자가 아닌 제3자 명의로 경료된 저당권설정등기는 무효이다.
④ 저당권의 피담보채권은 원본, 이자, 위약금, 지연손해 1년분, 실행비용 및 그 저당물의 보존비용과 저당물 하자로 인한 손해배상이 담보된다.
⑤ 타인의 토지 위의 건물에 저당권이 설정된 경우 그 저당권은 토지에 대한 권리인 지상권 또는 임차권에 미친다.

키워드 저당권의 효력
풀이 저당권의 피담보채권은 원본, 이자, 위약금, 채무불이행으로 인한 손해배상 및 실행비용을 담보한다. 다만, 지연이자는 1년분에 한한다.

정답 ④

02 저당권자의 일괄경매청구에 관한 설명으로 옳은 것은?

① 일괄경매청구의 요건이 갖추어진 경우 저당권자는 반드시 일괄경매청구를 하여야 한다.
② 토지만의 경매를 통해서 그 대금으로 충분히 변제를 받을 수 있는 경우에는 일괄경매청구할 수 없다.
③ 제3자가 축조한 건물을 저당권설정자가 매수한 경우 일괄경매청구할 수 없다.
④ 일괄경매청구 시 저당권자의 우선변제권은 토지의 경매대금에 한정한다.
⑤ 저당권설정자가 축조한 건물을 제3자에게 양도한 경우에도 일괄경매청구가 가능하다.

키워드 저당권의 효력
풀이 ① 일괄경매청구는 저당권자의 권리이지 의무가 아니다.
② 토지만의 경매를 통해서 그 대금으로 충분히 변제를 받을 수 있는 경우에도 일괄경매청구는 인정한다.
③ 저당권설정자로부터 용익권을 설정받은 자가 축조한 건물을 저당권설정자가 매수한 경우 일괄경매청구할 수 있다.
⑤ 저당권설정자가 축조한 건물을 제3자에게 양도한 경우에는 일괄경매청구할 수 없다.

정답 ④

03 저당권에 관한 설명으로 옳은 것은?

① 토지를 목적으로 저당권을 설정한 후 그 설정자가 그 토지에 건물을 축조한 때에는 저당권자는 토지와 함께 그 건물에 대하여도 경매를 청구하여 건물의 경매대가에 대해서도 우선변제를 받을 수 있다.

② 저당물 가액이 현저히 감소된 때에는 저당권자는 저당권설정자에 대하여 원상회복 또는 상당한 담보제공을 청구할 수 있는데, 저당권자의 이 권리는 저당물의 가액감소가 저당권설정자의 책임 있는 사유에 의한 것인가 여부와 무관하게 인정된다.

③ 금전 이외의 급부를 목적으로 하는 채권은 그 채권액을 기재할 수 없으므로 그것을 담보하기 위하여 저당권을 설정할 수 없다.

④ 저당권이 설정된 후에 그 부동산의 소유권이 제3자에게 이전된 경우에, 현재의 소유자가 자신의 소유권에 기하여 피담보채무의 소멸을 원인으로 그 저당권설정등기의 말소를 청구할 수 있음은 물론이지만, 저당권설정자인 종전의 소유자도 저당권설정계약상의 권리에 기초하여 저당권설정등기의 말소를 청구할 수 있다.

⑤ 저당권의 효력은 저당부동산에 대한 압류가 없더라도 저당권설정자가 그 부동산으로부터 수취한 과실 또는 수취할 수 있는 과실에 미치지만, 그 부동산에 대한 소유권, 지상권 또는 전세권을 취득한 제3자에 대하여는 저당권자가 압류한 후가 아니면 이로써 대항할 수 없다.

> **키워드** 저당권의 효력
>
> **풀이** 이때 새로운 소유자의 무효등기의 말소등기청구권은 물권적 청구권으로서 방해제거청구권이지만, 전 소유자의 말소등기청구권은 채권적 청구권이다.
> ① 건물에 대한 우선변제권은 없다.
> ② 저당권설정자의 책임 있는 사유를 요한다.
> ③ 금전 이외의 채권도 저당권 실행시기에 금전채권으로 전환될 수 있으면 가능하다.
> ⑤ 저당부동산에 대한 압류가 있어야 저당권의 효력이 과실에 미치며, 또한 압류한 사실을 통지하여야 대항할 수 있다(제359조).
>
> **정답** ④

04 저당권에 관한 설명으로 옳은 것은? (다툼이 있으면 판례에 따름)

① 건물의 저당권자는 저당권의 침해를 이유로 자신에게 건물을 반환할 것을 청구할 수 있다.
② 저당권이 실행되는 경우 저당권자에 우선하는 전세권자가 배당요구를 하더라도 전세권은 매각으로 소멸하지 않는다.
③ 구분건물의 전유부분에 설정된 저당권의 효력은 나중에 귀속하게 되는 종된 권리인 그 대지사용권에는 미치지 않는다.
④ 담보물권의 부종성의 원칙에도 불구하고 채권자가 아닌 제3자도 근저당권자가 될 수 있다.
⑤ 甲의 토지에 乙이 저당권을 취득한 후 丙이 토지 위에 축조한 건물의 소유권을 甲이 취득한 경우, 乙은 토지와 건물에 대해 일괄경매를 청구하여 그 매각대금 전부로부터 우선변제를 받을 수 있다.

> **키워드** 저당권의 효력
> **풀이** 피담보채권이 제3자에게 실질적으로 귀속되었다는 특별한 사정이 있고, 3자 간의 합의가 있다면 제3자 명의의 근저당권 설정도 가능하다.
> ① 저당권에 기한 목적물반환청구권은 행사할 수 없다.
> ② 저당권 실행 시 최선순위 저당권 이전에 설정된 용익물권은 소멸하지 않는다. 다만, 전세권은 그 이전에 설정된 것이어도 전세권자가 배당참가를 하면 매각(경락)으로 소멸한다(민사집행법 제91조 제4항).
> ③ 구분건물의 전유부분에 설정된 저당권의 효력은 특별한 사정이 없는 한 나중에 귀속하게 되는 종된 권리인 그 대지사용권에까지 미친다.
> ⑤ 사례의 경우에도 저당권자의 일괄경매권이 인정된다는 것이 판례의 입장이나, 일괄경매의 경우 그 건물의 경매대가에 대하여는 우선변제를 받을 권리가 없다(제365조).
>
> **정답** ④

고난도
05 다음은 민법 제366조 법정지상권에 관한 설명이다. 판례의 태도와 일치하는 것은?

① 토지에 대한 저당권설정 당시 그 지상에 건물공사가 진행되어 건물의 규모, 종류를 외형상 예상할 수 있는 경우일지라도 저당권설정 당시 그 지상에 완성된 건물이 존재하지 아니하는 경우에는 제366조의 법정지상권이 성립할 수 없다.

② 건물의 건축이 개시되기 전의 나대지에 저당권이 설정될 당시 저당권자가 그 토지 위에 토지소유자가 건물을 건축하는 것에 동의한 경우에도 저당토지의 임의경매로 인한 법정지상권은 성립한다.

③ 동일인의 소유에 속하는 토지 및 그 지상건물에 관하여 공동저당권이 설정된 후 그 지상건물이 철거되고 새로 건물이 신축된 경우에도 저당물의 경매로 인하여 토지와 그 신축건물이 다른 소유자에 속하게 되면 그 신축건물을 위한 법정지상권이 인정된다.

④ 법정지상권에 관한 지료가 결정된 바 없다면 법정지상권자가 2년 이상의 지료를 지급하지 아니하였음을 이유로 하는 지상권소멸청구는 이유가 없다.

⑤ 저당권설정 당사자간의 특약으로 저당목적물인 토지에 대하여 법정지상권을 배제하는 약정을 하는 경우에는 법정지상권이 성립하지 아니한다.

키워드 저당물 경매와 법정지상권

풀이 법정지상권에 관한 지료가 결정된 바 없다면 법정지상권자가 지료를 지급하지 아니하였다고 하더라도 지료지급을 지체한 것으로는 볼 수 없으므로 법정지상권자가 2년 이상의 지료를 지급하지 아니하였음을 이유로 하는 토지소유자의 지상권소멸청구는 그 이유가 없다.

① 저당권설정 당시 그 지상에 완성된 건물은 존재하지 아니하더라도 공사가 진행되어 건물의 규모, 종류를 외형상 예상할 수 있는 경우에는 제366조의 법정지상권이 성립한다.

② 건물의 건축이 개시되기 전의 나대지에 저당권이 설정될 당시 저당권자가 그 토지 위에 건물 건축에 동의한 경우, 저당토지의 임의경매로 인한 법정지상권은 성립하지 않는다.

③ 동일인의 소유에 속하는 토지 및 그 지상건물에 관하여 공동저당권이 설정된 후 그 지상건물이 철거되고 새로 건물이 신축된 경우에는 (그 신축건물의 소유자가 토지의 소유자와 동일하고 토지의 저당권자에게 신축건물에 관하여 토지의 저당권과 동일한 순위의 공동저당권을 설정해 주는 등 특별한 사정이 없는 한) 저당물의 경매로 인하여 토지와 그 신축건물이 다른 소유자에 속하게 되더라도 그 신축건물을 위한 법정지상권은 성립하지 않는다.

⑤ 민법 제366조는 가치권과 이용권의 조절을 위한 공익상의 이유로 지상권의 설정을 강제하는 것이므로, 저당권설정 당사자간의 특약으로 저당목적물인 토지에 대하여 법정지상권을 배제하는 약정을 하더라도 그 특약은 효력이 없다.

TIP 기본서의 관련 판례를 반드시 학습하세요.

정답 ④

06 타인의 채무를 담보하기 위하여 저당권을 설정한 부동산의 소유자로부터 소유권을 양수한 제3자의 지위에 관한 다음 설명 중 옳은 것은? (단, 다툼이 있으면 판례에 따름)

① 저당부동산의 경매절차에서 경매인(競賣人)이 될 수 없다.
② 채무자의 의사에 반해서는 저당채무를 변제할 수 없다.
③ 채권의 변제기에 상관없이 저당채무를 변제하여 저당권의 소멸을 청구할 수 있다.
④ 제3취득자의 변제범위에 지연이자는 이행기 후 1년분만 변제하면 된다.
⑤ 저당부동산의 개량을 위하여 유익비를 지출한 경우에는 저당부동산의 경매대가에서 그 비용의 우선상환을 받을 수는 없다.

키워드 저당권의 효력

풀이 제3취득자는 채무자가 아니므로 지연이자를 변제할 때 1년분만 변제의 의무가 있다.
② 제3취득자는 채무자의 의사에 반하여도 저당권자에게 그 부동산으로 담보된 채권을 변제하고 저당권의 소멸을 청구할 수 있다(제364조).
③ 제3취득자가 피담보채권을 대위변제하기 위해서는 변제기가 도래한 경우만 가능하고, 변제기가 도래 전에는 저당권자의 권리를 침해할 염려가 있으므로 대위변제는 불가능하다. 다만, 근저당에 대해서는 태도를 달리하여 근저당의 기본계약으로 정한 결산기 도래 전에도 피담보채권이 확정되고 채무자가 더 이상 거래를 원하지 않는 경우 근저당권을 소멸시킬 수 있는 근저당설정자의 권한을 제3취득자도 원용할 수 있으므로 제3취득자는 근저당의 결산기 도래 전에도 피담보채권을 변제할 수는 있으나 이에 대한 손해를 배상하여야 한다(2002다7176).
⑤ 저당물의 제3취득자(양수인을 포함한다)가 그 부동산의 보존·개량을 위해 필요비 또는 유익비를 지출한 때에는 제203조 제1항·제2항의 규정에 의해 저당물의 경매대가에서 우선상환을 받을 수 있다.

정답 ④

07 저당권 침해에 관한 설명으로 옳지 않은 것은?

① 저당권설정자의 책임 있는 사유로 저당물의 가격이 현저히 감소된 때에는 저당권자는 원상회복 또는 상당한 담보제공을 청구할 수 있다.
② 저당물의 침해로 잔존가액이 그대로 피담보채권을 완제할 수 있는 경우에도 교환가치가 현저히 감소되면 물권적 청구권은 성립한다.
③ 채무자가 저당물을 손상·감소·멸실하였을 때에는 기한의 이익을 상실한다.
④ 저당권의 침해로 인한 손해배상청구권은 저당권을 실행하여 실제 손해액을 확정한 후가 아니면 이를 행사할 수 없다.
⑤ 저당권의 침해로 인한 손해배상청구권은 원상회복 또는 상당한 담보제공 요구와 동시에 청구할 수는 없다.

키워드 저당권 침해
풀이 저당권 침해로 손해가 발생하였다면 저당권 실행 이전에도 손해액 산정이 불가능한 것이 아니므로 불법행위의 일반원칙대로 즉시 손해배상을 청구할 수 있다.
① 담보물보충청구권(제362조)

정답 ④

08 저당권의 처분 및 소멸에 관한 설명으로 옳지 않은 것은?

① 민법은 저당권의 처분에 있어서 부종성을 완화시키고 있다.
② 저당권의 양도는 채권의 양도에 수반되므로 저당권이전등기가 필요할 뿐만 아니라, 채권양도의 요건이 필요하다.
③ 저당권은 독자적으로 소멸시효에 걸리지 않는다.
④ 피담보채권이 소멸하면 저당권도 당연히 소멸한다.
⑤ 전세권을 목적으로 저당권을 설정한 자는 저당권자의 동의 없이 전세권을 소멸하게 하는 행위를 하지 못한다.

키워드 저당권 소멸
풀이 근저당은 저당권의 성립·존속·소멸에 있어서 부종성이 완화된 제도로서 존재한다. 그러나 저당권은 피담보채권과 분리하여 타인에게 양도하거나 다른 채권의 담보로 하지 못하기 때문에 처분에 있어서의 부종성은 완화되지 않는다.
⑤ 제371조 제2항

정답 ①

09 근저당권(根抵當權)에 관한 다음 설명 중 옳지 않은 것은? (단, 다툼이 있으면 판례에 따름)

① 근저당에서 담보할 채권의 최고액이란 목적물로부터 우선변제를 받을 수 있는 한도액을 의미하는 것이 아니고 책임의 한도액을 의미한다.
② 근저당설정등기에 소요되는 비용은 채권자가 부담한다.
③ 피담보채권액이 확정되면 그 이후 발생하는 채권은 더 이상 근저당권에 의하여 담보되지 않는다.
④ 피담보채권액이 확정될 때까지는 채권최고액 또는 존속기간을 합의로 변경할 수 있고 이는 등기해야 대항할 수 있다. 다만, 최고액을 증액하는 경우 후순위근저당권자가 있는 경우 그 동의 내지 승낙이 있어야 한다.
⑤ 채권최고액에 포함되는 지연이자는 1년분에 한(限)하지 않고, 그 최고액 범위 내에서 전액 다 포함되지만 근저당권 실행비용은 포함하지 않는다.

키워드 근저당권의 효력
풀이 근저당권의 채권최고액이란 후순위담보권자나 저당목적부동산의 제3취득자에 대한 우선변제권의 한도로서의 의미를 갖는 것에 불과하고, 그 부동산에 대해서는 최고액 범위 내의 채권에 한해서만 변제를 받을 수 있다는 이른바 책임의 한도라고까지는 볼 수 없다(92다1896).

정답 ①

10 근저당권에 관한 다음 설명 중 옳지 않은 것은?

① 근저당권설정 이후 담보물의 소유권을 취득한 제3자는 근저당의 변제기 또는 존속기간 전(前)이라도 발생한 채무 전액을 변제하고 근저당권의 소멸을 청구할 수 있다.
② 근저당설정계약의 당사자는 기본계약에 의하여 채권최고액을 증액할 수 있고, 이는 후순위자 기타 채권자의 동의 유무를 불문하고 가능하다.
③ 결산기에 확정된 피담보채권액이 채권최고액을 초과하는 경우에, 담보물의 소유권을 취득한 제3자는 채권최고액을 변제하고 근저당권의 말소를 청구할 수 있다.
④ 근저당권설정자의 책임 있는 사유로 저당물의 가액이 현저히 감소된 때는 근저당권자는 원상회복 또는 상당한 담보제공을 청구할 수 있다.
⑤ 근저당권의 기본계약의 변경이 아닌 개별 채권이 일시적으로 소멸하거나, 그 채권의 일부가 제3자에게 양도되어도 근저당권은 이에 부종하지 않는다.

> **키워드** 근저당권의 효력
>
> **풀이** 근저당권의 내용 중 채권최고액을 변경할 수는 있으나 채권최고액을 증액하고자 하는 경우 후순위 근저당권자가 있는 경우 후순위자의 동의 내지 승낙이 필요하다.
> ③ 채무자 겸 근저당권설정자와는 달리, 물상보증인이나 제3취득자는 채권최고액만을 변제하면 근저당권설정등기의 말소를 청구할 수 있다(74다998 등).
> ④ 제362조
> ⑤ 근저당권은 부종성과 수반성이 일부 완화되어 기본계약에 부종하지만, 개별 채권에 부종하지는 않는다.
>
> **정답** ②

11 근저당권의 피담보채권의 확정에 관한 다음 판례의 설명 중 옳지 않은 것은?

① 근저당권자가 경매를 신청한 때에는 그 경매신청 시에 피담보채권이 확정된다.
② 후순위저당권자가 경매를 신청하는 경우 선순위근저당권자의 피담보채권이 확정되는 시기는 경락인이 그 경락대금의 완납 시이다.
③ 결산기 또는 존속기간을 정한 경우에는 그 기간이 도래한 때에 확정된다.
④ 결산기 또는 존속기간을 정한 경우 근저당권설정자는 기간경과 전에는 어떠한 경우에도 계약을 해지하고 근저당권의 말소를 청구할 수는 없다.
⑤ 결산기 또는 존속기간을 정함이 없는 경우에는 언제든지 해지의 의사표시를 함으로써 피담보채무를 확정시킬 수 있다.

> **키워드** 근저당권 – 피담보채권의 확정
>
> **풀이** 근저당권의 존속기간이나 결산기를 정한 경우에도 근저당에 의하여 담보되는 채권이 전부 소멸하고 채무자가 거래를 계속할 의사가 없는 경우에는 기간경과 전이라 하더라도 근저당권설정자는 계약을 해제하고 근저당권설정등기의 말소를 청구할 수 있고, 존속기간이나 결산기를 정함이 없는 경우에는 언제든지 해지의 의사표시를 함으로써 피담보채무를 확정시킬 수 있다(2001다47528).
>
> **정답** ④

12 공동저당에 관한 설명으로 옳은 것은?

① 공동저당은 하나의 피담보채권을 담보하는 수개의 담보물이 제공되므로 목적물의 수와 무관하게 하나의 저당권이 성립한다.
② 공동담보 부동산에 후순위자가 있는 경우 채권자는 담보물의 경매대가를 동시에 배당하여야 한다.
③ 공동저당목적물의 일부 또는 전부가 제3자 소유이어서는 안 된다.
④ 동일한 채권의 담보로 수개의 부동산에 저당권이 설정된 경우 그 부동산의 경매대가를 동시에 배당하는 때는 각 부동산의 경매대가에 비례하여 그 채권의 분담을 정한다.
⑤ 공동저당의 동시배당의 경우라도 불가분성의 예외에 해당하지 않는다.

> **키워드** 공동저당
> **풀이** 제368조 제1항
> ① 공동저당에서는 하나의 피담보채권을 담보로 수개의 담보물이 제공되므로 일물일권주의 원칙상 저당물의 수만큼 저당권이 성립한다.
> ② 공동저당권자는 모든 담보물을 매각하여 동시에 배당할 수도 있고, 어느 담보물을 임의로 골라서 경매를 실행할 수 있다.
> ③ 공동저당의 목적물 일부 또는 전부가 제3자 소유이더라도 상관없다.
> ⑤ 공동저당의 동시배당의 경우는 불가분성의 예외에 해당한다.
>
> 정답 ④

13 甲은 乙에 대한 채무의 담보로 그 소유의 토지와 그 지상건물에 공동저당권을 설정해 주었다. 이 경우에 관한 다음 설명 중 옳지 않은 것은?

① 토지와 건물의 등기에는 각각 다른 부동산에 관한 권리가 함께 담보의 목적이라는 뜻을 기재하여야 한다.
② 乙은 토지와 건물에 관해 동시에 저당권을 실행하여야 하는 것은 아니다.
③ 먼저 토지의 경매대가를 배당하는 경우 乙은 토지와 건물의 가액에 비례하여 토지가액의 비율에 의한 배당을 받게 된다.
④ 소위 이시배당 내지 순차배당의 경우에는 후순위저당권자는 동시에 배당하였다면 배당받을 수 있는 범위 내에서 乙의 지위를 대위할 수 있다.
⑤ 경매의 실행으로 토지와 건물이 각각 다른 소유자에게 속하게 된 경우 토지소유자는 건물소유자에게 건물의 철거를 청구하지 못한다.

키워드	공동저당

풀이 공동저당의 목적물 중 일부 부동산에 대하여 경매를 함으로써 그 대가를 배당하는 경우(이시배당)에는 공동저당권자는 그 대가로부터 채권 전액을 변제받을 수 있다. 이 경우 그 경매된 부동산의 후순위저당권자는 동시에 배당하였더라면 선순위저당권자가 다른 부동산의 경매대가에서 변제를 받을 수 있는 금액의 한도에서 선순위자를 대위하여 저당권을 행사할 수 있다(제368조 제2항).
⑤ 제366조(법정지상권) 참조

정답 ③

14 [고난도] 다음 중 공동저당에 관한 설명으로 옳지 않은 것은? (다툼이 있으면 판례에 따름)

① 채무자와 물상보증인의 부동산의 매각대금을 동시에 배당하는 경우 채무자의 담보물의 매각대금에서 우선배당하고, 부족분이 있는 경우에 물상보증인의 담보물의 매각대금에서 추가로 배당한다.
② 공동저당권자는 공동저당목적물 전부를 동시에 경매할 수도 있고, 임의로 어떤 목적물에 대하여 경매를 실행하여 피담보채권의 전부나 일부를 우선변제받을 수 있다.
③ 공동담보물 중 선순위저당권이 있는 담보물은 별도로 경매한다.
④ 채무자 소유의 공동담보물 중 일부의 매각대금으로 배당하는 경우, 후순위권리자가 존재한다면 그 매각대금 전부로부터 공동저당권자가 우선변제받을 수 없다.
⑤ 공동담보물 중 채무자 소유의 담보물의 매각대금으로부터 우선배당을 하는 경우 그 담보물의 후순위근저당권자는 물상보증인 소유의 부동산에 대한 공동저당권자의 지위를 대위할 수 없다.

키워드 공동저당
풀이 공동저당권자가 일부만을 실행하는 경우에는(후순위권리자의 존재 여하와 관계없이) 그 매각대금으로부터 피담보채권의 전액을 변제받을 수 있다.
⑤ 95다36596
TIP 기본서에 포함된 관련 판례를 면밀하게 학습하세요.

정답 ④

고난도

15 甲이 5,000만원의 채권을 담보하기 위해, 채무자 乙 소유의 X부동산과 물상보증인 丙 소유의 Y부동산에 각각 1번 저당권을 취득하였다. 그 후 丁이 4,000만원의 채권으로 X부동산에, 戊가 3,000만원의 채권으로 Y부동산에 각각 2번 저당권을 취득하였다. 甲이 X부동산과 Y부동산에 대하여 담보권 실행을 위한 경매를 신청하여 X부동산은 6,000만원, Y부동산은 4,000만원에 매각되어 동시에 배당하는 경우, 이자 및 경매비용 등을 고려하지 않는다면 甲이 Y부동산의 매각대금에서 배당받을 수 있는 금액은? (다툼이 있으면 판례에 따름) 제23회

① 0원
② 1,000만원
③ 2,000만원
④ 3,000만원
⑤ 4,000만원

키워드 공동저당

풀이 공동저당권이 설정되어 있는 수개의 부동산 중 일부는 채무자 소유이고 일부는 물상보증인의 소유인 경우 민법 제368조 제1항(안분배당)은 적용되지 아니하므로 채무자 소유 부동산의 경매대가에서 공동저당권자에게 우선적으로 배당을 하고, 부족분이 있는 경우에 한하여 물상보증인 소유 부동산의 경매대가에서 추가로 배당을 하여야 한다(2008다41475). 이 경우 채무자 소유 부동산의 경매대가가 6,000만원으로서 이로부터 모두 변제가 가능하므로 물상보증인 소유 부동산의 매각대금에서 추가로 배당할 것은 없다.

TIP 공동저당의 배당에 관한 문제입니다. 동시배당 및 순차배당의 사례를 반복하여 학습해야 합니다.

정답 ①

16 甲은 채권의 담보로 채무자 소유의 X, Y 두 부동산 위에 각각 1순위 공동저당권을 설정하였다. X부동산에는 乙이, Y부동산에는 丙이 각각 후순위저당권을 보유하고 있는 경우, 甲의 저당권 실행에 관한 다음 설명 중 옳지 않은 것은?

① 甲은 X, Y 두 부동산을 동시에 경매하거나 또는 하나의 부동산만을 경매하여 그 부동산의 환가대금으로부터 우선변제를 받을 수 있다.
② X부동산의 환가대금으로도 甲과 乙의 피담보채권의 변제에 충분한 경우라면 동시 일괄경매는 허용되지 않는다.
③ 담보물의 경매대가를 동시에 배당하는 경우에는 乙, 丙과 같은 후순위권리자가 없는 경우일지라도 甲은 언제나 매각대금에 비례하여 피담보채권의 분담을 정하여야 한다.
④ 甲이 X부동산 만의 매각대금에서 먼저 배당하는 경우 그 매각대금 전액으로부터 채권의 만족을 받을 수 있고, 이로써 변제받지 못한 나머지 채권은 다시 Y부동산을 경매하여 우선변제받을 수 있다.
⑤ 위 ④의 경우 乙은 동시에 배당하였더라면 甲이 받을 수 있었던 금액의 한도에서 Y부동산의 매각대금으로부터 丙 다음으로 우선변제를 받을 수 있다.

키워드 공동저당
풀이 이시배당(순차배당)의 경우 먼저 경매된 X부동산의 후순위저당권자 乙은 동시에 배당하였더라면 甲이 받을 수 있었던 금액의 한도에서 Y부동산의 매각대금으로부터 우선변제를 받을 수 있는데, 이 경우 乙은 선순위공동저당권자 甲을 대위하는 것이므로, Y부동산의 후순위저당권자인 丙에 우선하여 변제받는 것이다.

정답 ⑤

17 甲은 乙로부터 1억 5천만원을 차용하면서 자신의 A, B, C 부동산에 저당권을 설정하였다. 그 후 乙은 甲이 채무를 변제하지 않자 위 각 부동산을 경매하여 동시에 배당하였다. 위 부동산에 관한 각 부동산의 경락대금이 9천만원(A), 6천만원(B), 3천만원(C)이었다면, 乙이 B부동산에서 변제받게 되는 금액은 얼마인가? (다만, 각 부동산에 대한 乙의 저당권의 순위는 모두 제1순위임)

① 7천5백만원
② 5천5백만원
③ 5천만원
④ 3천만원
⑤ 2천5백만원

키워드 공동저당
풀이 동시배당의 경우에는 각 부동산의 경매대가에 비례하여 그 채권의 분담을 정한다. 위 경우 A부동산에서는 7천5백만원, B부동산에서는 5천만원, C부동산에서는 2천5백만원을 변제받게 된다.

정답 ③

PART 5

채권법

- CHAPTER 01 채권법 총론
- CHAPTER 02 채권법 각론(계약법 총론)
- CHAPTER 03 계약법 각론(매매)
- CHAPTER 04 임대차
- CHAPTER 05 도급과 위임
- CHAPTER 06 부당이득과 불법행위

출제경향

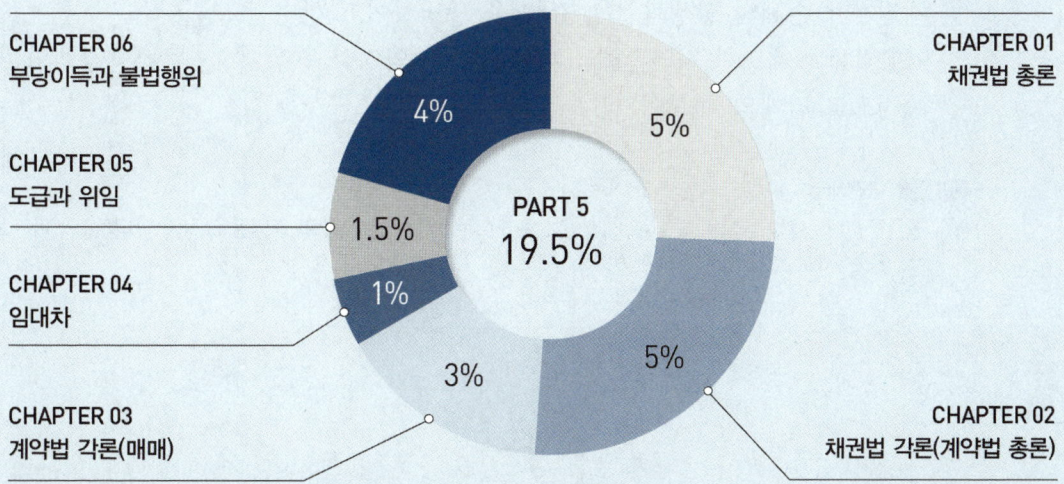

합격 POINT

채권법 또한 출제비중에 비해 학습해야 할 분량이 많은 단원입니다. 민법 총칙을 공부하며 채권에 관한 중요부분을 연관시켜 효율적으로 학습하는 것이 중요합니다. 채권법 총론과 각론(계약법 총론)에서 각각 2문항 정도씩 출제되고 있습니다. 불법행위와 부진정연대채무, 매매 중 매도인의 담보책임은 더욱 심도 있게 학습하시기 바랍니다.

CHAPTER 01 채권법 총론

▶ **연계학습** | 에듀윌 기본서 1차 [민법 下] p.242

대표기출

01 금전채무불이행으로 인한 손해배상에 관한 설명으로 옳지 않은 것은? (다툼이 있으면 판례에 따름)
제18회

① 채무자는 과실 없음을 항변하지 못한다.
② 손해배상액은 특별한 사정이 없는 한 법정이율에 의한다.
③ 지연손해금채무는 이행지체로 인한 손해배상채무이다.
④ 채권자가 손해의 발생과 그 손해액을 증명하여야 한다.
⑤ 이행지체에 대비한 지연손해금 비율을 따로 약정한 경우, 이는 손해배상액의 예정으로 감액의 대상이 될 수 있다.

> **키워드** 금전채권
> **풀이** 금전채무 불이행으로 인한 손해배상에 관하여는 채권자는 손해의 증명을 요하지 아니하고 채무자는 과실 없음을 항변하지 못한다(제397조 제2항).

정답 ④

02 채권자취소권에 관한 설명으로 옳은 것은? (다툼이 있으면 판례에 따름) 제17회

① 정지조건부 채권은 특별한 사정이 없는 한 피보전채권이 될 수 없다.
② 특정물에 대한 소유권이전등기청구권은 특별한 사정이 없는 한 피보전채권이 될 수 있다.
③ 상속을 포기하는 행위는 재산권에 관한 법률행위이므로 특별한 사정이 없는 한 채권자취소권의 대상이 된다.
④ 채권양도가 사해행위에 해당하지 않는다면, 그 이후에 이루어진 채권양도 통지만이 따로 채권자취소권의 대상이 될 수는 없다.
⑤ 채권자취소권은 채권자가 채무자를 피고로 하여 자신의 이름으로 재판상 행사하여야 한다.

> **키워드** 책임재산의 보전
>
> **풀이** 채권자취소권은 채무자가 채권자에 대한 책임재산을 감소시키는 행위를 한 경우에 이를 취소하고 원상회복을 하여 공동담보를 보전하는 권리이고, 채권양도의 경우 그 권리이전의 효과는 원칙적으로 당사자 사이의 양도계약의 체결과 동시에 발생하며 채무자에 대한 통지 등은 채무자를 보호하기 위한 대항요건일 뿐이므로, 채권양도행위가 사해행위에 해당하지 않는 경우에 양도통지가 따로 채권자취소권 행사의 대상이 될 수는 없다(대판 2012.8.30, 2011다32785, 32792).
> ① 정지조건부 채권도 금전채권에 해당한다면 채권자취소권의 피보전채권이 될 수 있다.
> ② 채권자 취소권의 피보전 채권은 원칙적으로 금전채권일 것을 요한다. 금전채권은 모든 채권자의 이익을 위하여 효력이 있기 때문이다. 그래서 특정물에 대한 소유권이전등기청구권은 채권자 취소권의 대상이 아니다.
> ③ 상속재산의 협의 분할은 채권자취소권의 대상이 되나(2000다51797), 상속의 포기행위는 채권자 취소권의 대상이 아니다(2011다29307).
> ⑤ 판례는 상대적 효과설 입장에서 채권자취소권의 상대방은 채무자가 아니라 수익자 내지 전득자를 상대방으로 하고 그 효과도 채권자 및 수익자 내지 전득자 사이에만 미치므로 수익자 내지 전득자는 채권자에 대하여만 원상회복의 의무를 부담한다.
>
> **정답** ④

03 변제에 관한 설명으로 옳은 것은? (다툼이 있으면 판례에 따름) 제17회

① 변제할 정당한 이익이 없는 자가 변제를 한 경우, 그 변제자는 채권자의 승낙이 없더라도 변제와 동시에 법률상 당연히 채권자를 대위한다.
② 채권의 준점유자에 대한 변제는 변제자가 선의·무과실인 경우에 한하여 변제로서의 효력이 인정된다.
③ 법정변제충당을 위한 변제 이익은 특별한 사정이 없는 한, 채권자를 기준으로 판단하여야 한다.
④ 채권자의 대리인이라고 하면서 채권을 행사하는 자는 특별한 사정이 없는 한, 채권의 준점유자에 해당하지 않는다.
⑤ 채무자가 채무변제를 위하여 타인의 물건을 채권자에게 인도하였다면 이는 유효한 변제이므로 특별한 사정이 없는 한, 더 이상 누구도 채권자에게 그 물건의 반환을 청구할 수 없다.

키워드 채권의 소멸 – 채무변제

풀이 채권의 준점유자에 대한 변제는 변제자가 선의이며 과실없는 때에 한하여 효력이 있다(제470조).
① 변제할 정당한 이익이 있는 자는 변제로 당연히 채권자를 대위한다(제481조). 여기서 정당한 이익이란 채무를 변제하지 않으면 강제집행을 받거나 취득한 권리를 상실하게 될 법률상 이해관계 있는 자를 말한다(89다카24834).
③ 채무전부의 이행기가 도래하였거나 도래하지 아니한 때에는 채무자에게 변제이익이 많은 채무의 변제에 충당한다. 즉, 채무자의 이익을 기준으로 판단한다(제477조 제2호).
④ 민법 제470조에 정하여진 채권의 준점유자라 함은, 변제자의 입장에서 볼 때 일반의 거래관념상 채권을 행사할 정당한 권한을 가진 것으로 믿을 만한 외관을 가지는 사람을 말하므로 준점유자가 스스로 채권자라고 하여 채권을 행사하는 경우뿐만 아니라 채권자의 대리인이라고 하면서 채권을 행사하는 때에도 채권의 준점유자에 해당한다(2004다5389).
⑤ 채무의 변제로 타인의 물건을 인도한 채무자는 다시 유효한 변제를 하지 아니하면 그 물건의 반환을 청구하지 못한다는 민법 제463조는 채무자만이 그 물건의 반환을 청구할 수 없다는 것에 불과할 뿐 채무자가 아닌 다른 권리자까지 그 물건의 반환을 청구할 수 없다는 취지는 아니다(93다14998). ⇒ 상대적 반환청구금지로서 진정한 소유자는 반환청구를 할 수 있다.

정답 ②

01 채권의 목적에 관한 다음 설명 중 옳지 않은 것은?

① 금전으로 가액을 산정할 수 없는 것은 채권의 목적으로 할 수 없다.
② 종류채권에 있어서 품질에 관하여 특약이 없으면 중등품으로 급부하여야 한다.
③ 특정물 인도가 채권의 목적인 경우 채무자는 이행기의 현상대로 인도의무가 있다.
④ 종류채권이라도 채권자의 동의를 얻어 목적물이 특정된 후 멸실되면 이행불능이 된다.
⑤ 금전채권에 관하여는 이행지체만 생길 뿐, 이행불능이 있을 수 없다.

키워드 채권의 목적

풀이 금전으로 가액을 산정할 수 없는 것이라도 채권의 목적으로 할 수 있다(제373조).
② 제375조 제1항
③ 제462조
④ 종류채권에 있어서 특정이 된 후는 채무자는 그 특정한 물건에 대해서만 채무를 지며(제375조 제2항), 목적물이 채무자의 책임 없는 사유로 소멸하면 채무를 면하고 책임 있는 사유로 멸실한 경우에는 이행불능에 의한 손해배상채무를 지고 다른 물건을 급부할 의무는 없다.
⑤ 일종의 종류채권이지만 급부되는 금전 자체보다는 그것이 표시하는 일정금액, 즉 화폐가치에 중점을 두는 데 특색이 있다. 따라서 목적물의 특정이라는 것이 없고 이행불능의 상태가 생기는 일도 없다.

정답 ①

02 특정물 인도를 목적으로 하는 채권에 관한 설명으로 옳지 않은 것은?

① 특정물이란 당사자가 지정한 그 물건만이 목적물이 되며 다른 물건으로 대체할 수 없는 것을 말한다.
② 특정물 인도가 채권의 목적인 때에는 채무자는 그 물건의 이행기까지 선량한 관리자의 주의로 보관하여야 한다.
③ 특정물과 종류물의 구분은 당사자의 주관적 기준에 따른다.
④ 특정물 인도채무를 부담하는 매도인, 임차인, 법인의 이사 등이 선량한 관리자의 주의의무를 위반하여 목적물을 멸실 또는 훼손하게 한 때에는 손해배상책임을 진다.
⑤ 채무자는 선량한 관리자의 주의로써 특정물을 보관한 후 계약 성립 당시 목적물이 있던 장소에서 인도하여야 한다.

키워드 특정물채권

풀이 특정물 인도가 채권의 목적인 때에는 채무자는 그 물건을 인도하기까지 선량한 관리자의 주의로 보관하여야 한다(제374조).

정답 ②

03 종류채권에 관한 다음 설명 중 옳지 않은 것은? (다툼이 있으면 판례에 따름)

① 채권이 소비대차, 소비임치로 발생한 경우 채무자는 처음 받았던 물건과 동일한 품질을 반환할 의무가 있다.
② 급부목적물의 품질에 대한 특약이 있는 경우 중등품질로 급부하여야 한다.
③ 종류채권은 원칙적으로 지참채무이므로 채권자의 주소지에서 이행하는 것을 원칙으로 한다.
④ 종류채권이라도 당사자간의 합의 또는 법률규정뿐만 아니라 채무자의 행위에 의해서도 특정될 수 있다.
⑤ 종류채권을 채권자가 특정하는 경우 종류채권이 특정물채권으로 되는 것에 불과하고 특정으로 소유권이 채권자에게 이전되는 것은 아니다.

키워드 종류채권
풀이 급부목적물의 품질에 대한 특약이 있는 경우 그 특약으로 정한 품질을 급부하여야 하고, 특약이 없는 경우 중등품질로 급부하여야 한다.

정답 ②

04 금전채무에 관한 설명으로 옳은 것은?

① 금전채무의 채무자도 채무불이행이 자기에게 책임이 없는 사유로 인한 것임을 증명하여 면책될 수 있다.
② 약정이율이 있는 소비대차에서 변제기 후의 이자에 관한 별도의 약정이 없는 경우에 변제기가 지난 후에는 법정이자에 의한 이자를 지급하여야 한다.
③ 금전채무불이행의 경우 약정이율 또는 법정이율에 따라 산정된 금액을 초과하는 손해가 발생하였고, 채무자가 이를 알았더라도 채권자는 그 초과액에 대한 배상을 청구할 수 없다.
④ 금전을 탈취당한 사람은 물권적 청구권으로 목적물의 반환청구권을 행사할 수 없다.
⑤ 채무자가 최고이자율을 초과하는 이자를 임의로 지급하였더라도 초과 지급된 이자 상당금액이 원본에 충당되는 것은 아니다.

| 키워드 | 금전채무 |

| 풀이 | 금전을 탈취당한 사람은 목적물반환청구권이 아닌 부당이득반환청구권을 행사할 수 있다.
① 금전채무불이행의 경우 채무자는 채무불이행의 과실 없음을 주장할 수 없다.
② 소비대차에 있어 변제기가 도과한 후에도 지연이자에 관한 특별한 약정이 없다면 당초의 계약이자를 지급하기로 한 것이라고 보는 것이 상당하다(80다2649).
③ 약정이율을 초과하는 손해에 대해서는 특별손해로 그 배상을 구할 수 있다(90다카16006).
⑤ 채무자가 「이자제한법」 소정의 최고이자율을 초과하는 이자를 지급한 경우 초과 지급된 부분은 원본에 충당되고, 원본이 소멸한 때에는 그 반환을 청구할 수 있다.

| 정답 | ④ |

05 금전채권 및 이자에 관한 설명으로 옳지 않은 것은?

① 채권의 목적이 다른 나라 통화로 지급할 것인 경우에는 채무자는 자기가 선택한 그 나라의 각 종류의 통화로 변제할 수 있다.
② 채권의 목적이 어느 종류의 다른 나라 통화로 지급할 것인 경우에 그 통화가 변제기에 강제통용력을 잃은 때에는 그 나라가 아닌 다른 나라의 통화로 변제하여야 한다.
③ 지연이자는 일종의 손해배상으로서 민법상 과실로 보지 않는다.
④ 이자 있는 채권의 이율은 다른 법률의 규정이나 당사자의 약정이 없으면 연 5분으로 한다.
⑤ 원본채권이 양도된 경우 이미 변제기에 도달한 이자채권은 원본채권의 양도 당시 그 이자채권도 양도한다는 의사표시가 없는 한 당연히 양도되지는 않는다.

| 키워드 | 금전채권과 이자 |

| 풀이 | 채권의 목적이 어느 종류의 다른 나라 통화로 지급할 것인 경우에 그 통화가 변제기에 강제통용력을 잃은 때에는 그 나라의 다른 통화로 변제하여야 한다(제377조 제2항).
① 제377조 제1항(외화채권)
④ 제379조(법정이율)
⑤ 88다카12803

| 정답 | ② |

06 선택채권의 선택에 관한 설명으로 옳지 않은 것은?

① 선택의 효력은 그 채권이 발생한 때에 소급한다. 그러나 제3자의 권리를 해하지 못한다.
② 선택권 없는 당사자의 책임 있는 사유로 선택채권이 후발적 불능이 된 경우 채권자인 선택권자는 불능으로 된 채권을 선택하여 손해배상책임을 요구할 수 있다.
③ 선택권 행사의 기간이 있는 경우, 선택권행사 기간 내에 선택권자가 상대방의 최고를 받았음에도 그 기간 내에 선택하지 아니하면 선택권은 상대방에게 있다.
④ 채권의 목적으로 선택할 수개의 행위 중에 처음부터 불능한 것이나 또는 후에 이행불능하게 된 것이 있으면 채권의 목적은 잔존한 것에 존재한다.
⑤ 선택권 없는 당사자의 책임 있는 사유로 인하여 선택채권이 이행불능이 된 때에는 채권의 목적은 잔존한 것에 존재한다.

키워드 선택채권의 선택
풀이 선택권이 없는 당사자의 책임 있는 사유로 선택채권이 이행불능이 된 경우 채무자인 선택권자는 불능으로 된 채무를 선택하여 채무를 면할 수 있다.
TIP 기초적인 내용을 소홀히 하지 마시고, 충분히 연습하세요.

정답 ⑤

07 甲은 자신이 사용하던 노트북 X, Y 중에 하나를 乙에게 팔기로 하였고, 대금지급일에 乙이 선택하기로 하였다. 그런데 대금지급일 전에 甲이 X노트북을 丙에게 매도하고 인도까지 해주었다. 이에 관한 설명으로 옳은 것은? (다툼이 있으면 판례에 따름)

2019년 변리사

① 乙이 Y노트북을 선택하고 그 의사를 甲에게 전달한 경우, 乙은 특별한 사정이 없는 한 甲의 동의 없이도 이를 철회할 수 있다.
② 乙은 Y노트북을 선택하면서 조건을 붙일 수 있다.
③ 乙이 X노트북을 선택하더라도 채권의 목적물은 Y노트북으로 확정된다.
④ 乙은 X노트북을 선택하고 丙에게 X노트북의 반환을 청구할 수 있다.
⑤ 乙은 X노트북을 선택하고 甲에게 채무불이행을 이유로 손해배상을 청구할 수 있다.

> **키워드** 선택채권
> **풀이** 선택권이 없는 자의 책임 있는 사유로 발생한 경우에 해당하고 선택권자가 채권자이므로 乙은 불능으로 된 X노트북을 선택하고 甲에게 채무불이행을 이유로 손해배상을 청구할 수 있으며 채권의 목적이 Y노트북으로 확정되는 것은 아니고, 선택권 행사를 이유로 丙에게 X노트북의 반환을 청구할 수도 없다.
> ① 乙이 Y노트북을 선택하고 그 의사를 甲에게 전달한 경우, 乙은 甲의 동의 없이 이를 철회할 수 없다.
> ② 선택권자의 선택의 의사표시에는 조건을 붙일 수 없으므로 乙은 Y노트북을 선택하면서 조건을 붙일 수 없다.
> ③ 乙이 X노트북을 선택하면 채권의 목적물은 X노트북으로 확정됨과 동시에 채무불이행(이행불능)이 된다.
> ④ 乙은 X노트북을 선택하고 丙에게 X노트북의 반환을 직접 청구할 수 없다.
>
> 정답 ⑤

08 채무불이행에 관한 설명으로 옳지 않은 것은?

① 채무자의 이행행위에 대하여 채권자가 이를 수령하지 않거나 필요한 협력을 하지 않음으로써 채무자가 이행을 완료하지 못하는 경우 채무자도 계약을 해제할 수 있다.

② 채무이행에 확정기한이 있는 경우 채무자는 기한이 도래한 때로부터 지체책임이 있다.

③ 채무이행에 불확정한 기한이 있는 경우, 기한이 객관적으로 도래한 때로부터 채무자는 지체책임이 있다.

④ 채무이행에 기한이 없는 경우에 채무자는 이행청구를 받은 때로부터 지체책임이 있다.

⑤ 불법행위로 인한 손해배상채권은 불법행위 시에 발생하고 그 이행기가 도래한다.

> **키워드** 채무불이행 – 이행지체
> **풀이** 채무이행에 불확정한 기한이 있는 경우, 채무자는 기한이 도래함을 안 때로부터 지체책임이 있다(제387조 제1항 후단).
>
> 정답 ③

09 이행지체의 기산일에 관한 설명으로 옳지 않은 것은?

① 확정기한이 있으면 기한이 도래한 다음 날
② 기한의 정함이 없으면 이행청구를 받은 다음 날
③ 불법행위로 인한 손해배상채권의 지연손해금은 불법행위 성립일의 다음 날
④ 불법행위로 인한 손해배상채권은 불법행위한 날
⑤ 금전채무의 지연손해금채무는 채권자로부터 이행청구를 받은 다음 날

키워드 채무불이행 - 이행지체
풀이 불법행위로 인한 손해배상채권의 지연손해금은 불법행위 성립일이 기산일이 된다(2010다18829).

정답 ③

10 채무불이행에 관한 설명으로 옳지 않은 것은?

① 채무자가 고의 또는 과실로 채무의 내용에 좇은 이행을 하지 아니한 때에는 채권자는 손해배상을 청구할 수 있다.
② 채무자가 그 책임이 없는 사유로 채무의 내용에 좇은 이행을 하지 아니하면 채권자는 손해배상을 청구할 수 있다.
③ 채무자의 이행보조자로서 법정대리인 또는 피용자의 고의나 과실은 채무자의 고의나 과실로 본다.
④ 채무자는 자기에게 과실이 없는 경우에도 그 이행지체 중에 생긴 손해를 배상하여야 한다.
⑤ 이행지체 중 손해배상에 관하여 채무자가 이행기에 이행하여도 손해를 면할 수 없는 경우에는 그 손해배상의 의무가 없다.

키워드 채무불이행
풀이 ①② 채무자가 채무의 내용에 좇은 이행을 하지 아니한 때에는 채권자는 손해배상을 청구할 수 있다. 그러나 채무자의 고의나 과실 없이 이행할 수 없게 된 때에는 그러하지 아니하다(제390조).
③ 제391조
④⑤ 제392조

정답 ②

11 이행불능에 관한 설명으로 옳은 것은?

① 채무자의 귀책사유 유무를 불문하고 후발적 불능의 경우 채권자는 이행불능을 이유로 손해배상을 청구할 수 있다.
② 불능 여부에 대한 판단기준은 평균적 이행가능성을 기준으로 객관적으로 판단한다.
③ 이행불능이 발생하면 채권자는 이행의 강제 또는 계약의 해제와 전보배상 또는 대상청구권 등을 행사할 수 있다.
④ 불가항력으로 인한 이행불능 시 쌍무계약의 경우 위험부담의 문제가 발생한다.
⑤ 이행지체 중에 불가항력으로 인한 이행불능의 경우 당사자 쌍방은 이행의무를 면한다.

키워드 **이행불능**
풀이 불가항력으로 인한 이행불능의 경우 위험부담의 문제가 발생하고, 채무자 책임주의를 원칙으로 한다.
① 후발적 불능 중에서 채무자의 귀책사유로 인한 것이 이행불능의 문제가 발생하고, 채무자의 귀책사유에 의하지 않은 후발적 불능은 위험부담의 문제가 된다.
② 가능과 불능의 판단은 사회통념에 따른다.
③ 이행불능에는 이행의 강제가 있을 수 없고, 계약의 해제와 전보배상 또는 대상청구권 등을 행사할 수 있다.
⑤ 이행지체 중에 불가항력으로 이행불능이 발생한 경우 채무자에게 지체책임이 있다.

정답 ④

12 채무불이행으로 인한 손해배상에 관한 설명이다. 옳은 것으로 묶인 것은?

㉠ 손해배상은 당사자간에 다른 의사표시가 없으면 금전배상을 원칙으로 한다.
㉡ 위약금의 약정은 손해배상액의 예정으로 간주한다.
㉢ 본래 채무에 대한 담보의 효력은 그의 손해배상채권에도 영향을 미친다.
㉣ 채무불이행에 기한 손해배상청구권의 소멸시효기간은 10년이다.

① ㉠, ㉢
② ㉡, ㉢
③ ㉠, ㉡
④ ㉢, ㉣
⑤ ㉡, ㉣

키워드 **손해배상**
풀이 ㉡ 위약금의 약정은 손해배상액의 예정으로 추정한다.
㉣ 채무불이행에 기한 손해배상청구권의 시효기간은 본래 채권의 소멸시효기간에 따른다.

정답 ①

13 채권자지체에 관한 다음 설명 중 옳은 것은?

① 채권자가 이행을 받을 수 없거나 받지 아니한 때에는 이행기로부터 지체책임이 있다.
② 채권자지체 중에는 채무자는 고의가 아니라면 중대한 과실이 있어도 채무불이행으로 인한 모든 책임이 없다.
③ 채권자지체 중에 이자 있는 채권이라면 채무자는 채무에 대한 이자로써 상계할 수 있다.
④ 채권자의 수령지체 시 채무자는 일정 기간을 정하여 수령을 최고하고, 채권자가 그 기간 내에 수령을 하지 아니하면 계약을 해제할 수 있다.
⑤ 채권자지체로 인하여 그 목적물의 보관 또는 변제의 비용이 증가된 때에는 그 증가액은 채권자와 채무자가 비용증가에 대한 책임의 비율로 분담한다.

> **키워드** 채권자지체
> **풀이** ① 채권자가 이행을 받을 수 없거나 받지 아니한 때에는 이행의 제공 있는 때로부터 지체책임이 있다(제400조).
> ② 채권자지체 중에는 채무자는 고의 또는 중대한 과실이 없으면 불이행으로 인한 모든 책임이 없다(제401조).
> ③ 채권자지체 중에는 이자 있는 채권이라도 채무자는 이자를 지급할 의무가 없다(제402조).
> ⑤ 채권자지체로 인하여 그 목적물의 보관 또는 변제의 비용이 증가된 때에는 그 증가액은 채권자의 부담으로 한다(제403조).
>
> **정답** ④

14 채권자대위권의 행사에 관한 설명으로 옳은 것은?

① 이혼으로 인한 재산분할청구권은 협의 또는 심판에 의하여 그 구체적 내용이 형성되기까지는 이를 보전하기 위하여 채권자대위권을 행사할 수 있다.
② 제3채무자의 행위가 사해행위에 해당하는 경우라도 채권자는 자신의 채권을 보전하기 위하여 채무자의 제3자에 대한 채권자취소권을 대위행사할 수는 없다.
③ 채권자대위권 행사에 대하여 제3채무자는 채권자의 채무자에 대한 채권이 시효로 소멸했음을 원용할 수 없다.
④ 채권자의 채권이 이행기에 도래하지 않은 경우 원칙적으로 채권을 행사할 수 없으므로 보존행위 및 기타의 목적으로 채권자대위권도 행사할 수 없다.
⑤ 채권자대위권이 인정되는 범위 내에서 처분행위도 가능하다.

키워드 채권자대위권

풀이 2001다10151
① 이혼으로 인한 재산분할청구권은 협의 또는 심판에 의하여 그 구체적 내용이 형성되기까지는 이를 보전하기 위하여 채권자대위권을 행사할 수 없다.
② 채권자취소권도 채권자대위권의 목적이 될 수 있다. 제3채무자의 사해행위에 대하여 채권자는 채무자의 채권자취소권을 대위행사할 수 있다.
④ 채권자의 채권이 이행기에 도래하지 않은 경우 원칙적으로 채권을 행사할 수 없으므로 보존행위를 제외한 기타의 목적으로 채권자대위권도 행사할 수 없다.
⑤ 채권자대위권은 채권보전에 필요한 범위에서 관리행위는 허용되나, 처분행위는 허용되지 않는다.

정답 ③

고난도

15 채권자대위권 행사의 효과에 관한 설명으로 옳지 않은 것은?

① 채권자대위권 행사로 제3채무자가 변제한 경우라도 그 범위에서 채권자가 우선변제를 받는 것은 아니다.
② 금전채권이 아닌 특정채권으로서 소유권이전등기청구권을 보전하기 위하여 채무자의 제3자에 대한 소유권이전등기청구권을 채권자가 대위행사하는 경우에도 채무자의 무자력을 그 요건으로 하지 않는다.
③ 채권자대위권 행사의 통지를 받은 후에는 채무자가 그 권리를 처분하여도 이로써 채권자에게 대항하지 못한다.
④ 특별한 사정이 없으면, 계약의 청약 또는 승낙과 같은 단순한 의사표시는 채권자대위권의 목적이 될 수 없다.
⑤ 채무자와 제3채무자 사이에 소송이 제기되어 채무자의 권리행사가 된 후 소송상의 개개의 행위도 채권자가 대위행사할 수 있다.

키워드 채권자대위권

풀이 채무자가 이미 소송 중이라면 개개의 소송상의 행위는 채권자가 대위행사할 수 없다(2012다75239).
① 제3채무자의 변제로 인하여 채권자가 우선변제를 받는 것은 아니나, 채무자가 변제수령 후 채권자에 대한 이행을 하지 않는 경우 이에 대하여 강제집행도 가능하다.
② 91다483
③ 채권자대위권 행사의 통지를 받은 후에는 채무자가 그 권리를 처분하여도 이로써 채권자에게 대항하지 못한다(제405조 제2항).
④ 채권자대위권의 피보전채권은 소송법상 권리 또는 실체법상 권리이고, 단순한 의사표시는 채권자대위의 목적이 될 수 없다(2012다75239 참조).

TIP 기본서의 관련 판례를 반드시 학습하세요.

정답 ⑤

16 채권자취소권에 관한 설명으로 옳지 않은 것은?

⊙ 상속의 포기는 채권자취소권의 대상이 아니다.
⊙ 채권자취소권은 선의의 전득자에게는 행사할 수 없으나, 전득자의 선의는 추정되지 않는다.
⊙ 재산행위 및 신분행위에 대하여 채권자는 그 취소 및 원상회복을 청구할 수 있다.
⊙ 채권자취소권은 재판상 또는 재판 외 청구할 수 있는 형성권이다.
⊙ 채무자의 행위로 인하여 이익을 받았거나 전득한 제3자가 그 행위 또는 전득 당시에 채권자를 해함을 알지 못한 경우에는 그 제3자에게는 채권자취소권을 행사할 수 없다.

① ⊙, ⊙
② ⊙, ⊙
③ ⊙, ⊙
④ ⊙, ⊙
⑤ ⊙, ⊙

키워드 채권자취소권

풀이 ⊙ 채권자취소권은 재산행위를 그 대상으로 한다.
⊙ 채권자취소권은 반드시 재판상 청구할 것을 요한다.

이론+ 제406조【채권자취소권】① 채무자가 채권자를 해함을 알고 재산권을 목적으로 한 법률행위를 한 때에는 채권자는 그 취소 및 원상회복을 법원에 청구할 수 있다. 그러나 그 행위로 인하여 이익을 받은 자나 전득한 자가 그 행위 또는 전득 당시에 채권자를 해함을 알지 못한 경우에는 그러하지 아니하다.

TIP 기본서의 관련 판례를 반드시 학습하세요.

정답 ③

17 채권자취소권의 행사요건에 관한 설명으로 옳지 않은 것은? (다툼이 있으면 판례에 따름)

① 소유권이전등기청구권과 같은 특정채권의 보전 또는 그 채권의 실현을 위하여 채권자취소권을 행사할 수는 있다.
② 피보전채권은 원칙적으로 사해행위 이전에 존재해야 한다.
③ 채무자의 재산감소행위로 채무자가 채무초과 또는 무자력이 되는 경우에 그 행위는 사해행위로서 채권자취소권의 목적이 된다.
④ 사해행위로 채무자의 적극재산이 감소한 것을 채권자가 안 날부터 1년, 법률행위가 있은 날로부터 5년의 제척기간에 걸린다.
⑤ 물적 담보의 공여뿐만 아니라 인적 담보의 공여로 인하여 채무자의 소극재산의 증가도 채권자취소권의 목적이 된다.

키워드 채권자취소권

풀이 채권자취소권은 총채권자의 공동담보인 채무자의 재산의 감소를 방지하기 위하여 부여된 것이고, 특정채권의 보전 또는 실현을 목적으로 하는 것이 아니다(64다1483).
⑤ 인적 담보의 공여로서 채무자가 보증채무·연대채무를 부담한 때에는 이는 소극재산의 증가에 해당하는 것이므로 채권자취소권소송의 대상이 된다.

정답 ①

18 사해행위로서 채권자취소권의 대상이 될 수 있는 행위를 모두 고른 것은? (다툼이 있으면 판례에 따름)

> ㉠ 유일한 부동산을 매각하여 소비하기 쉬운 금전으로 바꾸는 행위
> ㉡ 기존 채권의 유예를 위한 특정채권자에게 부동산을 담보로 제공하는 행위
> ㉢ 증여 등의 무상행위
> ㉣ 위자료 지급에 관한 협의
> ㉤ 상속의 포기

① ㉠
② ㉠, ㉡
③ ㉠, ㉡, ㉢
④ ㉠, ㉡, ㉢, ㉣
⑤ ㉠, ㉡, ㉢, ㉣, ㉤

키워드 채권자취소권

풀이
㉠ 재산권을 적정가격 이하로 매각하거나, 유일한 부동산을 매각하여 소비하기 쉬운 금전으로 바꾸는 행위 및 유일한 재산인 채권을 매각·양도하는 행위 등은 특별한 사정이 없는 한 사해행위에 해당한다(2004다43909).
㉡ 특정채권자에게 부동산을 담보로 제공한 경우 신규자금을 융통함이 없이 기존 채권의 유예를 위한 것이면 원칙적으로 사해행위가 될 수 있다.
㉢ 증여 등의 무상행위는 사해행위에 해당한다.
㉣ 위자료의 청구권자가 다른 일반채권자에 비해 우월한 지위에 있는 것이 아니므로 위자료 지급에 관한 협의도 사해행위에 해당한다.
㉤ 상속재산의 협의분할은 채권자취소권 대상이나, 상속의 포기는 신분행위로서 채권자취소권 대상이 아니다.

정답 ④

19 연대채무에 관한 설명으로 옳지 않은 것은?

① 수인의 채무자가 채무 전부를 각자 이행할 의무가 있고, 채무자 1인의 이행으로 다른 채무자도 그 의무를 면하게 되는 때에는 그 채무는 연대채무로 한다.
② 채권자는 어느 연대채무자에 대하여 또는 동시나 순차로 모든 연대채무자에 대하여 채무의 전부나 일부의 이행을 청구할 수 있다.
③ 어느 연대채무자에 대한 법률행위의 무효나 취소의 원인은 다른 연대채무자의 채무에 영향을 미치지 아니한다.
④ 연대채무는 불가분채무로서 채무자는 수인이나 채무는 단일 채무로 취급된다.
⑤ 자기의 출재로 공동면책을 가져온 연대채무자는 다른 연대채무자에게 구상권이 있다.

키워드 연대채무
풀이 연대채무는 채무자의 수만큼 채무가 존재한다.
① 제413조
② 제414조
③ 제415조
⑤ 제425조 제1항

정답 ④

20 연대채무자 중 1인에 대하여 생긴 사유가 다른 연대채무자에 대하여 효력이 없는 것은?

① 소멸시효의 완성
② 승인
③ 채권자지체
④ 면제
⑤ 이행의 청구

키워드 연대채무
풀이 연대채무자 중 1인에 대하여 생긴 사유로서 승인은 절대적 효력이나 상대적 효력이 인정되지 않는다.
이론 +
> 절대적 효력을 가지는 것
> ㉠ 소멸시효의 완성·면제·상계·혼동·대물변제·변제·공탁·경개, ㉡ 이행청구, ㉢ 채권자지체 등이고, 그 이외의 사유는 상대적 효력이 있을 뿐이다.

정답 ②

21 연대채무에 관한 다음 설명 중 옳지 않은 것은?

① 어느 연대채무자에 대한 채권자의 지체는 다른 연대채무자에게도 효력이 있다.
② 어느 연대채무자와 채권자 간에 채무의 경개가 있는 때에는 그 채무자의 부담부분에 한하여 다른 연대채무자도 의무를 면한다.
③ 어느 연대채무자와 채권자 간에 혼동이 있는 때에는 그 채무자의 부담부분에 한하여 다른 연대채무자도 의무를 면한다.
④ 상계할 채권이 있는 연대채무자가 상계하지 아니한 때에는 그 채무자의 부담부분에 한하여 다른 연대채무자가 상계할 수 있다.
⑤ 어느 연대채무자에 대한 채무면제는 그 채무자의 부담부분에 한하여 다른 연대채무자의 이익을 위하여 효력이 있다.

키워드 연대채무
풀이 어느 연대채무자와 채권자 간에 채무의 경개가 있는 때에는 채권은 모든 연대채무자의 이익을 위하여 소멸한다.

정답 ②

고난도

22 연대채무자 간의 구상권에 관한 설명으로 옳지 않은 것은?

① 어느 연대채무자가 다른 연대채무자에게 통지하지 아니하고 변제한 경우에 다른 연대채무자가 채권자에게 대항할 수 있는 사유가 있었을 때에는 그 부담부분에 한하여 대항할 수 있다.

② ①의 대항사유가 상계인 때에는 상계로 소멸할 채권은 그 변제한 연대채무자에게 이전된다.

③ 어느 연대채무자가 변제한 사실을 다른 연대채무자에게 통지하지 아니하여 다른 연대채무자가 선의로 채권자에게 변제 기타 유상의 면책행위를 한 때에는 그 연대채무자는 자기의 면책행위의 유효를 주장할 수 있다.

④ 연대채무자 중에 상환할 자력이 없는 자가 있는 때에는 그 채무자의 부담부분은 구상권자 및 다른 자력이 있는 채무자가 그 부담부분에 비례하여 분담한다.

⑤ 상환할 자력이 없는 채무자의 부담부분을 분담할 다른 채무자가 채권자로부터 연대의 면제를 받은 때에는 그 채무자의 분담할 부분은 나머지 연대채무자가 분담한다.

키워드 연대채무

풀이 연대의 면제와 무자력자의 부담부분(제427조 제2항): 전항의 경우에 상환할 자력이 없는 채무자의 부담부분을 분담할 다른 채무자가 채권자로부터 연대의 면제를 받은 때에는 그 채무자의 분담할 부분은 채권자의 부담으로 한다.

①② 사전통지를 게을리한 경우(제426조 제1항): 어느 연대채무자가 다른 연대채무자에게 통지하지 아니하고 변제 기타 자기의 출재로 공동면책이 된 경우에 다른 연대채무자가 채권자에게 대항할 수 있는 사유가 있었을 때에는 그 부담부분에 한하여 이 사유로 면책행위를 한 연대채무자에게 대항할 수 있고 그 대항사유가 상계인 때에는 상계로 소멸할 채권은 그 연대채무자에게 이전된다.

③ 사후통지를 게을리한 경우(제426조 제2항): 어느 연대채무자가 변제 기타 자기의 출재로 공동면책되었음을 다른 연대채무자에게 통지하지 아니한 경우에 다른 연대채무자가 선의로 채권자에게 변제 기타 유상의 면책행위를 한 때에는 그 연대채무자는 자기의 면책행위의 유효를 주장할 수 있다. 그러나 다른 연대채무자가 사전통지를 하고 선의로 채권자에게 변제한 때에는 자기의 면책행위의 유효를 주장할 수 있다.

④ 상환무자력자의 부담부분의 분담(제427조 제1항): 연대채무자 중에 상환할 자력이 없는 자가 있는 때에는 그 채무자의 부담부분은 구상권자 및 다른 자력이 있는 채무자가 그 부담부분에 비례하여 분담한다. 그러나 구상권자에게 과실이 있는 때에는 다른 연대채무자에 대하여 분담을 청구하지 못한다.

TIP 기초적인 내용을 소홀히 하지 마시고, 충분히 연습하세요.

정답 ⑤

23 채권자 A의 120만원의 채권에 대해 연대채무자 甲·乙·丙·丁이 있다. 그러나 丙은 무자력자이고 丁은 연대면제를 받았다. 이때 甲이 변제하였을 경우 甲은 乙과 丁에게 얼마의 구상권을 행사할 수 있는가?

① 乙 40만원, 丁 30만원
② 乙 30만원, 丁 40만원
③ 乙 40만원, 丁 40만원
④ 乙 30만원, 丁 45만원
⑤ 乙 30만원, 丁 30만원

키워드 연대채무

풀이 연대채무자 중 1인이 연대의 면제를 받은 경우에 다른 채무자 가운데 변제의 자력이 없는 자가 있으면 그 무자력자가 변제할 수 없는 부분에 관하여 연대의 면제를 받은 자가 분담할 부분(문제에서 丁의 10만원)은 이를 채권자가 부담한다. 따라서 甲은 乙로부터 40만원, 丁으로부터 30만원, A로부터 10만원을 구상할 수 있다.

정답 ①

24 다음 중 부진정연대채무관계를 모두 고른 것은?

㉠ 법인의 불법행위에 대한 법인의 이사 기타 대표자의 책임
㉡ 공동불법행위에 대한 가해자들의 손해배상책임
㉢ 동물의 가해행위에 대한 점유자와 보관자의 책임
㉣ 공동임차인들의 임대인에 대한 책임
㉤ 공동상속인들의 상속재산 중 소극재산에 대한 책임

① ㉠
② ㉠, ㉡
③ ㉠, ㉡, ㉢
④ ㉠, ㉡, ㉢, ㉣
⑤ ㉠, ㉡, ㉢, ㉣, ㉤

키워드 부진정연대채무

풀이 ㉠㉡㉢만 부진정연대채무관계고, 나머지는 모두 연대채무관계이다.

이론 ➕

부진정 연대채무	• 법인의 이사가 그의 직무수행과 관련하여 불법행위를 한 경우 법인의 손해배상의무(제35조 제1항, 제750조)와 이사 개인의 손해배상의무(제750조) • 책임무능력자의 불법행위에 대한 법정감독의무자와 대리감독자의 손해배상의무(제755조) • 동물의 가해행위에 대한 점유자와 보관자의 손해배상의무(제759조) • 공동불법행위에 대한 가해자들의 손해배상책임(2005다30610) 예 불법쟁의행위에 기한 노동조합 간부 개인의 손해배상책임과 노동조합 자체의 손해배상책임 상호간의 책임 • 피용자가 사무집행에 관하여 불법행위를 한 경우 피용자의 불법행위로 인한 손해배상의무(제750조)와 사용자, 감독자의 손해배상의무(제756조 제1항·제2항) • 이행보조자의 고의, 과실로 목적물을 훼손, 멸실시킨 경우에 있어서 이행보조자의 손해배상의무(제391조)와 채무자의 손해배상의무(제390조)

정답 ③

25 보증채무에 관한 설명으로 옳지 않은 것은?   제19회

① 전자적 형태로 표시한 보증의사는 유효하다.
② 불확정한 다수의 채무에 대하여 보증하는 경우 보증하는 채무의 최고액을 서면으로 특정하여야 한다.
③ 보증인의 부담이 주채무의 목적이나 형태보다 중한 때에는 주채무의 한도로 감축한다.
④ 채무자가 보증인을 세울 의무가 있는 경우, 채권자가 보증인을 지명하지 않은 한 그 보증인은 행위능력 및 변제자력이 있는 자로 하여야 한다.
⑤ 채권자는 보증계약을 체결할 때 보증계약의 체결 여부에 영향을 미칠 수 있는 주채무자의 채무 관련 신용정보를 알고 있는 경우에는 보증인에게 그 정보를 알려야 한다.

키워드 보증채무
풀이 보증은 그 의사가 보증인의 기명날인 또는 서명이 있는 서면으로 표시되어야 효력이 있다. 다만, 보증의 의사가 전자적 형태로 표시된 경우에는 효력이 없다(제428조의2 제1항).

정답 ①

26 보증채무에 관한 설명으로 옳지 않은 것은?

① 보증인은 주채무자가 이행하지 아니하는 채무를 이행할 의무가 있다.
② 채무자가 보증인을 세울 의무가 있는 때, 그 보증인이 변제자력이 없게 된 때에는 채권자는 보증인의 변경을 청구할 수 있다.
③ 보증채무는 주채무의 이자, 위약금, 손해배상 기타 주채무에 종속한 채무를 포함한다.
④ 주채무자가 채권자에 대하여 취소권 또는 해제권이나 해지권이 있는 동안은 보증인은 채권자에 대하여 채무의 이행을 거절할 수 있다.
⑤ 채권자가 보증인을 지명한 경우에는 보증인은 행위능력 및 변제자력이 있는 자로 하여야 한다.

키워드 보증채무

풀이 채무자가 보증인을 세울 의무가 있는 경우 보증인은 행위능력 및 변제자력이 있는 자로 하여야 한다. 그러나 채권자가 보증인을 지명한 경우에는 그러하지 아니하다(제431조).
① 제428조 제1항
② 제431조 제2항
③ 제429조 제1항
④ 제435조

이론 ✛
제431조 【보증인의 조건】 ① 채무자가 보증인을 세울 의무가 있는 경우에는 그 보증인은 행위능력 및 변제자력이 있는 자로 하여야 한다.
② 보증인이 변제자력이 없게 된 때에는 채권자는 보증인의 변경을 청구할 수 있다.
③ 채권자가 보증인을 지명한 경우에는 전2항의 규정을 적용하지 아니한다.

정답 ⑤

27 보증채무에 관한 설명으로 옳은 것은? (다툼이 있으면 판례에 따름) 제26회

① 장래의 채무에 대한 보증계약은 효력이 없다.
② 주채무자에 대한 시효의 중단은 보증인에 대하여 그 효력이 없다.
③ 보증인은 그 보증채무에 관한 위약금 기타 손해배상액을 예정할 수 없다.
④ 보증인의 보증의사를 표시하기 위한 '기명날인'은 보증인이 직접 하여야 하고 타인이 이를 대행하는 방법으로 할 수 없다.
⑤ 채무자의 부탁으로 보증인이 된 자의 구상권은 면책된 날 이후의 법정이자 및 피할 수 없는 비용 기타 손해배상을 포함한다.

키워드 보증계약

풀이 ① 주채무 발생의 원인이 되는 기본계약이 반드시 보증계약보다 먼저 체결되어야만 하는 것은 아니고, 보증계약 체결 당시 보증의 대상이 될 주채무의 발생원인과 그 내용이 어느 정도 확정되어 있다면 장래의 채무에 대해서도 유효하게 보증계약을 체결할 수 있다 할 것이다(2005다50041).
② 주채무자에 대한 시효의 중단은 보증인에 대하여 그 효력이 있다(제440조).
③ 보증인은 그 보증채무에 관한 위약금 기타 손해배상액을 예정할 수 있다(제429조 제2항).
④ 민법 제428조의2 제1항 전문은 "보증은 그 의사가 보증인의 기명날인 또는 서명이 있는 서면으로 표시되어야 효력이 발생한다."라고 규정하고 있는데, '보증인의 서명'은 원칙적으로 보증인이 직접 자신의 이름을 쓰는 것을 의미하므로 타인이 보증인의 이름을 대신 쓰는 것은 이에 해당하지 않지만, '보증인의 기명날인'은 타인이 이를 대행하는 방법으로 하여도 무방하다(2018다282473).

정답 ⑤

28 보증채무자의 항변권에 관한 설명으로 옳은 것은?

① 주채무자가 채권자에 대하여 취소권 또는 해제권이나 해지권이 유보되어 있다는 사유만으로 보증인은 채권자 청구에 대하여 채무의 이행을 거절할 수 없다.
② 보증인은 그 스스로의 항변권 없이 주채무자의 항변으로는 채권자에게 대항할 수 없다.
③ 항변권 있는 주채무자의 항변포기는 보증인의 항변권 행사에 영향을 미친다.
④ 주채무자의 의사에 반하여 보증인이 된 자가 변제 기타 출재로 주채무를 소멸하게 한 때에는 주채무자는 현존이익의 한도에서 배상하여야 한다.
⑤ 보증인이 주채무자와 연대하여 채무를 부담한 때에 채권자가 보증인에게 채무의 이행을 청구하면 보증인은 주채무자의 변제자력이 있는 사실 및 그 집행이 용이할 것을 증명하여 먼저 주채무자에게 청구할 것과 그 재산에 대하여 집행할 것을 항변할 수 있다.

키워드 보증인의 항변권

풀이 제444조 제2항
① 주채무자가 채권자에 대하여 취소권 또는 해제권이나 해지권이 있는 동안은 보증인은 채권자에 대하여 채무의 이행을 거절할 수 있다(제435조).
②③ 보증인은 주채무자의 항변으로 채권자에게 대항할 수 있고, 주채무자의 항변포기는 보증인에게 효력이 없다(제433조).
⑤ 채권자가 보증인에게 채무의 이행을 청구한 때에는 보증인은 주채무자의 변제자력이 있는 사실 및 그 집행이 용이할 것을 증명하여 먼저 주채무자에게 청구할 것과 그 재산에 대하여 집행할 것을 항변할 수 있다. 그러나 보증인이 주채무자와 연대하여 채무를 부담한 때에는 그러하지 아니하다(제437조).

정답 ④

29 보증채무의 효력에 관한 다음 설명 중 옳지 않은 것은?

① 보증인의 최고·검색의 항변에 불구하고 채권자의 해태로 인하여 채무자로부터 전부나 일부의 변제를 받지 못한 경우에는 채권자가 해태하지 아니하였으면 변제받았을 한도에서 보증인은 그 의무를 면한다.
② 주채무자에 대한 시효의 중단은 보증인에 대하여 그 효력이 있다.
③ 주채무자의 부탁으로 보증인이 된 자가 과실 없이 변제 기타의 출재로 주채무를 소멸하게 한 때에는 주채무자에 대하여 구상할 수 없다.
④ 주채무자의 부탁 없이 보증인이 된 자가 변제 기타 자기의 출재로 주채무를 소멸하게 한 때에는 주채무자는 그 당시에 이익을 받은 한도에서 배상하여야 한다.
⑤ 주채무자가 자기의 행위로 면책하였음을 그 부탁으로 보증인이 된 자에게 통지하지 아니한 경우에 보증인이 선의로 채권자에게 변제 기타 유상의 면책행위를 한 때에는 보증인은 자기의 면책행위의 유효를 주장할 수 있다.

키워드 보증채무의 효력
풀이 주채무자의 부탁으로 보증인이 된 자가 과실 없이 변제 기타의 출재로 주채무를 소멸하게 한 때에는 주채무자에 대하여 구상권이 있다(제441조 제1항).
① 제438조
② 제440조
④ 제444조 제1항
⑤ 제446조

정답 ③

고난도

30 수탁보증인의 사전구상권을 행사할 수 있는 경우에 관한 설명으로 옳지 않은 것은?

① 보증인이 과실 없이 채권자에게 변제할 재판을 받은 때
② 주채무자가 파산선고를 받은 경우에 채권자가 파산재단에 가입하지 아니한 때
③ 채무의 이행기가 확정되지 아니하고 그 최장기도 확정할 수 없는 경우에 보증계약 후 5년을 경과한 때
④ 채무의 이행기가 도래한 때
⑤ 채권자가 주채무자에게 허여한 이행기가 보증채무 성립 당시의 이행기한보다 장기인 경우 그 허여한 이행기가 도래한 때 수탁보증인은 채무자에 대하여 미리 구상권을 행사할 수 있다.

키워드 수탁보증인의 사전구상권

풀이 채권자가 주채무자에게 허여한 이행기가 보증채무 성립 당시의 이행기한보다 장기인 경우 채권자가 허여한 기한으로 보증인에게 대항하지 못한다(제442조 제2항).
① 제442조 제1항 제1호
② 제442조 제1항 제2호
③ 제442조 제1항 제3호
④ 제442조 제1항 제4호

TIP 기초적인 내용을 소홀히 하지 마시고, 충분히 연습하세요.

정답 ⑤

31 지명채권의 양도에 관한 설명으로 옳지 않은 것은? (다툼이 있으면 판례에 따름)

① 지명채권이 이중으로 양도된 경우 양수인 상호간의 우열은 통지 또는 승낙에 붙여진 확정일자의 선후에 의하여 결정된다.
② 당사자간의 양도금지 특약이 있는 채권이라도 법원의 전부(轉付)명령에 의하여 전부될 수 있다.
③ 채권자의 채권양도 통지에 대하여 채무자가 이의 없이 승낙을 한 경우 양도인에게 대항할 수 있는 사유로 양수인에게 대항할 수 없다.
④ 채권양도 후 채권자가 채무자에게 양도통지만을 한 때 채무자는 그 통지를 받은 때까지 양도인에 대하여 생긴 사유로 양수인에게 대항할 수 있다.
⑤ 채권의 양도인이 채무자에게 채권양도를 통지한 때에는 아직 양도하지 아니하였거나 그 양도가 무효인 경우에도 선의인 채무자는 양수인에게 대항할 수 있는 사유로 양도인에게 대항할 수 있다.

키워드 채권양도

풀이 지명채권이 이중으로 양도된 경우 양수인 상호간의 우열은 통지 또는 승낙에 붙여진 확정일자의 선후에 의하여 결정되는 것이 아니라, 채권양도에 대한 채무자의 인식, 즉 확정일자 있는 양도통지가 채무자에게 도달한 일시 또는 확정일자 있는 승낙의 일시 선후에 의하여 결정된다(93다24223 전합).

정답 ①

32 지시채권의 양도에 관한 설명으로 옳지 않은 것은?

① 지시채권은 그 증서에 배서하여 양수인에게 교부하는 방식으로 양도할 수 있다.
② 지시채권은 그 채무자에 대하여도 배서하여 양도할 수 있다.
③ 배서로 지시채권을 양수한 채무자는 이를 다시 양도할 수는 없다.
④ 증서에 변제장소를 정하지 아니한 때에는 채무자의 현영업소를 변제장소로 한다. 영업소가 없는 때에는 현주소를 변제장소로 한다.
⑤ 증서에 변제기한이 있는 경우에도 그 기한이 도래한 후에 소지인이 증서를 제시하여 이행을 청구한 때로부터 채무자는 지체책임이 있다.

키워드 채권양도 – 지시채권의 양도

풀이 배서로 지시채권을 양수한 채무자는 다시 배서하여 이를 양도할 수 있다(제509조 제2항).
① 제508조
② 제509조 제1항
④ 제516조
⑤ 제517조

정답 ③

33 지시채권에 관한 설명으로 옳지 않은 것은?

① 채무자는 배서의 연속 여부를 조사할 의무가 있으며, 배서인의 서명 또는 날인의 진위나 소지인의 진위를 조사할 권리와 의무가 있다.
② 채무자가 변제하는 때에 소지인이 권리자 아님을 알았거나 중대한 과실로 알지 못한 때에는 그 변제는 무효로 한다.
③ 채무자는 증서와 교환하여서만 변제할 의무가 있다.
④ 채무자는 변제하는 때에 소지인에 대하여 증서에 영수를 증명하는 기재를 할 것을 청구할 수 있다.
⑤ 일부변제의 경우에 채무자의 청구가 있으면 채권자는 증서에 그 뜻을 기재하여야 한다.

키워드 지시채권 - 채무자의 의무
풀이 채무자는 배서의 연속 여부를 조사할 의무가 있으며, 배서인의 서명 또는 날인의 진위나 소지인의 진위를 조사할 권리는 있으나 의무는 없다.

정답 ①

34 채무인수에 관한 다음 설명 중 옳지 않은 것은?

① 제3자는 채권자와의 계약으로 채무를 인수하여 채무자의 채무를 면하게 할 수 있다.
② 이해관계 없는 제3자도 채권자와의 계약으로 채무자의 의사와 무관하게 채무를 인수할 수 있다.
③ 제3자가 채무자와의 계약으로 채무를 인수한 경우에는 채권자의 승낙에 의하여 그 효력이 생긴다.
④ 제3자가 채무자와의 계약으로 채무를 인수한 경우에 제3자나 채무자는 상당한 기간을 정하여 승낙 여부의 확답을 채권자에게 최고할 수 있다.
⑤ 채권자가 그 기간 내에 확답을 발송하지 아니한 때에는 거절한 것으로 본다.

키워드 채무인수
풀이 이해관계 없는 제3자는 채무자의 의사에 반하여 채무를 인수하지 못한다(제453조 제2항).
① 제453조 제1항
③ 제454조 제1항
④ 제455조 제1항
⑤ 제455조 제2항

정답 ②

35 채무의 변제 및 변제 제공에 관한 다음 설명 중 옳지 않은 것은?

① 변제는 채무내용에 좇은 현실제공으로 이를 하여야 한다.
② 변제에 관하여 채권자가 미리 변제받기를 거절하거나 채무의 이행에 채권자의 행위를 요하는 경우에는 변제준비의 완료를 통지하고 그 수령을 최고하면 된다.
③ 변제의 제공은 이행기 이후의 채무불이행의 책임을 면하게 한다.
④ 특정물의 인도가 채권의 목적인 때에는 채무자는 이행기의 현상대로 그 물건을 인도하여야 한다.
⑤ 채무의 변제로 타인의 물건을 인도한 채무자는 다시 유효한 변제를 하지 아니하면 그 물건의 반환을 청구하지 못한다.

키워드 채권의 소멸 – 변제
풀이 변제 제공의 효과 – 변제의 제공은 그때로부터 채무불이행의 책임을 면하게 한다(제461조).
①② 제460조(변제제공의 방법)
④ 제462조(특정물의 현상인도)
⑤ 제463조(변제로서의 타인의 물건의 인도)

정답 ③

36 변제에 관한 민법규정으로 옳지 않은 것은?

① 이해관계 없는 제3자는 채무자의 의사에 반하여 변제하지 못한다.
② 채무의 성질 또는 당사자의 의사표시로 변제의 장소를 정하지 않은 때 특정물의 인도를 목적으로 하는 채무는 이행기에 그 물건이 있는 장소에서 변제하여야 한다.
③ 채권의 준점유자에 대한 변제는 변제자가 선의이며 과실이 없는 때에 한하여 효력이 있다.
④ 채권의 준점유자는 스스로 채권자라고 하면서 채권을 행사하는 경우뿐만 아니라 채권자의 대리인이라고 하면서 채권을 행사하는 경우도 포함한다.
⑤ 특정물의 인도 이외의 급부를 목적으로 하는 채권의 변제는 채권자의 현주소에서 하여야 한다.

키워드 채무변제
풀이 채무의 성질 또는 당사자의 의사표시로 변제의 장소를 정하지 않은 때에는 특정물의 인도는 채권성립 당시의 그 물건이 있던 장소에서 변제하여야 한다(제467조 제1항).

정답 ②

37 채무의 변제에 관한 설명으로 옳은 것은? (다툼이 있으면 판례에 따름)

① 변제받을 권한 없는 자에 대한 변제는 채권자가 이익을 받은 한도에서 효력이 있다.
② 변제비용은 다른 의사표시가 없으면 쌍방이 절반하여 분담한다.
③ 채권자의 주소이전 기타의 행위로 변제비용이 증가한 경우, 변제비용 및 증가액은 채권자의 부담으로 한다.
④ 채권증서가 있는 경우에 변제자가 채무 전부를 변제한 때에는 채권증서의 반환을 청구할 수 있다. 그러나 채권이 변제 이외의 사유로 전부 소멸한 때에는 그러하지 아니하다.
⑤ 영수증을 소지한 자에 대한 변제는 그 소지자가 그 권한 없음에 관하여 변제자가 선의·무과실인 경우에도 변제의 효력이 없다.

> **키워드** 채권의 소멸 – 채무의 변제
>
> **풀이** 변제받을 권한 없는 자에 대한 변제는 채권자가 이익을 받은 한도에서 효력이 있다(제472조).
> ②③ 변제비용은 다른 의사표시가 없으면 채무자의 부담으로 한다. 그러나 채권자의 주소이전 기타의 행위로 인하여 변제비용이 증가된 때에는 그 증가액은 채권자의 부담으로 한다(제473조).
> ④ 채권증서가 있는 경우에 변제자가 채무 전부를 변제한 때에는 채권증서의 반환을 청구할 수 있다. 채권이 변제 이외의 사유로 전부 소멸한 때에도 같다(제475조).
> ⑤ 영수증을 소지한 자에 대한 변제는 그 소지자가 변제를 받을 권한이 없는 경우에도 효력이 있다. 그러나 변제자가 그 권한 없음을 알았거나 알 수 있었을 경우에는 그러하지 아니하다(제471조).
>
> **정답** ①

38 법정변제충당에 관한 설명으로 옳지 않은 것은?

① 법정변제충당은 변제자가 충당할 채무를 지정한 경우에도 적용된다.
② 채무 중에 이행기가 도래한 것과 도래하지 아니한 것이 있으면 이행기가 도래한 채무의 변제에 충당한다.
③ 채무 전부의 이행기가 도래하였거나 도래하지 아니한 때에는 채무자에게 변제이익이 많은 채무의 변제에 충당한다.
④ 채무자에게 변제이익이 같으면 이행기가 먼저 도래한 채무나 먼저 도래할 채무의 변제에 충당한다.
⑤ 채무에 대한 변제기 및 변제이익이 같은 때에는 그 채무액에 비례하여 각 채무의 변제에 충당한다.

> **키워드** 채권의 소멸 – 변제충당
>
> **풀이**
>
> **제477조【법정변제충당】** 당사자가 변제에 충당할 채무를 지정하지 아니한 때에는 다음 각 호의 규정에 의한다.
> 1. 채무 중에 이행기가 도래한 것과 도래하지 아니한 것이 있으면 이행기가 도래한 채무의 변제에 충당한다.
> 2. 채무 전부의 이행기가 도래하였거나 도래하지 아니한 때에는 채무자에게 변제이익이 많은 채무의 변제에 충당한다.
> 3. 채무자에게 변제이익이 같으면 이행기가 먼저 도래한 채무나 먼저 도래할 채무의 변제에 충당한다.
> 4. 전2호의 사항이 같은 때에는 그 채무액에 비례하여 각 채무의 변제에 충당한다.
>
> 정답 ①

39 채권의 소멸에 관한 다음 설명 중 옳지 않은 것은?

① 채권자가 채무자에게 채무를 면제하는 의사표시를 한 때 채권은 소멸한다.
② 각 채무의 이행지가 다른 경우에도 상계할 수는 있으나, 상계하는 당사자는 상대방에게 상계로 인한 손해를 배상하여야 한다.
③ 대물변제는 요물계약의 일종이다.
④ 쌍방이 부담한 채무가 서로 같은 종류를 목적으로 한 것이라면 그 쌍방의 채무의 이행기가 도래하기 전이라도 각 채무자는 대등액에 관하여 상계할 수 있다.
⑤ 채무자가 채권자의 승낙을 얻어 본래의 채무이행에 갈음하여 다른 급여를 한 때에는 변제와 같은 효력이 있다.

> **키워드** 채권의 소멸
>
> **풀이** 쌍방이 서로 같은 종류를 목적으로 한 채무를 부담한 경우에 그 쌍방의 채무의 이행기가 도래한 때에는 각 채무자는 대등액에 관하여 상계할 수 있다.
>
> 정답 ④

40 공탁에 관한 설명으로 옳지 않은 것은? (다툼이 있으면 판례에 따름)

① 채권자가 변제를 받지 아니하거나 받을 수 없는 때에는 변제자는 채권자를 위하여 변제의 목적물을 공탁하여 그 채무를 면할 수 있다.
② 선의·무과실의 변제자가 채권자를 알 수 없는 경우에도 변제의 목적물을 공탁하고 채무를 면할 수 있다.
③ 공탁은 채무이행지의 공탁소에 하여야 한다.
④ 공탁자는 지체 없이 채권자에게 공탁통지를 하여야 한다.
⑤ 공탁소에 관하여 법률에 특별한 규정이 없으면 법원은 직권으로 공탁소를 지정하고 공탁물보관자를 선임하여야 한다.

> **키워드** 채권의 소멸 – 공탁
> **풀이** 공탁의 방법 – 공탁소에 관하여 법률에 특별한 규정이 없으면 법원은 변제자의 청구에 의하여 공탁소를 지정하고 공탁물보관자를 선임하여야 한다(제488조 제2항).
> ①② 제487조(변제공탁의 요건, 효과)
> ③④ 제488조(공탁의 방법)
>
> **정답** ⑤

41 채권의 소멸에 관한 설명으로 옳지 않은 것은?

① 상계는 상대방에 대한 의사표시로 하되, 조건이나 기한을 붙이지 못한다.
② 지급을 금지하는 명령을 받은 제3채무자는 그 후에 취득한 채권에 의한 상계로 그 명령을 신청한 채권자에게 대항하지 못한다.
③ 채권의 소멸시효가 이미 완성된 경우 그 완성 전에 상계할 수 있었던 것이라도 상계할 수 없다.
④ 채무가 고의의 불법행위로 인한 것인 때에는 그 채무자는 상계로 채권자에게 대항하지 못한다.
⑤ 채권이 압류하지 못할 것인 때에는 그 채무자는 상계로 채권자에게 대항하지 못한다.

> **키워드** 채권의 소멸 – 상계
> **풀이** 소멸시효가 완성된 채권이 그 완성 전에 상계할 수 있었던 것이면 그 채권자는 상계할 수 있다(제495조).
>
> **정답** ③

42 경개에 관한 설명으로 옳지 않은 것은?

① 당사자가 채무의 중요한 부분을 변경하는 계약을 한 때에는 구채무는 경개로 인하여 소멸한다.
② 채무자의 변경으로 인한 경개는 채권자와 신채무자 간의 계약으로 이를 할 수 있고, 구채무자의 동의 여부는 불문한다.
③ 채권자의 변경으로 인한 경개는 확정일자 있는 증서로 하지 아니하면 이로써 제3자에게 대항하지 못한다.
④ 경개로 인한 신채무가 원인의 불법 또는 당사자가 알지 못한 사유로 인하여 성립되지 아니하거나 취소된 때에는 구채무는 소멸되지 아니한다.
⑤ 경개의 당사자는 구채무의 담보를 그 목적의 한도에서 신채무의 담보로 할 수 있다.

> **키워드** 채권의 소멸 – 경개
> **풀이** 채무자의 변경으로 인한 경개는 채권자와 신채무자 간의 계약으로 이를 할 수 있다. 그러나 구채무자의 의사에 반하여 이를 하지 못한다(제501조).
> ① 제500조(경개의 요건, 효과)
> ③ 제502조(채권자변경으로 인한 경개)
> ④ 제504조(구채무불소멸의 경우)
> ⑤ 제505조(신채무에의 담보이전)
>
> 정답 ②

CHAPTER 02 채권법 각론(계약법 총론)

▶ **연계학습** | 에듀윌 기본서 1차 [민법 下] p.322

대표기출

01 민법이 규정하고 있는 전형계약이 아닌 것은? 제19회

① 사무관리
② 여행계약
③ 현상광고
④ 조합
⑤ 종신정기금

키워드 계약의 종류

풀이 사무관리는 아무런 법적인 의무 없이 타인을 위하여 사무를 관리하여 타인에게 이익이 생긴 경우 그 보수와 비용의 상환을 청구할 수 있고, 타인에게 손해가 생긴 때에는 그에게 과실이 없는 경우에도 그 손해를 배상하여야 한다는 것을 의미한다.
②③④⑤ 민법이 규정하고 있는 전형계약은 증여, 매매, 교환, 소비대차, 사용대차, 임대차, 고용, 도급, 현상광고, 위임, 임치, 조합, 종신정기금, 여행계약이 있다. 사무관리는 계약에 의하여 성립하는 것이 아니고, 법률의 규정에 의하여 성립한다.

정답 ①

02 이행불능과 위험부담에 관한 설명으로 옳지 않은 것은? (다툼이 있으면 판례에 따름) 제18회

① 채무자의 책임 있는 사유로 이행불능이 되면 채권자는 이행의 최고 없이 전보배상을 청구할 수 있다.
② 채무자의 책임 없는 사유로 후발적 불능이 된 경우에도 채권자는 대상청구권을 행사할 수 있다.
③ 매매계약을 체결한 후, 매도인이 매매목적물에 관하여 다시 제3자와의 매매계약을 체결하였다는 사실만으로는 매매계약이 법률상 이행불능이라고 할 수 없다.
④ 쌍무계약의 당사자 일방의 채무가 채권자의 책임 있는 사유로 이행할 수 없게 된 때에는 채무자는 상대방의 이행을 청구할 수 있다.
⑤ 이행지체 중에 이행보조자의 과실로 이행불능으로 된 경우, 채무자는 자신의 책임 없는 사유를 증명하여 채무불이행책임을 면할 수 있다.

> **키워드** 쌍무계약의 효력 – 위험부담
>
> **풀이** 채무자의 법정대리인이 채무자를 위하여 이행하거나 채무자가 타인을 사용하여 이행하는 경우에는 법정대리인 또는 피용자(이행보조자)의 고의나 과실은 채무자의 고의나 과실로 본다(제391조).
>
> **TIP** 기초적인 내용도 사례로 만들면 어렵습니다. 소홀히 하지 마시고, 충분히 연습하세요.
>
> 정답 ⑤

03 매매계약의 법정해제에 관한 설명으로 옳지 않은 것은? (다툼이 있으면 판례에 따름)

제20회

① 계약해제는 손해배상의 청구에 영향을 미치지 아니한다.
② 해제권자의 과실로 계약목적물이 현저히 훼손된 경우에는 해제권은 소멸한다.
③ 계약에 기하여 매수인 앞으로 소유권이전등기가 마쳐진 토지를 압류하고 그 등기까지 마친 자에 대하여는 해제의 소급효로 대항할 수 없다.
④ 계약이 적법하게 해제된 후에도 매수인은 착오를 원인으로 그 계약을 취소할 수 있다.
⑤ 만약 계약이 합의해제된 경우, 민법상 해제의 효과에 따른 제3자 보호규정이 적용되지 않는다.

> **키워드** 계약의 해제
>
> **풀이** 합의해제의 경우 해제에 관한 민법 규정은 적용되지 않는다. 다만, 해제에 따른 법률효과의 소급소멸이나 제3자 보호규정 등은 합의해제의 경우에도 적용된다.
>
> 정답 ⑤

01 계약에 관한 설명으로 옳지 않은 것은?

① 사용대차는 당사자 일방이 목적물을 사용·수익하게 할 의무를 부담하고, 상대방은 이를 반환해야 할 의무를 부담하는 쌍무계약이다.
② 모든 쌍무계약은 유상계약이다.
③ 매매의 예약은 채권계약이다.
④ 계약의 양 당사자가 모두 채무를 각각 부담하더라도 편무계약일 수 있다.
⑤ 임대차는 낙성·불요식계약이다.

키워드 계약의 종류
풀이 사용대차에서 사용대주는 목적물의 사용을 사용차주에게 허용할 채무를 부담하고 사용차주가 그 목적물을 반환할 채무를 부담한다 하더라도 차주의 채무가 대가적 의미를 갖는 것이 아니므로 대표적인 무상의 편무계약이다.

정답 ①

02 甲이 乙에게 물건을 매도하겠다는 뜻과 승낙의 기간을 7월 30일로 하는 내용의 서면을 발송하여 乙에게 도달하였다. 다음 설명 중 옳은 것은? 2005년 공인중개사

① 甲이 "7월 30일까지 승낙 여부의 회답이 없으면 계약은 체결된 것으로 본다."라는 내용을 붙여 청약을 한 경우에 乙이 승낙기간 내에 회답을 발하지 않아도 계약은 성립한다.
② 7월 29일에 발송한 乙의 승낙통지가 7월 31일에 도달한 경우, 甲이 승낙을 하여도 계약은 성립하지 않는다.
③ 乙이 7월 25일에 승낙통지를 발송하여 7월 27일에 도달한 경우, 계약은 7월 27일에 성립한다.
④ 乙이 7월 20일에 승낙통지를 발송하여 7월 31일에 도달한 경우, 甲이 편지의 소인을 확인하고 승낙기간 내에 도달될 수 있었던 발송임을 알고도 이를 乙에게 알리지 않은 경우, 乙의 승낙은 승낙기간 내에 도달한 것으로 본다.
⑤ 甲의 서면이 乙에게 도달하기 전에 甲이 사망하고 乙이 甲의 단독상속인 丙에게 승낙통지를 발송하여 7월 30일에 도달하면 乙과 丙 사이에 계약이 성립하지 않는다.

키워드 계약의 성립

풀이 연착된 승낙이 기간 내에 도달 가능한 발송인 경우 연착의 통지를 하지 않으면 연착되지 않은 것으로 본다(제528조 제3항).
① 특별한 약정이 없는 한 乙에게는 승낙의무가 없으므로 甲의 일방적인 계약성립의사는 효력이 없다.
② 연착한 승낙은 새로운 청약으로 볼 수 있으므로 甲이 승낙하면 계약은 성립한다(제530조).
③ 격지자간의 계약은 승낙의 통지를 발송한 때에 성립하므로 계약은 승낙의 발송 시인 7월 25일 성립한다(제531조).
⑤ 표의자가 의사표시를 발송한 후에 사망하거나 행위능력을 상실하더라도 그 의사표시의 효력에 영향을 미치지 않으므로 甲의 청약의 의사표시는 효력이 있으며, 이에 대응하는 승낙의 의사표시가 甲의 상속인에게 도달된 경우 계약은 성립한다.

TIP 판례를 사례화한 문제는 조문과 판례를 구체화하는 연습을 하세요.

정답 ④

03 교차청약에 의한 계약의 성립시기는?

① 상대방의 청약의 통지가 발송된 때
② 최초의 청약자가 청약의 통지를 발송한 때
③ 상대방의 청약의 통지가 도달된 때
④ 쌍방의 청약의 통지가 모두 상대방에게 도달된 때
⑤ 최초의 청약자의 청약이 도달된 때

키워드 계약의 성립 – 교차청약

풀이 교차청약은 쌍방의 청약이 모두 상대방에게 도달한 때에 계약이 성립한다(제533조).

정답 ④

04 다음 중 계약이 성립되지 않는 것은?

① 기간 내에 도달할 수 있는 발송임에도 연착한 승낙에 대하여 청약자가 이를 알고도 승낙자에게 지연통지도 연착의 통지도 하지 않은 경우
② 청약과 함께 보내온 상품을 사용 또는 소비하는 경우
③ 반송되지 않으면 구입하는 것으로 보겠다고 하면서 물건을 송부한 경우 상대방이 반송하지 않고 보관하고 있는 경우
④ 10만원에 팔겠다는 청약에 대하여 8만원에 사겠다는 승낙을 청약자가 다시 승낙한 경우
⑤ 청약자의 의사표시나 관습에 의하여 승낙의 통지가 필요하지 아니한 경우 승낙의 의사표시로 인정되는 사실이 있는 때

키워드 계약의 성립
풀이 상대방은 송부한 물건의 반송의무를 부담한다고 볼 수 없으므로 이러한 청약은 효력이 없다.
① 제528조 제3항 참조
② 의사실현에 의한 계약성립(제532조)
④ 변경을 가한 승낙을 새로운 청약으로 보아 상대방이 다시 승낙한 경우에 해당한다.
⑤ 제532조 참조

정답 ③

05 계약이 성립하는 경우를 모두 고른 것은? 2007년 공인중개사

㉠ 甲은 자신이 소장하던 그림을 갖고 싶어하던 乙에게 매도의사로 청약을 하였는데, 丙이 승낙한 경우
㉡ 甲의 乙에 대한 노트북의 매수청약과 乙의 甲에 대한 매도청약의 내용이 일치되고 모두 상대방에게 도달한 경우
㉢ 甲이 자기소유 주택을 乙에게 매도의사로 청약하였는데, 乙이 승낙한 후 사망하였지만 그 의사표시가 甲에게 도달한 경우
㉣ 甲이 乙에게 10만원에 시계를 매수하라는 청약을 하였는데, 그 청약을 수령한 乙이 1만원을 깎아주면 매수하겠다는 의사표시를 하여 甲에게 도달한 경우

① ㉠, ㉡
② ㉡, ㉢
③ ㉢, ㉣
④ ㉠, ㉣
⑤ ㉡, ㉣

| 키워드 | 계약의 성립 |
| 풀이 | ⓒ 甲과 乙 사이에 청약과 청약만이 존재하지만 내용이 일치하므로 계약은 성립한다(교차청약, 제533조).
ⓒ 제111조 제2항
㉠ 甲이 乙에게 청약을 했는데 청약의 상대방이 아닌 丙이 승낙했으므로 계약은 성립하지 않는다.
㉣ 제534조

[정답] ②

06 계약체결상의 과실책임에 관한 다음 설명 중 옳지 않은 것은? (다툼이 있으면 판례에 따름)

① 계약이 원시적·객관적 전부불능인 경우에만 무효로 한다.
② 계약교섭 시의 주의의무 위반으로 인한 생명·신체 등 계약 외적 법익이 침해된 경우에는 계약체결상의 과실책임을 인정하고 있지 않다.
③ 신뢰이익이 이행이익을 초과하는 경우 이행이익이 손해배상액으로 결정된다.
④ 계약이 원시적 불능이라는 사실을 모른 데 대하여 채권자에게 과실이 있는 경우에는 계약체결상의 과실책임은 인정되지 않는다.
⑤ 채무자는 선악 불문하고 상대방이 그 유효를 믿었기 때문에 받은 손해를 배상하여야 한다.

| 키워드 | 계약체결상의 과실책임 |
| 풀이 | 악의 또는 과실 있는 채무자는 상대방이 그 유효를 믿었기 때문에 받은 손해를 배상하여야 한다.

[정답] ⑤

07 다음 중 계약체결상의 과실책임이 인정될 수 있는 것은?

① 수량을 지정한 토지매매계약에서 실제면적이 계약면적에 미달하는 경우
② 토지에 대한 매매계약체결 전에 이미 그 토지 전부가 공용수용된 경우
③ 가옥 매매계약 체결 후, 제3자의 방화로 그 가옥이 전소한 경우
④ 유명화가의 그림에 대해 임대차계약을 체결한 후, 임대인의 과실로 그 그림이 파손된 경우
⑤ 저당권이 설정된 토지를 매수하여 이전등기를 마쳤으나 후에 저당권이 실행되어 소유권을 잃게 된 경우

| 키워드 | 계약체결상의 과실책임 |
| 풀이 | 계약체결상의 과실책임은 계약이 원시적 불능이 된 경우에 인정된다.

[정답] ②

08 동시이행항변권에 관한 설명으로 옳지 않은 것은? (다툼이 있으면 판례에 따름)

① 저당권설정등기의 말소와 피담보채무의 변제는 동시이행관계에 있지 않다.
② 동시이행관계에 있는 일방의 채무도 이를 발생시킨 계약과 별개의 약정으로 성립한 상대방의 채무와는 특약이 없는 한 동시이행관계에 있다.
③ 동시이행관계에 있던 채무 중 어느 한 채무의 이행불능으로 발생한 손해배상채무는 반대채무와 여전히 동시이행관계에 있다.
④ 계약이 해제된 경우에 각 당사자의 원상회복의무는 동시이행관계에 있다.
⑤ 저당권이 설정된 부동산의 매매계약에서 소유권이전등기의무 및 저당권등기말소의무는 특별한 사정이 없는 한 대금지급의무와 동시이행관계에 있다.

키워드 쌍무계약의 효력 – 동시이행의 항변권
풀이 당사자 쌍방이 각각 별개의 약정으로 상대방에 대하여 채무를 지게 된 경우에는 자기의 채무이행과 상대방의 어떤 채무이행과를 견련시켜 동시이행을 하기로 특약한 사실이 없다면 상대방이 자기에게 이행할 채무가 있다 하더라도 동시이행의 항변권이 생긴다고 볼 수 없다(88다카10753).

정답 ②

09 동시이행관계에 있는 것을 모두 고르면? (다툼이 있으면 판례에 의함)

2007년 공인중개사

㉠ 담보목적의 가등기말소의무와 피담보채무의 변제의무
㉡ 임차권등기명령에 의한 임차권등기가 된 경우, 임대인의 보증금반환의무와 임차인의 등기말소의무
㉢ 계약해제로 인한 각 당사자의 원상회복의무
㉣ 전세권이 소멸한 경우 전세금반환의무와 전세목적물 인도 및 전세권말소등기에 필요한 서류의 교부의무

① ㉠, ㉡　　② ㉡, ㉣　　③ ㉠, ㉢
④ ㉡, ㉢　　⑤ ㉢, ㉣

키워드 쌍무계약의 효력 – 동시이행의 항변권
풀이 ㉢ 제549조
㉣ 제317조
㉠ 피담보채권의 변제와 담보물권(저당권, 가등기담보권, 양도담보권)의 말소등기는 동시이행관계에 있지 않다. 변제가 선이행의무이다.
㉡ 임대인의 임대차보증금의 반환의무와 임차권등기명령에 의해 경료된 임차인의 임차권등기말소의무는 동시이행관계에 있지 않다.

정답 ⑤

10 甲은 자신의 토지를 乙에게 매도하였으나 소유권이전등기의무의 이행기가 도래하기 전에 그 토지에 대한 丙의 강제수용(재결수용)으로 보상금을 받게 되었다. 다음 설명 중 옳지 않은 것은? (다툼이 있으면 판례에 따름)

① 甲의 乙에 대한 소유권이전의무는 소멸한다.
② 乙은 甲에게 보상금청구권의 양도를 청구할 수 있다.
③ 甲이 丙으로부터 보상금을 수령하였다면 乙은 甲에게 보상금의 반환을 청구할 수 있다.
④ 乙은 소유권이전의무의 불이행을 이유로 甲에게 손해배상을 청구할 수 없다.
⑤ 만일 乙이 甲에게 계약금을 지급하였다면 乙은 그 배액의 반환을 청구할 수 있다.

> **키워드** 위험부담
> **풀이** 이행불능이 발생하였으나 그 불능의 원인이 매도인 甲의 귀책사유로 인한 것이 아니므로 위험부담의 법리가 적용된다. 원칙적으로 채무자부담원칙에 따라 매수인 乙은 甲에게 이미 지급한 계약금의 반환을 청구할 수 있다.
>
> **정답** ⑤

11 甲은 자신의 토지를 乙에게 팔고 중도금까지 수령하였으나, 그 토지가 공용(재결)수용되는 바람에 乙에게 소유권을 이전할 수 없게 되었다. 다음 설명 중 옳은 것은? (다툼이 있으면 판례에 따름)

① 乙은 매매계약을 해제하고 전보배상을 청구할 수 있다.
② 乙은 甲의 수용보상금청구권의 양도를 청구할 수 있다.
③ 乙은 이미 지급한 중도금을 부당이득으로 반환청구할 수 없다.
④ 乙은 계약체결상의 과실을 이유로 신뢰이익의 배상을 청구할 수 있다.
⑤ 乙이 매매대금 전부를 지급하면 甲의 수용보상금청구권 자체가 乙에게 귀속한다.

> **키워드** 위험부담
> **풀이** ① 위험부담의 법리가 적용되는 것이므로 해제권과 손해배상청구권은 발생하지 않는다.
> ③ 채무자위험부담이 원칙이므로 이미 지급한 중도금까지는 부당이득으로 반환청구할 수 있다.
> ④ 계약체결 후 수용된 경우 후발적 불능이므로 원시적 불능인 계약체결상의 과실은 되지 아니한다.
> ⑤ 甲의 수용보상금청구권 자체가 乙에게 귀속하는 것이 아니라 乙은 甲을 대위하여 행사할 수 있을 뿐이다.
>
> **정답** ②

12 쌍무계약상 위험부담에 관한 설명으로 옳지 않은 것은? (다툼이 있으면 판례에 따름)

① 후발적 불능이 당사자 쌍방에게 책임 없는 사유로 생긴 때에는 위험부담의 문제가 발생한다.
② 편무계약의 경우 원칙적으로 위험부담의 법리가 적용되지 않는다.
③ 당사자 일방이 대상청구권을 행사하려면 상대방에 대하여 반대급부를 이행할 의무가 있다.
④ 당사자 쌍방의 귀책사유 없는 이행불능으로 매매계약이 종료된 경우, 매도인은 이미 지급받은 계약금을 반환하지 않아도 된다.
⑤ 우리 민법은 채무자위험부담주의를 원칙으로 한다.

> **키워드** 위험부담
> **풀이** 당사자 쌍방의 귀책사유 없는 이행불능으로 매매계약이 종료된 경우, 채무자인 매도인이 위험을 부담하므로 매도인은 이미 지급받은 계약금을 반환하여야 한다.
>
> **정답** ④

고난도

13 甲은 乙에게 자동차를 팔고 乙은 그 대금을 丙에게 지급하기로 약정하였다. 甲은 이로써 丙에 대한 컴퓨터 외상구입대금을 결제하고자 한다. 이에 관한 설명으로 옳지 않은 것은?

① 甲과 乙 간의 계약이 착오를 이유로 취소되더라도 이로써 선의의 丙에게는 대항하지 못한다.
② 甲은 乙에 대하여 丙에게 대금을 지급할 것을 청구할 수 있다.
③ 乙의 채무불이행이 있으면 甲은 丙의 동의 없이도 甲과 乙 간의 계약을 해제할 수 있다.
④ 丙이 乙에게 대금지급을 청구한 경우 乙은 甲으로부터 아직 자동차를 인도받지 못하였음을 이유로 지급을 거절할 수 있다.
⑤ 乙이 甲에게 자동차의 인도를 청구한 데 대하여 甲은 甲과 丙 간의 계약이 취소되었음을 이유로 인도를 거절하지 못한다.

> **키워드** 제3자를 위한 계약
> **풀이** 제3자를 위한 계약에서의 제3자는 계약의 당사자는 아니므로 그가 취득하는 권리는 제3자 약관에 의하여 생기는 것이므로 제3자 보호의 규정(제107조 내지 제110조)에 의하여 보호되는 제3자가 아니고 당사자간의 계약에 수익자로 정하여진 자에 불과하다.
> **TIP** 기초적인 내용도 사례로 만들면 어렵습니다. 소홀히 하지 마시고, 충분히 연습하세요.
>
> **정답** ①

14 제3자를 위한 계약에 관한 설명으로 옳지 않은 것은?

① 제3자의 권리는 제3자가 채무자에 대하여 계약의 이익을 받을 의사를 표시한 때에 생긴다.
② 채무자는 상당한 기간을 정하여 계약이익의 향수 여부의 확답을 제3자에게 최고할 수 있다.
③ 채무자가 상당한 기간을 정하여 계약이익의 향수 여부의 확답을 제3자에게 최고하였으나 그 기간 내에 확답을 받지 못한 때에는 거절한 것으로 본다.
④ 채무자는 계약에 기한 항변으로 계약의 이익을 받을 제3자에게 대항할 수 없다.
⑤ 제3자의 권리가 생긴 후에는 계약당사자간의 합의로 이를 변경 또는 소멸시킬 수 없다.

키워드 제3자를 위한 계약
풀이 채무자는 계약에 기한 항변(보상관계의 흠결)으로 계약의 이익을 받을 제3자에게(급부이행관계) 대항할 수 있다.

정답 ④

15 채무자 甲(낙약자)과 채권자 乙(요약자)은 丙을 수익자로 한 제3자를 위한 계약을 체결하였고, 丙은 수익의 의사표시를 하였다. 이에 관한 설명으로 옳은 것은?

① 丙의 수익의 의사표시는 甲과 乙 사이의 계약의 성립요건도 아니고 효력발생요건도 아니다.
② 甲의 귀책사유로 인한 채무불이행을 이유로 乙이 계약을 해제하면 丙은 甲에 대하여 손해배상을 청구할 수 없다.
③ 甲이 丙에게 이행한 직후 계약이 해제된 경우 甲은 丙에게 그 이행부분에 대하여 원상회복을 청구할 수 있다.
④ 제3자를 위한 계약에서 丙은 계약 당시에 특정되어야 한다.
⑤ 만일 甲이 丙에 대하여 가진 채권에 관하여 그 채무를 면제하는 계약을 乙과 체결한 경우, 이는 제3자를 위한 계약에 준하는 것으로 볼 수 없다.

키워드 제3자를 위한 계약
풀이
② 수익자인 丙은 낙약자인 甲의 채무불이행을 이유로 손해배상을 청구할 수 있다.
③ 계약관계의 청산은 계약의 당사자인 甲과 乙 사이에 이루어져야 하므로, 특별한 사정이 없는 한 甲이 이미 丙에게 급부한 것이 있더라도 甲은 계약해제에 기한 원상회복 또는 부당이득을 원인으로 丙을 상대로 그 반환을 구할 수 없다(2005다7566).
④ 수익자는 계약 당시 반드시 현존하거나 특정될 필요는 없다.
⑤ 수익자인 丙의 낙약자인 甲에 대한 채무를 면하게 하는 계약은 제3자를 위한 계약으로 볼 수 있다.

정답 ①

16 계약해제권이 발생하는 사유로 볼 수 없는 것은 모두 몇 개인가? (다툼이 있으면 판례에 따름)

> ㉠ 정기행위의 이행기 도과
> ㉡ 불가항력으로 인한 쌍무계약 일방의 이행불능
> ㉢ 부수적 채무의 불이행
> ㉣ 약정사유의 발생
> ㉤ 계약체결 당시 예상할 수 없었던 중대한 사정의 변경

① 0개
② 1개
③ 2개
④ 3개
⑤ 4개

키워드 계약의 해제
풀이 ㉡ 법정해제권은 채무불이행을 이유로 하는 것이다. 따라서 불가항력으로 인한 후발적 불능의 경우에는 위험부담이 문제될 뿐 계약해제권이 발생하는 것이 아니다.
㉢ 부수적 채무 내지 종된 급부의무의 불이행이 있는 경우에는 계약을 해제하지 못하고, 다만 손해배상을 청구할 수 있을 뿐이다(판례·다수설).

정답 ③

17 다음 중 최고 없이 계약해제를 할 수 있는 경우를 모두 고른 것은? (다수설에 따름)

> ㉠ 정기행위에 있어서의 이행기 도래
> ㉡ 채무자의 책임 있는 사유로 인한 이행지체
> ㉢ 채무자의 책임 있는 사유로 인한 이행불능
> ㉣ 이행지체에 있어서 채무자가 미리 이행거절의사를 표시한 경우
> ㉤ 당사자 사이에 최고 배제의 특약이 있는 경우
> ㉥ 완전이행(추완)이 가능한 불완전이행
> ㉦ 사정변경을 이유로 한 해제

① ㉠, ㉡, ㉣, ㉤, ㉦
② ㉠, ㉡, ㉤, ㉥, ㉦
③ ㉠, ㉡, ㉢, ㉤, ㉦
④ ㉠, ㉢, ㉤, ㉥, ㉦
⑤ ㉠, ㉢, ㉣, ㉤, ㉦

키워드 계약의 해제

풀이 ㉠㉢㉣㉤㉥의 경우에는 최고의 실익이 없거나 최고 배제가 약속되어 있으므로 최고 없이 계약을 해제할 수 있다. ㉡㉦의 경우에는 아직 이행이 가능하고 채권자가 이행을 청구하는 것이 양 당사자 모두에게 이득이 될 수 있으므로 이행청구도 가능하고 최고하고 계약을 해제할 수도 있다.

정답 ⑤

18 계약해제의 효과에 관한 설명으로 옳지 않은 것은? (다툼이 있으면 판례에 따름)

① 계약이 해제되면 기존의 계약관계는 소급적으로 소멸한다.
② 계약을 해제하더라도 해제되기 전의 계약으로부터 생긴 법률효과를 기초로 하여 새로운 이해관계를 가진 제3자(선의·악의를 불문)의 권리를 해하지 못한다.
③ 제3자에는 계약해제 전에 대항력을 취득한 주택임차인도 포함된다.
④ 해제권 행사는 해제권자 모두가 또는 상대방 모두에게 동시에 하여야 한다.
⑤ 해제권 행사 후 원상회복등기 전에 계약해제사실을 모른 채 새로운 권리를 취득한 자도 계약해제로 보호되는 제3자에 포함된다.

키워드 계약의 해제

풀이 해제권의 행사는 전원으로부터 또는 전원에 대하여 하면 되고 동시에 할 필요는 없다.
③ 96다17653
⑤ 84다카130

정답 ④

19 해제에 관한 다음 설명 중 옳은 것은? (다툼이 있으면 다수설·판례에 따름)

① 계약 성립 후에 채무자의 책임 없는 사유로 이행할 수 없게 된 경우에도 해제할 수 있다.
② 쌍무계약의 채무자가 동시이행의 항변권을 가지는 경우일지라도 채권자는 최고기간 내내 계속하여 이행을 제공할 필요는 없다.
③ 채권자는 의무를 지는 자가 아니므로 수령을 지체한 경우일지라도 손해배상청구는 별론으로 하고 채무자가 계약을 해제할 수는 없다.
④ 채무불이행을 원인으로 한 해제로 인하여 계약이 소급적으로 실효되면 해제권자는 손해배상을 청구할 수 없다.
⑤ 부수적 채무의 불이행이 있는 경우에는 손해배상을 청구할 수 있을 뿐이고, 계약을 해제할 수는 없다.

키워드 계약의 해제

풀이 부수적 채무의 불이행을 이유로 계약의 해제는 불가능하다.
① 이행불능을 이유로 계약을 해제하기 위해서는 그 불능이 채무자에게 책임 있는 사유로 인한 것이어야 한다. 채무자의 귀책사유(고의·과실) 없는 후발적 불능은 쌍무계약상 위험부담의 문제로 될 따름이다.
② 쌍무계약의 채무자가 동시이행의 항변권을 가지는 경우에는 채권자는 최고기간 동안 계속하여 이행의 제공을 하여야 한다(94다26646 ; 85다카2197).
③ 채권자지체의 성질을 채무불이행으로 보는 다수설·판례에 의하면, 채권자지체의 경우 채무자는 상당기간을 정하여 수령을 최고하고 계약을 해제할 수 있다.
④ 계약의 해제는 손해배상청구에 영향을 미치지 아니한다(제551조).

정답 ⑤

20 계약의 해제에 관한 다음 설명 중 옳지 않은 것은? (다툼이 있으면 판례에 따름)

① 계약당사자가 수인인 경우 어느 1인의 해제권이라도 존재하면 다른 당사자에 관해서도 해제권이 존속하는 것으로 다루어진다.
② 계약해제로 인한 손해배상은 이행이익을 배상하여야 한다.
③ 일방당사자의 계약위반을 이유로 한 상대방의 계약해제 의사표시에 의해 계약이 해제되었음에도 상대방이 계약이 존속함을 전제로 계약상 의무의 이행을 구하는 경우, 특별한 사정이 없는 한 계약을 위반한 당사자도 당해 계약이 상대방의 해제로 소멸되었음을 들어 그 이행을 거절할 수 있다.
④ 정기행위의 이행기가 도래한 경우에 최고 없이 즉시 해제할 수 있다.
⑤ 해제에 의하여 소멸하는 채권 그 자체의 양수인은 계약해제로 인한 원상회복의 경우 보호되는 제3자에 포함되지 않는다.

> **키워드** 계약의 해제
> **풀이** 계약당사자의 일방 또는 쌍방이 수인 있는 경우 특약이 없는 한 해제는 그 전원으로부터 전원에게 하여야 하므로(행사의 불가분성). 어느 1인의 해제권이 소멸하면 다른 당사자에 관하여도 해제권이 소멸한다(소멸의 불가분성).
> ④ 제545조
> ⑤ 95다49882

정답 ①

고난도

21 계약의 해제·해지에 관한 다음 설명 중 옳지 않은 것은? (다툼이 있으면 판례에 따름)

① 계약의 해제로 인한 원상회복의 경우에 반환할 금전에는 그 받은 날로부터 이자를 가하여야 한다.
② 매매에 있어서 중도금에 대한 실권약관에 의하여 계약은 자동해제되나, 잔금에 대한 실권약관이 있었다는 이유만으로 계약이 자동해제되는 것은 아니다.
③ 채무불이행의 책임이 있는 자가 사망한 경우 해제권자는 상속인 전원에 대하여 해제권을 행사하여야 계약이 해제된다.
④ 채무자가 일부의 이행을 지체한 경우에는 그 일부이행에 의하여 계약의 목적을 달성할 수 없는 경우 계약 전부를 해제할 수 있고, 그렇지 않은 경우는 불이행의 부분에 한하여 해제할 수 있다.
⑤ 채권자의 적법한 해제권 행사로 인하여 원상회복의무를 부담한 채무자는 이를 모두 이행한 경우에는 별도의 손해배상책임을 부담하지 않는다.

키워드 계약의 해제·해지
풀이 계약의 해지 또는 해제는 손해배상의 청구에 영향을 미치지 아니한다(제551조).
① 제548조 제2항
② 91다13717 및 98다505
③ 제547조 제1항
④ 85다카1751

TIP 기초적인 내용을 소홀히 하지 마시고, 충분히 연습하세요.

정답 ⑤

고난도

22 제3자 보호에 관한 설명으로 옳은 것은? (다툼이 있으면 판례에 따름)

① 甲은 乙의 기망에 빠져 乙로부터 A부동산의 소유권을 이전받는 대가로 1억원을 직접 제3자인 丙에게 지급할 채무를 부담하였는데, 丙이 수익의 의사표시를 한 후에 甲이 乙의 사기를 이유로 계약을 취소한 경우, 甲은 그 취소로 선의의 丙에게 대항할 수 없다.

② 甲이 乙에게 주택을 매도하고 그 소유권이전등기를 경료하여 주었으나 잔금을 받지 못하여 매매계약을 해제하였고, 乙 명의의 소유권이전등기가 말소되었는데, 丙이 위 매매계약이 해제되기 전에 乙로부터 위 주택을 임차하여 인도와 주민등록을 마쳤다면, 계약해제로 인하여 丙의 권리를 침해하지 못한다.

③ 丙이 甲과 乙 사이의 매매계약에 기한 乙의 소유권이전등기청구권을 가압류하였는데, 그 후 乙이 甲의 대금지급의무 불이행을 이유로 매매계약을 해제하였더라도 계약해제로 인하여 丙의 권리를 침해하지 못한다.

④ 해제의 의사표시가 있은 후 그 해제에 의한 말소등기가 있기 이전에 이해관계를 가지게 된 선의의 제3자는 포함되지 않는다.

⑤ 해제된 계약에 의하여 채무자의 책임재산이 된 부동산을 계약해제 전에 가압류한 가압류채권자는 제3자에 해당하지 않는다.

키워드 계약의 해제 – 해제의 소급효 – 제3자 보호

풀이 계약의 해제는 제3자의 권리를 해하지 못한다(제548조 제1항 단서). 제3자란 해제된 계약을 기초로 법률상 새로운 이해관계를 맺은 자를 말하는데, 대항력을 갖춘 주택임차인은 제3자에 해당한다는 것이 판례의 태도이다(96다17653).

① 사기를 이유로 한 취소는 선의의 제3자에게 대항하지 못한다(제110조 제3항). 그러나 제3자를 위한 계약에 있어서 제3자(수익자)는 제110조 제3항에서 말하는 제3자에 해당하지 않으므로 甲은 그 취소로 선의의 丙에게 대항할 수 있다.

③ 제548조 제1항 단서의 제3자는 등기나 인도 등으로 완전한 권리를 취득한 자를 의미하므로, 채권을 압류한 자는 이에 포함되지 않는다는 것이 판례의 태도이다(99다51685).

④ 판례는 해제의 의사표시가 있은 후 그 해제에 의한 말소등기가 있기 이전에 이해관계를 가지게 된 선의의 제3자는 포함된다고 한다(94다35343).

⑤ 판례에 의하면 해제된 계약에 의하여 채무자의 책임재산이 된 계약의 목적물을 가압류한 가압류채권자는 제3자에 해당한다(99다40937).

TIP 판례를 사례화한 문제는 조문과 판례를 구체화하는 연습을 하세요.

정답 ②

23 甲은 乙에게 자기 소유 토지를 2억원에 매도하고 계약금 및 중도금으로 1억원을 수령하였다. 다음 설명 중 옳지 않은 것은? (다툼이 있으면 판례에 따름)

① 甲과 乙이 매매계약을 합의해제한 경우에는 해제 시에 상대방에게 손해배상을 하기로 특약하거나 손해배상청구를 유보하는 의사표시를 하는 등 다른 사정이 없으면 甲은 乙의 채무불이행으로 인한 손해배상을 청구할 수 없다.
② 매도인 甲이 법정해제사유로 계약을 해제한 경우에 甲은 원상회복의 내용으로 수령한 계약금과 중도금 및 그 받은 때로부터 법정이자를 반환하여야 하는데, 법정이자는 반환의무의 이행지체로 인한 책임이다.
③ 甲의 매매계약상의 소유권이전등기의무가 이행불능이 되어 이를 이유로 매매계약을 해제함에 있어서는 乙의 잔대금지급의무가 매도인의 소유권이전등기의무와 동시이행관계에 있다고 하더라도 그 이행의 제공을 필요로 하는 것이 아니다.
④ 계약의 이행으로 소유권이 甲으로부터 乙에게로 이전한 후 나중에 계약이 해제되면 일단 이전되었던 소유권은 당연히 甲에게 복귀한다.
⑤ 甲의 채무불이행을 이유로 乙이 계약을 해제한 후 乙이 계약이 존속함을 전제로 계약상의 채무이행을 구하는 경우, 甲은 계약이 乙의 해제로 소멸되었음을 들어 그 이행을 거절할 수 있다.

키워드 계약의 해제

풀이 부동산매매계약이 해제된 경우 매도인의 매매대금반환의무와 매수인의 소유권이전등기 말소의무가 동시이행의 관계에 있는지 여부와는 관계없이 매도인이 반환하여야 할 매매대금에 대하여는 그 받은 날로부터 민법이 정한 법정이율인 연 5푼의 비율에 의한 법정이자를 부가하여 지급하여야 한다. 이와 같은 법리는 약정된 해제권을 행사하는 경우라 하여 달라지지 않는다(2000다9123). 이는 원상회복의 범위에 속하는 것이며 일종의 부당이득반환의 성질을 가지는 것이고, 반환의무의 이행지체로 인한 것이 아니다.

정답 ②

24 甲과 乙은 그들이 공유하는 토지를 丙에게 매도하는 매매계약을 체결하고 즉시 계약금을 받았다. 이 경우에 관한 설명으로 옳지 않은 것은? (다툼이 있으면 판례에 따름)

① 甲과 乙이 계약을 해제하고자 하는 경우, 계약금의 배액을 丙에게 상환하여야 비로소 해제의 효과가 발생한다.

② 丙이 잔금을 지급하지 않는 경우 甲과 乙은 등기이전에 관하여 이행의 제공 없이도 상당기간 내에 지급할 것을 최고하고 그 기간이 지나면 계약을 해제할 수 있다.

③ 丙이 잔금을 지급하지 아니할 의사를 명백히 표시한 경우에는 甲과 乙은 이행의 최고 없이 곧바로 계약을 해제할 수 있다.

④ 甲과 乙의 귀책사유로 계약이 해제되는 경우 丙은 이미 지급한 매매대금의 반환을 원상회복으로서 청구하는 외에 손해가 발생한 경우 손해배상도 청구할 수 있다.

⑤ 甲과 乙 중 어느 1인이 등기이전서류를 제공하지 않는다는 것을 이유로 丙이 계약을 해제하고자 하면 甲과 乙 모두에게 계약 전부에 관하여 해제권을 행사하여야 한다.

키워드 계약의 해제

풀이 丙에게 동시이행의 항변권이 존재(존재효·당연효)하므로, 甲과 乙이 계약을 해제하기 위해서는 자기의 채무의 이행을 제공하여 丙을 이행지체에 빠지게 하여야 한다.
① 제565조 참조
④ 제551조 참조
⑤ 해제권의 행사와 소멸의 불가분성(제547조 참조)

정답 ②

25 계약해지에 관한 설명으로 옳지 않은 것은?

① 존속기간의 약정이 없는 임대차의 경우에 당사자의 일방 또는 쌍방이 해지권을 가질 때에는 해지의 의사표시는 법정기간이 경과함으로써 효력이 생긴다.
② 손해가 발생한 경우에는 해지와 별도로 손해배상을 청구할 수 있다.
③ 해지의 의사표시는 원칙적으로 조건·기한을 붙일 수 없고, 그 후에 철회하지 못한다.
④ 해지의 효력은 계약성립 당시에 소급하므로 당사자는 원상회복의무를 진다.
⑤ 계속적 채권관계가 해지되면 당사자간에 청산의무가 발생한다.

키워드 계약의 해지
풀이 계속적 채권관계가 해지되면 오직 장래를 향하여 효력이 소멸하므로, 당사자간에 청산의무가 발생한다. 따라서 계약성립 당시에 효력이 소급함으로써 당사자간에 원상회복의무를 발생시키는 해제와는 구별된다.
① 예컨대 제635조, 제660조
② 제551조 참조

정답 ④

26 다음 중 해제권의 소멸사유가 아닌 것은?

① 해제권자에 의한 목적물의 가공 또는 개조로 인하여 다른 종류의 물건으로 변경된 때
② 상대방이 상당한 기간을 정하여 해제권 행사 여부의 확답을 최고하였으나, 기간 내에 해제의 통지를 받지 못한 경우
③ 해제권자의 고의·과실로 인하여 목적물을 훼손하거나 반환할 수 없게 된 때
④ 해제권에 대한 소멸시효의 완성
⑤ 당사자 일방 또는 쌍방이 수인이 있는 경우에 1인에 관하여 해제권이 소멸한 때

키워드 계약의 해제 – 해제권의 소멸
풀이 해제권은 형성권이므로 소멸시효의 대상이 아니다. 해제권은 10년의 제척기간에 걸린다. 그 밖에 해제권은 채권자의 해제권의 행사하기 전에 채무자의 이행 또는 이행의 제공, 해제권의 포기 등에 의하여 소멸한다.
①③ 제553조 참조
② 제552조 참조
⑤ 제547조 제2항

정답 ④

CHAPTER 03 계약법 각론(매매)

▶ **연계학습** | 에듀윌 기본서 1차 [민법 下] p.383

대표기출

고난도
01 매매에 관한 설명으로 옳지 않은 것은? (다툼이 있으면 판례에 따름) 제19회

① 매매의 목적이 된 권리가 매도인에게 속하지 않은 경우라도 원칙적으로 매매계약은 유효하다.
② 매매의 목적물에 전세권이 설정되어 있었으나 이를 알지 못한 매수인은 계약의 목적을 달성할 수 없는 경우에 한하여 계약을 해제할 수 있다.
③ 저당부동산의 매수인이 그 피담보채무 전부를 인수하는 것으로 매매대금 일부의 지급에 갈음하기로 약정하고 소유권을 취득하였으나 그 저당권의 실행으로 그 소유권을 상실한 경우, 매수인은 계약을 해제할 수 없다.
④ 법원 경매의 경우에는 권리의 하자로 인한 담보책임이 적용되지 않는다.
⑤ 변제기에 도달하지 아니한 채권의 매도인이 채무자의 자력을 담보한 때에는 변제기의 자력을 담보한 것으로 추정한다.

키워드 계약금 – 해약금
풀이 매도인의 담보책임 중 경매의 경우에는 권리의 하자로 인한 담보책임만이 적용되고 물건에 관한 하자는 적용되지 않는다.

정답 ④

02 매도인의 담보책임에 관한 설명으로 옳은 것은? (다툼이 있으면 판례에 따름)

제18회

① 물건의 하자에 대한 담보책임규정은 경매에도 적용된다.
② 특정물매매의 경우에 목적물의 하자로 인하여 계약의 목적을 달성할 수 없는 때, 악의의 매수인도 계약을 해제할 수 있다.
③ 채권의 매도인이 채무자의 자력을 담보한 경우, 매매계약 당시의 자력을 담보한 것으로 간주한다.
④ 매매의 목적인 권리가 타인에게 속하여 매도인이 그 권리를 취득하여 매수인에게 이전할 수 없는 경우, 매수인은 선의의 경우에 한하여 계약을 해제할 수 있다.
⑤ 매매의 목적이 된 부동산에 설정된 저당권의 실행으로 취득한 소유권을 잃게 되어 손해를 입게 된 매수인은 악의인 경우에도 매도인에게 손해배상을 청구할 수 있다.

키워드 매도인의 담보책임

풀이 ① 물건의 하자에 대한 담보책임규정은 경매에는 적용되지 않는다. 경매에 있어서의 담보책임은 권리의 하자만을 대상으로 한다.
② 물건의 하자로 인한 매도인의 담보책임은 매수인이 선의·무과실일 때 그 하자를 안 날로부터 6월 이내에만 행사할 수 있으므로 특정물매매의 경우에 목적물의 하자로 인하여 계약의 목적을 달성할 수 없는 때, 악의의 매수인은 계약을 해제할 수 없다.
③ 채권의 매도인이 채무자의 자력을 담보한 경우, 매매계약 당시의 자력을 담보한 것으로 추정한다.
④ 매매의 목적인 권리가 타인에게 속하여 매도인이 그 권리를 취득하여 매수인에게 이전할 수 없는 경우, 매수인은 선의·악의 불문하고 계약을 해제할 수 있다.

정답 ⑤

03 '물건의 하자'를 이유로 한 매도인의 담보책임에 관한 설명으로 옳은 것을 모두 고른 것은? (다툼이 있으면 판례에 따름) 제17회

> ㉠ 매매목적물에 부과된 법률상의 장애로 인하여 물건의 사용·수익이 제한된다면, 그러한 장애는 권리의 하자에 해당한다.
> ㉡ 특정물 매매에서는 완전물급부청구권이 인정되지 않는다.
> ㉢ 매수인은 하자를 안 날로부터 6개월 이내에는 언제든지 모든 손해의 배상을 청구할 수 있다.
> ㉣ 매도인의 담보책임에 대한 규정은 강행규정이 아니므로, 당사자는 특약으로 이를 경감할 수 있다.

① ㉠, ㉡
② ㉠, ㉣
③ ㉡, ㉢
④ ㉡, ㉣
⑤ ㉢, ㉣

키워드 매도인의 담보책임 – 물건의 하자

풀이 ㉠ 벌채의 목적으로 매수한 산림이 관계법규에 의하여 벌채를 하지 못하거나, 공장부지로서 매수한 토지가 관계법규에 의하여 공장을 세울 수 없는 경우와 같은 법률상의 장애에 대하여 이를 권리의 하자로 보는 견해(다수설)와 물건의 하자로 보는 견해(98다18506)가 대립된다. 본 문제는 판례의 태도를 고르는 문제다.

㉢ 선의·무과실의 매수인은 계약의 목적을 달성할 수 없는 경우에 하자를 안 날로부터 6개월 이내에 매매목적물의 하자가 없는 것으로 믿음으로써 입게 된 손해의 배상을 청구할 수 있다.

정답 ④

01 매매에 관한 다음 설명 중 옳지 않은 것은?

① 매매계약은 낙성·불요식·쌍무·유상계약이다.
② 매매계약의 비용, 채무의 이행시기 및 이행장소 등에 관하여는 합의가 없으면 매매계약은 성립하지 않는다.
③ 타인의 권리도 매매의 목적이 될 수 있다. 다만, 매도인은 그 타인으로부터 그 권리를 취득하여 매수인에게 이전할 의무가 있다.
④ 근저당권설정등기가 있어 완전한 소유권이전을 받지 못할 우려가 있는 경우 매수인은 그 근저당권의 말소등기가 될 때까지 그 등기상의 담보한도금액에 상당한 대금지급을 거절할 수 있다.
⑤ 매수인은 목적물의 인도를 받은 날로부터 대금의 이자를 지급하여야 한다.

> **키워드** 매매의 성립
> **풀이** 매수인의 대금지급과 관련하여 대금의 지급기일·지급장소 등은 당사자간의 특약으로 정할 것이나, 그 특약이 없는 경우를 대비하여 민법은 따로 규정을 마련하여 두고 있다(제585조, 제467조 제2항). 따라서 이에 대한 합의가 없더라도 매매의 성립에는 영향이 없다.

정답 ②

02 매매의 예약에 관한 다음 설명 중 옳지 않은 것은?

㉠ 매매의 예약은 예약완결권을 일방당사자만이 갖는 일방예약으로 추정한다.
㉡ 예약의무자가 목적부동산을 제3자에게 양도한 경우 예약완결권의 행사는 현재의 등기명의인인 제3자에 대하여 하여야 한다.
㉢ 예약완결권이 가등기되어 있는 경우에도 가등기의 이전등기를 할 수 없으므로 사실상 양도할 수 없다.
㉣ 매매의 일방예약은 예약권리자가 매매를 완결할 의사를 표시하는 때에 매매의 효력이 생긴다.
㉤ 예약완결권의 존속기간을 정하지 않은 때에는 예약의무자는 상당한 기간을 정하여 매매완결 여부의 확답을 상대방에게 최고할 수 있고, 예약의무자가 그 기간 내에 확답을 받지 못한 때에는 예약은 그 효력을 잃는다.

① ㉠, ㉢
② ㉠, ㉡
③ ㉡, ㉢
④ ㉢, ㉣
⑤ ㉣, ㉤

키워드 매매의 예약

풀이 ㉡ 예약의무자가 목적물을 제3자에게 양도한 경우에는 예약완결권의 행사는 예약의무자에 대하여 하여야 한다.
㉢ 예약완결권이 가등기되어 있는 경우에는 가등기를 이전등기하면 제3자에 대하여 대항력을 갖는다. 종래의 판례는 가등기의 가등기를 인정하지 않았으나, 최근에는 그 태도를 바꾸어 이를 긍정하고 있다(98다24105 전합).

정답 ③

03 매매에 관한 설명으로 옳지 않은 것은? (다툼이 있으면 판례에 따름)

① 매도인이 매매의 목적이 된 권리를 이전할 의무와 매수인이 대금을 지급할 의무는 특별한 약정이 없는 경우에 동시에 이행하여야 한다.
② 가압류등기가 있는 부동산매매에서 매도인의 소유권이전등기의무 및 가압류등기의 말소의무와 매수인의 대금지급의무는 동시이행관계에 있다.
③ 주된 권리를 매도한 경우 특별한 사정이 없는 한 종된 권리도 이전하여야 한다.
④ 매매계약이 있은 후에도 인도하지 아니한 목적물로부터 생긴 과실은 매수인에게 귀속한다.
⑤ 매수인은 목적물의 인도를 받은 날로부터 대금의 이자를 지급하여야 한다.

키워드 매매의 예약

풀이 매매계약 있은 후에도 인도하지 아니한 목적물로부터 생긴 과실은 매도인에게 속한다(제587조 전단).
① 제568조 제2항
② 제580조 제1항 및 제575조 제1항 확대적용
③ 제100조 제2항 확대적용 및 부종성
⑤ 제587조 후단

정답 ④

04 매수인의 권리·의무에 관한 설명으로 옳지 않은 것은?

① 매매의 당사자 일방에 대한 의무이행의 기한이 있는 때에는 상대방의 의무이행에 대하여도 동일한 기한이 있는 것으로 추정된다.
② 대금은 채권자의 주소지에서 지급함을 원칙으로 한다.
③ 소유권이전등기에 소요되는 비용은 매수인이 부담하고, 계약비용은 계약당사자 쌍방이 균분하여 부담하는 것이 원칙이다.
④ 매매목적물의 인도와 동시에 대금을 지급할 경우에는 계약성립 당시에 목적물이 있었던 장소가 대금지급채무의 이행지로 된다.
⑤ 매매의 목적물에 대하여 권리를 주장하는 자가 있어 매수인이 매수한 권리의 전부나 일부를 잃을 염려가 있다 하더라도 매도인이 상당한 담보를 제공한 때에는 대금지급의무를 이행하여야 한다.

키워드 매매의 효력

풀이 대금의 지급장소에 대하여 특약이 없는 한 매도인의 현주소에서 지급하는 것이 원칙(지참채무의 원칙)이나, 목적물인도와 동시에 대금을 지급할 경우에는 목적물의 인도장소에서 대금을 지급하여야 한다(제586조).

정답 ④

05 계약금에 관한 설명으로 옳은 것은? (다툼이 있으면 판례에 따름)

① 계약금 포기에 의한 계약해제의 경우, 계약은 소급적으로 소멸하며 당사자는 원상회복의무를 부담한다.
② 계약금을 포기하고 행사할 수 있는 해제권은 당사자의 합의로 배제할 수 없다.
③ 계약금계약은 매매계약과 독립된 계약이지만 매매의 종된 계약이다.
④ 계약금 포기에 의한 계약해제의 경우, 상대방은 채무불이행을 이유로 손해배상을 청구할 수 있다.
⑤ 계약금을 수령한 매도인이 계약을 해제하기 위해서는 매수인에게 현실적으로 그 배액을 이행 제공하여야 하고, 매수인이 이를 수령하지 않으면 공탁하여야 한다.

키워드 계약금 – 해약금

풀이 ① 계약금에 의한 해제에 의하여 채권관계가 소급적으로 소멸하지만, 원상회복의무는 생기지 않는다. 이행이 있기 전에 해제하기 때문이다.
② 민법 제565조의 해약권은 당사자간에 다른 약정이 없는 경우에 한하여 인정되는 것이고, 만일 당사자가 위 조항의 해약권을 배제하기로 하는 약정을 하였다면 더 이상 그 해제권을 행사할 수 없다(2008다50615).
④ 계약금 포기에 의한 계약해제의 경우 이는 약정해제 사유에 해당하고 채무불이행으로 인한 것이 아니므로, 상대방은 손해배상을 청구할 수 없다(제565조 제2항).
⑤ 상대방이 이를 수령하지 아니한다 하여 이를 공탁할 필요는 없다(80다2784).

정답 ③

06 계약금에 관한 다음 설명 중 옳지 않은 것은? (다툼이 있으면 판례에 따름)

㉠ 이행기의 약정이 있더라도 이행기 도래 전에는 이행에 착수하지 않기로 하는 특약이 없는 한 이행기 전에 이행에 착수할 수 있다.
㉡ 계약금을 위약벌로 하는 특약이 있었다면 계약위반 시 계약금을 몰수하는 것과 별도로 손해배상을 청구할 수 있다.
㉢ 매도인이 이행에 착수한 바가 없다면 매수인이 이미 이행에 착수하였다 하더라도 매도인은 계약금을 해약금으로 하여 계약을 해제할 수 있다.
㉣ 중도금을 지급한 당사자일지라도 상대방이 아직 이행에 착수하지 않은 경우에는 계약금으로 해제할 수 있다.

① ㉠, ㉡
② ㉡, ㉢
③ ㉠, ㉢
④ ㉢, ㉣
⑤ ㉡, ㉣

키워드 계약금계약

풀이 ㉢ 매도인이 이행에 착수한 바가 없더라도 매수인이 이미 이행에 착수한 경우 매도인과 매수인 양 당사자는 더 이상 해약금에 의한 계약해제는 할 수 없다(99다62074).
㉣ 매수인이 중도금을 지급한 경우와 같이 일방이 이미 이행에 착수한 경우에는 그 상대방이 해제할 수 없는 것은 물론, 매매계약의 일부이행에 착수한 당사자도 역시 비록 상대방이 이행에 착수하지 않았다 하더라도 해제권을 행사할 수 없다(99다62074).

정답 ④

07 甲은 乙 소유의 부동산을 1억원에 매수하기로 하는 계약을 체결한 다음 날 계약금을 지급하기로 乙과 약정하고 계약금을 지급하였다. 옳지 않은 것은? (다툼이 있으면 판례에 따름)

① 계약금계약은 매매계약의 종된 계약이나 독립된 계약으로서 반드시 매매계약과 동시에 체결하여야 할 필요는 없으므로 그 다음 날 체결한 계약금계약도 유효하다.
② 계약금을 지급하기로 약정만 한 단계에서는 아직 민법규정에 의해 계약해제를 할 수 있는 권리는 발생하지 않는다.
③ 乙이 계약금으로 해제하고자 하면 반드시 그 배액을 현실로 제공하여야 한다.
④ 약정 계약금 1천만원 중 甲이 우선 5백만원을 지급하고 추후 나머지 계약금을 지급하기로 약정하였지만 특약에 근거하여 乙이 계약을 해제하고자 하면 乙은 甲으로부터 수령한 5백만원과 약정한 해약금 1천만원을 제공하여야 한다.
⑤ 甲이 잔금을 지급하기 위하여 은행에 융자를 신청해 놓은 경우, 甲은 이미 이행의 착수에 들어갔으므로 乙은 계약금으로 계약을 해제하지 못한다.

> **키워드** 계약금 – 해약금
> **풀이** 당사자 일방이 이행에 착수하였다 함은, 객관적으로 외부에서 인식할 수 있을 정도로 채무이행행위의 일부를 행하거나 또는 이행에 필요한 전제행위를 행하는 것으로서, 단순히 이행의 준비를 하는 것만으로는 부족하다(97다9369).
> ③ 80다2784
> ④ 계약금의 일부만이 지급된 경우, 특약에 근거하여 계약금을 해약금으로 해제할 수 있다고 하더라도 해약금의 기준이 되는 금원은 실제 교부받은 계약금이 아니라 약정한 계약금으로 보아야 한다(2014다231378).
>
> **정답** ⑤

08 민법상 매도인의 담보책임에 관한 설명으로 옳지 않은 것은?

① 매도인의 담보책임은 매매의 목적이 된 권리 또는 물건에 흠이 있는 경우에 발생한다.
② 매도인의 담보책임은 이른바 법정책임으로서 무과실책임이다.
③ 담보책임의 내용은 일정한 요건하에 매수인에게 대금감액청구권, 계약해제권, 손해배상청구권 등을 부여하는 것이다.
④ 매도인의 하자담보책임은 특정물 및 종류물이 특정된 매매의 경우에 인정된다.
⑤ 매도인의 담보책임을 면제하거나 경감하는 내용의 특약은 원칙적으로 무효이다.

> **키워드** 매도인의 담보책임
> **풀이** 담보책임에 관한 규정은 '임의규정'이므로 담보책임의 내용을 경감 또는 면제하는 특약은 원칙적으로 유효하다(제584조 참조).
>
> **정답** ⑤

09 乙은 甲의 토지를 매수하여 다시 丙에게 매도하였으나, 甲은 乙이 등기를 하기 전에 丁에게 그 토지를 매각하고 이전등기를 해 주었다. 이 사례에 관한 다음 설명 중 옳은 것은?

① 甲은 타인의 권리를 매매하였으므로 丁은 소유권을 취득하지 못한다.
② 乙은 타인의 권리를 매매하였으므로 乙과 丙 사이의 계약은 무효이다.
③ 악의의 丙은 乙과 체결한 계약을 해제할 수 있다.
④ 丙은 선의·악의 불문하고 손해배상을 청구할 수 있다.
⑤ 계약의 해제와 손해배상의 청구는 제척기간 내에 행사하여야 한다.

> **키워드** 매도인의 담보책임
> **풀이** ① 이중매매의 제2매수인 丁은 토지소유자 甲의 이중매매에 적극가담한 것이 아닌 한 유효하게 소유권을 취득한다.
> ② 타인의 권리라도 매매할 수 있고, 다만 매도인(乙)이 그 권리를 취득하여 매수인(丙)에게 이전할 수 없는 때에는 담보책임(제570조)을 부담할 따름이다.
> ④⑤ 전부 타인의 권리인 소유권을 매수(제570조 참조)한 매수인(丙)은 그의 선의·악의를 묻지 아니하고 계약을 해제할 수 있고, 선의인 때에는 계약의 해제 외에 손해배상을 청구할 수 있다. 제척기간의 제한은 없다.
>
> **정답** ③

10 甲은 乙로부터 토지 1,000m^2를 매수하였는데 그중 200m^2가 乙의 소유가 아니어서 그 부분의 소유권을 이전받을 수 없게 되었다. 甲이 乙에게 주장할 수 있는 권리에 관한 설명으로 옳지 않은 것은?

① 甲이 선의라면 감액청구 또는 계약해제 외에 손해배상을 청구할 수 있다.
② 甲이 선의인 경우 乙에 대한 담보책임은 사실을 안 날로부터 1년 이내에 행사하여야 한다.
③ ②에서의 '안 날'의 의미는 200m^2가 타인의 소유라는 사실을 안 날이 아니라 매도인 乙이 200m^2를 매수하여 이행할 수 없음이 확정되었음을 안 날을 의미한다.
④ 800m^2의 토지만으로는 甲이 이를 매수하지 않았을 것이라는 사정이 있고, 甲이 선의라면 계약 전부를 해제할 수 있다.
⑤ 200m^2 토지가 乙의 소유가 아님을 甲이 알고 있었을 때에는 대금감액을 청구할 수 없다.

> **키워드** 매도인의 담보책임
> **풀이** 악의의 매수인도 대금감액청구권을 행사할 수 있다.
>
> **정답** ⑤

11 乙이 저당권이 설정된 건물을 甲으로부터 매수하였는데 그 후에 저당권의 실행으로 그 건물이 타인에게 매각되어 그로 인해 乙이 건물의 소유권을 상실한 경우, 다음 설명 중 옳은 것은?

① 乙이 선의인 경우에 한하여 계약을 해제하고, 아울러 손해배상을 청구할 수 있다.
② 乙이 악의인 경우에도 계약을 해제하고 손해배상을 청구할 수 있다.
③ 乙이 악의인 경우에는 아무런 권리를 주장할 수 없다.
④ 乙은 소유권을 잃은 날로부터 1년 내에 계약해제와 손해배상청구권을 행사하여야 한다.
⑤ 甲은 이른바 타인의 권리를 매매한 것이므로 제570조에 정하는 바에 따라 담보책임을 질 따름이다.

키워드 매도인의 담보책임
풀이 甲과 乙 사이에는 저당채무를 변제한 후에 소유권을 이전하기로 약정할 수도 있으므로, 매수인(乙)이 소유권을 상실한 때에는 저당권의 존재에 관한 매수인(乙)의 선의·악의와 관계없이 계약을 해제하고, 아울러 손해배상을 청구할 수 있다(제576조). 제576조의 담보책임에는 제척기간의 제한이 없다.

정답 ②

12 甲은 소유권이전등기청구권의 보존을 위한 가등기를 경료한 乙 소유의 부동산을 매수하였으나, 그 부동산에 관하여 본등기가 경료됨으로써 그 부동산의 소유권을 상실하기에 이르렀다. 판례에 따를 때, 이 경우 甲은 乙에게 어떠한 책임을 물을 수 있는가?

① 甲은 처음부터 가등기가 경료되어 있는 부동산이라는 사실을 알고 있었던 자이므로 乙에 대하여 아무런 책임을 물을 수 없다.
② 乙은 전부 타인의 권리를 매매한 매도인이므로, 甲은 그의 선의 여부와 관계없이 계약해제와 손해배상을 청구할 수 있다.
③ 甲은 선의인 경우에 한하여 계약해제와 손해배상을 청구할 수 있다.
④ 甲은 저당권의 행사로 인하여 소유권을 상실한 자와 마찬가지이므로, 그의 선의 여하를 불문하고 계약의 해제와 손해배상을 청구할 수 있다.
⑤ 甲의 乙에 대한 담보책임의 주장은 甲이 소유권을 상실한 1년 이내에 행사하여야 한다.

| 키워드 | 매도인의 담보책임 |
| 풀이 | 가등기의 목적이 된 부동산을 매수한 사람이 가등기에 기한 본등기가 경료됨으로써 그 부동산소유권을 상실하게 된 때에는 저당권 또는 전세권의 행사로 인하여 매수인이 취득한 소유권을 상실한 경우에 준하여 제576조 소정의 담보책임을 진다고 보는 것이 상당하고, 제570조의 담보책임을 진다고 할 수 없다(92다21784). 따라서 甲은 그의 선의 여하를 불문하고 계약해제와 손해배상을 청구할 수 있고, 이러한 권리의 행사에 대하여는 제척기간의 제한도 없다.

정답 ④

13 다음 중 매수인이 악의인 경우에는 행사할 수 없는 것을 모두 고른 것은?

㉠ 목적물의 전부가 타인의 권리인 경우에 계약해제권
㉡ 목적물의 전부가 타인의 권리인 경우에 손해배상청구권
㉢ 목적물의 일부가 타인의 권리인 경우에 대금감액청구권
㉣ 수량부족·일부멸실의 경우에 대금감액청구권
㉤ 저당권의 행사로 인하여 매수인이 소유권을 취득할 수 없는 경우 계약해제권과 손해배상청구권

① ㉠, ㉡
② ㉡, ㉣
③ ㉢, ㉣
④ ㉠, ㉤
⑤ ㉣, ㉤

키워드 매도인의 담보책임
풀이 ㉡ 전부 타인의 권리의 매매의 경우에 악의의 매수인은 계약을 해제할 수는 있으나, 손해배상을 청구할 수는 없다(제570조 참조).
㉣ 수량부족·일부멸실의 매매의 경우에 대금감액청구권을 행사하기 위해서는 매수인이 선의이어야 한다(제574조 참조).

정답 ②

14 다음 중 매수인이 선·악 불문하고 해제권을 행사할 수 있는 경우는?

① 권리의 일부가 타인에게 속하여 이전할 수 없는 경우
② 권리의 전부가 타인에게 속하여 이전할 수 없는 경우
③ 매매의 목적물이 지상권, 전세권 등에 의하여 제한되어 있는 경우
④ 목적물의 수량이 부족하거나 일부멸실이 있는 경우
⑤ 매매의 목적 부동산에 저당권이 설정되어 있는 경우

> **키워드** 매도인의 담보책임
> **풀이** 전부 타인의 권리 매매의 매수인은 선·악 불문하고 계약을 해제할 수 있다.
> ① 잔존한 부분만이면 매수인이 이를 매수하지 아니하였을 때에 한하여 해제할 수 있다.
> ③④ 계약의 목적을 달성할 수 없는 경우에 한하여 계약을 해제할 수 있을 뿐이다.
> ⑤ 저당권 등이 설정되었다는 사실 자체만으로는 담보책임을 부담하지는 않는다.
>
> **정답** ②

15 경매와 매도인의 담보책임에 관한 설명이다. 다음 중 옳지 않은 것은?

① 채무자가 물건 또는 권리의 흠결을 알고 고지하지 아니하거나 채권자가 이를 알고 경매를 청구한 때에 한해, 경락인은 그 흠결을 안 채무자나 채권자에 대하여 손해배상을 청구할 수 있다.
② 경매는 통상의 강제경매·담보권실행경매·「국세징수법」에 의한 공매 등 공적인 경매를 말하고, 사경매는 포함되지 않는다.
③ 경매절차가 무효가 된 경우에도 채무자나 채권자의 담보책임은 인정된다.
④ 경매에 의한 담보책임은 경매 목적물에 대한 권리의 하자가 존재하는 경우에만 발생하고, 물건에 대한 하자의 경우에는 발생하지 않는다.
⑤ 채무자가 무자력인 경우 경락인은 2차적으로 채권자에 대하여 그가 받은 배당금의 범위 내에서 그 대금 전부나 일부의 반환을 청구할 수 있다.

> **키워드** 매도인의 담보책임
> **풀이** 제578조 제1항, 제2항의 담보책임은 매매의 경우와 마찬가지로 경매절차는 유효하게 이루어졌으나 경매의 목적이 된 권리의 전부 또는 일부가 타인에게 속하는 등의 하자로 완전한 소유권을 취득할 수 없거나 이를 잃게 되는 경우에 인정되는 것이고, 경매절차가 무효인 경우에는 경매의 채무자나 채권자의 담보책임은 인정되지 않는다(92다15574).
>
> **정답** ③

16 甲이 1만m² 토지를 乙에게 매도하는 계약을 체결하였다. 다음 설명 중 옳은 것은?

① 토지 전부가 丙의 소유이고 甲이 이를 乙에게 이전할 수 없는 경우, 악의인 乙은 계약을 해제할 수 없다.
② 토지의 2천m²가 丙의 소유이고 甲이 이를 乙에게 이전할 수 없는 경우, 악의인 乙은 대금감액을 청구할 수 없다.
③ 토지의 2천m²가 계약 당시 이미 포락(浦落)으로 멸실된 경우, 악의인 乙은 대금감액을 청구할 수 있다.
④ 토지 위에 설정된 지상권으로 인하여 계약의 목적을 달성할 수 없는 경우, 악의인 乙도 계약을 해제할 수 있다.
⑤ 토지 위에 설정된 저당권의 실행으로 乙이 그 토지의 소유권을 취득할 수 없게 된 경우, 악의인 乙은 계약의 해제뿐만 아니라 손해배상도 청구할 수 있다.

키워드 매도인의 담보책임

풀이 매매목적물에 설정된 저당권 또는 전세권의 실행으로 매수인이 그 권리를 취득할 수 없게 된 경우 매수인이 악의인 경우에도 계약을 해제하고 손해배상을 청구할 수 있다.
① 전부 타인의 권리를 매매한 경우 매수인이 악의일지라도 계약을 해제할 수는 있다.
② 일부 타인의 권리를 매매한 경우 매수인이 악의일지라도 대금의 감액청구는 가능하다.
③ 매매목적물의 일부가 계약 체결 당시 멸실되었고, 매수인이 이를 알았다면 대금감액청구, 해제, 손해배상청구 모두 행사할 수 없다.
④ 토지 위에 설정된 지상권으로 인하여 계약의 목적을 달성할 수 없다면 매수인이 선의인 경우에 한하여 계약을 해제할 수 있다.

정답 ⑤

17 채권의 매도인이 부담하는 담보책임에 관한 다음 설명 중 옳지 않은 것은?

① 채권매매에 있어서 하자란 채무자의 자력이 없거나 부족한 것을 말한다.
② 채권매도인은 채무자의 자력에 대해서도 원칙적으로 담보책임을 진다.
③ 변제기에 도달한 채권의 매도인이 채무자의 자력을 담보한 때에는 매매계약 당시의 자력을 담보한 것으로 추정한다.
④ 변제기에 도달하지 아니한 채권의 매도인이 채무자의 자력을 담보한 때에는 변제기의 자력을 담보한 것으로 추정한다.
⑤ 변제기에 도달한 채권의 매도인이 채무자의 장래의 자력을 담보한 때에는 실제로 변제될 때까지의 자력을 담보한 것으로 해석된다.

> **키워드** 매도인의 담보책임
> **풀이** 채권매도인은 원칙적으로 채권의 존재 및 채권액에 관해서만 담보책임을 지고, 채무자의 자력에 대해서는 원칙적으로 담보책임을 지지 않는다. 채무자의 자력을 담보한다는 특약을 한 경우에만 담보책임이 발생한다.
> ③④ 제579조
>
> 정답 ②

18 매수인의 의무에 관한 다음 설명 중 옳지 않은 것은?

① 매매목적물의 인도에 관하여 기한이 있을 때에는 대금의 지급에 관하여서도 동일한 기한을 붙인 것으로 추정한다.
② 대금의 지급장소에 관하여 특약이나 관습이 없는 때에는 매수인의 현주소에서 지급하여야 한다.
③ 매매계약에서 목적물에 대하여 권리를 주장하는 제3자가 있는 경우, 매수한 권리를 잃을 염려가 없어질 때까지 매수인은 자기의 의무이행을 거절할 수 있고, 그로 인한 지체책임을 지지 않는다.
④ 부동산에 근저당권설정등기가 있어 완전한 소유권이전을 받지 못할 우려가 있으면, 매수인은 그 근저당권의 말소등기가 될 때까지 그 등기상의 담보한도금액에 상당한 대금지급을 거절할 수 있다.
⑤ ④의 경우 매도인이 상당한 담보를 제공한 때에는 매수인은 대금의 지급을 거절하지 못한다.

> **키워드** 매매의 효력 - 매수인의 의무
>
> **풀이** 대금의 지급장소에 관하여 특약·관습이 없는 때에는 지참채무의 원칙에 의하여 매도인의 현주소에서 지급하는 것이 원칙이다(제467조 제2항). 그러나 매매의 목적물의 인도와 동시에 대금을 지급할 경우에는 그 인도장소에서 이를 지급하여야 한다(제586조).

정답 ②

19 매매 및 환매에 관한 설명으로 옳은 것은? (다툼이 있으면 판례에 의함)

2009년 공인중개사

① 환매권은 일신전속적 권리이므로 양도할 수 없다.
② 매매계약의 무효는 환매특약의 효력에 영향을 미치지 않는다.
③ 권리의 일부가 타인에게 속한 경우, 선의의 매수인은 대금감액 또는 계약해제만을 청구할 수 있다.
④ 매매예약완결권은 행사기간을 약정하지 않은 경우, 그 예약이 성립한 때로부터 10년의 제척기간에 걸린다.
⑤ 타인의 권리매매라는 사실을 알지 못한 매도인은 매수인의 선의·악의를 묻지 않고 손해배상 없이 계약을 해제할 수 있다.

> **키워드** 매매 - 환매
>
> **풀이** 예약완결권은 일종의 형성권으로 10년의 제척기간에 걸린다(2000다26425).
> ① 환매권은 양도성이 있으며, 그 양도에는 환매의무자의 승낙을 요하지 않는다(통설).
> ② 환매특약은 매매계약의 종된 계약이므로 매매계약이 무효 시 환매계약도 무효로 된다.
> ③ 선의의 매수인은 감액청구 또는 계약해제 외에 손해배상을 청구할 수 있다(제572조 제3항).
> ⑤ 매수인이 악의인 경우에 한하여 매도인은 손해배상 없이 계약을 해제할 수 있다(제571조 제2항).

정답 ④

CHAPTER 04 임대차

▶ **연계학습** | 에듀윌 기본서 1차 [민법 下] p.417

대표기출

01 토지임차인의 지상물매수청구권에 관한 설명으로 옳지 않은 것은? (다툼이 있으면 판례에 따름) 제18회

① 토지임차인은 자신의 채무불이행으로 인해 계약이 해지된 경우, 지상물매수청구권을 행사할 수 있다.
② 지상물매수청구권은 재판상으로뿐만 아니라 재판 외에서도 행사할 수 있다.
③ 토지임차인이 지상물매수청구권을 행사하면 임대인의 승낙 여부와 관계없이 매매계약이 성립한 경우와 같은 효력이 생긴다.
④ 대항력 있는 토지임차권의 경우, 임차권 소멸 후 그 토지가 제3자에게 양도되더라도 토지임차인은 신소유자에 대하여 지상물매수청구권을 행사할 수 있다.
⑤ 건물 소유를 목적으로 한 기간약정 없는 토지임대차계약이 임대인의 해지통고로 종료한 경우, 임차인은 계약갱신을 청구하지 않고 지상물매수청구권을 행사할 수 있다.

키워드 임대차의 효력 – 임차인의 권리 – 지상물매수청구권
풀이 토지임차인의 지상물매수청구권은 토지임대차가 기간 만료로 소멸하고 지상물이 현존하는 경우에 행사할 수 있고, 토지임차인의 채무불이행으로 인해 계약이 해지된 경우 지상물매수청구권을 행사할 수 없다.

정답 ①

02 임차인의 부속물매수청구권에 관한 설명으로 옳지 않은 것은? (다툼이 있으면 판례에 따름)

제20회

① 일시사용을 위한 임대차가 명백한 경우, 임차인은 부속물매수청구권을 행사할 수 없다.
② 임대차계약이 임차인의 채무불이행으로 인하여 해지된 경우에는 부속물매수청구권이 인정되지 않는다.
③ 임차인이 부속물매수청구권을 적법하게 행사한 경우, 임차인은 임대인이 매도대금을 지급할 때까지 부속물의 인도를 거절할 수 있다.
④ 오로지 임차인의 특수목적에 사용하기 위하여 부속된 물건은 부속물매수청구권의 대상이 되지 않는다.
⑤ 건물임차인이 자신의 비용으로 증축한 부분을 임대인 소유로 귀속시키기로 약정하였더라도, 특별한 사정이 없는 한 이는 강행규정에 반하여 무효이므로 임차인의 부속물매수청구권은 인정된다.

키워드 임차인의 권리
풀이 건물임차인이 자신의 비용으로 증축한 부분을 임대인 소유로 귀속시키기로 약정하였다면 이는 임차인의 원상회복의무를 면하는 대신 유익비의 상환청구권이나 부속물의 매수청구권을 포기하기로 하는 특약을 한 것으로 임차인은 유익비상환청구 또는 부속물매수청구권을 행사할 수 없다.

정답 ⑤

01 임대차에 관한 설명으로 옳지 않은 것은?

① 임차인의 과실로 목적물이 소실된 경우, 임차인은 임대인에 대하여 보관의무 위반에 기한 채무불이행책임을 면할 수 없다.
② 임대인은 목적물을 임차인에게 인도하고 계약존속 중 그 사용·수익에 필요한 상태를 유지하게 할 의무를 부담한다.
③ 임차권은 등기되어 있는 경우라 할지라도 임대인의 동의 없이는 양도하거나 목적물을 전대할 수 없다.
④ 부동산임차권이 대항력을 갖춘 경우라도 물권이 되는 것은 아니므로 제3자의 침해행위에 방해배제를 청구할 수는 없다.
⑤ 임대인이 임대차 목적물의 보존에 필요한 행위를 하는 때에는 임차인은 이를 거절하지 못한다.

키워드 임대차의 효력
풀이 대항력을 갖춘 임차권의 경우 제3자의 침해행위에 대하여 임차인은 그 방해의 배제를 청구할 수 있다.

정답 ④

02 임대차에 관한 설명으로 옳지 않은 것은? (다툼이 있으면 판례에 따름)

① 임대인이 목적물을 임대할 권한이 없어도 임대차계약은 유효하게 성립한다.
② 임차기간을 영구로 정한 임대차약정은 특별한 사정이 없는 한 허용된다.
③ 임차인은 특별한 사정이 없는 한 자신이 지출한 임차물의 보존에 관한 필요비 금액의 한도에서 차임의 지급을 거절할 수 있다.
④ 임대차가 묵시의 갱신이 된 경우, 전임대차에 대해 제3자가 제공한 담보는 원칙적으로 소멸하지 않는다.
⑤ 임대차 종료로 인한 임차인의 원상회복의무에는 임대인이 임대 당시의 부동산 용도에 맞게 다시 사용할 수 있도록 협력할 의무까지 포함된다.

키워드 임대차의 효력
풀이 임대차가 묵시적으로 갱신된 경우 전임대차에 대하여 제3자가 제공한 담보는 원칙적으로 소멸한다.

정답 ④

고난도

03 임차권의 대항력에 관한 다음 설명 중 옳지 않은 것은? (다툼이 있으면 판례에 따름)

① 건물의 소유를 목적으로 하는 토지임대차는 이를 등기하지 아니한 경우에도 임차인이 그 지상건물을 등기한 때에는 제3자에 대하여 임대차의 효력이 생긴다.
② 토지임차인이 임대인과의 관계에서 토지에 관한 적법한 임대차계약 없이 그 지상건물에 관하여 등기를 한 경우에는 대항력이 인정되지 않는다.
③ ①의 경우, 건물이 임대차기간 만료 전에 멸실 또는 후폐(朽廢)한 때에는 토지임차권은 그 대항력을 상실한다.
④ ①의 경우, 토지임차인이 그 지상건물을 등기하기 전에 제3자가 그 토지에 관하여 물권 취득의 등기를 한 때에는 임차인이 그 지상건물을 등기하더라도 그 제3자에 대하여 임대차의 효력이 생기지 아니한다.
⑤ 부동산임차인은 언제나 임대인에 대하여 그 임대차등기절차에 협력할 것을 청구할 수 있다.

키워드 임대차의 효력 – 임차권의 대항력
풀이 부동산임차인은 당사자간에 반대약정이 없으면 임대인에 대하여 그 임대차등기절차에 협력할 것을 청구할 수 있다(제621조 제1항). 즉, 당사자간의 반대약정이 있으면 그 등기청구권은 행사할 수 없다.
TIP 임대차의 대항력은 민사특별법과 혼동하지 말아야 합니다.

정답 ⑤

04 민법상 임대차에서 임대인과 임차인의 의무에 관한 설명으로 틀린 것은? (다툼이 있으면 판례에 의함)
2008년 공인중개사

① 임차인이 목적물을 반환하는 때에는 이를 원상회복하여야 할 의무가 있다.
② 수인이 공동으로 물건을 임차한 때에는 연대하여 차임을 지급할 의무를 부담한다.
③ 일시사용을 위한 임대차에 해당하는 숙박계약의 경우 임대인은 임차인의 안전을 배려할 의무가 있다.
④ 임차물에 대하여 권리를 주장하는 자가 있는 경우 임차인은 이 사실을 모르는 임대인에게 지체 없이 통지하여야 한다.
⑤ 임대인이 목적물을 임차인에게 인도한 후에는 특별한 사정이 없는 한 계약존속 중 그 사용·수익에 필요한 상태를 유지하게 할 의무까지 부담하는 것은 아니다.

키워드 임대차의 효력 – 임차인의 의무
풀이 임대인의 의무는 적극적 의무로서 목적물인도, 방해제거, 유지·수선의무를 부담한다.
① 제654조, 제615조
② 제654조, 제616조
③ 2000다38718·38725
④ 제634조

정답 ⑤

---

05 임차인의 권리에 관한 설명으로 옳은 것은? (다툼이 있으면 판례에 따름)

① 임차물에 필요비를 지출한 임차인은 임대차 종료 시 그 가액증가가 현존한 때에 한하여 그 상환을 청구할 수 있다.
② 건물임차인이 그 사용의 편익을 위해 임대인으로부터 부속물을 매수한 경우, 임대차 종료 전에도 임대인에게 그 매수를 청구할 수 있다.
③ 계약자유의 원칙상 임대차의 기간은 당사자가 자유로이 정할 수 있다.
④ 건물 소유를 목적으로 한 토지임대차의 기간이 만료된 경우, 임차인은 계약갱신의 청구 없이도 임대인에게 건물의 매수를 청구할 수 있다.
⑤ 토지임대차가 묵시적으로 갱신된 경우, 임차인은 언제든지 해지통고할 수 있으나, 임대인은 그렇지 않다.

키워드 임대차의 효력 – 임차인의 권리

풀이 ① 임차물에 필요비를 지출한 임차인은 지출 즉시 또는 임대차 종료 시 그 전액에 대하여 임대인에게 상환을 청구할 수 있다.
② 건물임차인이 그 사용의 편익을 위해 임대인으로부터 부속물을 매수한 경우, 임대차 종료 후에 임대인에게 그 매수를 청구할 수 있다.
④ 건물 소유를 목적으로 한 토지임대차의 기간이 만료되고 지상건물이 현존한 경우, 임차인은 계약의 갱신청구 후 갱신이 거절되면 매도인에게 전물의 매수를 청구할 수 있다.
⑤ 토지임대차가 묵시적으로 갱신된 경우, 양 당사자는 언제든지 해지통고할 수 있고 그 통고가 상대방에 도달하였다면 임대인이 통고한 경우 6월, 임차인이 통고한 경우 1월이 경과하면 임대차는 종료한다.

[정답] ③

고난도

06 甲은 자기 소유의 X상가건물을 乙에게 보증금 4억원에 임대하였다. 임대차기간 중 乙은 X건물에 유지비 2백만원, 개량비 8백만원을 지출하였고, 그 후 甲은 임대인의 지위를 승계시키지 않은 채 X건물을 丙에게 양도하였다. 다음 중 옳지 않은 것은? (다툼이 있으면 판례에 따름)

① 乙은 甲에게 임대차기간 중에도 유지비 2백만원의 상환을 청구할 수 있다.
② X건물의 반환을 청구하는 丙에 대하여 乙은 점유자의 비용상환청구권(민법 제203조)에 의하여 비용의 상환을 청구할 수 있다.
③ X건물의 구성부분 일부가 파손되었지만 저렴하고 용이하게 수선될 수 있어 사용·수익을 방해하지 않을 정도인 경우, 甲은 乙에 대하여 수선의무를 부담하지 않음이 원칙이다.
④ 임대차기간 중에는 乙이 甲에 대하여 개량비 8백만원의 상환을 청구할 수 없다.
⑤ 임차인이 지출한 비용의 상환청구는 임대인이 물건의 반환을 받은 날로부터 6월 내에 행사하여야 한다.

키워드 임대차의 효력 – 임차인의 권리

풀이 점유자의 비용상환청구권은 임대차에는 적용되지 않으므로 임차인 乙은 임대차에 기한 비용상환청구권(제626조)을 근거로 비용상환을 청구할 수 있다.
①④ 임차인이 임차물의 보존에 관한 필요비를 지출한 경우에는 임대차의 종료를 기다리지 않고서 즉시 임대인에 대하여 그 상환을 청구할 수 있다(제626조 제1항). 또한 임차인이 유익비를 지출한 경우에는 임대차 종료 시에 그 가액의 증가가 현존하는 범위 내에서 임대인에 대하여 상환을 청구할 수 있다.
⑤ 제617조

TIP 사례형 문제는 풀이하는 데 시간이 많이 소요됩니다. 평소에 도표를 직접 그리면서 풀이하는 연습을 하세요.

[정답] ②

07 다음 중 임차인에게 불리한 사항이더라도 무효가 되지 않는 것은?

① 토지임차인의 갱신청구권
② 임대차의 양도·전대의 제한
③ 임차인의 차임증감청구권
④ 건물임차인의 부속물매수청구권
⑤ 임차인의 지상물매수청구권

> **키워드** 임대차의 효력
> **풀이** 임차인은 임대인의 동의 없이 그 권리를 양도하거나 임차물을 전대하지 못하는데, 이 규정은 '임대인'의 권리를 보호하기 위한 것이고, 설혹 임차인이 임대인의 동의를 얻지 않고 양도 내지 전대를 하였더라도 무효는 아니고, 다만 임대인에게 대항할 수 없을 뿐이다.
>
> 정답 ②

08 임대차의 임대인과 임차인 양자(兩者)가 모두 행사할 수 있는 권리는?

① 임차권
② 계약해지권
③ 보증금반환채권
④ 비용상환청구권
⑤ 지상물매수청구권

> **키워드** 임대차의 효력
> **풀이** 임대인은 임차인이 무단양도 또는 차임연체(2기 상당액) 등의 임차인으로서 의무를 이행하지 않는 경우 해지권을 행사할 수 있고, 임차인도 임대인의 보존행위 또는 임차인의 책임 없는 사유로 임차목적물의 일부·전부가 파손되고 이로 인하여 임대차의 목적을 달성할 수 없는 경우 계약의 해지권이 인정된다.
>
> 정답 ②

09 임차인 乙은 임대인 甲의 동의를 얻어 丙에게 임차물을 전대하였다. 이에 관한 설명으로 옳지 않은 것은?

① 甲은 乙에게 차임의 지급을 청구할 수 있다.
② 丙은 甲에 대하여 의무를 부담할 뿐 임대차상의 권리를 취득하지 못한다.
③ 丙이 乙에게 차임을 지급했을지라도 이로써 甲에게 대항하지 못한다.
④ 甲, 乙 간의 합의로 계약을 종료한 때에도 丙의 권리는 종료하지 아니한다.
⑤ 丙은 甲에게 지상물 또는 부속물의 매수를 청구할 수 없다.

> **키워드** 임차물의 전대
>
> **풀이** 적법한 토지전차인은 임대청구권과 지상물매수청구권을 가진다(제644조). 또 건물 기타 공작물의 전차인은 전대차 종료 시 임대인에 대하여 부속물의 매수를 청구할 수 있다(제647조).
>
> 정답 ⑤

10 임차인 乙은 임대인 甲의 동의 없이 丙과 전대차계약을 맺고 임차건물을 인도해 주었다. 다음 설명 중 옳은 것은? (다툼이 있으면 판례에 의함) 2013년 공인중개사

① 甲과 乙 사이의 합의로 임대차계약이 종료하더라도 丙은 甲에게 전차권을 주장할 수 있다.

② 丙은 乙에 대한 차임의 지급으로 甲에게 대항할 수 없으므로, 차임을 甲에게 직접 지급하여야 한다.

③ 甲은 임대차계약이 존속하는 한도 내에서는 丙에게 불법점유를 이유로 한 차임상당의 손해배상청구를 할 수 없다.

④ 임대차계약이 해지통고로 종료하는 경우, 丙에게 그 사유를 통지하지 않으면 甲은 해지로써 丙에게 대항할 수 없다.

⑤ 전대차가 종료하면 丙은 전차물 사용의 편익을 위하여 乙의 동의를 얻어 부속한 물건의 매수를 甲에게 청구할 수 있다.

> **키워드** 임차권 양도와 전대
>
> **풀이** 임대인 甲은 무단전대를 이유로 임대차계약을 해지할 수 있으나, 계약을 해지하지 않는 한 임차인에게 계속해서 차임을 청구할 수 있으므로 손해가 발생하지 않을 것이므로 전차인 丙에게 손해배상을 청구할 수는 없다.
> ① 전차인 丙의 목적물에 대한 점유는 甲의 입장에서는 무단 불법점유에 해당하므로 甲과 乙 사이의 합의로 임대차계약이 종료되면 丙은 甲에게 전차권을 주장할 수 없다.
> ② 무단전대의 경우 전차인과 임대인 사이에는 아무런 법률관계가 성립하지 않는 것이므로 丙은 차임을 甲에게 직접 지급할 수는 없다.
> ④ 임대차계약이 기간 정함이 없는 것이어서 쌍방 중 일방의 해지통고로 종료하는 경우, 甲은 무단점유자인 전차인 丙에게 이를 통지할 의무가 없다.
> ⑤ 임차인 乙과 전차인 丙 사이의 전대차계약은 임대인 甲의 시각에서는 무단 불법점유에 해당하므로 전대차가 종료하더라도 丙은 전차물 사용의 편익을 위하여 乙의 동의를 얻어 부속한 물건의 매수를 甲에게 청구할 수 없다.
>
> 정답 ③

11 임차권의 양도 및 전대에 관한 설명으로 옳지 않은 것은? (다툼이 있으면 판례에 따름)

① 적법한 전대차 이후 임대차가 기간만료로 소멸하면 전대차는 소멸하나, 임대인·임차인의 합의로 임대차를 종료한 때에는 전차인의 전차권은 소멸하지 않는다.
② 임대인의 동의가 있는 전대차의 경우 전차인이 전대차계약에서 정한 차임지급기일 전에 차임을 임차인에게 지급하더라도 그로써 임대인에게 대항할 수 없다.
③ 건물의 소부분을 전대하는 경우에도 임대인의 동의를 요한다.
④ 임대인의 동의 없는 임차권의 양도는 당사자 사이에서는 유효하다 하더라도 다른 특약이 없는 한 임대인에게는 대항할 수 없는 것이고, 임대인에 대항할 수 없는 임차권의 양수인으로서는 임차인의 권한을 대위행사할 수도 없다.
⑤ 임차인이 임대인으로부터 별도의 승낙을 얻은 바 없이 임차권을 양도한 경우에도 임차인의 당해 행위가 임대인에 대한 배신행위라고 인정할 수 없는 특별한 사정이 있는 경우에는 임대인의 해지권은 발생하지 않는다.

키워드 임차권의 양도 및 임차물의 전대
풀이 건물의 소부분 전대는 임대인의 동의를 요하지 않는다.

정답 ③

12 일시사용을 위한 임대차에서 인정되는 권리를 모두 고른 것은? 2014년 공인중개사

㉠ 임차인의 비용상환청구권
㉡ 임대인의 차임증액청구권
㉢ 임차인의 부속물매수청구권
㉣ 임차건물의 부속물에 대한 법정질권

① ㉠
② ㉣
③ ㉠, ㉡
④ ㉡, ㉢
⑤ ㉢, ㉣

키워드 임대차의 효력 – 일시사용을 위한 임대차
풀이 제628조(차임의 증감청구권), 제638조(해지통고의 전차인에 대한 통지), 제640조(차임연체와 해지), 제646조(임차인의 부속물매수청구권), 제647조(전차인의 부속물매수청구권), 제648조(법정질권), 제650조(법정질권) 및 전조(제652조–편면적 강행규정)의 규정은 일시사용하기 위한 임대차 또는 전대차인 것이 명백한 경우에는 적용하지 아니한다(제653조). 그러나 일시사용을 위한 임대차에도 임차인의 비용상환청구권(제626조), 차임의 감액청구(제627조)는 적용된다.

정답 ①

13 임대차보증금에 관한 다음 설명 중 옳은 것은? (다툼이 있으면 판례에 따름)

① 보증금의 금액에 대하여는 아무런 제한이 없으나, 보증금계약은 임대차계약과 동시에 체결해야 한다.
② 임대차계약체결 시에 임대인이 일방적으로 차임을 인상할 수 있고 임차인은 이의를 제기하지 않겠다고 약속한 경우 이러한 약정도 유효하다.
③ 임대차종료 후 목적물의 인도가 있을 때까지 발생한 임차인의 모든 채무도 보증금에 의해 담보된다.
④ 임대인과 임차인 간에 임차권의 양도금지에 관한 약정이 있는 경우 임대차계약에 따른 임대차보증금반환채권의 양도는 금지된다.
⑤ 대항력을 갖춘 임대차의 경우 임차목적물의 소유권이 이전되더라도 종전에 임대인의 지위에 있었던 양도인의 보증금반환의무는 소멸하지 않는다.

키워드 임대차보증금

풀이 '임차인의 임차목적물반환의무'와 '임대인의 임대차에 관하여 명도 시까지 생긴 모든 채무를 정산한 나머지의 보증금을 반환할 의무'는 동시이행의 관계에 있으므로, 임대인은 임대차관계의 종료 후에 목적물을 반환받을 때까지 보증금을 반환하지 않을 수 있고, 임대차종료 후 목적물의 인도가 있을 때까지 발생한 임차인의 모든 채무도 보증금에 의해 담보된다(77다1241·1242 전합).
① 보증금계약은 임대차계약과 반드시 동시에 하여야 할 필요는 없다.
② 이러한 약정은 임차인에게 불리한 것이므로 효력이 없다(92다31163·31170).
④ 보증금반환채권은 전형적인 지명채권이므로, 임대인과 임차인 간에 임차권의 양도금지에 관한 약정이 있다 하더라도 그러한 사정만으로는 임대차계약에 따른 임차보증금반환채권의 양도까지 금지되는 것은 아니다(93다13131).
⑤ 임차목적물의 소유권이 이전되는 경우 보증금에 관한 권리·의무도 당연히 양수인에게 이전(임대인 지위의 이전)하므로, 임차인은 양수인에 대하여 보증금의 반환을 청구할 수 있다. 이 경우는 채무는 면책적으로 인수되는 것이므로 양도인의 반환채무는 소멸한다(96다38216).

정답 ③

고난도

14 임대차보증금에 관한 설명으로 옳지 않은 것은?

① 임대인이 임차인의 차임연체로 인한 임대차계약의 해지를 원인으로 임대차목적물인 부동산의 인도 및 연체차임의 지급을 구하는 소송을 제기한 경우, 그 소송비용을 반환할 임대차보증금에서 당연히 공제할 수 있다.

② 부동산 임대차에 있어서 수수된 보증금은 차임채무, 목적물의 멸실·훼손 등으로 인한 손해배상채무 등 그 피담보채무 상당액은 임대차관계의 종료 후 목적물이 반환될 때에 특별한 사정이 없는 한 별도의 의사표시 없이 보증금에서 당연히 공제되는 것이다.

③ 임대차계약 종료 전에 연체차임은 공제 등 별도의 의사표시 없이 임대차보증금에서 당연히 공제되는 것은 아니고 공제의 의사표시는 있어야 한다.

④ 임대인과 임차인이 임대차계약을 체결하면서 임대차보증금을 전세금으로 하는 전세권설정등기를 경료한 경우 임대차보증금 반환의무는 전세권설정등기의 말소의무와도 동시이행관계에 있다.

⑤ 임차인이 동시이행의 항변권에 기하여 임차목적물을 점유하고 사용·수익한 경우 그 점유는 불법점유라 할 수 없어 그로 인한 손해배상책임은 지지 아니하며, 부당이득의 반환의무도 발생하지 않는다.

키워드 임대차보증금

풀이 임대차종료 후 임차인의 임차목적물명도의무와 임대인의 연체차임 기타 손해배상금을 공제하고 남은 임대차보증금반환채무와는 동시이행의 관계에 있으므로 임차인이 동시이행의 항변권에 기하여 임차목적물을 점유하고 사용·수익한 경우 그 점유는 불법점유라 할 수 없어 그로 인한 손해배상책임은 지지 아니하되, 다만 사용·수익으로 인하여 실질적으로 얻은 이익이 있으면 부당이득으로서 반환하여야 한다.

① 임대인이 임차인을 상대로 차임연체로 인한 임대차계약의 해지를 원인으로 임대차목적물인 부동산의 인도 및 연체차임의 지급을 구하는 소송을 제기한 경우, 그 소송비용을 반환할 임대차보증금에서 당연히 공제할 수 있다.

② 부동산 임대차에 있어서 수수된 보증금은 차임채무, 목적물의 멸실·훼손 등으로 인한 손해배상채무 등 임대차에 따른 임차인의 모든 채무를 담보하는 것으로서 그 피담보채무 상당액은 임대차관계의 종료 후 목적물이 반환될 때에 특별한 사정이 없는 한 별도의 의사표시 없이 보증금에서 당연히 공제되는 것이다.

③ 임대차계약 종료 전에 연체차임이 공제 등 별도의 의사표시 없이 임대차보증금에서 당연히 공제되는 것은 아니고 공제의 의사표시는 있어야 한다.

④ 임대인과 임차인이 임대차계약을 체결하면서 임대차보증금을 전세금으로 하는 전세권설정등기를 경료한 경우 임대차보증금은 전세금의 성질을 겸하게 되므로, 당사자 사이에 다른 약정이 없는 한 임대차보증금반환의무는 민법 제317조에 따라 전세권설정등기의 말소의무와도 동시이행관계에 있다.

TIP 독립된 계약으로서 보증금계약의 효력을 계약금계약과 비교 학습하세요.

정답 ⑤

15 乙은 甲으로부터 2010년 3월 1일 기간 약정 없이 토지를 임차한 뒤에 그 지상에 건물 한 채를 신축하였고, 甲은 2017년 2월 1일에 乙에게 임대차계약의 해지를 하였다. 甲과 乙 사이의 법률관계에 관한 설명으로 옳지 않은 것은? (다툼이 있으면 판례에 따름)

① 甲의 해지사유가 기간의 약정이 없는 임대차의 해지통고인 경우, 임대차계약은 乙이 해지통고를 받은 날로부터 6월이 경과함으로써 소멸한다.
② 甲, 乙 사이의 임대차계약이 채무불이행으로 인하여 해지되는 경우에는 乙이 甲에게 건물매수청구권을 행사할 수 없다.
③ 甲, 乙 사이의 임대차계약에서 건물철거에 관한 합의가 존재하더라도 乙은 甲에게 건물매수청구권을 행사할 수 있다.
④ 건물매수청구권을 갖는 乙이 그 권리를 행사하는 경우에 지상물이 임대인인 甲에게 효용가치가 없다면 甲은 매수를 거절할 수 있다.
⑤ ①의 경우 乙이 甲에게 건물매수청구권을 행사하기 위하여는 먼저 갱신청구권을 행사할 필요가 없다.

> **키워드** 임대차의 효력
> **풀이** 지상물매수청구권은 형성권이다. 따라서 임차인이 지상물매수청구권을 행사한 경우에 임대인은 그 매수를 거절할 수 없다.
> ① 임대차기간의 약정이 없는 때에는 당사자는 언제든지 계약해지의 통고를 할 수 있고 임대인이 해지를 통고한 경우에는 임차인이 그 통고를 받은 날로부터 6월이 경과하면 해지의 효력이 생긴다(제635조).
> ② 토지임차인의 차임연체 등 채무불이행으로 인해 임대인이 임대차계약을 해지한 때에는 임차인이 계약의 갱신을 청구할 여지가 없으므로, 이를 전제로 하는 2차적인 지상물의 매수청구도 할 수 없다(96다54249).
> ③ 임차인의 매수청구권에 관한 제643조는 편면적 강행규정이며, 이에 위반하는 것으로서 임차인에게 불리한 약정은 그 효력이 없다(제652조). 따라서 토지임대차계약에 있어 토지임대인과 임차인 사이에 임대차기간 만료 시에 임차인이 지상건물을 양도하거나 이를 철거하기로 하는 약정은 특별한 사정이 없는 한, 임차인의 지상물매수청구권을 배제하기로 하는 약정으로서 임차인에게 불리한 것이므로 무효이다(90다19695).
> ⑤ 임대차의 기간을 약정하지 아니하여, 임대인의 해지통고에 의하여 임차권이 소멸한 경우에도 임차인의 지상물매수청구권을 인정하고 있다(94다34265 전합). 다만, 임대인이 해지통고를 한 것은 갱신거절의 의사를 표시한 것이므로 이 경우에는 임차인이 먼저 갱신청구권을 행사할 필요가 없다.

정답 ④

16 임대차 해지통고 시 유예기간 없이 즉시 해지가 가능한 사유가 아닌 것은?

① 임차인이 파산선고를 받은 경우
② 2기의 차임액에 달하는 차임의 연체가 있는 경우
③ 임차물의 일부가 임차인의 과실에 의하지 않고 멸실한 경우에 그 잔존부분만으로 임차의 목적을 달성할 수 없는 때
④ 임차인이 임대인의 동의 없이 제3자에게 임차권을 양도하거나 또는 전대한 때
⑤ 임대인이 임차인의 의사에 반하여 보존행위를 하는 때

키워드 임대차의 해지

풀이 임차인이 파산선고를 받은 경우에는 임대인 또는 파산관재인은 계약해지의 통고를 할 수 있고, 이때에는 제635조 제2항에서 정한 기간이 경과하여야 해지의 효력이 발생한다(제637조).

이론+

임대차의 즉시 해지가 가능한 경우
1. 임대인이 임차인의 의사에 반하여 보존행위를 하는 때
2. 임차물의 일부가 임차인의 과실에 의하지 않고 멸실한 경우에 그 잔존부분만으로 임차의 목적을 달성할 수 없는 때
3. 임차인이 임대인의 동의 없이 제3자에게 임차권을 양도하거나 또는 전대한 때
4. 2기의 차임액에 달하는 차임의 연체가 있는 경우
5. 임대인이 목적물을 사용·수익에 제공하지 않는 경우
6. 반대약정이 없음에도 불구하고 임대인이 등기절차에 협력하지 않는 경우 등이다.

정답 ①

CHAPTER 05 도급과 위임

▶ 연계학습 | 에듀윌 기본서 1차 [민법 下] p.450

대표기출

01 도급에 관한 설명으로 옳지 않은 것은? (다툼이 있으면 판례에 따름) 제20회

① 하자가 중요한 경우, 하자보수에 갈음하는 손해배상의 액수는 목적물의 완성시를 기준으로 산정하여야 한다.
② 완성된 건물의 하자로 인하여 계약의 목적을 달성할 수 없게 된 경우, 도급인은 계약을 해제할 수 없다.
③ 일의 완성에 관한 증명책임은 보수의 지급을 구하는 수급인에게 있다.
④ 공사도급계약상 도급인의 지체상금채권과 수급인의 공사대금채권은 특별한 사정이 없는 한 동시이행의 관계에 있지 않다.
⑤ 수급인이 자기의 노력과 재료를 들여 신축할 건물의 소유권을 도급인에게 귀속시키기로 합의하였다면 그 완성된 건물의 소유권은 도급인에게 원시적으로 귀속한다.

키워드 도급 – 수급인의 담보책임
풀이 목적물의 하자로 인한 손해배상을 청구할 때, 하자보수와 함께 손해배상을 청구하는 경우 그 손해배상액의 산정 기준일은 하자보수청구시를 기준으로 하여야 하고, 하자보수에 갈음하여 손해배상만을 청구하는 경우 그 손해배상의 청구일을 기준으로 배상액을 산정하여야 한다.

정답 ①

고난도

02 도급에 관한 설명으로 옳은 것은? (다툼이 있으면 판례에 따름) 제19회

① 공동이행방식의 공동수급체가 도급인에 대하여 가지는 채권은 별도의 약정이 없는 한 구성원 중 1인이 임의로 출자지분의 비율로 지급을 청구할 수 있다.
② 도급인이 완성된 건물의 하자로 인하여 계약의 목적을 달성할 수 없는 경우, 특별한 사정이 없는 한 도급인은 계약을 해제할 수 없다.
③ 도급인이 완성된 목적물의 하자 보수에 갈음하는 손해배상청구권을 행사하는 경우, 도급인이 지급할 보수액이 수급인의 손해배상액보다 많더라도 도급인은 그 보수액 전부에 대해 동시이행의 항변권을 행사할 수 있다.
④ 철근 콘크리트 공작물 건축의 수급인은 특약이 없는 한 그 공작물의 인도 후 5년이 경과하면 그 하자에 대하여 담보책임을 면한다.
⑤ 수급인의 담보책임을 면제하는 특약은 수급인이 알고 고지하지 아니한 사실에 대하여도 효력이 있다.

키워드 도급의 효력

풀이 도급인이 완성된 목적물의 하자로 인하여 계약의 목적을 달성할 수 없는 때에는 계약을 해제할 수 있다. 그러나 건물 기타 토지의 공작물에 대하여는 그러하지 아니하다(제668조).
① 공동이행방식의 공동수급체는 민법상 조합에 해당하므로(99다49620) 공동수급체가 도급인에 대하여 가지는 채권은 별도의 약정이 없는 한 구성원 중 1인이 임의로 출자지분의 비율로 지급을 청구할 수는 없다(2000다68924).
③ 도급인이 완성된 목적물의 하자 보수에 갈음하는 손해배상청구권을 행사하는 경우, 도급인이 지급할 보수액이 수급인의 손해배상액보다 많다면 도급인은 그 손해배상액에 대하여만 동시이행의 항변권을 행사할 수 있다.
④ 철근 콘크리트 공작물 건축의 수급인은 특약이 없는 한 그 공작물의 인도 후 10년이 경과하면 그 하자에 대하여 담보책임을 면한다.
⑤ 수급인의 담보책임을 면제하는 특약이 있는 경우에도 수급인이 알고 고지하지 아니한 사실에 대하여는 면제되지 않는다.

TIP 도급과 관련된 판례 중 건설도급계약과 관련한 부분을 기본서 판례를 중심으로 학습하세요.

정답 ②

03 위임에 관한 설명으로 옳지 않은 것은? (다툼이 있으면 판례에 따름) 제17회

① 수임인은 위임의 본지에 따라 선량한 관리자의 주의로써 위임사무를 처리하여야 한다.
② 수임인은 위임사무의 처리로 인하여 받은 금전 기타의 물건 및 그 수취한 과실을 위임인에게 인도하여야 한다.
③ 위임사무의 처리에 비용을 요하는 때에는 위임인은 수임인의 청구에 의하여 이를 선급하여야 한다.
④ 위임계약에 따라 수임인이 사무 처리를 시작하였다면 위임인은 원칙적으로 더 이상 위임계약을 해지하지 못한다.
⑤ 수임인은 자기에 갈음하여 타인에게 위임사무를 독자적으로 처리하게 하지 못함이 원칙이다.

키워드 위임의 효력
풀이 위임계약은 각 당사자가 언제든지 해지할 수 있다. 그러나 부득이한 사유 없이 상대방이 불리한 시기에 해지할 때에는 그 손해를 배상하여야 한다(제689조).

정답 ④

01 다음 중 도급에 관한 설명으로 옳지 않은 것은?

① 수급인이 완공기한 내에 공사를 완성하지 못하고, 그 기한을 넘겨 도급계약이 해제된 경우, 그 지체상금 발생의 시기(始期)는 완공기한 다음 날부터이다.
② 보수는 그 완성된 목적물의 인도와 동시에 지급하여야 한다. 그러나 목적물의 인도를 요하지 아니하는 경우에는 그 일을 완성한 후 지체 없이 지급하여야 한다.
③ 보수에 관한 약정이 있는 경우 약정한 시기에 지급하여야 하며, 시기의 약정이 없으면 관습에 의하고 관습이 없으면 약정한 노무를 종료한 후 지체 없이 지급하여야 한다.
④ 수급인이 일을 완성하기 전에는 도급인은 손해를 배상하고 계약을 해제할 수 있다.
⑤ 도급인이 완성된 목적물의 하자로 인하여 계약의 목적을 달성할 수 없는 때에는 계약을 해제할 수 있고, 건물 기타 토지의 공작물에 대하여는 그 철거를 구할 수도 있다.

키워드 도급의 효력
풀이 완성된 목적물의 하자로 인해 계약의 목적을 달성할 수 없을 때 도급인은 계약을 해제할 수 있으나, 건물 기타 공작물의 경우는 해제는 못하므로 철거를 요구할 수는 없고 단지 손해배상만을 청구할 수 있을 뿐이다(철거 시 사회경제적으로 손실발생 우려).

정답 ⑤

02 도급에 있어서의 하자보수책임에 관한 다음 설명 중 옳지 않은 것은?

① 도급인은 하자보수청구권과 손해배상청구권을 함께 행사할 수 있다.
② 완성된 또는 완성 전에 성취된 부분에 하자가 있을 때에는 도급인은 수급인에 대하여 상당한 기간을 정하여 그 하자의 보수를 청구할 수 있다.
③ 하자가 중요하지 않은 경우에 그 보수에 과도한 비용을 필요로 할 때에는 하자보수를 청구할 수 없다.
④ 하자의 보수, 손해배상의 청구 및 계약의 해제는 도급계약을 체결한 날로부터 1년 내에 하여야 한다.
⑤ 공사도급계약상 도급인의 지체상금채권과 수급인의 공사대금채권은 특별한 사정이 없는 한 동시이행의 관계에 있다고 할 수 없다.

| 키워드 | 도급 - 도급인의 책임 |
| 풀이 | 수급인의 담보책임의 존속기간은 원칙적으로 목적물의 인도를 받은 날로부터 1년 내에 하여야 한다(제670조 제1항).
② 제667조 제1항
③ 제667조 제1항 단서
⑤ 2013다81224·81231

정답 ④

03 다음 중 도급에 관한 설명으로 옳지 않은 것은?

① 부동산공사의 수급인은 도급공사와 관련된 보수에 관한 채권을 담보하기 위하여 그 부동산을 목적으로 한 저당권의 설정을 청구할 수 있고, 이로써 법정저당권이 성립한다.

② 채무의 담보를 위하여 채무자가 자기 비용과 노력으로 신축하는 건물의 건축허가 명의를 채권자 명의로 하였다면 이는 완성될 건물을 담보로 제공하기로 하는 합의로서 완성된 목적물은 담보목적 범위 내에서 채권자에게 소유권이 귀속된다.

③ 도급공사 목적물의 하자가 도급인이 제공한 재료의 성질 또는 도급인의 지시에 기인한 때에는 수급인은 담보책임을 지지 않는다. 그러나 수급인이 그 재료 또는 지시의 부적당함을 알고 도급인에게 고지하지 아니한 때에는 담보책임을 면할 수 없다.

④ 도급인이 파산선고를 받은 때에는 수급인 또는 파산관재인은 계약을 해제하고 수급인은 일의 완성된 부분에 대한 보수 및 보수에 포함되지 아니한 비용에 대하여 파산재단의 배당에 가입할 수 있다.

⑤ 수급인의 하수급인에 대한 하도급 공사대금채무를 인수한 도급인은 수급인의 하수급인에 대한 하자보수청구권 내지 하자에 갈음한 손해배상채권 등에 기한 동시이행의 항변으로 하수급인에게 대항할 수 있다.

| 키워드 | 도급 |
| 풀이 | 부동산공사의 수급인은 도급공사와 관련된 보수에 관한 채권을 담보하기 위하여 그 부동산을 목적으로 한 저당권의 설정을 청구할 수 있다. 이는 단순한 청구권으로서 그 청구로 인하여 법정저당권이 성립하는 것은 아니다.

| 이론 + |
> 제674조 【도급인의 파산과 해제권】 ① 도급인이 파산선고를 받은 때에는 수급인 또는 파산관재인은 계약을 해제할 수 있다. 이 경우에는 수급인은 일의 완성된 부분에 대한 보수 및 보수에 포함되지 아니한 비용에 대하여 파산재단의 배당에 가입할 수 있다(④).
> ② 전항의 경우에는 각 당사자는 상대방에 대하여 계약해제로 인한 손해의 배상을 청구하지 못한다.

정답 ①

04 민법상의 위임에 관한 다음 설명 중 옳은 것은?

① 수임인은 위임사무의 처리로 인하여 받은 금전 등을 위임계약이 종료한 때를 기준으로 위임인에게 인도하여야 한다.
② 무상위임의 경우 수임인은 자기재산과 동일한 주의로 위임사무를 처리해야 한다.
③ 위임인의 사망은 위임의 종료사유가 아니다.
④ 수임인이 위임사무의 처리로 인하여 받은 금전 등을 반환할 때 그 반환할 금전의 범위를 정하는 기준시점은 금전을 받은 날을 기준으로 정한다.
⑤ 요물계약이다.

키워드 위임
풀이 ①④ 수임인이 위임사무의 처리로 인하여 받은 금전 등을 위임인에게 인도하여야 하는 시기(= 위임계약이 종료한 때) 및 그 반환할 금전의 범위를 정하는 기준시점(= 위임종료 시)(2004다64432)
② 무상위임의 경우에도 수임인은 선량한 관리자의 주의로 위임사무를 처리해야 한다.
③ 위임인의 사망은 위임의 종료사유에 해당한다.
⑤ 위임계약은 유상이든 무상이든 낙성계약이다.

정답 ①

05 위임에 관한 다음 설명 중 옳지 않은 것은?

① 위임은 당사자 일방이 상대방에 대하여 사무의 처리를 위탁하고 상대방이 이를 승낙함으로써 그 효력이 생긴다.
② 복위임은 원칙적으로 금지이므로 수임인은 위임인의 승낙이나 부득이한 사유 없이 제3자로 하여금 자기에 갈음하여 위임사무를 처리하게 하지 못한다.
③ 위임계약은 각 당사자가 언제든지 해지할 수 있다.
④ 당사자 일방이 부득이한 사유 없이 상대방의 불리한 시기에 계약을 해지한 때에는 그 손해를 배상하여야 한다.
⑤ 수임인은 위임사무의 처리로 인하여 받은 금전 기타의 물건 및 그 수취한 과실을 위임인에게 인도하여야 하지만, 수임인이 위임인을 위하여 자기의 명의로 취득한 권리는 위임인에게 이전할 필요는 없다.

키워드 위임의 효력
풀이 수임인은 위임사무의 처리로 인하여 받은 금전 기타의 물건 및 그 수취한 과실을 위임인에게 인도하여야 하고, 수임인이 위임인을 위하여 자기의 명의로 취득한 권리 또한 위임인에게 이전하여야 한다(제684조).

정답 ⑤

06 수임인의 보수 및 비용에 관한 설명으로 옳지 않은 것은?

① 수임인은 특별한 약정이 없으면 위임인에 대하여 보수를 청구할 수 있다.
② 수임인이 보수를 받을 경우에는 위임사무를 완료한 후가 아니면 이를 청구하지 못한다.
③ 유상위임의 경우 수임인이 위임사무를 처리하는 중에 수임인의 책임 없는 사유로 인하여 위임이 종료된 때에는 수임인은 이미 처리한 사무의 비율에 따른 보수를 청구할 수 있다.
④ 수임인이 위임사무의 처리에 필요한 채무를 부담한 때에는 위임인에게 자기에 갈음하여 이를 변제하게 할 수 있고 그 채무가 변제기에 있지 아니한 때에는 상당한 담보를 제공하게 할 수 있다.
⑤ 수임인이 위임사무의 처리에 관하여 필요비를 지출한 때에는 위임인에 대하여 지출한 날 이후의 이자를 청구할 수 있다.

키워드 수임인의 권리
풀이 수임인은 특별한 약정이 없으면 위임인에 대하여 보수를 청구하지 못한다(제686조 제1항).

정답 ①

07 위임에 관한 다음 설명 중 옳지 않은 것은?

① 위임사무의 처리에 비용을 요하는 때에는 위임인은 수임인이 사용한 부분에 대하여만 지급할 의무가 있다.
② 수임인이 위임사무의 처리를 위하여 과실 없이 손해를 받은 때에는 위임인에 대하여 그 배상을 청구할 수 있다.
③ 위임계약은 각 당사자가 언제든지 해지할 수 있다.
④ 당사자 일방이 부득이한 사유로 상대방이 불리한 시기에 위임계약을 해지한 때에는 그 손해를 배상할 필요가 없다.
⑤ 위임과 관련하여 기간으로 보수를 정한 때에는 그 기간이 경과한 후에 이를 청구할 수 있다.

키워드 위임계약
풀이 위임사무의 처리에 비용을 요하는 때에는 위임인은 수임인의 청구에 의하여 이를 선급하여야 한다(제687조).

정답 ①

CHAPTER 06 부당이득과 불법행위

▶ **연계학습** | 에듀윌 기본서 1차 [민법 下] p.468

대표기출

01 부당이득에 관한 설명으로 옳지 않은 것은? (다툼이 있으면 판례에 따름) 제17회

① 법률상 원인 없이 타인의 재산 또는 노무로 인하여 얻은 이익을 부당이득이라 한다.
② 부당이득반환의 대상이 되는 이득은 실질적 이득을 말한다.
③ 수익자가 받은 이익이 손실자의 손실보다 큰 경우에는 손실의 범위에서 반환하면 된다.
④ 악의의 수익자는 그 받은 이익에 이자를 붙여 반환하고 손해가 있으면 이를 배상하여야 한다.
⑤ 불법원인급여임을 이유로 부당이득반환청구가 부정되더라도 물권적 청구권을 근거로 그 급부의 반환을 청구할 수 있다.

키워드 부당이득의 반환
풀이 불법원인급여로서 부당이득의 반환이 금지되는 경우 소유권 등 물권적 청구권을 근거로 하여 반환 청구도 금지된다.

정답 ⑤

02 사용자책임에 관한 설명으로 옳지 않은 것은? (다툼이 있으면 판례에 따름) 제20회

① 민법 제35조에 따른 법인의 불법행위책임이 인정되더라도 피해자는 법인에 대하여 사용자책임을 물을 수 있다.
② 사용자에 갈음하여 그 사무를 감독하는 자도 사용자책임의 주체가 될 수 있다.
③ 사용자의 피용자에 대한 구상권은 신의칙에 기하여 제한될 수 있다.
④ 피용자와 제3자가 공동불법행위로 피해자에게 손해배상채무를 부담하는 경우, 사용자도 제3자와 연대하여 손해배상책임을 진다.
⑤ 도급인과 수급인 사이에 실질적인 지휘·감독관계가 인정되는 경우, 도급인은 사용자책임을 질 수 있다.

> **키워드** 불법행위 – 사용자책임
>
> **풀이** 민법 제35조에 따른 법인의 불법행위책임이 인정되는 범위 내에서 사용자책임은 배제되므로 피해자는 법인에 대하여 사용자책임을 물을 수 없다.
>
> 정답 ①

01 다음 중 부당이득반환의무가 발생하지 않는 경우는?

① 당연무효인 조세부과처분에 따라 조세를 이미 납부한 경우
② 채무가 없음에도 채무자가 채무가 있는 것으로 알고 변제하였으나 변제가 도의관념에 적합한 경우
③ 자기가 점유하는 타인의 동산을 제3자에게 유상으로 양도하여 제3자가 소유권을 취득한 경우
④ 타인의 토지를 점유함으로 인한 이득의 반환청구를 받은 경우
⑤ 임대차 종료 후 임차인이 동시이행의 항변권을 행사하여 임차목적물을 계속 사용·수익한 경우

> **키워드** 부당이득의 반환
>
> **풀이** 채무 없는 자가 착오로 인하여 변제한 경우에 그 변제가 도의관념에 적합한 때에는 그 반환을 청구하지 못한다(제744조).
> ④ 2007다8914
>
> 정답 ②

02 부당이득반환에 관한 설명으로 옳지 않은 것은?

① 매매계약이 취소된 경우 당사자가 선의의 경우 그 이익이 현존하는 한도 내에서 반환할 의무가 있다.
② 무효인 계약에 의하여 급부가 된 경우 악의의 수익자는 받은 이익 전부에 이자를 붙이고 그 외에 손해가 있으면 그것도 배상하여야 한다.
③ 수익자가 이익을 받은 후 법률상 원인 없음을 안 때에도 계약 당시 선의라면 현존이익만 반환하면 충분하다.
④ 선의의 수익자가 패소한 때에는 그 소를 제기한 때로 소급하여 악의의 수익자로 본다.
⑤ 수익자가 그 이익을 반환할 수 없는 경우에는 수익자로부터 무상으로 그 이익의 목적물을 양수한 악의의 제3자는 원물 또는 가액의 반환책임이 있다.

키워드 부당이득반환

풀이 수익자가 이익을 받은 후 법률상 원인 없음을 안 때에는 그때부터 악의의 수익자로서 이익반환의 책임이 있다.
① 선의의 경우: 현존이익의 반환(제748조 제1항)
② 악의의 경우: 받은 이익 전부에 이자를 붙이고 그 위에 손해가 있으면 그것도 배상(제748조 제2항)
④ 선의의 수익자가 패소한 때에는 그 소를 제기한 때부터 악의의 수익자로 본다.
⑤ 수익자가 그 이익을 반환할 수 없는 경우에는 수익자로부터 무상으로 그 이익의 목적물을 양수한 악의의 제3자는 원물 또는 가액의 반환책임이 있다.

정답 ③

03 채무의 변제로 인한 부당이득에 관한 설명으로 옳지 않은 것은?

① 변제기에 있지 아니한 채무를 변제한 때에는 채무자는 그 반환을 청구할 수 있다.
② 채무자가 착오로 인하여 변제기 도래 전에 변제한 때에는 채권자는 이로 인하여 얻은 이익을 반환하여야 한다.
③ 채무자 아닌 자가 착오로 인하여 타인의 채무를 변제한 경우에 채권자가 선의로 증서를 훼멸하거나 담보를 포기하거나 시효로 인하여 그 채권을 잃은 때에는 변제자는 그 반환을 청구하지 못한다.
④ 불법의 원인으로 인하여 재산을 급여하거나 노무를 제공한 때에는 그 이익의 반환을 청구하지 못한다. 그러나 그 불법원인이 수익자에게만 있는 때에는 피해자는 반환을 청구할 수 있다.
⑤ 계약상의 급부가 계약의 상대방뿐만 아니라 제3자의 이익으로 된 경우에 급부를 한 계약당사자가 계약상대방에 대하여 계약상의 반대급부를 청구할 수 있는 이외에 그 제3자에 대하여 직접 부당이득반환을 청구할 수는 없다.

키워드 부당이득반환
풀이 변제기에 있지 아니한 채무를 변제한 때에는 그 반환을 청구하지 못한다.
② 채무자가 착오로 인하여 변제기 도래 전에 변제한 때에는 채권자는 이로 인하여 얻은 이익(기간의 이자상당액)을 반환하여야 한다.
⑤ 99다66564

정답 ①

04 부당이득에 관한 설명으로 옳지 않은 것은? (다툼이 있으면 판례에 따름)

① 채무 없음을 알고 이를 변제한 때에는 원칙적으로 그 반환을 청구하지 못한다.
② 부당이득반환의 대상이 되는 이득은 실질적 이득을 말한다.
③ 수익자가 받은 이익이 손실자의 손실보다 큰 경우에는 손실의 범위에서 반환하면 된다.
④ 선의의 수익자는 현존이익만을 반환하지만, 악의의 수익자는 그 받은 이익에 이자를 붙여 반환하고 손해가 있으면 이를 배상하여야 한다.
⑤ 불법원인급여임을 이유로 부당이득반환청구가 부정되더라도 물권적 청구권을 근거로 그 급부의 반환을 청구할 수 있다.

키워드 부당이득 – 불법원인급여
풀이 불법원인급여로서 부당이득의 반환이 금지되는 경우 소유권 등 물권적 청구권을 근거로 하여 반환청구도 금지된다.

정답 ⑤

05 위법행위에 의한 손해배상의 범위에 관한 설명으로 옳지 않은 것은?

① 채무불이행으로 인한 손해배상은 통상의 손해를 그 한도로 한다.
② 특별한 사정으로 인한 손해는 채무자가 그 사정을 알았거나 알 수 있었을 때에 한하여 배상의 책임이 있다.
③ 다른 의사표시가 없으면 손해는 금전으로 배상한다.
④ 채무불이행에 관하여 채권자에게 과실이 있는 때에는 법원은 손해배상의 책임 및 그 금액을 정함에 이를 참작하여야 한다.
⑤ 채권자가 그 채권의 목적인 물건 또는 권리의 가액 전부를 손해배상으로 받았다 하여 채무자는 그 물건 또는 권리에 관하여 당연히 채권자를 대위하는 것은 아니다.

키워드 위법행위 – 채무불이행
풀이 채권자가 그 채권의 목적인 물건 또는 권리의 가액 전부를 손해배상으로 받은 때에는 채무자는 그 물건 또는 권리에 관하여 당연히 채권자를 대위한다.

정답 ⑤

고난도

06 불법행위책임에 관한 설명으로 옳지 않은 것은?

① 타인의 신체, 자유 또는 명예를 해하거나 기타 정신상 고통을 가한 자는 재산 이외의 손해에 대하여도 배상할 책임이 있다.
② 도급인은 수급인이 그 일에 관하여 제3자에게 가한 손해를 배상할 책임이 있다.
③ 공작물의 설치 또는 보존의 하자로 인하여 타인에게 손해를 가한 때에는 공작물 점유자가 손해를 배상할 책임이 있다. 그러나 점유자가 손해의 방지에 필요한 주의를 해태하지 아니한 때에는 그 소유자가 손해를 배상할 책임이 있다.
④ 공작물의 설치 또는 보존의 하자로 타인에게 손해를 배상한 점유자 또는 소유자는 그 손해의 원인에 대한 책임 있는 자에 대하여 구상권을 행사할 수 있다.
⑤ 제3자의 행위와 공작물의 설치 또는 보존상의 하자가 공동원인이 되어 발생한 손해는 공작물의 설치 또는 보존상의 하자에 의하여 발생한 것이라고 볼 수 있다.

키워드 불법행위

풀이 도급인은 수급인이 그 일에 관하여 제3자에게 가한 손해를 배상할 책임이 없다. 그러나 도급 또는 지시에 관하여 도급인에게 중대한 과실이 있는 때에는 그러하지 아니하다(제757조).
① 제751조 제1항
③ 제758조 제1항
④ 제758조 제3항
⑤ 2007다10139

TIP 특수불법행위에 대한 민법 조문을 철저히 숙지해야 합니다.

정답 ②

07 불법행위와 손해배상에 관한 설명으로 옳지 않은 것은?

① 수인이 공동의 불법행위로 타인에게 손해를 가한 때에는 연대하여 그 손해를 배상할 책임이 있다.
② 불법행위가 공동 아닌 수인의 행위 중 어느 자의 행위가 그 손해를 가한 것인지를 알 수 없는 때에도 그들은 연대하여 불법행위책임을 진다.
③ 불법행위의 교사자나 방조자는 공동행위자로 본다.
④ 사람의 명예를 훼손한 자에 대하여는 법원은 피해자의 청구에 의하여 손해배상에 갈음하거나 손해배상과 함께 명예회복에 적당한 처분을 명할 수 있고, 그 적당한 처분에 사죄광고를 하게 하는 것도 포함한다.
⑤ 미성년자에 대한 성범죄가 아닌 기타 원인에 의한 불법행위로 인한 손해배상의 청구권은 피해자나 그 법정대리인이 그 손해 및 가해자를 안 날로부터 3년간, 불법행위를 한 날로부터 10년간 이를 행사하지 아니하면 시효로 인하여 소멸한다.

키워드 불법행위와 손해배상
풀이 민법 제764조의 '명예회복에 적당한 처분'에 사죄광고를 포함시키는 것은 헌법에 위반된다(89헌마160).
① 제760조 제1항
② 제760조 제2항
③ 제760조 제3항
⑤ 제766조

정답 ④

08 불법행위책임에 관한 설명으로 옳지 않은 것은?

① 타인의 불법행위에 대하여 자기 또는 제3자의 이익을 방위하기 위하여 부득이 타인에게 손해를 가한 자는 배상할 책임이 없다.
② 건물의 축조의 하자로 인하여 임차인이 연탄가스중독으로 사망한 경우, 건물소유자인 임대인이 공작물책임을 진다.
③ 타인을 사용하여 어느 사무에 종사하게 한 자는 피용자가 그 사무집행에 관하여 제3자에게 가한 손해를 배상할 책임이 있다.
④ 사용자가 피용자의 선임 및 그 사무감독에 상당한 주의를 한 때 또는 상당한 주의를 하여도 손해가 있을 경우에도 무과실책임의 원칙상 사용자책임이 면책되지 않는다.
⑤ 사용자책임이 성립하는 경우 사용자에 갈음하여 그 사무를 감독하는 자도 배상할 책임이 있다.

> **키워드** 불법행위 – 사용자책임
> **풀이** ③④ 타인을 사용하여 어느 사무에 종사하게 한 자는 피용자가 그 사무집행에 관하여 제3자에게 가한 손해를 배상할 책임이 있다. 그러나 사용자가 피용자의 선임 및 그 사무감독에 상당한 주의를 한 때 또는 상당한 주의를 하여도 손해가 있을 경우에는 그러하지 아니하다(제756조 제1항).
> ① 제761조 제1항
> ⑤ 제756조 제2항
>
> 정답 ④

09 불법행위책임에 관한 설명으로 옳은 것은?

① 타인의 생명을 해한 자는 피해자의 직계존속, 직계비속 및 배우자에 대하여는 재산상의 손해가 발생한 경우에 한(限)하여 손해배상의 책임이 있다.
② 미성년자가 타인에게 손해를 가한 경우에 그 행위의 책임을 변식할 지능이 있는 때에도 배상의 책임이 없다.
③ 심신상실 중에 타인에게 손해를 가한 자는 배상의 책임이 없다. 그러나 고의 또는 과실로 인하여 심신상실을 초래한 때에는 면책되지 않는다.
④ 다른 자에게 손해를 가한 사람이 책임을 변식할 능력이 없어 책임지지 않는 경우에는 그를 감독할 법정의무가 있는 자도 그 손해를 배상할 책임이 없다.
⑤ 감독의무자를 갈음하여 책임능력이 없는 사람을 감독하는 자도 불법행위책임을 지지 않는다.

> **키워드** 불법행위 – 책임무능력자의 불법행위
> **풀이** 제754조
> ① 타인의 생명을 해한 자는 피해자의 직계존속, 직계비속 및 배우자에 대하여는 재산상의 손해 없는 경우에도 손해배상의 책임이 있다(제752조).
> ② 미성년자가 타인에게 손해를 가한 경우에 그 행위의 책임을 변식할 지능이 없는 때에는 배상의 책임이 없다(제753조).
> ④ 다른 자에게 손해를 가한 사람이 제753조 또는 제754조에 따라 책임이 없는 경우에는 그를 감독할 법정의무가 있는 자가 그 손해를 배상할 책임이 있다(제755조 제1항).
> ⑤ 감독의무자를 갈음하여 제753조 또는 제754조에 따라 책임이 없는 사람을 감독하는 자도 제1항의 책임이 있다(제755조 제2항).
>
> 정답 ③

고난도

10 공작물의 점유자 및 소유자의 책임에 관한 설명으로 옳지 않은 것은? (다툼이 있으면 판례에 따름) 제18회

① 전기 그 자체는 공작물에 해당하지 않는다.
② 공작물의 점유자에게는 면책사유가 인정되지 않는다.
③ 피해자에게 손해배상을 한 점유자 또는 소유자는 그 손해의 원인에 대해 책임이 있는 자에게 구상권을 행사할 수 있다.
④ 공작물책임이 인정되기 위해서는 공작물의 하자와 손해 사이에 인과관계가 있어야 한다.
⑤ 공작물에 대해 직접점유자와 간접점유자가 있는 경우, 원칙적으로 직접점유자가 1차적으로 책임을 진다.

키워드 불법행위

풀이 공작물의 설치 또는 보존의 하자로 인하여 타인에게 손해를 가한 때에는 공작물점유자가 손해를 배상할 책임이 있다. 그러나 점유자가 손해의 방지에 필요한 주의를 해태하지 아니한 때에는 그 소유자가 손해를 배상할 책임이 있다(제758조 제1항).

정답 ②

11 불법행위에 관한 설명으로 옳지 않은 것은? (다툼이 있으면 판례에 따름) 제19회

① 甲, 乙, 丙이 공동불법행위로 丁에게 손해를 가한 때에는 연대하여 그 손해를 배상할 책임이 있다.
② 甲이 과실로 심신상실을 초래하고, 심신상실 중에 乙에게 손해를 가한 경우, 甲은 乙에게 손해를 배상할 책임이 있다.
③ 甲이 과실로 乙을 사망에 이르게 한 경우, 甲은 재산상의 손해가 없는 乙의 직계존속, 직계비속 및 배우자에 대하여는 손해배상책임이 없다.
④ 甲이 乙의 신체, 자유 또는 명예를 해친 경우, 재산 이외의 손해에 대하여도 배상할 책임이 있다.
⑤ 미성년자 甲이 乙에게 손해를 가한 경우, 甲이 가해행위 당시 그 행위의 책임을 변식할 지능이 없었더라면 그 손해를 배상할 책임이 없다.

키워드 **불법행위와 손해배상**

풀이 타인의 생명을 해한 자는 피해자의 직계존속, 직계비속 및 배우자에 대하여는 재산상의 손해 없는 경우에도 손해배상의 책임이 있다(제752조). 그러므로 甲이 과실로 乙을 사망에 이르게 한 경우, 甲은 재산상의 손해가 없는 乙의 직계존속, 직계비속 및 배우자에 대하여도 손해배상책임이 있다.

정답 ③

고난도
12 불법행위에 관한 설명으로 옳지 않은 것은? (다툼이 있으면 판례에 따름) 제16회

① 고의의 불법행위자는 그 불법행위로 인한 피해자의 손해배상청구권을 수동채권으로 하여 상계하지 못한다.
② 책임을 변식할 지능이 없는 미성년자는 타인에게 손해를 가한 경우에도 그에 대한 손해배상책임을 지지 않는다.
③ 타인의 생명을 해한 자는 피해자의 직계존속, 직계비속 및 배우자가 입은 정신적 손해에 대하여 배상책임을 진다.
④ 타인의 명예를 훼손한 자에 대하여 법원은 피해자의 청구에 의하여 명예회복에 적당한 처분으로 사죄광고를 명할 수 있다.
⑤ 가해자가 훼손된 물건에 관하여 피해자에게 그 가액전부를 배상한 때에, 그 물건에 대한 권리는 손해배상을 한 가해자에게 이전된다.

키워드 **불법행위**

풀이 민법 제764조는 "타인의 명예를 훼손한 자에 대하는 법원은 피해자의 청구에 의하여 손해배상에 갈음하거나 손해배상과 함께 명예회복에 적당한 처분을 명할 수 있다"라고 해 명예훼손의 경우에 특칙을 정하고 있으나, "민법 제764조가 사죄광고를 포함하는 취지라면 헌법상의 과잉금지의 원칙, 비례의 원칙이 정한 한계를 벗어나서 위헌"이라며 한정위헌결정(89헌마160)을 내린바 있으므로 명예회복에 적당한 처분 명령에 사죄광고는 제외된다.

정답 ④

에듀윌이
너를
지지할게

ENERGY

삶의 순간순간이
아름다운 마무리이며
새로운 시작이어야 한다.

– 법정 스님

2025 에듀윌 주택관리사 1차 출제가능 문제집 민법

발 행 일	2025년 1월 24일 초판
편 저 자	신의영
펴 낸 이	양형남
펴 낸 곳	㈜에듀윌
I S B N	979-11-360-3617-9
등록번호	제25100-2002-000052호
주　　소	08378 서울특별시 구로구 디지털로34길 55 코오롱싸이언스밸리 2차 3층

* 이 책의 무단 인용·전재·복제를 금합니다.

www.eduwill.net
대표전화 1600-6700

**여러분의 작은 소리
에듀윌은 크게 듣겠습니다.**

본 교재에 대한 여러분의 목소리를 들려주세요.
공부하시면서 어려웠던 점, 궁금한 점,
칭찬하고 싶은 점, 개선할 점, 어떤 것이라도 좋습니다.

에듀윌은 여러분께서 나누어 주신 의견을
통해 끊임없이 발전하고 있습니다.

에듀윌 도서몰 book.eduwill.net
- 부가학습자료 및 정오표: 에듀윌 도서몰 → 도서자료실
- 교재 문의: 에듀윌 도서몰 → 문의하기 → 교재(내용, 출간) / 주문 및 배송

11,800여 건의 생생한 후기

한○수 합격생

에듀윌로 합격과 취업 모두 성공

저는 1년 정도 에듀윌에서 공부하여 합격하였습니다. 수많은 주택관리사 합격생을 배출해 낸 1위 기업이라는 점 때문에 에듀윌을 선택하였고, 선택은 틀리지 않았습니다. 에듀윌에서 제시하는 커리큘럼은 상대평가에 최적화되어 있으며, 나에게 맞는 교수님을 선택할 수 있었기 때문에 만족하며 공부를 할 수 있었습니다. 또한 합격 후에는 에듀윌 취업지원센터의 도움을 통해 취업까지 성공할 수 있었습니다. 에듀윌만 믿고 따라간다면 합격과 취업 모두 문제가 없을 것입니다.

박○현 합격생

20년 군복무 끝내고 주택관리사로 새 출발

육군 소령 전역을 앞두고 70세까지 전문직으로 할 수 있는 제2의 직업이 뭘까 고민하다가 주택관리사 시험에 도전하게 됐습니다. 주택관리사를 검색하면 에듀윌이 가장 먼저 올라오고, 취업까지 연결해 주는 프로그램이 잘 되어 있어서 에듀윌을 선택하였습니다. 특히, 언제 어디서나 지원되는 동영상 강의와 시험을 앞두고 진행되는 특강, 모의고사가 많은 도움이 되었습니다. 거기에 오답노트를 만들어서 틈틈이 공부했던 것까지가 제 합격의 비법인 것 같습니다.

이○준 합격생

에듀윌에서 공인중개사, 주택관리사 준비해 모두 합격

에듀윌에서 준비해 제27회 공인중개사 시험에 합격한 후, 취업 전망을 기대하고 주택관리사에도 도전하게 됐습니다. 높은 합격률, 차별화된 학습 커리큘럼, 훌륭한 교수진, 취업지원센터를 통한 취업 연계 등 여러 가지 이유로 다시 에듀윌을 선택했습니다. 에듀윌 학원은 체계적으로 학습 관리를 해 주고, 공부할 수 있는 공간이 많아서 좋았습니다. 교수님과 자기 자신을 믿고, 에듀윌에서 시작하면 반드시 합격할 수 있습니다.

다음 합격의 주인공은 당신입니다!

* 에듀윌 홈페이지 게시 건수 기준 (2024년 12월 기준)

더 많은 합격 비법

1위 에듀윌만의
체계적인 합격 커리큘럼

온라인 강의
원하는 시간과 장소에서, 1:1 관리까지 한번에

① 전 과목 최신 교재 제공
② 업계 최강 교수진의 전 강의 수강 가능
③ 교수진이 직접 답변하는 1:1 Q&A 서비스

쉽고 빠른 합격의 첫걸음 **합격필독서 무료** 신청

직영학원
최고의 학습 환경과 빈틈 없는 학습 관리

① 현장 강의와 온라인 강의를 한번에
② 합격할 때까지 온라인 강의 평생 무제한 수강
③ 강의실, 자습실 등 프리미엄 호텔급 학원 시설

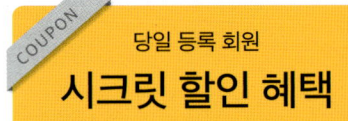

설명회 참석 당일 등록 시 **특별 수강 할인권** 제공

친구 추천 이벤트

" **친구 추천**하고 한 달 만에
920만원 받았어요 "

친구 1명 추천할 때마다 현금 10만원 제공
추천 참여 횟수 무제한 반복 가능

친구 추천 이벤트
바로가기

※ *a*o*h**** 회원의 2021년 2월 실제 리워드 금액 기준
※ 해당 이벤트는 예고 없이 변경되거나 종료될 수 있습니다.

* 2023 대한민국 브랜드만족도 주택관리사 교육 1위 (한경비즈니스)

에듀윌 **직영학원**에서 합격을 수강하세요

언제나 전문 학습 매니저와 상담이 가능한 안내데스크

고품질 영상 및 음향 장비를 갖춘 최고의 강의실

재충전을 위한 카페 분위기의 아늑한 휴게실

에듀윌의 상징 노란색의 환한 학원 입구

에듀윌 직영학원 대표전화

공인중개사 학원	02)815-0600	공무원 학원	02)6328-0600	편입 학원	02)6419-0600
주택관리사 학원	02)815-3388	소방 학원	02)6337-0600	부동산아카데미	02)6736-0600
전기기사 학원	02)6268-1400				

주택관리사 학원 바로가기

꿈을 현실로 만드는
에듀윌

DREAM

공무원 교육
- 선호도 1위, 신뢰도 1위! 브랜드만족도 1위!
- 합격자 수 2,100% 폭등시킨 독한 커리큘럼

자격증 교육
- 9년간 아무도 깨지 못한 기록 합격자 수 1위
- 가장 많은 합격자를 배출한 최고의 합격 시스템

직영학원
- 검증된 합격 프로그램과 강의
- 1:1 밀착 관리 및 컨설팅
- 호텔 수준의 학습 환경

종합출판
- 온라인서점 베스트셀러 1위!
- 출제위원급 전문 교수진이 직접 집필한 합격 교재

어학 교육
- 토익 베스트셀러 1위
- 토익 동영상 강의 무료 제공

콘텐츠 제휴 · B2B 교육
- 고객 맞춤형 위탁 교육 서비스 제공
- 기업, 기관, 대학 등 각 단체에 최적화된 고객 맞춤형 교육 및 제휴 서비스

부동산 아카데미
- 부동산 실무 교육 1위!
- 상위 1% 고소득 창업/취업 비법
- 부동산 실전 재테크 성공 비법

학점은행제
- 99%의 과목이수율
- 16년 연속 교육부 평가 인정 기관 선정

대학 편입
- 편입 교육 1위!
- 최대 200% 환급 상품 서비스

국비무료 교육
- '5년우수훈련기관' 선정
- K-디지털, 산대특 등 특화 훈련과정
- 원격국비교육원 오픈

에듀윌 교육서비스 **공무원 교육** 9급공무원/소방공무원/계리직공무원 **자격증 교육** 공인중개사/주택관리사/손해평가사/감정평가사/노무사/전기기사/경비지도사/검정고시/소방설비기사/소방시설관리사/사회복지사1급/대기환경기사/수질환경기사/건축기사/토목기사/직업상담사/전기기능사/산업안전기사/건설안전기사/위험물산업기사/위험물기능사/유통관리사/물류관리사/행정사/한국사능력검정/한경TESAT/매경TEST/KBS한국어능력시험·실용글쓰기/IT자격증/국제무역사/무역영어 **어학 교육** 토익 교재/토익 동영상 강의 **세무/회계** 전산세무회계/ERP정보관리사/재경관리사 **대학 편입** 편입 영어·수학/연고대/의약대/경찰대/논술/면접 **직영학원** 공무원학원/소방학원/공인중개사 학원/주택관리사 학원/전기기사 학원/편입학원 **종합출판** 공무원·자격증 수험교재 및 단행본 **학점은행제** 교육부 평가인정기관 원격평생교육원(사회복지사2급/경영학/CPA) **콘텐츠 제휴·B2B 교육** 교육 콘텐츠 제휴/기업 맞춤 자격증 교육/대학취업역량 강화 교육 **부동산 아카데미** 부동산 창업CEO/부동산 경매 마스터/부동산 컨설팅 **주택취업센터** 실무 특강/실무 아카데미 **국비무료 교육**(국비교육원) 전기기능사/전기(산업)기사/소방설비(산업)기사/IT(빅데이터/자바프로그램/파이썬)/게임그래픽/3D프린터/실내건축디자인/웹퍼블리셔/그래픽디자인/영상편집(유튜브) 디자인/온라인 쇼핑몰광고 및 제작(쿠팡, 스마트스토어)/전산세무회계/컴퓨터활용능력/ITQ/GTQ/직업상담사

교육
문의 **1600-6700**   www.eduwill.net

· 2022 소비자가 선택한 최고의 브랜드 공무원·자격증 교육 1위 (조선일보)   · 2023 대한민국 브랜드만족도 공무원·자격증·취업·학원·편입·부동산 실무 교육 1위 (한경비즈니스)   · 2017/2022 에듀윌 공무원 과정 최종 환급자 수 기준   · 2023년 성인 자격증, 공무원 직영학원 기준   · YES24 공인중개사 부문, 2025 에듀윌 공인중개사 오시훈 합격서 부동산공법 (핵심이론+체계도) (2024년 12월 월별 베스트)   교보문고 취업/수험서 부문, 2020 에듀윌 농협은행 6급 NCS 직무능력평가+실전모의고사 4회 (2020년 1월 27일~2월 5일, 인터넷 주간 베스트) 그 외 다수   Yes24 컴퓨터활용능력 부문, 2024 컴퓨터활용능력 1급 필기 초단기끝장(2023년 10월 3~4주 주별 베스트) 그 외 다수   인터파크 자격서/수험서 부문, 에듀윌 한국사능력검정시험 2주끝장 심화 (1, 2, 3급) (2020년 6~8월 월간 베스트) 그 외 다수   · YES24 국어 외국어시전 영어 토익/TOEIC 기출문제/모의고사 분야 베스트셀러 1위 (에듀윌 토익 READING RC 4주끝장 리딩 종합서, 2022년 9월 4주 주별 베스트)   · 에듀윌 토익 교재 입문~실전 인강 무료 제공 (2022년 최신 강좌 기준/109강)   · 2023년 종강반 중 모든 평가항목 정상 참여자 기준, 99% (평생교육원, 사회교육원 기준)   · 2008년~2023년까지 약 220만 누적수강학점으로 과목 운영 (평생교육원 기준)   · 에듀윌 국비교육원 구로센터 고용노동부 지정 '5년우수훈련기관' 선정 (2023~2027)   · KRI 한국기록원 2016, 2017, 2019년 공인중개사 최다 합격자 배출 공식 인증 (2025년 현재까지 업계 최고 기록)